Das argentinische Gesetz 25.156 zum Schutz des Wettbewerbs

Deutsches und Europäisches Wirtschaftsrecht

Herausgegeben von Jürgen F. Baur

Band 8

PETER LANG
Frankfurt am Main · Berlin · Bern · Bruxelles · New York · Oxford · Wien

Till Schreiber

Das argentinische Gesetz 25.156 zum Schutz des Wettbewerbs

Eine rechtsvergleichende Darstellung unter besonderer Berücksichtigung des Protokolls zum Schutz des Wettbewerbs im MERCOSUR und der Rechtsprechung der Comisión Nacional de Defensa de la Competencia

PETER LANG
Europäischer Verlag der Wissenschaften

Bibliografische Information Der Deutschen Bibliothek
Die Deutsche Bibliothek verzeichnet diese Publikation in der Deutschen Nationalbibliografie; detaillierte bibliografische Daten sind im Internet über <http://dnb.ddb.de> abrufbar.

Zugl.: Köln, Univ., Diss., 2003

D 38
ISSN 1617-352X
ISBN 3-631-51193-0

www.peterlang.de

MEINEN ELTERN MARION UND FOLKER SCHREIBER

VORWORT

Im Herbst 1999 verbrachte ich die Wahlstation meines Referendariats bei der argentinischen Wettbewerbsbehörde *Comisión Nacional de Defensa de la Competencia* (CNDC) mit dem Ziel, Material für eine Arbeit über die Harmonisierung der Wettbewerbsordnungen im MERCOSUR zu sammeln. Kurz nach meinem Eintreffen in Buenos Aires trat das Gesetz 25.156 zum Schutz des Wettbewerbs in Kraft. Ich konnte daher die Implementierung der argentinischen Wettbewerbsrechtsnovelle, insbesondere die praktische Umsetzung der erstmals eingeführten Zusammenschlusskontrolle, unmittelbar miterleben. Aufgrund dieser Erfahrung beschloss ich, das Gesetz 25.156 in den Mittelpunkt meiner Arbeit zu stellen und durch eine Auswertung der öffentlich nur in sehr geringem Umfang zugänglichen Entscheidungspraxis der argentinischen Wettbewerbsbehörde zu ergänzen.

Mein Doktorvater, Herr Professor Dr. Jürgen F. Baur (Universität zu Köln), der bereits während meiner Tätigkeit am Rechtsinstitut für Internationale und Europäische Zusammenarbeit (R.I.Z.) mein Interesse am Wettbewerbsrecht gefördert hat, hat diese Arbeit mit großem Interesse begleitet. Ich bin ihm zu großem Dank verpflichtet.

Mein Dank gilt auch Herrn Professor Dr. Klaus Peter Berger (Universität zu Köln) für die zügige Erstellung des Zweitgutachtens. Zu besonderem Dank bin ich Herrn Guillermo Gregorio vom Centro de Estudios Mercosur sowie Dr. Ernesto Cionfrini von der CNDC verpflichtet, die meinen Forschungsaufenthalt bei der argentinischen Wettbewerbsbehörde erst ermöglichten. Bedanken möchte ich mich auch bei den Mitarbeitern der CNDC, die durch eine Vielzahl von Gesprächen und Hintergrundinformationen zum erfolgreichen Abschluss dieser Arbeit beigetragen haben. Meinem jetzigen Arbeitgeber, der Sozietät Freshfields Bruckhaus Deringer, danke ich dafür, dass ich die notwendige Zeit zur Vorbereitung der Disputation sowie zur Erstellung des Manuskripts bekommen habe.

Meiner Mutter, Marion Schreiber, sowie meinem Freund, Dr. Markus Grube, danke ich sehr für die konstruktive und kritische Durchsicht meiner Arbeit. Bedanken möchte ich mich auch bei meiner Familie, meinen Freunden sowie meiner Freundin Marjolein Vilé für die Unterstützung, die ich während der gesamten Zeit erfahren habe.

Erinnern möchte ich an dieser Stelle an meinen Großvater, Dr. Wolfgang Hesse, der die Idee für mein Promotionsvorhaben in mir hat reifen lassen und mich bis in seine letzten Tage dabei unterstützt hat.

Die Arbeit berücksichtigt den Stand der Rechtsprechung und Gesetzgebung bis zum Juli 2003.

Brüssel, August 2003

Till Schreiber

INHALTSVERZEICHNIS

Einleitung

Gegenstand und Ziel dieser Arbeit

Wettbewerb ist das wichtigste Kennzeichen moderner Wirtschaftsordnungen. Der Wettbewerb steuert und ordnet das Verhalten der Wirtschaftsteilnehmer, treibt diese zu immer neuen und innovativen Leistungen und sorgt für eine marktgerechte Verteilung von Kapital und Ressourcen. Aufgrund dieser zentralen Bedeutung des Wettbewerbs für das Funktionieren marktorientierter Wirtschaftsordnungen ist das Bestehen einer juristischen Wettbewerbsordnung eine wichtige Voraussetzung für die gesunde Entwicklung einer modernen Volkswirtschaft. In Südamerika, insbesondere in Argentinien und Brasilien, führte die Ersetzung der Militärdiktaturen durch demokratische Regierungen zur Einführung von wettbewerbsorientierten Marktwirtschaften und zu einer umfassenden wirtschaftlichen Liberalisierung. Zum Schutz dieser neuen Wirtschaftsordnungen wurden in Argentinien und Brasilien eigene Wettbewerbsgesetze verabschiedet. Darüber hinaus gründeten Argentinien und Brasilien zusammen mit Paraguay und Uruguay im Jahre 1991 den Gemeinsamen Markt des Südens, den MERCOSUR.[1] Im Rahmen dieses Zusammenschlusses verabschiedeten die Mitgliedstaaten 1996 das Protokoll für den Schutz des Wettbewerbs im MERCOSUR. Ziel dieses Protokolls ist die Schaffung einer in allen Mitgliedstaaten geltenden modernen Wettbewerbsordnung. Dies hebt die Bedeutung des Wettbewerbsrechts für die wirtschaftliche Entwicklung Südamerikas noch einmal hervor. Argentinien hat seine Märkte in den Neunziger Jahren umfassend dem internationalen Wettbewerb geöffnet. Die Liberalisierung und Privatisierung der argentinischen Wirtschaft unter dem damaligen Wirtschaftsminister Cavallo gingen weiter als in vielen europäischen Staaten. Aufgrund des mit der umfangreichen Marktöffnung einhergehenden Rückzugs staatlicher Regelungen und der gleichzeitig auf vielen Märkten weiterhin bestehenden wirtschaftlichen Machtkonzentrationen in Form früherer staatlicher Monopolunternehmen war die Schaffung einer modernen Wettbewerbsordnung zum Schutz der gerade erwachten Wettbewerbskultur in diesem Land besonders dringend. Nachdem mehrere Jahre über verschiedene Gesetzesentwürfe diskutiert wurde, trat am 29. September 1999 schließlich das Gesetz 25.156 zum Schutz des Wettbewerbs in Kraft. Das Gesetz ist in vielerlei Hinsicht ein Meilenstein in der noch jungen Geschich-

[1] MERCOSUR ist die Abkürzung für MErcado COmún del SUR oder Gemeinsamer Markt des Südens. Der MERCOSUR wurde gegründet durch den Vertrag von Asunción, Tratado para la Constitución de un Mercado Común entre la República Argentina, la República Federativa del Brasil, la República del Paraguay y la República Oriental del Uruguay – Tratado de Asunción – vom 26. März 1991, Boletín Oficial del MERCOSUR I/1 (1997), S. 13 ff., in Kraft getreten am 29.11.1991. Eine deutsche Übersetzung des Vertrags findet sich in: Max-Planck-Institut für ausländisches und internationales Privatrecht, Rechtsquellen des MERCOSUR, Teilband I, S. 19 ff.

te des modernen Wettbewerbsrechts in Argentinien. So ist in dem Gesetz neben den klassischen Bereichen der Wettbewerbsbeschränkung durch individuelle und abgestimmte Verhaltensweisen und des Missbrauchs einer marktbeherrschenden Stellung erstmals die präventive Kontrolle wirtschaftlicher Zusammenschlüsse geregelt.

Gegenstand und Ziel dieser Arbeit ist die Darstellung des Regelungsinhalts des Gesetzes 25.156 und der Auslegung der Gesetzesvorschriften durch die zuständige Wettbewerbsbehörde, die *Comisión Nacional de Defensa de la Competencia* (CNDC). Dieser Behörde obliegt seit 1980 der Schutz des Wettbewerbs in Argentinien, wobei ihr jedoch erst seit Mitte der Neunziger Jahre aufgrund einer erheblichen personellen und technischen Verstärkung ein unabhängiges und effizientes Arbeiten möglich ist. Durch eine Vielzahl von Entscheidungen hat die CNDC nicht nur die effektive Durchsetzung des Wettbewerbsrechts in Argentinien sichergestellt, sondern gleichzeitig entscheidenden Anteil an dessen Fortentwicklung und Modernisierung gehabt. Die argentinische Wettbewerbsbehörde orientiert sich stark an anderen Wettbewerbsordnungen, insbesondere denen der EU und der USA. In ihrer Praxis hat sie eine Reihe wettbewerbsrechtlicher Neuerungen und Einflüsse aus diesen Jurisdiktionen übernommen. Eine abschließende Beurteilung des Gesetzes 25.156 ist ohne Berücksichtigung der umfangreichen Anwendungspraxis der CNDC nicht möglich. Neben der Darstellung der Rechtsprechung der argentinischen Wettbewerbsbehörde soll auch untersucht werden, welchen Einfluss das Protokoll zum Schutz des Wettbewerbs im MERCOSUR auf das Gesetz 25.156 hatte, und inwiefern die Vorschriften des Protokolls durch das Gesetz 25.156 in das argentinische Rechtssystem übernommen wurden.

Schließlich wird sowohl im Rahmen der Darstellung des Gesetzes 25.156 als auch im Rahmen der Darstellung des Protokolls zum Schutz des Wettbewerbs im MERCOSUR ein Vergleich zu den entsprechenden Vorschriften der Wettbewerbsordnung der Europäischen Union gezogen. Denn die Gesetzgeber haben sich bei der Formulierung beider Regelungswerke stark an den wettbewerbsrechtlichen Vorschriften des EG-Vertrags und der europäischen Fusionskontrollverordnung VO 4064/89 orientiert. Aus diesem Grund greift die argentinische Wettbewerbsbehörde zur Lösung von sich im Zusammenhang mit der Auslegung des neu in Kraft getretenen argentinischen Wettbewerbsgesetzes stellenden Problemen auf die im Rahmen der europäischen Wettbewerbsordnung entwickelten Interpretationsansätze zurück.

I. Historische Vorgänger des Gesetzes 25.156 in Argentinien

Entgegen der ersten Vermutung hat Argentinien eine lange Geschichte wettbewerbsrechtlicher Gesetzesvorschriften. Die erste Wettbewerbsordnung datiert bereits aus dem Jahr 1923. Im Laufe der Zeit wurden noch zwei weitere Wettbewerbsgesetze verabschiedet. Keines dieser Gesetze wurde jedoch in der Praxis effektiv angewandt. Trotzdem hatten diese historischen Vorgänger einen nicht unerheblichen Einfluss auf das Gesetz 25.156. Darüber hinaus vermittelt die Darstellung der verschiedenen Wettbewerbsgesetze einen Hintergrund für das Verständnis der praktischen Probleme im Bereich des Wettbewerbsschutzes in Argentinien.

1. Das Gesetz 11.210 zur Unterdrückung von Monopolstellungen von 1923

Das erste Gesetzeswerk, das den Schutz des Wettbewerbs in Argentinien bezweckte, war das *Gesetz 11.210 zur Unterdrückung von Monopolstellungen* vom 28. August 1923.[2]

a) Hintergrund

Hintergrund für die Verabschiedung des Gesetzes 11.210 war die Beherrschung des Fleischmarktes durch britische Unternehmen, denen sowohl die Eisenbahnlinien als auch die Kühlhäuser des Landes gehörten.[3] Die britischen Unternehmen waren daher als einzige in der Lage, Fleisch über weite Strecken zu transportieren und zu exportieren. Auf Druck der argentinischen Fleischproduzenten, die auch an dem lukrativen Geschäft partizipieren wollten, wurde 1923 das Gesetz 11.210 verabschiedet. Der argentinische Gesetzgeber wollte durch das Gesetz in erster Linie erreichen, dass die einheimischen Unternehmen freien Zugang zu den lukrativen Exportmärkten für landwirtschaftliche Produkte hatten, auf denen britische Unternehmen aufgrund ihres technischen Vorsprungs eine Monopolstellung innehatten.[4] Bezeichnenderweise richtete sich das Gesetz daher ausschließlich gegen die Innehabung oder die Begründung einer Monopolstellung. Der Gesetzgeber verkannte dabei, dass die starke Marktstellung der britischen Unternehmen in erster Linie das Ergebnis der von ihnen getätigten Investitionen und damit eines heutzutage allgemein als wettbewerbskonform eingestuften Verhaltens war.

---

[2] Ley 11.210 – Represión del monopolio, Boletín Oficial vom 11.September 1923; Anales de la Legislación Argentina, Tomo III, S. 110.

[3] *Frediani*, Cuadernos de Administración Pública 1982, Política de Defensa de la Competencia, S. 21.

[4] Antecedentes Parlamentarios: Cámara de Diputados de la Nación, Diario de sesiones, 1921 Band I, S. 691, 729, 759, 806; Band II, S. 6; Diario de sesiones 1923, Band V, S. 372; Cámara de Senadores de la Nación, Diario de sesiones 1922, Band VII, S. 360 ; Diario de sesiones 1923, Band I, S. 304.

b) Regelungsinhalt

Das Gesetz 11.210 war Teil des Strafgesetzbuches. Entsprechend stellten Übereinkommen, Vereinbarungen, Interessengemeinschaften, Kapitalverschmelzungen oder Zusammenschlüsse, die auf die Begründung oder Aufrechterhaltung einer Monopolstellung in einem oder mehreren Produktionszweigen, auf Transportwegen oder auf dem internen oder externen Handel in einem Teil oder in dem gesamten Hoheitsgebiet abzielten, nach Artikel 1 ein strafrechtliches Delikt dar. Weitere Delikte waren in Artikel 2 des Gesetzes 11.210 aufgeführt. Danach waren monopolistische Handlungen, die ohne Herbeiführung eines technischen oder wirtschaftlichen Fortschritts willkürlich die Gewinne der- oder desjenigen erhöhten, der sie ausführte, die außer Verhältnis zum eingesetzten Kapital standen und durch die der freie Wettbewerb für andere natürliche oder juristische Personen erschwert wurde, verboten. Beispiele für verbotene monopolistische Handlungen waren:

- die absichtliche Zerstörung von Waren oder Produktionsmitteln mit dem Ziel, eine Preiserhöhung herbeizuführen;
- die Aufteilung einer Region, Provinz oder Ortschaft in ausschließliche Ankaufs- oder Verkaufsmärkte mit dem Zweck, den Wettbewerb zu unterbinden und so die Ankaufspreise zu drücken bzw. die Verkaufspreise zu erhöhen;
- die Hortung, Beseitigung oder die Verkaufsverweigerung lebensnotwendiger Waren wie Lebensmittel, Kleidung, Beleuchtungs- oder Heizmittel mit dem Ziel, eine Erhöhung der Preise herbeizuführen;
- Vereinbarungen zur Verringerung der Produktion von Waren;
- der Verkauf von Waren oder die Erbringung von Dienstleistungen unterhalb des Kostenpreises mit dem Ziel, einen freien Wettbewerb zu verhindern;
- Vereinbarungen durch die sich der Käufer verpflichtet, von keinem anderen Verkäufer zu kaufen;
- Vereinbarungen, die dem Zwischenhändler einen bestimmten Weiterverkaufspreis auferlegen;
- die gleichzeitige Ausübung der Geschäftsführertätigkeit bei verschiedenen Unternehmen, wenn dies zu einer Wettbewerbsbeschränkung führen kann.

Diese Delikte wurden gemäß Artikel 3 des Gesetzes 11.210 mit Geldstrafe oder mit Freiheitsstrafe bis zu drei Jahren geahndet. Die Anwendung des Gesetzes oblag den Strafgerichten. Bei den in Artikel 2 aufgezählten klassischen horizontalen Wettbewerbsbeschränkungen wie Preisabsprachen, Gebietsaufteilungen und Mengenbeschränkungen handelte es sich nach der Rechtsprechung um Regelbeispiele einer monopolistischen Handlung, die generell verboten waren, so dass nicht zusätzlich eine Monopolstellung im Sinne des Artikels 1 vorliegen musste.[5]

c) Einfluss anderer Wettbewerbsordnungen

Wortlaut und Aufbau Gesetzes 11.210 machen deutlich, dass der US-amerikanische *Sherman-Act* aus dem Jahre 1890[6] einen starken Einfluss auf das erste argentinische Wettbewerbsgesetz hatte. Wie der *Sherman-Act* war das Gesetz 11.210 strafrechtlicher Natur.[7] Beide Wettbewerbsordnungen stellten ein striktes Verbot für Monopolstellungen auf, beiden Gesetzen lag also das Verbotsprinzip zugrunde.[8] Darüber hinaus waren eine Reihe wettbewerbswidriger Verhaltensweisen als monopolistische Handlungen mit einem *per-se* Verbot belegt.[9] In einem wesentlichen Punkt unterschied sich das argentinische Gesetz 11.120 jedoch von seinem US-amerikanischen Vorbild: Gemäß Artikel 2 des Gesetzes 11.210 waren Monopolstellungen nicht verboten, wenn sie zu einem technischen oder wirtschaftlichen Fortschritt führten. Mit dieser Formulierung hat der argentinische Gesetzgeber die kurz zuvor von den US-Gerichten entwickelte *rule of reason*-Doktrin übernommen, die zu einer Aufweichung des strengen *per-se*

---

[5] Urteil der Cámara Criminal de la Provincia de Buenos Aires vom 8. Oktober 1946, La Ley 1986, Band A, S. 1093.

[6] Gesetz vom 2. Juli 1890, 15 U.S.C. §§ 1 bis 11 „Sherman Act". Ausführlich zur Entstehungsgeschichte des Sherman-Act siehe *Morgan*, Modern Antitrust Law and its origins, S. 22 ff.

[7] *Hendler*, Los delitos de la ley de defensa de la competencia, La Ley 1982, Band B, S. 1011 und 1012; ausführlich zur strafrechtlichen Natur der argentinischen Wettbewerbsgesetze siehe unten IV.1. Zur strafrechtlichen Rechtsnatur des Sherman-Act siehe *Sullivan*, Handbook of the Law of Antitrust, S. 10 f.

[8] Hingegen lag der ebenfalls im Jahre 1923 verabschiedeten deutschen Kartellverordnung das Missbrauchsprinzip zugrunde, vgl. NotVO vom 2. November 1923, RGBl. I, S. 1067 (1090). Nach dem Verbotsprinzip sind bestimmte Handlungen grundsätzlich als wettbewerbswidrig einzustufen und daher verboten, ohne dass sie durch übergeordnete Gründe wie der Förderung des technischen Fortschritts gerechtfertigt werden können, während nach dem Missbrauchsprinzip Handlungen nur dann als wettbewerbswidrig verboten sind, wenn sie einen Missbrauch einer wirtschaftlichen Machtstellung darstellen und somit für den Wettbewerbsprozess schädlich sind, siehe *Möschel*, Recht der Wettbewerbsbeschränkungen, § 2; *Langen/Bunte*, Kommentar zum deutschen und europäischen Kartellrecht, Einführung zum GWB, RN 3 und 7, *Emmerich*, Kartellrecht, S. 11.

[9] Als *per-se* Verbot wird das grundsätzliche Verbot bestimmter wettbewerbswidriger Verhaltensweisen nach dem Verbotsprinzip bezeichnet. Der Begriff *per-se* Verbot geht auf die US-amerikanische *per-se*-Doktrin zurück. Danach waren bestimmte Praktiken wie horizontale Preisabsprachen ohne Ausnahme aufgrund ihrer wettbewerbsbeschränkenden Auswirkungen verboten. Ausführlich zur *per-se*-Doktrin im US-amerikanischen Wettbewerbsrecht siehe *Sullivan*, The Handbook of the Law of Antitrust, S. 182 ff.

Verbotes von Artikel 1 des *Sherman-Acts* führte.[10] Danach waren wettbewerbsbeschränkende Verhaltensweisen nicht verboten, wenn sie insgesamt betrachtet positive Auswirkungen für die wirtschaftliche Gesamtentwicklung hatten.

d) Anwendungspraxis

In der Praxis wurde das Gesetz 11.210 in den 24 Jahren seiner Gültigkeit so gut wie nicht angewandt.[11] Nachdem das Eigentum an den britischen Eisenbahnen als Gegenleistung für die während des ersten Weltkrieges erbrachten Rohstofflieferungen auf den argentinischen Staat übergegangen war und die sich im britischen Eigentum befindlichen Kühlhausunternehmen in argentinische Gesellschaften umgewandelt wurden, waren die wesentlichen mit der Verabschiedung des Gesetzes 11.210 verfolgten Ziel erreicht, so dass es am politischen Willen zur Durchsetzung des Gesetzes fehlte.

2. Das Gesetz 12.906 zur Unterdrückung von Monopolstellungen von 1946

Am 30. Dezember 1946 wurde das Gesetz 11.210 durch das *Gesetz 12.906 zur Unterdrückung von Monopolstellungen* abgelöst.[12]

a) Hintergrund

Wichtigster Grund für die Verabschiedung des Gesetzes 12.906 war die praktische Nichtbeachtung des Gesetzes 11.210. Das neue Gesetz sollte in erster Linie eine effektive Anwendung der Vorschriften des Wettbewerbsrechts garantieren.[13] Gleichzeitig sollte das neue Gesetz den vom damaligen Präsidenten Perón forcierten Prozess der Industrialisierung fördern und die wirtschaftliche Leistungsfähigkeit des Landes steigern.

b) Regelungsinhalt

Inhaltlich unterschied sich das Gesetz 12.906 nur unwesentlich von seinem Vorgänger. Insbesondere war es auch Teil des Strafrechts.[14] Artikel 1 stellte fast

[10] Das grundlegende Urteil zur rule of reason ist *Board of Trade of the City of Chicago vs. the United States*, 246 U.S. 231, 38 (1918). Das Urteil ist abgedruckt in *Morgan*, Modern Antitrust Law and its origins, S. 118. Eine ausführliche Darstellung der rule of reason-Doktrin findet sich unten IV.1.d)dd)(1).

[11] Das Gesetz 11.210 wurde insgesamt nur 6 mal angewandt, siehe die Darstellung aller relevanten Gerichtsentscheidungen bei *O'Farrell/Villalobos*, El acto ilícito en las leyes argentinas de defensa de la competencia, La Ley 1986, Band A, S. 1091-1093.

[12] Ley 12.906 - Represión de monopolios, Boletín Oficial vom 22.Februar 1947; Anales de la Legislación Argentina, Tomo VII, S. 24.

[13] Cámara de diputados de la Nación, Diario de sesiones 1946, Band V, S. 454 ff.

[14] Zur strafrechtlichen Rechtsnatur des Gesetzes 12.906 siehe *Hendler*, Los delitos de la ley de defensa de la competencia, La Ley 1982, Band B, S. 1012; *O'Farrell/Villalobos*, El acto

wortgleich mit Artikel 1 des Gesetzes 11.210 die Begründung oder Aufrechterhaltung einer Monopolstellung unter Strafe. Die Vorschrift wurde sogar dahingehend erweitert, dass bereits die Teilnahme an Handlungen, die zur Begründung oder Aufrechterhaltung einer Monopolstellung führten, unter Strafe stand.[15] Artikel 2 des Gesetzes 12.906 zählte Verhaltensweisen auf, die verbotene monopolistische Handlungen darstellten. Im Gegensatz zu Artikel 2 des Gesetzes 11.210 bestand jedoch nicht mehr die Möglichkeit, wettbewerbsbeschränkende Handlungen unter dem Gesichtspunkt der technischen Innovation oder der positiven wirtschaftlichen Auswirkungen vom Verbot des Artikels 2 auszunehmen, was eine wesentliche Verschärfung des *per-se* Verbots darstellte. Dies muss aufgrund des Verlustes an anwendungstechnischer Flexibilität als gesetzestechnischer Rückschritt angesehen werden. Die Liste der „monopolistischen Handlungen" des Vorgängergesetzes wurde noch erweitert und enthielt neben klassischen Wettbewerbsbeschränkungen auch Methoden des unlauteren Wettbewerbs. Im Vergleich zu Art. 2 des Gesetzes 11.210 wurden zusätzlich folgende Verhaltensweisen als verbotene monopolistische Handlungen eingestuft:

- Handlungen, die eine Erschwerung des freien Wettbewerbs für andere natürliche oder juristische Personen in einem oder mehreren Produktionszweigen oder einem Transportweg bezwecken oder bewirken;[16]

- die mittels der Behinderung des nationalen oder internationalen Handels bewirkte Verhinderung von dem lauteren Wettbewerb entsprechenden Preisen zum Nachteil des Verbrauchers;[17]

- Vereinbarungen, die den Verkauf eines Produktes oder die Erbringung einer Dienstleistung vom Erwerb eines anderen Produkts oder der Benutzung einer anderen Dienstleistung abhängig machen;[18]

- der direkte oder indirekte Erwerb der Gesellschafts- oder Kapitalanteile einer juristischen Person durch eine natürliche oder eine andere juristische Person, wenn dieser Erwerb die Begründung einer Monopolstellung, die Beschrän-

---

ilícito en las leyes argentinas de defensa de la competencia, La Ley 1986, Band A, S. 1083. Ausführlich zur strafrechtlichen Natur der argentinischen Wettbewerbsgesetze siehe unten III.4.a).

[15] Ausführlich zur Frage der Teilnahme nach Artikel 1 des Gesetzes 12.906 siehe *Pigretti*, La nueva Ley de Defensa de la Competencia, El Derecho, Band 98, S. 861.

[16] Artikel 2 a) des Gesetzes 12.906. Diese Generalklausel war der Aufzählung vorangestellt.

[17] Artikel 2 b) des Gesetzes 12.906.

[18] Artikel 2 f) des Gesetzes 12.906.

kung oder Unterdrückung des Wettbewerbs oder die Abschaffung wettbewerbsgerechter Preise zum Ziel hatte.[19]

Von Interesse ist insbesondere die zuletzt genannte Vorschrift des Artikel 2 m) des Gesetzes 12.906. Diese Vorschrift ermöglichte eine Zusammenschlusskontrolle. Diese Kontrolle konnte jedoch nicht *ex-ante* in Form der präventiven Untersuchung der mit dem Zusammenschluss verbundenen Auswirkungen, sondern nur *ex-post* in Form der Untersuchung der mit dem Zusammenschluss verfolgten Ziele geschehen.[20] Darüber hinaus führte das Abstellen auf die mit dem Zusammenschluss verfolgten Ziele statt auf die konkreten Auswirkungen des Zusammenschlusses auf den Wettbewerb dazu, dass diese Vorschrift in der Praxis nie angewandt wurde.[21]

Wie auch beim Gesetz 11.210 handelte es sich bei Artikel 1 und Artikel 2 um voneinander unabhängige Vorschriften, so dass eine monopolistische Handlung im Sinne des Artikels 2 auch ohne Vorliegen einer Monopolstellung im Sinne des Artikels 1 begangen werden konnte.[22] Die in Artikel 1 und 2 aufgezählten Delikte waren gemäß Artikel 3 mit Geld- oder Freiheitsstrafe bis zu sechs Jahren bedroht. Der wesentliche Unterschied zum Gesetz 11.210 war verfahrenstechnischer Natur. Die Anwendung und die Überwachung des Gesetzes oblag gemäß Artikel 8 nicht den Gerichten, sondern der Exekutive. Die Regierung übertrug diese Aufgabe mittels einer Durchführungsverordnung auf das Sekretariat für Industrie und Bergbau, einer Unterabteilung des Wirtschaftsministeriums.[23] Nach Abschluss der Untersuchungen durch die Verwaltungsbehörde musste diese gemäß den Artikeln 11 und 14 des Gesetzes 12.906 vor dem zuständigen Gericht Klage erheben, wobei die Untersuchungsergebnisse die Grundlage des Gerichtsprozesses bildeten.

---

[19] Artikel 2 m) des Gesetzes 12.906.

[20] Hierin besteht der wesentliche Unterschied zu der präventiven Zusammenschlusskontrolle des Gesetzes 25.156. Ausführlich zur Zusammenschlusskontrolle siehe unten, VII.

[21] Eine Darstellung aller Gerichtsentscheidungen zum Gesetz 12.906 findet sich bei *O'Farrell/Villalobos*, El acto ilícito en las leyes argentinas de defensa de la competencia, La Ley 1986, Band A, S. 1094 - 1097. Artikel 2 m) des Gesetzes 12.906 wurde danach nie angewandt.

[22] Urteil der Cámara Nacional Penal Económico vom 10. Dezember 1970, La Ley, Band 142, S. 57 „Frigoríficos Argentinos S.A."; Urteil der Cámara Nacional Penal Económico vom 6. September 1978, La Ley, Band 179 A, S. 176 „A.D.R.A.".

[23] Artikel 2 des Dekrets 5428/49 zur Regelung des Gesetzes gegen Monopolstellungen (12.906), Boletín Oficial vom 8.März 1949. Die Zuständigkeit des Wirschaftsministeriums ist bis heute bestehen geblieben. Nach Artikel 17 des Gesetzes 25.156 gehören das neu zu gründende Tribunal de Defensa de la Comptencia (TNDC) und die Comisión Nacionale de Defensa de la Competencia (CNDC) ebenfalls zum Zuständigkeitsbereich des Ministeriums für Wirtschaft und Öffentliche Dienstleistungen. Ausführlich siehe unten V. 1. a) und b).

c) Einfluss anderer Wettbewerbsordnungen

Wie das Gesetz 11.210 war das Gesetz 12.906 stark durch den US-amerikanischen *Sherman-Act* geprägt. Auch die wenigen Neuerungen des Gesetzes 12.906 gingen auf den Einfluss des US-amerikanischen Wettbewerbsrechts zurück. Das neu eingeführte Untersuchungs- und Gerichtsverfahren mit einer eigenständigen Wettbewerbsbehörde basierte auf dem US-amerikanischen *Federal Trade Commission Act*. Danach muss die *Federal Trade Commission* (FTC) als Regierungsbehörde mögliche Wettbewerbsverstöße untersuchen und anschließend als Anklagebehörde Klage vor dem zuständigen Richter erheben, der auf Grundlage der Untersuchungsergebnisse der FTC entscheiden muss.[24] Das in Artikel 2 m) behandelte Verbot von Beteiligungen oder Übernahmen, die zu einer Monopolstellung oder einer Beschränkung des Wettbewerbs führen, war an dem US-amerikanischen *Clayton-Act* angelehnt, der in Artikel 7 unter entsprechenden Voraussetzungen das Verbot der Übernahme von Wettbewerbern vorsieht.[25]

d) Anwendungspraxis

Das Gesetz 12.906 hat das mit ihm verfolgte Ziel einer effektiven Rechtsanwendung nicht ansatzweise erreicht. In der Praxis kam es während des Zeitraums seiner Gültigkeit von 34 Jahren lediglich zu zwei Verurteilungen.[26] Grund für die praktische Nichtanwendung war einerseits die Regierungspolitik von Präsident Perón, der teilweise staatswirtschaftliche Ansätze verfolgte und nicht an der Durchsetzung des Wettbewerbsgesetzes interessiert war. Andererseits führte die Größe des Landes bei einer gleichzeitig schwachen Industrialisierung dazu, dass in vielen Wirtschaftszweigen lokale und regionale Monopolstellungen entstanden, so dass die strikte Anwendung des Gesetzes zu einer Unterbindung der wirtschaftlichen Tätigkeit in weiten Teilen des Landes geführt hätte. Insgesamt ist die fehlende Anwendung des Gesetzes somit auf das verfehlte Konzept, eine Monopolstellung als solche unter Strafe zu stellen und nicht am missbräuchlichen Verhalten eines marktstarken Unternehmens anzuknüpfen sowie auf mangelnden politischen Willen zurückzuführen.

---

[24] Gesetz vom 26. September 1914, U.S.C. §§ 41 bis 59 „Federal Trade Commission Act". Ausführlich zu den Aufgaben der FTC und dem Verfahren vor den US-amerikanischen Gerichten siehe *Sullivan*, Handbook of the Law of Antitrust, S. 752 ff. und 768 ff.

[25] Gesetz vom 15. Okober 1914, 15 U.S.C. §§ 12 bis 27 „Clayton Act".

[26] Urteil der Cámara Nacional Penal Ecnomómico vom 13. Oktober 1967, La Ley, Band 142, S. 57 „Editorial Aguilar S.A."; Urteil der Cámara Nacional Penal Ecnomómico vom 10. Juli 1962, La Ley, Band 107, S. 636 „Cámara Argentina de Especialidades Medicinales". Insgesamt wurde das Gesetz 12.906 nur 14 mal angewandt, eine Darstellung der wichtigsten Entscheidungen findet sich bei *O'Farrell/Villalobos*, El acto ilícito en las leyes argentinas de defensa de la competencia, La Ley 1986, Band A, S. 1094 - 1097.

3. Das Gesetz 22.262 zum Schutz des Wettbewerbs von 1980

Am 4. Dezember 1980 trat das *Gesetz 22.262 zum Schutz des Wettbewerbs* in Kraft und löste das Gesetz 12.906 ab.[27]

a) Hintergrund

Ausschlaggebend für die Einführung des neuen Wettbewerbsgesetzes war die praktische Nichtbeachtung des Gesetzes 12.906. Seit Mitte der sechziger Jahre diskutierte das Parlament über eine Modifizierung oder Novellierung dieses Gesetzes und setzte 1966 eine parlamentarische Kommission zur Ausarbeitung eines Gesetzesentwurfes ein.[28] Diese legte einen Entwurf für ein neues Wettbewerbsgesetz vor, der jedoch mangels politischer Unterstützung nicht umgesetzt wurde. Erst Ende der Siebziger Jahre griff die damalige Militärregierung das Projekt eines neuen Wettbewerbsgesetzes wieder auf. Ein neues Wettbewerbsgesetz erschien den damaligen Machthabern ein geeignetes Instrument, um die Liberalisierung der argentinischen Märkte voranzutreiben und ein Zeichen für mehr private Wirtschaftsinitiative zu setzen.[29] Die 1977 eingesetzte Kommission für die Ausarbeitung eines Wettbewerbsgesetzes griff teilweise auf die Vorarbeiten der Kommission von 1966 zurück[30] und legte schließlich einen Gesetzesentwurf vor, der am 1. August 1980 verabschiedet wurde.

b) Regelungsinhalt

Das Gesetz 22.262 ist der Beginn des modernen Wettbewerbsrechts in Argentinien. Dies wird bereits aus dem Titel des Gesetzes deutlich. Während sich die Vorgänger gegen Monopolstellungen richteten, dient das Gesetz 22.262 dem „*Schutz des Wettbewerbs*". Der grundlegende Neuansatz des Gesetzes 22.262 wird auch in den dem Gesetz vorangestellten Gesetzesmotiven deutlich: Danach ist die Privatinitiative der wahre Motor der Wirtschaftsentwicklung, die Rolle des Staates sei auf die Sicherstellung des einwandfreien Funktionierens des Markts und die Garantie der Handlungsfreiheit der Privatpersonen zu beschränken.[31]

Gemäß Artikel 1 waren alle Handlungen oder Verhaltensweisen verboten, die eine Begrenzung, Beschränkung oder Verzerrung des Wettbewerbs oder den

---

[27] Ley 22.262 de defensa de la competencia, Boletín Oficial vom 6. August 1980.
[28] *Cabanellas de las Cuevas*, Derecho antimonopólico y de defensa de la competencia, S. 72.
[29] *Cabanellas de las Cuevas/Etzrodt*, Das neue argentinische Kartellrecht vom 1.8.1980, RIW 1981, S. 155.
[30] *D'Albora*, Glosas sobre el procedimiento penal. La ley 22.262, La Ley 1980, Band D, S. 1404.
[31] Ley 22.262 de defensa de la competencia, Exposición de motivos (Gesetzesmotive), Kapitel I, Ziffer 2.

Missbrauch einer marktbeherrschenden Stellung darstellten, wenn dadurch ein Schaden für das wirtschaftliche Allgemeininteresse entstehen konnte. Hier wird der im Vergleich zu seinen Vorgängern grundlegende Wechsel des dem Gesetz zugrundeliegenden Regelungskonzepts deutlich: Verboten waren nicht mehr Monopolstellungen und monopolistische Handlungen, sondern wettbewerbsbeschränkende Handlungen und der Missbrauch einer marktbeherrschenden Stellung. Hervorzuheben ist die dem argentinischen Wettbewerbsrecht eigene Bedingung, dass ein Verbot nur dann ausgesprochen werden konnte, wenn ein Schaden für das wirtschaftliche Allgemeininteresse drohte. Diese Voraussetzung galt sowohl für wettbewerbsbeschränkende Handlungen, als auch für den Missbrauch einer marktbeherrschenden Stellung.[32] Vom Verbot des Artikels 1 waren gemäß Artikel 5 alle Handlungen ausgenommen, die im Einklang mit „allgemeinen staatlichen Vorschriften" standen. Diese unklar formulierte Ausnahme galt in erster Hinsicht für Handlungen im Rahmen des Monopols ausschließlicher Schutzrechte des geistigen Eigentums.[33] Sie diente aber auch dem Schutz von Rechten, die Unternehmen auf dem Gebiet öffentlicher Dienstleistungen übertragen wurden.[34] Diese Ausnahmevorschrift wurde 1991 durch das Präsidialdekret 2.285/91 wesentlich eingeschränkt[35] und schließlich 1995 durch das Gesetz 24.481 endgültig aufgehoben.[36]

Artikel 2 des Gesetzes 22.262 enthielt eine Definition der marktbeherrschenden Stellung. Danach hatte eine Person eine marktbeherrschende Stellung, wenn sie für eine Ware oder eine Dienstleistung der einzige Anbieter oder Nachfrager innerhalb des nationalen Marktes war oder sie keinem wesentlichen Wettbewerb ausgesetzt war. Zwei oder mehr Personen hatten eine marktbeherrschende Stellung, wenn für eine bestimmte Ware oder Dienstleistung auf dem nationalen Markt kein effektiver Wettbewerb zwischen ihnen und kein wesentlicher Wettbewerb durch Dritte herrschte.

Artikel 41 enthielt eine Liste von wettbewerbsbeschränkenden Handlungen, die ein strafrechtliches Delikt darstellten und gemäß Artikel 42 mit einer Freiheits-

---

[32] Ley 22.262 de defensa de la competencia, Exposición de motivos (Gesetzesmotive), Kapitel III, Ziffer 1.

[33] *Otamendi*, Presupuestos básicos para la aplicación de la Ley de Defensa de la Competencia, La Ley 1981, Band B, S. 916, 917; *Cabanellas de las Cuevas*, Derecho antimonopólico y de defensa de la competencia, S. 693.

[34] Ley 22.262 de defensa de la competencia, Exposición de motivos (Gesetzesmotive), Kapitel III, Ziffer 5.

[35] Präsidialdekret 2.284/91, Boletín Oficial vom 1. November 1991. Danach unterlagen auch unter Artikel 5 fallende Verhaltensweisen dem Anwendungsbereich von Artikel 1 des Gesetzes 22.262.

[36] Artikel 107, Ley 24.481 de Patentes de Invención y Modelos de Utilidad, Boletín Oficial vom 20. September 1995.

strafe von einem bis zu fünf Jahren bedroht waren. Danach standen folgende Handlungen unter Strafe:

- die mittelbare oder unmittelbare Festsetzung, Bestimmung oder Beeinflussung von Preisen durch abgestimmte Verhaltensweisen;
- die Begrenzung oder Kontrolle der technischen Entwicklung, von Investitionen in Produkte oder Dienstleistungen sowie der Vertriebs- und Vermarktungswege durch abgestimmte Verhaltensweisen;
- die Bestimmung von Verkaufs- und Vermarktungsbedingungen, Mindestmengen, Rabatten sowie anderen Verkaufs- oder Vermarktungsaspekten;
- die Verknüpfung des Abschlusses eines Vertrages mit der Annahme weiterer Leistungen, die in keiner Beziehung zum Vertragsgegenstand stehen;
- die Aufteilung von Zonen, Märkten, Kunden oder Versorgungsquellen durch Vereinbarungen oder abgestimmte Verhaltensweisen;
- die Ver- oder Behinderung des Marktzutritts eines oder mehrerer Wettbewerber mittels Vereinbarungen oder abgestimmter Verhaltensweisen;
- die Weigerung im Rahmen einer abgestimmten Verhaltensweise, Nachfragen nach Waren oder Dienstleistungen zu erfüllen, sofern dies nicht durch Gründe der Wirtschaftlichkeit gerechtfertigt war;
- die Aufstellung diskriminierender An- oder Verkaufsbedingungen im Rahmen einer abgestimmten Verhaltensweise, sofern dies nicht durch Gründe der Wirtschaftlichkeit gerechtfertigt war;
- die Zerstörung von Produkten in allen Bearbeitungsstadien sowie von Förder-, Produktions- oder Transportmitteln im Rahmen einer abgestimmten Verhaltensweise;
- die Aufgabe von Anpflanzungen, Plantagen oder landwirtschaftlichen Produkten, die Funktionsbeeinträchtigung von Industrieanlagen, sowie die Beeinträchtigung der Erkundung und Ausbeutung von Rohstoffvorkommen im Rahmen einer abgestimmten Verhaltensweise;
- die Mitteilung von Preisen oder anderen Ankaufs-, Verkaufs- oder Vermarktungsbedingungen an Wettbewerber im Rahmen einer abgestimmten Verhaltensweise.

Als Delikte waren alle Handlungen des Artikels 41 strafrechtlicher Natur.[37]

Artikel 6 bis 16 regelten die Gründung und Zusammensetzung des zuständigen Anwendungsorgans, der *Comisión Nacional de Defensa de la Competencia* (CNDC).[38] Dieses Verwaltungsorgan war Teil des Sekretariats für Industrie, Handel und Bergbau im Ministerium für Wirtschaft und Öffentliche Dienstleistungen. Die Aufgabe der CNDC bestand ausschließlich in der Anwendung des Gesetzes 22.262. Artikel 12 enthielt eine Aufzählung der Kompetenzen, die ein effektives Arbeiten des Kontrollorgans garantieren sollten.[39] Hervorzuheben sind die Kompetenzen zur Durchführung von Marktstudien, zur Vernehmung von Zeugen, zur Durchführung öffentlicher Anhörungen sowie zur Beantragung von Durchsuchungsbefehlen und Beschlagnahmeanordnungen. Die Entscheidungen wurden von einem Gremium von 5 stimmberechtigten Beisitzern getroffen.

c) Einfluss anderer Wettbewerbsordnungen

Das Gesetz 22.226 wurde stark durch andere Wettbewerbsordnungen beeinflusst. Grund hierfür war, dass die Gesetze 11.210 und 12.906 in den Augen des argentinischen Gesetzgebers aufgrund ihres verfehlten Regelungsansatzes in Form des Verbotes von Monopolstellungen sowie ihrem ungenauen Wortlaut als Grundlage des neuen Wettbewerbsgesetzes nicht geeignet waren.[40] Gleichzeitig bestand keine Anwendungspraxis sowie einschlägige Rechtsprechung auf dem Gebiet des Wettbewerbrechts, die der Gesetzgeber hätte berücksichtigen können. Zwangsläufig wurde daher während der Ausarbeitung des Gesetzentwurfes auf die Wettbewerbsgesetze anderer Rechtsordnungen zurückgegriffen, die sich in der Praxis bewährt hatten.[41] Durch die teilweise wörtliche Übernahme von Rechtsbegriffen und Konzepten anderer Wettbewerbsordnungen wollte der Gesetzgeber dem Anwendungsorgan eine Orientierungshilfe bei der Auslegung des Gesetzes geben und dadurch einer möglichen Rechtsunsicherheit vorbeugen.

---

[37] Ley 22.262 de defensa de la competencia, Exposición de motivos (Gesetzesmotive), Kapitel I, Ziffer 3 und Kapitel III, Ziffer 15. Ausführlich zur strafrechtlichen Natur der argentinischen Wettbewerbsgesetze siehe unten III. 1.a).

[38] Comisión Nacional de Defensa de la Competencia bedeutet „Nationale Kommission zum Schutz des Wettbewerbs".

[39] Ley 22.262 de defensa de la competencia, Exposición de motivos (Gesetzesmotive), Kapitel III, Ziffer 7.

[40] So stellte beispielsweise die Cámara Nacional Penal Económico in ihrem Urteil „Frigorífico Swift S.A. y otros" fest, dass sowohl das Gesetz 11.210 als auch das Gesetz 12.906 aufgrund ihrer Unklarheit zu erheblichen Unsicherheiten bei der Anwendung der Vorschriften führten, La Ley 1979, Band D, S. 592.

[41] Eine Übersicht der bei der Ausarbeitung des Gesetzes 22.262 berücksichtigten Wettbewerbsgesetze findet sich bei *Mizraji*, Los mercados. Protección de la competencia. Sistemas, Buenos Aires 1987, S. 16 ff.

aa) Einfluss des europäischen Wettbewerbsrechts

In Argentinien ist allgemein anerkannt, dass die wettbewerbsrechtlichen Vorschriften der Römischen Verträge und insbesondere die Artikel 85 und 86 EGV a.F. (Artikel 81 und 82 EGV n.F.)[42] die wichtigste Grundlage für das Gesetz 22.262 waren.[43] Ausschlaggebend hierfür war einerseits die Tatsache, dass das argentinische Rechtssystem auf kontinentaleuropäischen Rechtsprinzipien basiert, andererseits der fortschrittlichere und flexiblere Charakter der Europäischen Wettbewerbsordnung, die im Gegensatz zum US-amerikanischen Wettbewerbsrecht nicht von einem *per-se* Verbot struktureller Monopolstellungen ausgeht, sondern nur bestimmte wettbewerbswidrige Verhaltensweisen verbietet und Freistellungsmöglichkeiten im Falle der Förderung des technischen und wirtschaftlichen Fortschritts und der Verbesserung der Produktion unter angemessener Beteiligung der Verbraucher vorsieht.[44] Besonders deutlich wird der Einfluss des europäischen Wettbewerbsrechts in Artikel 1 des Gesetzes 22.262, der die wichtigsten Elemente von Artikel 85 und 86 EGV a.F. (Artikel 81 und 82 EGV n.F.) – das Verbot wettbewerbsbeschränkender Vereinbarungen und das Verbot des Missbrauchs einer marktbeherrschenden Stellung – in einer Vorschrift miteinander vereinte. Das Konzept des Missbrauchs einer marktbeherrschenden Stellung wurde erstmals in die argentinische Wettbewerbsordnung übernommen.

Das europäische Wettbewerbsrecht hat auch die Formulierung der in Artikel 41 des Gesetzes 22.262 aufgezählten verbotenen wettbewerbswidrigen Verhaltensweisen stark beeinflusst. Das in Artikel 41 a) des Gesetzes 22.262 geregelte Verbot von Preisbestimmungen entsprach Artikel 85 Abs. 1 a) EGV a.F. (Artikel 81 Abs. 1 a) EGV n.F.). Das Verbot der Beschränkung der technischen Entwicklung durch abgestimmte Verhaltensweisen in Artikel 41 b) entsprach Artikel 85 Abs. 1 b) EGV a.F. (Artikel 81 Abs. 1 b) EGV n.F.). Das Bündelungsverbot des Artikels 41 d) fand seine fast wörtliche Entsprechung in Artikel 85

---

[42] Die Vorschriften des EG-Vertrags werden grundsätzlich in der aktuellen Numerierung des Amsterdamer Vertrags zitiert. Nur wenn sich argentinische Vorarbeiten oder Entscheidungen der Europäischen Kommission oder des Europäischen Gerichtshofs auf die ursprüngliche Numerierung beziehen, wird diese mitsamt der aktuellen Numerierung des EG-Vertrags zitiert.

[43] *Cabanellas de las Cuevas/Etzrodt*, Das neue argentinische Kartellrecht vom 1.8.1980, RIW 1981, S. 156;
Fargosi, Apostilla sobre la ley de Defensa de la Competencia, Anales de la Legislación Argentina 1980, Boletín 31, S. 9; *Otamendi*, Presupuestos básicos para la aplicación de la Ley de Defensa de la Competencia, La Ley 1981, Band B, S. 906, 914.

[44] *Fargosi*, Apostilla sobre la ley de Defensa de la Competencia, Anales de la Legislación Argentina 1980, Boletín 31, S. 9; *Cabanellas de las Cuevas*, Derecho antimonopólico y de defensa de la competencia, S. 84 unter Hinweis auf Artikel 85 Abs. 3 EGV a.F. (Artikel 81 Abs. 3 EGV n.F.).

Abs. 1 e) EGV a.F. (Artikel 81 Abs. 1 e) EGV n.F.), und schließlich war das Verbot der Marktaufteilung in Artikel 41 e) des Gesetzes 22.262 auf Artikel 85 Abs. 1 c) EGV a.F. (81 Abs. 1 c) EGV n.F.) zurückzuführen.

Auch in verfahrenstechnischer Sicht wurde das Gesetz 22.262 stark von europäischen Normen beeinflusst. Zu nennen ist insbesondere die Kartellverordnung VO 17/62/EG.[45] Zuständig für die Anwendung des Gesetzes und die Durchführung von Untersuchungen war in Abkehr von der Zuständigkeit der Gerichte die CNDC, ein mit speziellen Untersuchungsbefugnissen ausgestattetes Organ der Exekutive. Trotz des großen Einflusses des europäischen Wettbewerbsrechts auf das Gesetz 22.262 gab es wesentliche Unterschiede zwischen beiden Wettbewerbsordnungen. Insbesondere sah das argentinische Wettbewerbsgesetz kein dem Artikel 85 Abs. 3 EGV a.F. (Artikel 81 Abs. 3 EGV n.F.) entsprechendes Freistellungsverfahren vor. Diese Entscheidung ging auf die Befürchtung des argentinischen Gesetzgebers zurück, dass ein Freistellungsverfahren das Kontrollorgan arbeitstechnisch überlasten und zu überlangen Entscheidungsprozessen führen würde.[46]

bb) Einfluss des US-amerikanischen Wettbewerbsrechts

Im Gegensatz zu seinen Vorgängern war das Gesetz 22.262 war der Einfluss der Vorschriften der US-amerikanischen Wettbewerbsgesetze viel geringer. Dies wird insbesondere dadurch deutlich, dass sich das Gesetz nicht mehr gegen Monopolstellungen richtete und das Prinzip des *per-se* Verbots aufgehoben wurde. Einen wesentlichen Einfluss auf das Gesetz 22.262 hatte jedoch die von der US-amerikanischen Rechtsprechung entwickelte *rule of reason*-Doktrin.[47] Das in den Vorgängergesetzen vorgesehen *per-se* Verbot für bestimmte wettbewerbsbeschränkende Verhaltensweisen wurde durch das flexible Entscheidungskonzept des „wirtschaftlichen Allgemeininteresses" ersetzt. Hierdurch sollte verhindert werden, dass wettbewerbsbeschränkende Verhaltensweisen, die vorteilhaft für die Gesellschaft waren, unter das Verbot von Artikel 1 fielen.[48] Dies entsprach in wesentlichen Elementen der *rule of reason.*[49]

---

[45] Verordnung Nr. 17 des Rates, Erste Durchführungsverordnung zu den Artikeln 85 und 86 EGV (Artikel 81 und 82 EGV n.F.), vom 6. Februar 1962, ABl. 1962, S. 204.

[46] *Cabanellas de las Cuevas*, Derecho antimonopólico, S. 92.

[47] Die rule of reason-Doktrin im US-amerikanischen Wettbewerbsrecht geht zurück auf das Urteil *Board of Trade of the City of Chicago vs. the United States*, 246 U.S. 231, 38 (1918). Das Urteil ist abgedruckt in *Morgan*, Modern Antitrust Law and its origins, S. 118 ff.

[48] Ley 22.262 de Defensa de la Competencia, Exposición de motivos (Gesetzesmotive), Kapitel III Ziffer 1.

[49] Die rule of reason-Doktrin ist als Gegenansatz zur per-se-Doktrin zu sehen. Durch die Anwendung der rule of reason soll sichergestellt werden, dass nur diejenigen wettbewerbsbeschränkenden Verhaltensweisen verboten werden, die sich negativ auf das Marktgeschehen

cc) Einfluss des spanischen Wettbewerbsrechts

Aufgrund der engen historischen Verbundenheit der Rechtsordnungen Spaniens und Argentiniens verwundert es nicht, dass das spanische Wettbewerbsgesetz von 1963[50] einen nicht unerheblichen Einfluss auf das Gesetz 22.262 hatte.[51] Hervorzuheben ist dabei die Definition der marktbeherrschenden Stellung in Artikel 2 des Gesetzes 22.262. Diese entspricht beinahe wortwörtlich Artikel 2 des spanischen Wettbewerbsgesetzes von 1963, wonach ein Unternehmen eine beherrschende Stellung innehat, wenn es für eine bestimmte Ware oder Dienstleistung der einzige Anbieter oder Nachfrager ist, oder wenn es keinem wesentlichen Wettbewerb ausgesetzt ist. Zwei oder mehr Unternehmen hatten – entsprechend der Definition im spanischen Wettbewerbsgesetz – eine marktbeherrschende Stellung, wenn zwischen ihnen kein effektiver Wettbewerb herrschte oder sie keinem wesentlichen Wettbewerb von Seiten Dritter ausgesetzt waren.

d) Anwendungspraxis

In den ersten Jahren nach seinem Inkrafttreten am 4. Dezember 1980 teilte das Gesetz 22.262 das Schicksal der unzureichenden praktischen Anwendung seiner Vorgänger. Zwar führte die CNDC insbesondere in den Anfangsjahren eine Reihe von Untersuchungen durch und sprach auch mehrere Verbotsverfügungen und Bußgelder aus.[52] Diese richteten sich jedoch in erster Linie gegen kleinere Berufsverbände und nicht gegen marktstarke Unternehmen. Die unzureichende Anwendungspraxis des Gesetzes 22.262 in den Jahren von 1980 bis Mitte der Neunziger Jahre hatte mehrere teilweise miteinander verbundene Ursachen. In

---

auswirken, siehe *Sullivan*, The Handbook of the Law of Antitrust, S. 175 f. Ausführlich zur Bedeutung der rule of reason-Doktrin im Rahmen des wirtschaftlichen Allgemeininteresses siehe unten IV.1.d)dd)(1).

[50] Ley sobre Represión de prácticas restrictivas a la Competencia Nr. 110/63 vom 20. Juli 1963, Boletín Oficial del Estado vom 23. Juli 1963, RN 1423.

[51] *Soranio Garcia*, La defensa de la competencia en España, La Ley 1992, Band E, S. 1216; *Fargosi*, Apostilla sobre la Ley de Defensa de la Competencia, Anales de la Legislación Argentina 1980, Boletín 31, S. 9.

[52] So beispielsweise Gutachten der Comisión Nacional de Defensa de la Competencia vom 18. August 1981, IX. „Cámara Inmobiliaria Argentina"; Gutachten der Comisión Nacional de Defensa de la Competencia vom 17. November 1981, XII. „Cámaras del Flete al instante"; Gutachten der Comisión Nacional de Defensa de la Competencia vom 27. April 1982, VI. „Colegio de Farmacéuticos y Bioquímicos de la Capital Federal"; Gutachten der Comisión Nacional de Defensa de la Competencia vom 7. April 1983, IX. „Sociedad propietarios de panaderías de Santa Fé".
Hinweis zur Zitierweise: Die Gutachten der CNDC wurden zu Beginn ihrer Tätigkeit nicht veröffentlicht. Sie sind in der Bibliothek der CNDC aufbewahrt und dort der Öffentlichkeit zugänglich. Die römischen Ziffern entsprechen den Gliederungspukten der Gutachten, Seitenzahlen gibt es in den meisten Gutachten nicht.

erster Linie fehlte es sowohl unter der Militärregierung, als auch unter Präsident Raúl Alfonsín am politischen Willen zur Schaffung eines wettbewerbsorientierten Wirtschaftssystems.[53] Der argentinische Markt war vom Weltmarkt durch hohe Zölle abgeschottet und durch staatlichen Dirigismus und eine starke Regelungsdichte gekennzeichnet. Wettbewerb fand nur in sehr begrenztem Umfang statt. Entsprechend bestand kein Interesse an der Anwendung des Wettbewerbsgesetzes. Ein weiterer Grund, durch den eine effektive Anwendung des Gesetzes 22.262 verhindert wurde, war die andauernde Inflation in Argentinien. Um die Inflationsspirale zu durchbrechen, bestimmte der Staat in vielen Bereichen die Preise direkt. Ein Preiswettbewerb fand somit in weiten Teilen der Wirtschaft gar nicht statt. Schließlich führte der mangelnde politische Willen zur Durchsetzung des Wettbewerbsgesetzes zu einer völlig unzureichenden technischen und personellen Ausstattung der argentinischen Wettbewerbsbehörde. So verfügte die CNDC im Jahre 1992 über lediglich fünf Mitarbeiter, die sich zwei Computer teilen mussten.[54] Es ist daher nicht verwunderlich, dass während dieser Zeit keine effektive Arbeit geleistet werden konnte und sich die Anzahl der durchgeführten Untersuchungen in Grenzen hielt.[55]

Dieses Bild änderte sich erst mit dem unter Präsident Meném durch den damaligen Wirtschaftsminister Cavallo vollzogenen wirtschaftlichen Systemwechsel. In den Neunziger Jahren fand in Argentinien ein rasanter Transformationsprozess statt, der zu einer Deregulierung der Märkte, der Privatisierung von Staatsunternehmen, der Öffnung der Märkte für den internationalen Wettbewerb sowie der Abschaffung jeder Art von staatlicher Preisregulierung führte.[56] Im Rahmen dieser weitgehenden Wirtschaftsreformen konnte die argentinische Wettbewerbsbehörde endlich die ihr zustehende Aufgabe im Sinne des Schutzes und der Aufrechterhaltung des notwendigen Wettbewerbs übernehmen. Seit 1997 wurde eine ausreichende finanzielle und personelle Ausstattung der CNDC sichergestellt, so dass die Wettbewerbsbehörde in der Lage war, auch umfassendere und kompliziertere Verfahren durchzuführen.[57] Erst ab diesem Zeitpunkt

---

[53] So die Comisión Nacional de Defensa de la Competencia, Memoria Anual 1997, S. 23.

[54] Siehe World Bank Technical Paper Nr. 385, Política sobre la Competencia en MERCOSUR, S. 33.

[55] Von Januar 1980 bis August 1992 wurden 192 Fälle von der CNDC bearbeitet und abgeschlossen, siehe World Bank Technical Paper Nr. 385, Política sobre la Competencia en MERCOSUR, S. 33. Dies entspricht einem jährlichen Durchschnitt von 14,7 Fällen.

[56] Comisión Nacional de Defensa de la Competencia, Memoria Anual 1997, S. 17.

[57] Im Jahre 1997 schloss die CNDC insgesamt 32 Untersuchungen mit einer Entscheidung ab, siehe Übersicht der Comisión Nacional de Defensa de la Competencia, Memoria Anual 1997, S. 26; Im Jahre 1998 betrug die Anzahl der mit einer Entscheidung abgeschlossenen Untersuchungen ebenfalls 32, siehe Übersicht der Comisión Nacional de Defensa de la Competencia, Memoria Anual 1998, S. 93 ff.

kann von einer effizienten und umfassenden Anwendung des Wettbewerbsrechts in Argentinien gesprochen werden.

II. Das Protokoll zum Schutz des Wettbewerbs im MERCOSUR

Am 17. Dezember 1996 verabschiedeten die Mitglieder des MERCOSUR, also Argentinien, Brasilien, Paraguay und Uruguay, das Protokoll zum Schutz des Wettbewerbs im MERCOSUR.[58]

1. Allgemeines zum MERCOSUR

Der Regelungsgehalt des Protokolls erschließt sich nur aus dem Gesamtzusammenhang des MERCOSUR.

a) Gründung und Ziele des MERCOSUR

Der MErcado COmún del SUR (abgekürzt MERCOSUR) wurde zwischen den Staaten Argentinien, Brasilien, Paraguay und Uruguay am 26. März 1991 durch den Vertrag von Asunción gegründet.[59] Die Ziele des MERCOSUR sind in Artikel 1 des Vertrags von Asunción niedergelegt. Danach verpflichten sich die Vertragsstaaten, einen Gemeinsamen Markt zu errichten, in dem der freie Verkehr von Waren, Dienstleistungen und allen sonstigen Produktionsfaktoren gewährleistet ist. Darüber hinaus umfassen die Ziele des Gemeinsamen Markts einen gemeinsamen Außenzoll, eine gemeinsame Handelspolitik gegenüber Drittstaaten und Staatenverbindungen, die Koordinierung der Wirtschaftspolitiken sowie die Harmonisierung der Gesetzgebungen der Vertragsstaaten. Hintergrund für den durch den MERCOSUR initiierten Integrationsprozess war der Wille zur Schaffung eines Regionalmarkts, der mit den großen internationalen Wirtschaftsräumen wie der EU oder der NAFTA mithalten kann und so zu einer Modernisierung der Mitgliedstaaten sowie einer Verbesserung der Lebensbedingungen der Bewohner führt.[60] Der MERCOSUR hat zwar einige seiner ambitionierten Ziele erreichen können. So gilt seit dem 1. Januar 1995 für den zwischenstaatlichen Warenverkehr das Prinzip des freien Marktzugangs. Auch der 1994 verabschiedete Anpassungsplan zur Erreichung der Zollunion[61] ist trotz der in der Praxis durch die Abwertung der brasilianischen Währung verursachten Probleme weitgehend umgesetzt worden, so dass das Ziel eines freien Waren-

---

[58] MERCOSUR/CMC/Decisión Nr. 18/96, Boletín Oficial del MERCOSUR I/2 (1997), S. 15 ff. Eine deutsche Übersetzung des Protokolls findet sich im Anhang.

[59] Tratado para la Constitución de un Mercado Común entre la República Argentina, la República Federativa del Brasil, la República del Paraguay y la República Oriental del Uruguay – Tratado de Asunción – vom 26. März 1991, Boletín Oficial del MERCOSUR I/1 (1997), S. 13 ff. Eine deutsche Übersetzung des Vertrags findet sich in: Max-Planck-Institut für ausländisches und internationales Privatrecht, Rechtsquellen des MERCOSUR, Teilband I, S. 19 ff.

[60] So die Präambel des Vertrags von Asunción.

[61] MERCOSUR/CMC/Decisión Nr. 5/94 – Régimen de Adecuación Final a la Unión Aduanera.

verkehrs zwischen den Vertragsstaaten im wesentlichen umgesetzt wurde. Seit dem 1. Juli 1995 gibt es darüber hinaus einen gemeinsamen Außenzoll im MERCOSUR.[62]

In der Praxis gibt es jedoch noch immer Behinderungen des Handels zwischen den Mitgliedstaaten. Insbesondere die unterschiedliche wirtschaftliche Entwicklung sowie die Abwertung des brasilianischen Reals im Jahre 1999 führten dazu, dass einzelne Mitgliedstaaten immer wieder Maßnahmen gegen Importe aus anderen Mitgliedstaaten erhoben, um ihre Märkte abzuschotten.[63] Die Schaffung eines freien Dienstleistungsverkehrs und die Koordinierung der Wirtschaftspolitiken der Vertragsstaaten ist bisher nur ansatzweise erreicht. Nach der Abwertung des argentinischen Peso und der Wahl des Politikers Luiz Inácio „Lula" da Silva zum Präsidenten von Brasilien scheint jedoch wieder der politische Willen vorhanden zu sein, das Projekt MERCOSUR weiterzuführen.

b) Organe des MERCOSUR

Die institutionelle Struktur des MERCOSUR erinnert stark an die Europäische Union.[64] Nach Artikel 1 des Protokolls von Ouro Preto (nachfolgend: OPP)[65], in dem die institutionelle Struktur detailliert geregelt ist, verfügt der MERCOSUR über folgende Organe:

- den *Consejo del Mercado Común* (der Rat des Gemeinsamen Marktes);
- die *Grupo Mercado Común* (die Gruppe Gemeinsamer Markt);

---

62 MERCOSUR/CMC/Decisión Nr. 7/94 – Arancel Externo Común; MERCOSUR/CMC/Decisión Nr. 24/94 – Aprobación de la Tarifa Externa Común.

63 Einige dieser Maßnahmen waren Gegenstand von Schiedsgerichtsverfahren vor dem im Vertrag von Asunción verankerten Schiedsgericht des Mercosur. Inzwischen sind drei Entscheidungen des Schiedsgerichts ergangen. In seinem ersten Schiedsspruch erklärte das Gericht auf Antrag Argentiniens brasilianische Importkontrollen als nicht mit dem Vertrag von Asunción vereinbar. Im zweiten Schiedsspruch gab das Gericht einer Beschwerde Argentiniens gegen vermeintliche Subventionen für Schweinefleisch teilweise statt. Der dritte Schiedsspruch stellte auf Antrag Brasiliens fest, dass die von Argentinien zum Schutz der heimischen Textilindustrie festgelegte Kontingentierung von Textilimporten gegen die Vorschriften des Vertrags von Asunción verstieß. Ausführlich zu diesen Schiedssprüchen siehe Samtleben, EuZW 2000, 77 und Lehmann, EuZW 2001, 622.

64 Organe der Europäischen Union sind gemäß Artikel 7 EGV das Europäische Parlament, der Rat, die Kommission, der Gerichtshof und der Rechnungshof.

65 Protocolo Adicional al Tratado de Asunción sobre la Estructura Institucional del MERCOSUR – Protocolo de Ouro Preto vom 17. Dezember 1994, Boletín Oficial del MERCOSUR I/1 (1997), S. 33 ff. Eine deutsche Übersetzung des Vertrags findet sich in: Max-Planck-Institut für ausländisches und internationales Privatrecht, Rechtsquellen des MERCOSUR, Teilband I, S. 40 ff.

- die *Comisión de Comercio del MERCOSUR* (die Handelskommission des MERCOSUR);
- die *Comisión Parlamentaria Conjunta* (die Gemeinsame Parlamentarische Kommission);
- das *Foro Consultativo Económico-Social* (das Beratungsforum aus Wirtschaft und Gesellschaft);
- die *Secretaría Administrativa del MERCOSUR* (das Verwaltungssekretariat).

Organe mit Entscheidungsgewalt sind gemäß Artikel 2 OPP der Rat des Gemeinsamen Marktes, die Gruppe Gemeinsamer Markt und die Handelskommission des MERCOSUR. Alle diese Organe haben einen rein intergouvernementalen Charakter.[66]

Der *Consejo del Mercado Común* ist nach Artikel 3 OPP das oberste Organ des MERCOSUR, dem die politische Führung und die Vornahme der notwendigen Entscheidungen obliegt. Er setzt sich nach Artikel 4 OPP aus den Außenministern und den Wirtschaftsministern der Vertragsstaaten zusammen.

Die *Grupo Mercado Común* ist gemäß Artikel 10 OPP das Exekutivorgan des MERCOSUR. Ihre Aufgabe besteht nach Artikel 12 OPP insbesondere in der Ausarbeitung und Vorbereitung der vom Rat zu treffenden Entscheidungen. Außerdem obliegt ihr gemäß Artikel 14 Abs. 1 OPP die Überwachung der Vorschriften des Vertrags von Asunción und der in diesem Rahmen geschlossenen Abkommen. Die Gruppe besteht nach Artikel 11 aus jeweils vier Abgesandten der Vertragsstaaten.

Nach Artikel 16 OPP ist die *Comisión de Comercio del MERCOSUR* ein der Gruppe Gemeinsamer Markt zur Unterstützung beigeordnetes Organ. Ihr obliegt die Überwachung der gemeinsamen Handelspolitik, des Handels zwischen den Vertragsstaaten und der Verwirklichung der Zollunion. Sie tritt nach Artikel 18 OPP als einziges der Organe mindestens einmal im Monat zusammen.

Die *Comisión Parlamentaria Conjunta* ist gemäß Artikel 22 OPP das Vertretungsorgan der Parlamente der Vertragsstaaten. Sie besteht aus Abgeordneten der nationalen Parlamente und hat nach Artikel 25 OPP für die schnelle innerstaatliche Umsetzung der Rechtsetzungsakte des MERCOSUR zu sorgen. Außerdem kann sie gemäß Artikel 26 OPP Empfehlungen an den Rat des Gemeinsamen Marktes und die Gruppe Gemeinsamer Markt übermitteln.

---

[66] Artikel 2 des Protokolls von Ouro Preto.

Das *Foro Consultativo Económico-Social* setzt sich nach Artikel 28 OPP aus Vertretern wirtschaftlicher und gesellschaftlicher Organisationen der Vertragsstaaten zusammen und hat einen rein beratenden Charakter. Gemäß Artikel 29 OPP kann es der Gruppe Gemeinsamer Markt Empfehlungen vorlegen.

Die *Secretaría Administrativa del MERCOSUR* dient gemäß Artikel 31 OPP der operativen Unterstützung der Organe des MERCOSUR. Das Verwaltungssekretariat erfüllt eine Reihe rein administrativer Aufgaben, unter anderem nach Artikel 32 Abs. 1 OPP die Verwaltung des offiziellen Dokumentationsarchivs des MERCOSUR.

c) Rechtsquellen des MERCOSUR

Die Rechtsquellen des MERCOSUR sind in Kapitel V des Protokolls von Ouro Preto geregelt. Nach Artikel 41 OPP sind Rechtsquellen des MERCOSUR:

- der Vertrag von Asunción, seine Protokolle und die zusätzlichen oder ergänzenden Instrumente;
- die im Rahmen des Vertrags von Asunción geschlossenen Abkommen und Protokolle;
- die Entscheidungen des Rates des Gemeinsamen Marktes, die Beschlüsse der Gruppe Gemeinsamer Markt und die Richtlinien der Handelsgruppe des MERCOSUR.

Wie im Europäischen Gemeinschaftsrecht[67] können die Rechtsquellen des MERCOSUR in primäres und sekundäres Recht eingeteilt werden. Zum primären Recht des MERCOSUR zählen der Vertrag von Asunción, seine Protokolle, Zusatzabkommen und Ergänzungen. Bei diesen handelt es sich jeweils um völkerrechtliche Verträge zwischen den Vertragsstaaten.[68] Die innerstaatliche Geltung in den Vertragsstaaten richtet sich nach den nationalen Verfassungsvorschriften für völkerrechtliche Verträge.[69] Das sekundäre Recht des MERCOSUR

---

[67] Unter dem Primärrecht der Europäischen Union sind die Gründungsverträge einschließlich ihrer Annexe, Änderungsverträge sowie Beitritts- und Assoziierungsverträge zu verstehen. Unter dem Sekundärrecht der Europäischen Union sind die Rechtsakte der Organe zu verstehen, also Verordnungen, Richtlinien, Entscheidungen, Empfehlungen und Stellungnahmen nach Artikel 249 EGV. Siehe *Bleckmann*, Europarecht, RN 525 ff., *Oppermann*, RN 394.

[68] *Salomão Filho/Samtleben*, Der südamerikanische Gemeinsame Markt, WM 1992, S. 1388.

[69] Ausführlich zur Rechtslage in den einzelnen Vertragsstaaten: *Grigera Naón/Samtleben*, Schiedsgerichtsbarkeit in Argentnien, RIW 1983, S. 721 f.; *Samtleben*, Aktuelle Fragen der internationalen Handelsschiedsgerichtsbarkeit in Brasilien, RIW 1989, S. 769 f.; *Ahrens/Samtleben*, Schiedsgerichtsbarkeit in Paraguay, RIW 1990, S. 721 f.; *Holz/Samtleben*, Schiedsgerichtsbarkeit in Uruguay, RIW 1988, S. 197 f.

umfasst alle durch seine Organe in Ausübung ihrer Befugnisse erlassenen Rechtsakte, also die Entscheidungen des Rates des Gemeinsamen Marktes, die Beschlüsse der Gruppe Gemeinsamer Markt und die Richtlinien der Handelsgruppe. Die Vertragsstaaten sind gemäß Artikel 42 OPP durch diese Rechtsakte gebunden, innerstaatliche Wirkung entfalten die Vorschriften jedoch erst nach der Eingliederung in die nationalen Rechtsordnungen.

d) Rechtsnatur des MERCOSUR

Im Gegensatz zur Europäischen Union[70] hat der MERCOSUR keinen supranationalen Charakter. Die Zusammenarbeit im Rahmen des MERCOSUR erfolgt auf rein intergouvernementaler Ebene, die Vertragsstaaten haben keine Hoheitsrechte an den MERCOSUR abgetreten. Entsprechend sind die Rechtsakte der Organe des MERCOSUR auch nicht automatisch in den Vertragsstaaten wirksam. Rechtsakte des Primärrechts müssen als völkerrechtliche Verträge durch die Vertragsstaaten ratifiziert werden. Rechtsakte des Sekundärrechts müssen durch einen nationalen Umsetzungsakt in die innerstaatliche Rechtsordnung übernommen werden.

2. Das Protokoll zum Schutz des Wettbewerbs im MERCOSUR

Am 17. Dezember 1996 verabschiedeten die Vertragsstaaten in Fortaleza das Protokoll zum Schutz des MERCOSUR[71] (nachfolgend: WSP). Das Protokoll stellt die Grundlage für die Entwicklung einer eigenen Wettbewerbsordnung auf Ebene des MERCOSUR dar.

a) Hintergrund

Ziel des MERCOSUR ist die Schaffung eines gemeinsamen Marktes, in dem der grenzüberschreitende Verkehr von Waren, Dienstleistungen, Arbeitern und Kapital gewährleistet ist.[72] Eine wesentliche Voraussetzung für den freien Waren- und Dienstleistungsverkehr zwischen den Vertragsstaaten ist dabei die Garantie von freier wirtschaftlicher Tätigkeit und freiem Wettbewerb.[73] Entsprechend ist

---

[70] Zur Supranationalität der Europäischen Union siehe *Schweitzer/Hummer*, Europarecht, RN 872; *Bleckmann*, Europarecht, RN 139 ff.

[71] Protocolo de Defensa de la Competencia del MERCOSUR, MERCOSUR/CMC/Decisión Nr. 18/96, Boletín Oficial del MERCOSUR I/2 (1997), S. 15 ff. Eine deutsche Übersetzung des Protokolls findet sich im Anhang.

[72] *Dromi*, Competencia y Monopolio, S. 46.

[73] Ausführlich zur Bedeutung einer gemeinsamen Wettbewerbsordnung im südamerikanischen Integrations-prozess siehe *Deacon/Caballero Sanz*, Integración económica y política de defensa de la competencia, Integración Latinoamericana Nr. 193, September 1993, S. 33 ff. und *Ibarra Prado,* Políticas de competencia en la integración en América Latina, Integración Latinoamericana Nr. 193, September 1993, S. 45 ff.

die Schaffung und Aufrechterhaltung adäquater Wettbewerbsbedingungen eine der wesentlichen Grundlagen des MERCOSUR. Das Prinzip des freien Wettbewerbs ist ausdrücklich in Artikel 4 des Vertrags von Asunción verankert. Der freie Wettbewerb ist nach Auffassung der Vertragsstaaten also das Instrument zur Schaffung eines gemeinsamen Markts. Der Wettbewerb wiederum soll nach dem Willen der Vertragsparteien durch das Protokoll von Fortaleza geschützt werden. Neben der Schaffung gleicher Wettbewerbsbedingungen wollten die Vertragsstaaten durch das Protokoll auch den freien Zugang zu den Märkten und die gleichmäßige Verteilung der Vorteile des Integrationsprozesses sicherstellen.[74] So sollen Wirtschaftswachstum, Markttransparenz, wirtschaftliche Effizienz und Verbraucherschutz stimuliert werden.[75] Das Protokoll zum Schutz des Wettbewerbs im MERCOSUR basiert auf den 1994 verabschiedeten *Richtlinien zur Harmonisierung des Wettbewerbsschutzes*.[76] Diese Richtlinien enthielten im wesentlichen eine Untersuchung der Kompatibilität der nationalen Wettbewerbsgesetze in Argentinien und Brasilien. Weder Paraguay noch Uruguay verfügen über ein nationales Wettbewerbsgesetz. Neben den Vorschriften des brasilianischen und argentinischen Wettbewerbsgesetzes wurden bei der Ausarbeitung des Protokolls auch die Wettbewerbsvorschriften der Europäischen Union sowie die praktischen Erfahrungen bei der Anwendung der EU-Vorschriften berücksichtigt.[77]

b) Rechtsnatur

Das Protokoll zum Schutz des Wettbewerbs im MERCOSUR ist gemäß Artikel 33 WSP Bestandteil des Vertrags von Asunción. Diese Ergänzung des Vertrags von Asunción mittels Protokoll ist Artikel 41 Abs. 1 OPP geregelt. Das Protokoll zum Schutz des Wettbewerbs ist somit ein völkerrechtlicher Vertrag und Bestandteil des Primärrechts des MERCOSUR.

---

[74] So die Erwägungen in der Präambel des Protokolls zum Schutz des Wettbewerbs im MERCOSUR.

[75] Ausführlich zu den mit der Harmonisierung der Wettbewerbsordnungen im MERCOSUR verfolgten Ziele siehe *Tavares de Araujo/Tineo*, Hamonization of competition policies among Mercosur countries, The Antitrust Bulletin, Spring 1998, S. 47 ff.; *Pereira*, Regimes de concorrência e políticas de concorrência na america latina: o caso do Mercosul, S. 7 ff.; World Bank Technical Paper Nr. 385, Política sobre la Competencia en MERCOSUR, S. 104 ff.

[76] Pautas generales de armonización para la defensa de la competencia, MERCOSUR/CMC/Decisión 21/94. Siehe auch *Dromi*, Competencia y Monopolio, S. 49.

[77] Ausführlich zum Einfluss des europäischen Wettbewerbsrechts auf das Protokoll zum Schutz des Wettbewerbs im MERCOSUR siehe *Faría*, Defensa de la Competencia en el Mercosur, Revista del Derecho Industrial, Nr. 43, Januar-April 1993, S. 23 ff.; *Ruiz*, Le droit de la politique de concurrence: La Communauté Europeenne et le Mercosul, S. 8 ff.; *Pascar*, Protocolo de Defensa de la Competencia en el Mercosur. La experiencia europea, Economía globalizada y Mercosur, Buenos Aires 1998, S. 109 ff.

c) Regelungsinhalt

Art. 2 WSP regelt den Anwendungsbereich des Wettbewerbsschutz-Protokolls. Danach sind die Bestimmungen des Protokolls auf Verhaltensweisen natürlicher und juristischer Personen des öffentlichen und privaten Rechts oder sonstiger Einrichtungen anwendbar, die sich auf den Wettbewerb innerhalb des MERCOSUR auswirken oder dies bezwecken und die den Handel zwischen den Vertragsstaaten beeinträchtigen.

Nach der Generalklausel des **Artikel 4 WSP** stellen unabhängig vom Vorliegen eines Verschuldens alle individuellen oder abgestimmten Verhaltensweisen einen Verstoß gegen die Bestimmungen des Protokolls dar, die eine Begrenzung, Beschränkung, Verfälschung oder Verzerrung des Wettbewerbs oder des Marktzugangs bezwecken oder bewirken, oder die einen Missbrauch einer beherrschenden Stellung auf einem Waren- oder Dienstleistungsmarkt innerhalb des MERCOSUR darstellen, sowie den Handel zwischen den Vertragsstaaten beeinträchtigen.

Artikel 6 WSP enthält eine Aufzählung wettbewerbsbeschränkender Verhaltensweisen:

- die unmittelbare oder mittelbare, individuelle oder mit Wettbewerbern abgestimmte Festsetzung, Auferlegung oder Anwendung jeglicher Art von Preisen und An- und Verkaufsbedingungen;
- die Durchsetzung oder die Einflussnahme auf die Einführung einheitlicher oder zwischen Mitbewerbern abgestimmter wirtschaftlicher Verhaltensweisen;
- die Regulierung von Waren- oder Dienstleistungsmärkten durch den Abschluss von Vereinbarungen mit dem Ziel, die Forschungstätigkeit und die technische Entwicklung, die Herstellung von Waren oder die Erbringung von Dienstleistungen zu begrenzen oder zu kontrollieren;
- die Aufteilung von Märkten für Dienstleistungen für fertige oder halbfertige Produkte, von Rohstoffversorgungsquellen oder von Zwischenprodukten;
- die Beschränkung oder Verhinderung des Marktzutritts neuer Unternehmen;
- die Vereinbarung von Preisen oder Vorteilen, die den Wettbewerb bei öffentlichen Ausschreibungen beeinträchtigen können;
- die Anwendung unterschiedlicher Bedingungen gegenüber Vertragspartnern im Falle gleichwertiger Leistungen, wodurch diese in eine nachteilige Wettbewerbsposition versetzt werden;

- die Verknüpfung des Verkaufs einer Ware mit dem Erwerb einer anderen Ware oder mit der Inanspruchnahme einer Dienstleistung sowie die Verknüpfung der Erbringung einer Dienstleistung mit der Inanspruchnahme einer anderen Dienstleistung oder des Kaufs einer Ware;
- die Verhinderung des Zugangs von Mitbewerbern zu Produktionsmitteln, Rohstoffen, Ausrüstungen oder Technologien sowie zu Vertriebswegen;
- das Verlangen oder das Einräumen eines Ausschließlichkeitsrechts für die Verbreitung von Werbung in den Medien;
- die Verknüpfung des An- oder Verkaufs mit der Bedingung, keine Waren oder Dienstleistungen, die von Dritten hergestellt, verarbeitet oder vermarktet werden, zu benutzen, zu erwerben, zu verkaufen oder zu liefern;
- der nicht durch Handelsbräuche gerechtfertigte Verkauf von Waren unter dem Kostenpreis;
- die ungerechtfertigte Weigerung des Verkaufs von Waren oder der Erbringung von Dienstleistungen;
- die ungerechtfertigte Unterbrechung oder Verringerung der Produktion in erheblichem Umfang;
- die Zerstörung, Unbrauchbarmachung oder Anhäufung von Rohstoffen, Zwischen- oder Endprodukten, sowie die Zerstörung, Unbrauchbarmachung oder Funktionsbeeinträchtigung von Produktions-, Vertriebs- oder Transportmitteln;
- die ungerechtfertigte Aufgabe, Bestimmung zur Aufgabe oder Zerstörung von Anpflanzungen oder Plantagen;
- die Manipulation des Marktes mit dem Ziel, bestimmte Preise zu durchzusetzen.

Artikel 7 WSP räumt den Vertragsstaaten die Möglichkeit ein, in Zukunft ein Freistellungssystem für Vereinbarungen und Verträge sowie eine Zusammenschlusskontrolle auf der Ebene des MERCOSUR einzuführen.

Die Durchführung des Protokolls obliegt gemäß **Artikel 8 WSP** der Handelskommission des MERCOSUR sowie dem Ausschuss zum Schutz des Wettbewerbs, der sich aus den nationalen Wettbewerbsbehörden zusammensetzt.

Das Verfahren regeln **Artikel 10 ff. WSP** sowie die am 5. Dezember 2002 verabschiedete Verfahrensordnung[78]. Zuständig für Verfahren und Untersuchungen wegen Verstoßes gegen das Protokoll ist danach das *Comité de Defensa de la Competencia*, das sich aus jeweils einem Vertreter der nationalen Wettbewerbsbehörden zusammensetzt. Die Untersuchungen werden allerdings grundsätzlich von den einzelnen nationalen Wettbewerbsbehörden geleitet, auf deren Hoheitsgebiet der bzw. die Beschuldigte(n) ansässig ist. Die nationalen Wettbewerbsbehörden fertigen nach Abschluss der Untersuchung im Ausschuss zum Schutz des Wettbewerbs ein Gutachten an, in dem sie ihre Ergebnisse zusammenfassen. Auf dieser Grundlage erlässt das *Comité de Defensa de la Competencia* dann eine abschließende Entscheidung.

d) Ratifizierung

Aufgrund seiner Rechtsnatur als völkerrechtlicher Vertrag tritt das Protokoll zum Schutz des Wettbewerbs im MERCOSUR erst in Kraft, wenn es von den Mitgliedstaaten ratifiziert wurde. Entsprechend bestimmt Artikel 33 WSP, dass das Protokoll dreißig Tage nach Hinterlegung der zweiten Ratifizierungsurkunde zwischen den beiden ersten es ratifizierenden Staaten, und für die anderen Unterzeichner dreißig Tage nach Hinterlegung der jeweiligen Ratifizierungsurkunde in Kraft tritt. Als erster Mitgliedstaat hat Paraguay das Protokoll ratifiziert[79] und die Ratifizierungsurkunde hinterlegt. Am 9. August 2000 hat Brasilien das Protokoll ratifiziert.[80] Gemäß Art. 33 WSP ist das Protokoll somit am 8. September 2000 in Kraft getreten. Der brasilianische Gesetzgeber hat das Protokoll darüber hinaus am 18. September in innerstaatliches Recht umgesetzt.[81] Uruguay und Argentinien haben das Protokoll bisher nicht ratifiziert. Im Fall Uruguay ist die Nicht-Ratifizierung darauf zurückzuführen, dass es bisher keine nationale Wettbewerbsordnung gibt und das Interesse an der Einführung eines Wettbewerbsrechts gering ist. Argentinien war intensiv mit der Reform der innerstaatlichen Wettbewerbsvorschriften beschäftigt.[82] Nach Inkrafttreten des

---

[78] Acuerdo sobre el Reglamento del Protocolo de Defensa de la Competencia del Mercosur vom 5. Dezember 2002, Boletín Latinoamericano de Competencia, Nr. 16, Februar 2003, S. 191 ff. Siehe hierzu *Andrade*, Competition law in Mercosur: Recent developments, Global Competition Review May 2003, S. 39.

[79] Ley 1143 vom 15.10.1997, siehe Max-Planck-Institut für ausländisches und internationales Privatrecht, Rechtsquellen des MERCOSUR, Teilband I, S. 291, FN 1.

[80] *Andrade,* The Fortaleza Protocol and Mercosur competition law, Global Competition Review 2001, S. 41; *dies.*, A defesa da concorrência no Mercosul e o protocolo de Fortaleza, Boletín Latinoamericano de Competencia, Juli 2001, S. 45.

[81] Decreto No. 3.602 vom 18. September 2000, Boletín Oficial da União vom 19. September 2000.

[82] Aufgrund der erst kürzlich erfolgten Ratifizierung des Wettbewerbsprotokolls richtete sich das Hauptaugenmerk der Literatur auf Unterschiede und Gemeinsamkeiten der Wettbewerbsordnungen Brasiliens und Argentiniens, während das Wettbewerbsprotokoll selbst in den

neuen argentinischen Wettbewerbsgesetzes ist die Ratifizierung des Protokolls aufgrund der wirtschaftlichen Schwierigkeiten sowie dem zwischenzeitlichen Bedeutungsverlust des MERCOSUR auf der politischen Agenda nach hinten gerückt. Allerdings gehen in Argentinien nach Artikel 75 lit. 22) der Verfassung völkerrechtliche Verträge einfachem nationalen Recht vor. Es bedarf also keines Umsetzungsakts. Somit ist das Protokoll nach seinem Inkrafttreten am 8. September 2000 auch in Argentinien direkt anwendbar.[83] Durch die Einsetzung des *Comité de Defensa de la Competencia* auf MERCOSUR-Ebene sind nunmehr auch die Voraussetzungen für eine praktische Anwendung des Protokolls geschaffen. Bisher ist das Wettbewerbsprotokoll jedoch noch nicht angewandt worden. Schließlich hatte das Protokoll zum Schutz des Wettbewerbs im MERCOSUR einen erheblichen Einfluss auf das neue argentinische Wettbewerbsgesetz, was indirekt zu einer Harmonisierung der Wettbewerbsordnungen Argentiniens und Brasiliens führte.[84] Der Einfluss des Wettbewerbsschutz-Protokolls und die Angleichung an das brasilianische Wettbewerbsgesetz wird ausführlich im Rahmen der einzelnen Vorschriften des Gesetzes 25.156 dargestellt.

---

meisten Untersuchungen keine grosse Rolle mehr spielt. Siehe *Etcheverry*, Derecho de la competencia y Mercosur. Visión desde Argentina, La Ley 1997, Nr. 154 vom 13. August 1997, S. 1 ff.; *Grinberg*, La competencia entre empresas y el Mercosur: Brasil y Argentina ante la legislación antimonopólica, Revista del Derecho Industrial, Nr. 43, Januar-April 1993, S. 57 ff.; *Pascar/Tajan*, Impacto de las políticas sobre defensa de la competencia en los mercados integrados, Boletín Latinoamericano de Competencia Nr. 8, September 1999, S. 26 ff; *Vartalitis/Soldano*, El Mercosur y la defensa de la competencia, El Derecho, Band 156, S. 841 ff.

[83] *Andrade*, A defesa da concorrência no Mercosul e o protocolo de Fortaleza, Boletín Latinoamericano de Competencia, Juli 2001, 46; *dies.*, The Fortaleza Protocol and Mercosur competition law, Global Competition 2001, S. 41.

[84] So auch *Peña*, Una política de competencia económica en el Mercosur; Boletín Latinoamericano de Competencia, Nr. 12, Juli 2001, S. 17.

III. Allgemeines zum Gesetz 25.156

Unabhängig von der Ratifizierung des Protokolls zum Schutz des Wettbewerbs im MERCOSUR ist in Argentinien am 29. September 1999 das *Gesetz 25.156 zum Schutz des Wettbewerbs* in Kraft getreten.[85]

1. Hintergrund

Seit Beginn der Neunziger Jahre fand in Argentinien ein grundlegender Wandel des Wirtschaftssystems statt. Dieser Umbruch umfasste eine weitgehende Deregulierung der Märkte, die Privatisierung von Staatsunternehmen und Staatsbeteiligungen, die Abschaffung von Preisregulierungen sowie die Marktöffnung für die internationale Konkurrenz. Insbesondere die Liberalisierung der Märkte für Telekommunikation, Post, Strom und Wasser sowie die Privatisierung der auf diesen Märkten tätigen staatlichen Versorgungsunternehmen führte zu einer bis dahin unbekannten Intensivierung des Wettbewerbs in Argentinien. Zwar wurden den meisten ehemaligen Staatsunternehmen zeitlich oder räumlich begrenzte Monopolstellungen oder Exklusivrechte zugestanden. Diese liefen jedoch nach Beendigung des Privatisierungsprogramms im Jahre 2000 endgültig aus. Das Gesetz 25.156 ist das Ergebnis einer Reihe von Vorschlägen zur Reform des Wettbewerbsrechts in Argentinien, die im Laufe der Neunziger Jahre immer wieder im Parlament diskutiert wurden.[86] Aufgrund politischer und inhaltlicher Differenzen dauerte es jedoch bis 1999, bevor die lange geplante Reform des argentinischen Wettbewerbsgesetzes auch umgesetzt wurde.[87] Der Gesetzgeber verfolgt mit dem Gesetz 25.156 drei wesentliche Ziele.[88] An erster

---

[85] Ley 25.156 de defensa de la competencia, Boletín Oficial vom 29. September 1999; Legislación Argentina Boletín Nr. 36 vom 8. Oktober 1999, S. 21 ff. Eine deutsche Übersetzung des Gesetzes 25.156 findet sich im Anhang.

[86] Seit 1992 wurden acht verschiedene Projekte zur Reform des Wettbewerbsgesetzes 22.262 im Parlament diskutiert. Ausführlich zu den verschiedenen Gesetzesentwürfen siehe *Cabanellas de las Cuevas*, El nuevo proyecto de la ley de defensa de la competencia, La Ley 1994, Band E, S. 839; *Carbajales*, Acerca del proyecto de una nueva ley de defensa de la competencia, El Derecho Legislación Argentina 1998, S. 1539; *Mugillo*, Comentario al reciente Proyecto de ley de defensa de la competencia; La Ley 1994, Band D, S. 1081 ff.; *ders.*, Apostillas en torno al reciente proyecto de ley de defensa de la competencia, La Ley 1986, Band B, S. 882 ff.; *Rovira*, Observaciones al proyecto de ley de defensa de la comptencia, La Ley 1986, Band B, S. 1026 ff. Der Text des Projekts Expte. 3645 D-96 ist abgedruckt in El Derecho, Legislación Argentina 1998, S. 1539 ff.

[87] Umstritten war insbesondere, ob das neue Wettbewerbsgesetz eine Reihe von *per-se* Verboten mit der Möglichkeit von Freistellungen enthalten sollte, oder ob wie bisher ein *rule-of-reason* Ansatz verfolgt werden sollte. Zur Diskussion siehe *Carbajales*, Acerca del proyecto de una nueva ley de defensa de la competencia, El Derecho – Legislación Argentina 1998, S. 1530.

[88] Allgemein zu den Zielen des Gesetzes 25.156: *Quevedo*, Apuntes sobre el régimen de notificación obligatoria de concentraciones económicas, Revista de Derecho Comercial y de las

Stelle soll der wirtschaftliche Liberalisierungsprozess abgeschlossen und die neu geschaffene Wettbewerbskultur geschützt werden.[89] Zweitens sollen die durch den wirtschaftlichen Liberalisierungsprozess erzielten Gewinne[90] gerecht verteilt und sichergestellt werden, dass diese sich nicht in den Händen weniger konzentrieren. Dies gilt insbesondere für die privatisierten Staatsunternehmen, die immer noch über eine erhebliche wirtschaftliche Machtstellung verfügen. Schließlich soll eine Wettbewerbsordnung geschaffen werden, die mit den fortschrittlichsten Wettbewerbsordnungen wie denen der USA und der Europäischen Union mithalten kann.[91] Nach Ansicht der den Gesetzesentwurf ausarbeitenden Kommission war das Gesetz 22.262 zur Erreichung dieser Ziele nicht mehr geeignet und stellte ein Relikt aus einer von Staatsmonopolen und Interventionen geprägten Zeit dar.[92] Ursache für die unzureichende Anwendung des Gesetzes 22.262 war nach Auffassung der Gesetzeskommission sowie unabhängiger Institute die politische Abhängigkeit der CNDC vom Wirtschaftsministerium und die damit verbundene direkte Einflussnahme der Regierung auf das Kontrollorgan.[93] Ein weiterer Grund für den Reformbedarf der argentinischen Wettbewerbsordnung war in den Augen des Gesetzgebers das Fehlen einer Zusammenschlusskontrolle.[94] Im Zuge der Liberalisierung des argentinischen Marktes war es zu einer Reihe von Übernahmen argentinischer Unternehmen durch ausländische Wettbewerber gekommen. Dabei wurde insbesondere der Verkauf des staatlich kontrollierten Erdölunternehmens YPF an den spanischen Konkurrenten REPSOL heftig als Ausverkauf argentinischer Interessen kritisiert.[95] Ein schärferes Wettbewerbsgesetz sollte solche Konzentrationsprozesse –

Obligaciones 2000; *Vergara del Carril*, nuevo régimen de Defensa de la Competencia. Introducción del control de concentraciones El Derecho vom 7. Februar 2000, S. 1 ff.; *Rovira*, Introducción a la ley de defensa de la competencia, El Derecho vom 7. Juli 2001, S. 1 ff.

[89] So der Abgeordnete *Gabrielli*, Berichterstatter des Abgeordnetenhauses über den Entwurf des Gesetzes 25.156, Antecedentes Parlamentarios 1999, Nr. 9, S. 101, Abschnitt 1).

[90] In den Neunziger Jahren stieg das Bruttosozialprodukt Argentiniens durchschnittlich jährlich um 6%.

[91] So der Abgeordnete *Dumón* in der Debatte über den Entwurf des Gesetzes 25.156, Antecedentes Parlamentarios 1999, Nr. 9, S. 103, Abschnitt 6).

[92] So der Abgeordnete *Gabrielli*, Berichterstatter des Abgeordnetenhauses über den Entwurf des Gesetzes 25.156, Antecedentes Parlamentarios 1999, Nr. 9, S. 101, Abschnitt 2).

[93] Centro de Economía Internacional, Propuesta de Convergencia en Política de Competencia entre Argentina y Brasil, in: El Mercosur – Un Desafío, S. 108.

[94] So der Abgeordnete *Gabrielli*, Berichterstatter des Abgeordnetenhauses über den Entwurf des Gesetzes 25.156, Antecedentes Parlamentarios 1999, Nr. 9, S. 102, Abschnitt 3).

[95] So der Abgeordnete *Flores* in der Debatte über den Entwurf des Gesetzes 25.156, Antecedentes Parlamentarios 1999, Nr. 9, S. 105, Abschnitt 8).

das Unternehmen REPSOL/YPF verfügte nach der Fusion über einen Marktanteil von über 60%[96] – in Zukunft verhindern.

2. Wesentliche Neuerungen

Trotz der vom Gesetzgeber angestrebten grundsätzlichen Reform der argentinischen Wettbewerbsordnung entspricht das Gesetz 25.156 in vielen Bereichen den Vorschriften seines Vorgängers, dem Gesetz 22.262. Insbesondere enthält Artikel 1 des Gesetzes 25.156 wortgleich mit Artikel 1 des Gesetzes 22.262 ein umfassendes Verbot von wettbewerbsbeschränkenden Verhaltensweisen sowie des Missbrauchs einer marktbeherrschenden Stellung. Wie unter der Vorgängerregelung darf ein Verbot nur unter der Voraussetzung ausgesprochen werden, dass eine Beeinträchtigung des wirtschaftlichen Allgemeininteresses nachgewiesen wird.

Die wesentlichen Neuerungen, die das Gesetz 25.156 in die argentinische Wettbewerbsordnung eingeführt hat, sind:

- Artikel 2 enthält einen Regelbeispielskatalog einzelner wettbewerbsbeschränkender Verhaltensweisen;
- Artikel 3 bestimmt erstmals den Anwendungsbereich des argentinischen Wettbewerbsgesetzes und verankert das sog. Auswirkungsprinzip;
- Der neu eingeführte Artikel 5 enthält eine Aufzählung der Umstände, die bei der Feststellung einer marktbeherrschenden Stellung berücksichtigt werden müssen;
- In Artikeln 6 bis 16 ist erstmals die Kontrolle von Fusionen und wirtschaftlichen Zusammenschlüssen geregelt. Dieser Abschnitt das wichtigste Ergebnis der Reform der argentinischen Wettbewerbsordnung durch das Gesetz 25.156.
- Zweiter Kernpunkt der Neuregelung bildet die Schaffung eines neuen Kontrollorgans. Artikel 17 bis 24 des Gesetzes 25.156 regeln die Aufgaben und

[96] Gutachten der Comisión Nacional de Defensa de la Competencia vom 19. März 1999, 5.3. „CNDC c/ YPF“. Hinweis zur Zitierweise: Seit 1997 enthalten die Gutachten der CNDC durchnumerierte Gliederungspunkte oder Randnummern. Die Gutachten werden jedoch nur in seltenen Fällen von der CNDC veröffentlicht und stehen der Öffentlichkeit nur in der Bibliothek der CNDC zur Verfügung. Die lateinischen Zahlen beziehen sich auf die Gliederungspunkte bzw. Randnummern der Gutachten.

Kompetenzen der neu zu gründenden Wettbewerbsbehörde, des *Tribunal Nacional de Defensa de la Competencia* (TNDC).[97]

3. Einfluss anderer Wettbewerbsordnungen

Ausgehend von dem vom argentinischen Gesetzgeber formulierten Ziel, eine den Rechtsordnungen der USA und den Staaten der Europäischen Union vergleichbare Wettbewerbsordnung zu schaffen, sind natürlich die Einflüsse dieser beiden Rechtssysteme von besonderer Bedeutung. Zum ersten Mal wurden bei der Formulierung des Gesetzesentwurfes jedoch auch andere südamerikanische Wettbewerbsordnungen berücksichtigt.[98] Ein besonderes Augenmerk gilt daher dem Einfluss des brasilianischen Wettbewerbsgesetzes 8.884/94[99] und des Protokolls zum Schutz des Wettbewerbs im MERCOSUR. Eine ausführliche Darstellung der jeweiligen Einflüsse auf das Gesetz 25.156 findet sich bei der Untersuchung der jeweiligen Vorschriften.

4. Rechtsnatur

Einen weitere wichtige Neuerung stellt die Rechtsnatur des Gesetzes 25.156 dar: Im Gegensatz zu seinen historischen Vorgängern ist das Gesetz 25.156 nicht mehr strafrechtlicher Natur.

a) Rechtsnatur der historischen Vorgänger in Argentinien

Wie dargestellt waren die bisherigen Wettbewerbsgesetze allesamt Teil des Strafrechts:

- Das *Gesetz 11.210* aus dem Jahr 1923 war ausdrücklich Bestandteil des Strafgesetzbuchs. Entsprechend stellten die wettbewerbswidrigen Handlungen des Artikel 2 Delikte dar, die nach Artikel 3 mit Geld- oder Freiheitsstrafe geahndet werden konnten. Die Anwendung des Gesetzes oblag den Strafrichtern, das Verfahren richtete sich nach der Strafprozessordnung.

- Auch das *Gesetz 12.906* aus dem Jahr 1946 war strafrechtlicher Rechtsnatur.[100] Das Gesetz war zwar nicht Teil des Strafgesetzbuchs. Allerdings stell-

---

[97] Tribunal Nacional de Defensa de la Competencia bedeutet „Nationales Gericht zum Schutz des Wettbewerbs".

[98] So ausdrücklich der Abgeordnete *Dumón* in der Debatte über den Entwurf des Gesetzes 25.156, Antecedentes Parlamentarios 1999, Nr. 9, S. 103, Abschnitt 6).

[99] Gesetz 8.884/94 über Verstöße gegen die Wirtschaftsordnung vom 11. Juni 1994, Gaceta Oficial vom 13. Juni 1994.

[100] Zur strafrechtlichen Rechtsnatur des Gesetzes 12.906 siehe *Hendler*, Los delitos de la ley de defensa de la competencia, La Ley 1982, Band B, S. 1012; *O'Farrell/Villalobos*, El acto ilícito en las leyes argentinas de defensa de la competencia, La Ley 1986, Band A, S. 1083.

ten die Innehabung einer Monopolstellung und die Begehung monopolistischer Handlungen ausdrücklich strafrechtliche Delikte dar. Nach Abschluss des Untersuchungsverfahrens durch die zuständige Wettbewerbsbehörde musste diese vor dem zuständigen Strafgericht Anklage erheben. Nur dieses konnte Strafen verhängen.[101] Die Wettbewerbsbehörde fungierte als spezielle Anklagebehörde für wettbewerbswidrige Verhaltensweisen.

- Die strafrechtliche Natur des *Gesetzes 22.262* aus dem Jahr 1980 ergab sich bereits aus den Gesetzesmotiven.[102] Die in Artikel 41 des Gesetzes 22.262 aufgezählten Verhaltensweisen stellten Delikte dar, die mit Freiheitsstrafe bis zu 6 Jahren geahndet werden konnten. Eines subjektiven Vorsatzes bedurfte es dabei nicht.[103] Gemäß Artikel 43 des Gesetzes 22.262 waren die Vorschriften des Strafgesetzbuches und der Strafprozessordnung anwendbar, wenn dies mit dem Wettbewerbsgesetz vereinbar war.[104] Das Wettbewerbsgesetz wurde also umfassend durch das materielle Strafrecht ergänzt, insbesondere hinsichtlich Teilnahme, Versuch und Rechtfertigungsgründen.[105] Zwischen dem Wettbewerbsgesetz und dem Strafgesetzbuch bestand somit ein *lex specialis-lex generalis*-Verhältnis. Für die Beurteilung der Delikte des Artikels 41 und die Verhängung der Strafen des Artikels 42 waren die Strafgerichte zuständig, vor denen die CNDC Anklage erheben musste. Die nicht in Artikel 41 aufgezählten Wettbewerbsbeschränkungen stellten hingegen keine Straftaten dar. Für ihre Beurteilung war allein die CNDC zuständig. Das Verfahren war rein verwaltungsrechtlicher Natur. Das Gesetz 22.262 war somit in einen strafrechtlichen und einen verwaltungsrechtlichen Teil un-

---

[101] Dieses komplizierte Verfahren war einer der Gründe, dass es in den vierunddreißig Jahren der Geltung des Gesetzes 12.906 nur zu zwei Verurteilungen kam, siehe *Rovira*, Experiencia de La Ley 22.262 de Defensa de la Competencia, El Derecho – Legislación Argentina 1986, S. 782.

[102] Ley 22.262 de Defensa de la Competencia, Exposición de motivos (Gesetzesmotive), Kapitel I, Ziffer 3. Danach handelte es sich beim Gesetz 22.262 um strafrechtliche Vorschriften, die dem Staat Zwangsmaßnahmen gegen diejenigen ermöglichten, die das Funktionieren des Marktes behinderten.

[103] *Roldán*, Consideraciones sobre la ley de defensa de la competencia, El Derecho - Legislación Argentina 1981, S. 1236.

[104] Eine ausführliche Darstellung der auf das Gesetz 22.262 anwendbaren Vorschriften der Strafprozessordnung findet sich bei *D'Albora*, Glosas sobre el procedimiento penal – La Ley 22.262; La Ley 1980, Band D, S. 1404 ff.

[105] Ausführlich zur Teilnahme: *Cabanellas de las Cuevas*, Derecho antimonopólico y de defensa de la competencia, S. 245 ff.; zum Versuch: *ders.*, Derecho antimonopólico y defensa de la competencia, S. 240 ff.; zu Rechtfertigungsgründen: *ders.*, Derecho antimonopólico y de la defensa de la competencia, S. 218 ff.

terteilt. Die Literatur sprach daher von einer gemischt strafrechtlich-verwaltungsrechtlichen Natur des Gesetzes 22.262.[106]

b) Rechtsnatur des Gesetzes 25.156

Im Gesetz 25.156 findet sich erstmals in der Geschichte des argentinischen Wettbewerbsrechts keine direkte Bezugnahme auf das Strafrecht. Die wettbewerbsbeschränkenden Verhaltensweisen stellen keine strafrechtlichen Delikte dar. Entsprechend kann ein Verstoß gegen Vorschriften des Gesetzes 25.156 nicht mit Freiheitsstrafe geahndet werden. Für die Anwendung des Gesetzes 25.156 ist gemäß den Artikeln 17 bis 24 ausschließlich das TNDC, ein Organ der Exekutive mit einer eigenen in den Artikel 26 bis 45 geregelten Verfahrensordnung zuständig. Gemäß Artikel 34 des Gesetzes 25.156 handelt es sich bei dem Verfahren vor dem TNDC um ein Verwaltungsverfahren, das mit der Entscheidung der Wettbewerbsbehörde beendet wird.

Einen systematischen Bruch hinsichtlich der Rechtsnatur des Gesetzes 25.156 stellte zeitweilig das Präsidialdekret 1019/99 vom 16. September 1999[107] dar. Das Dekret änderte die Zuständigkeit der für Rechtsmittel gegen Entscheidungen der Wettbewerbsbehörden zuständigen Gerichte. Nach dem ursprünglichen Gesetzesentwurf sollte die Kammer für Handelssachen, also ein Zivilgericht, für diese Rechtsmittel zuständig sein. Das Präsidialdekret 1019/99 änderte diesen Gesetzespassus jedoch dahingehend, dass wie bereits im Rahmen des Gesetzes 22.262 die Kammern für Wirtschaftsstrafsachen für die Rechtsmittelverfahren zuständig waren. Der Präsident begründete diese Änderung damit, dass das Wettbewerbsrecht Teil des öffentlichen Rechts sei und die anzuwendende Prozessordnung dieser Rechtsnatur entsprechen müsse.[108] Die gerichtliche Überprüfung der Entscheidungen des TNDC habe durch die Gerichte für Wirtschaftsstrafsachen zu erfolgen, da dies der Rechtsnatur des Wettbewerbsrechts, das wie das Strafrecht von Amts wegen betrieben werde, entspreche. Dieser Begründung des Präsidialdekrets 1019/99 lag m. E. eine verfehlte Interpretation der Rechtsnatur des Gesetzes 25.156 zugrunde. Im Gegensatz zu seinen historischen Vorgängern ist das Gesetz 25.156 nicht mehr Teil des Strafrechts, sondern ist rein

---

[106] *Rovira/Botana*, La ley 22.262 de defensa de la competencia y el nuevo Código Procesal Penal de la Nación, La Ley 1993, Band B, S. 762; *Cabanellas de las Cuevas*, Derecho antimonopólico y de defensa de la competencia, S. 210.

[107] Präsidialdekret 1019 vom 16. September 1999, Boletín Oficicial vom 20. September 1999, Legislación Argentina, Boletín Nr. 36 vom 8. Oktober 1999, S. 21 ff.

[108] So die Begründung des Präsidialdekrets 1019 vom 16. September 1999, Legislación Argentina, Boletín Nr. 36 vom 8. Oktober 1999, S. 22.

verwaltungsrechtlicher Natur.[109] Denn dem TNDC obliegt nicht mehr die Vorbereitung der Anklage eines Delikts vor einem Strafgericht, sondern es entscheidet nach Abschluss eines Verwaltungsverfahrens endgültig über ein wettbewerbswidriges Verhalten. Insofern ist es sehr zu begrüßen, dass das Präsidialdekret 1019/99 seinerseits durch das Präsidialdekret 89/2001 aufgehoben wurde.[110] Artikel 53 des Annexes zum Präsidialdekret 89/2001 hat die ursprünglich im Gesetz 25.156 vorgesehene Zuständigkeit der Kammern für Zivil- und Handelssachen für Beschwerdeverfahren gegen Entscheidungen der Wettbewerbsbehörde wiederhergestellt.[111] Die Zuständigkeit der Kammern für Zivil- und Handelssachen ist sehr zu begrüßen, weil die Richter dieser Gerichte mit den häufig schwierigen wirtschaftlichen Zusammenhängen, die wettbewerbsrechtlichen Verfahren regelmäßig zugrunde liegen, in der Regel besser vertraut sind als Richter für Wirtschaftsstrafsachen, die sich fast ausschließlich mit strafrechtlichen Delikten wie Betrug und Steuerhinterziehung beschäftigen. Als sachnäheres Gericht ist die Zuständigkeit der Kammern für Zivil- und Handelssachen für wettbewerbsrechtliche Berufungsverfahren daher gerechtfertigt. Diese Zuständigkeit entspricht beispielsweise dem deutschen Kartellbeschwerdeverfahren gemäß §§ 63 ff. GWB, wonach nicht das Verwaltungsgericht, sondern gemäß § 63 Abs. 4 GWB der Kartellsenat des Oberlandesgerichtes Düsseldorf für Rechtsmittel gegen Verfügungen des Bundeskartellamts zuständig ist.[112] Durch das Präsidialdekret 89/2001 wurde somit abschließend klargestellt, dass Gesetz 25.156 im Gegensatz zu seinen Vorgängern nicht mehr Teil des Strafrechts, sondern Bestandteil des Wirtschaftsverwaltungsrechts ist.

5. Wettbewerbspolitische Funktionen und Ziele des Gesetzes 25.156

Der Diskussion im Rahmen der Verabschiedung des Gesetzes 25.156 kann entnommen werden, dass der argentinische Gesetzgeber mit dem neuen Wettbewerbsgesetz eine Vielzahl unterschiedlicher Ziele verfolgt.[113] Die wesentlichen wettbewerbspolitischen Funktionen und Ziele des Gesetzes 25.156 können in wirtschaftspolitische und gesellschaftspolitische Ziele unterteilt werden.

---

[109] So auch *Fargosi*, Breves anotaciones sobre la nueva ley de defensa de la competencia, Antecedentes Parlamentarios 1999, Nr. 9, S. 167; *Vergara del Carril*, Nuevo régimen de Defensa de la competencia, El Derecho Nr. 9937 vom 7. Februar 2000, S. 1.

[110] Artikel 2 des Präsidialdekrets 89/2001 vom 25. Januar 2001, Boletín Oficial vom 30. Januar 2001, Nr. 29577, S. 4.

[111] Artikel 1 des Präsidialdekrets 89/2001 vom 25. Januar 2001 i.V.m. Artikel 53 des Annexes, Boletín Oficial vom 30. Januar 2001, Nr. 29577, S. 9.

[112] Ausführlich zum Beschwerdeverfahren nach dem GWB siehe *Langen/Bunte*, Kommentar zum deutschen und europäischen Kartellrecht, zu § 63 GWB, RN 1 ff.; *Immenga/Mestmäcker*, GWB-Kommentar, zu § 63 GWB, RN 1 ff.

[113] Eine Aufzählung der verschiedenen Ziele findet sich in Antecedentes Parlamentarios 1999, Nr. 9, S. 101 ff.

a) Wirtschaftspolitische Funktionen und Ziele

Im Rahmen der grundlegenden Neuordnung des argentinischen Wettbewerbsrechts durch das Gesetz 22.262 hat der argentinische Gesetzgeber ausführlich zu den Zielen des Wettbewerbsgesetzes Stellung genommen und dabei drei grundlegende wirtschaftspolitische Funktionen herausgestellt.[114] Beim Gesetz 25.156 handelt es sich um eine Reform des Gesetzes 22.262, bei dem der Gesetzgeber auf ausführliche Begründungserwägungen verzichtet hat. Es ist daher davon auszugehen, dass die vom argentinischen Gesetzgeber in der Begründung des Gesetzes 22.262 herausgestellten wirtschaftspolitischen Funktionen auch für das neue Wettbewerbsgesetz gelten.

aa) Verteilungsfunktion

Laut Begründung des Gesetzes 22.262 soll das Wettbewerbsgesetz an erster Stelle zu einer verbesserten Nutzung der Produktionsmittel führen.[115] Diese Funktion beruht auf der klassischen wettbewerbstheoretischen Überlegung, dass die optimale Verteilung der wirtschaftlichen Ressourcen am besten in einer Wirtschaftsordnung gelingt, in der ein möglichst unbeschränkter Wettbewerb herrscht.[116] In monopolistisch strukturierten Märkten hingegen führen die vergleichsweise höheren Preise der Monopolisten dazu, dass insgesamt weniger produziert wird. Der argentinische Markt war lange von monopolistischen Strukturen gekennzeichnet, was einerseits an einer Vielzahl von Staatsbetrieben mit Exklusivrechten und andererseits an den geografischen sowie demografischen Gegebenheiten Argentiniens lag, die in vielen Gegenden lediglich das wirtschaftliche Überleben eines einzigen Produzenten oder Dienstleisters ermöglichte. Das Gesetz 25.156 dient daher der Öffnung der teilweise immer noch monopolistisch strukturierten Märkte sowie der vollständigen Auslastung der Produktionsmittel, um so schließlich eine gerechtere Verteilung der volkswirtschaftlichen Ressourcen zu erreichen.

bb) Ordnungsfunktion

Die zweite grundlegende Funktion der Wettbewerbsordnung, die der argentinische Gesetzgeber bei Einführung des Gesetzes 22.262 herausstellte, war die des Mittels zur Verhinderung von Verzerrungen des nationalen Einkommens.[117]

---

[114] Ley 22.262 de defensa de la competencia, Exposición de motivos (Gesetzesmotive), Kapitel I, Ziffern 1 – 5.

[115] So das Schreiben des Wirtschaftsministers im Anhang zum Entwurf des Gesetzes 22.262, in: *Cabanellas de las Cuevas*, Derecho antimonopólico y de defensa de la competencia, S. 37.

[116] Ausführlich zur Theorie der vollständigen Konkurrenz siehe *Baur*, Das Tatbestandsmerkmal des Wettbewerbs, ZHR 134, S. 100 ff.

[117] So das Schreiben des Wirtschaftsministers im Anhang zum Entwurf des Gesetzes 22.262, in: *Cabanellas de las Cuevas*, Derecho antimonopólico y de defensa de la competencia, S. 38.

Grundsätzlich hat eine Wettbewerbsbeschränkung zumindest auf lange Sicht steigende Preise zur Folge, weil die Relation zwischen der erbrachten Leistung, also der Ware oder Dienstleistung, und der Gegenleistung, also dem entrichteten Preis, verzerrt wird. Dies wiederum führt zu einer ungerechtfertigten Bereicherung der Anbieter des Produkts auf Kosten der Nachfrager. Dieses Szenario war typisch für die argentinische Wirtschaft bis zum Beginn der Neunziger Jahre: Durch eine Vielzahl staatlicher Regelungen, Mindestpreise und Beihilfen sowie einer Abschottung gegen Importe durch hohe Außenzölle hatte der Staat ein Wirtschaftssystem geschaffen, in dem kein Wettbewerb herrschte, was zu höheren Preisen führte.[118] Durch die Öffnung der argentinischen Märkte für die internationale Konkurrenz und die damit verbundene Intensivierung des Wettbewerbs ist die Gefahr eines Preismissbrauches inzwischen jedoch weniger akut. Dennoch verfügen insbesondere die ehemaligen staatlichen Monopolunternehmen immer noch über eine erhebliche wirtschaftliche Machtposition, so dass die Gefahr einseitiger Preiserhöhungen immer noch besteht. So wurde beispielsweise die marktbeherrschende Erdölgesellschaft *YPF* aufgrund eines Missbrauchs in Form überhöhter Preise zu einer Geldstrafe von mehr als 100 Millionen Pesos verurteilt.[119] Die Betonung der Ordnungsfunktion des Wettbewerbsgesetzes sollte in der Praxis aber nicht zu einer staatlichen Preisaufsicht der Wettbewerbsbehörde über die Wirtschaft führen. Die CNDC hat jedoch bisher solchen Versuchung widerstanden.

cc) Steuerungsfunktion

Als dritte wesentliche wirtschaftspolitische Funktion des Wettbewerbsrechts hat der argentinische Gesetzgeber die Sicherung des Funktionierens der Märkte ohne direkten staatlichen Eingriff hervorgehoben.[120] Zum Zeitpunkt der Verabschiedung des Gesetzes 22.262 im Jahre 1980 waren die meisten argentinischen Märkte durch staatlich kontrollierte Preise und fehlenden Wettbewerb gekennzeichnet. Erst die in den Neunziger Jahren vollzogene wirtschaftliche Liberalisierung schuf das wettbewerbsorientierte Umfeld, in dem das Wettbewerbsgesetz seine Steuerungsfunktion erfüllen konnte. Die gestiegene Bedeutung des Wettbewerbsrechts schlug sich auch in der höheren Anzahl von Untersuchungen und der verbesserten personellen und technischen Ausstattung der Wettbewerbsbehörde nieder. Aufgrund des weitgehenden Rückzugs des Staates aus allen Bereichen der Wirtschaft ist die Steuerungsfunktion heute die wichtigste

---

[118] *Cabanellas de las Cuevas*, Derecho antimonopólico y de defensa de la competencia, S. 49.

[119] Gutachten der Comisión Nacional de Defensa de la Competencia vom 19. März 1999, 7.3. „CNDC c/ YPF". Diese Geldstrafe entsprach aufgrund der damals geltenden gesetzlichen Koppelung des Peso an den Dollar 100 Mio. US-Dollar.

[120] Ley 22.262 de defensa de la competencia, Exposición de motivos (Gesetzesmotive), Kapitel I, Ziffer 2.

Funktion des argentinischen Wettbewerbsrechts.[121] Die primäre Aufgabe des Gesetzes 25.156 besteht daher im Schutz des durch die Transformation des Wirtschaftssystems ermöglichten Wettbewerbs und in der Garantie adäquater Wettbewerbsbedingungen.

b) Gesellschaftspolitische Funktionen und Ziele

Neben wirtschaftspolitischen verfolgt das Wettbewerbsrecht klassischerweise auch gesellschaftspolitische Ziele. Hierunter fällt insbesondere die Aufgabe, für eine möglichst gleichmäßige Machtverteilung in Wirtschaft und Gesellschaft zu sorgen.[122] Die soziale Funktion des Wettbewerbsrechts wurde insbesondere in den USA stark herausgestellt.[123] In Argentinien hingegen spielen gesellschaftspolitische Ziele des Wettbewerbsrechts nur eine untergeordnete Rolle. In den Motiven zum Gesetz 22.262 heißt es lediglich, dass die Sicherung der korrekten Funktionsweise der Märkte durch das Wettbewerbsrecht eine Garantie für die Handelsfreiheit und das Eigentum der Privatleute darstellt.[124] Diese Stärkung der Privatautonomie und –initiative durch das Wettbewerbsrecht entspricht dem klassischen gesellschaftspolitischen Anspruch, wonach Privatautonomie, Privateigentum und Wettbewerb die drei Säulen einer funktionsfähigen freien Wirtschafts- und Gesellschaftsordnung sind.[125] Einige Stimmen in der argentinischen Literatur betonen auch die gesellschaftspolitische Funktion des Wettbewerbsrechts als Teil des Verbraucherschutzes.[126] Auch das Berufungsgericht Bahía Blanca[127] und das Berufungsgericht Resistencia[128] haben in ihren Urteilen die

---

[121] So auch *Butera*, La inserción de la agencia de la defensa de la competencia en la agenda política, Boletín Latinoamericano de Competencia, Nr. 13, November 2001, S. 9 f.

[122] *Langen/Bunte*, Kommentar zum deutschen und europäischen Kartellrecht, Einführung zum GWB, RN 48.

[123] So beispielsweise in der Begründung im Fall United States vs. Columbia Steel Productions, 334 US 495, 68 (1948): "Die industrielle Macht muss dezentralisiert und auf viele Schultern verteilt werden." Das Urteil ist abgedruckt in *Morgan*, Modern Antitrust Law and its origins, S. 442.

[124] Ley 22.262 de defensa de la competencia, Exposición de motivos (Gesetzesmotive), Kapitel I, Ziffer 2.

[125] Siehe *Emmerich*, Kartellrecht, S. 3

[126] *D'Albora/Lozada*, La defensa de la competencia ante la justicia, La Ley 1993, Band D, S. 1000; *Carbajales*, Algunas reflexiones sobre la ley de defensa de la competencia, El Derecho – Legislación Argentina 1997, Band A, S. 1377; *Pieroni*, Monopólio y Libre Concurrencia, El Derecho, Band 171, S. 1028.

[127] Cámara Federal de Apelaciones de Bahía Blanca, Urteil vom 20. April 1990, Revista del Derecho Industrial, Nr. 43, Januar – April 1993, S. 179 „Ascociación Patagónica de Empresas de Servicios Funebres c/ Cooperativa Provincial de Serbicios Públicos y Comunitarios de Neuquén".

[128] Cámara Federal de Apelaciones de Resistencia, Urteil vom 19. März 1992, Revista del Derecho Industrial, Nr. 43, Januar – April 1993, S. 205 „Gobierno de la Provincia de Corrientes".

Auffassung vertreten, dass das Wettbewerbsgesetz in erster Linie dem Schutz der Verbraucher diene. Diese Auffassung hat sich jedoch nicht durchsetzen können. So stellt die CNDC in ihrer Praxis nicht auf Aspekte des Verbraucherschutzes ab und weist Beschwerden, die in den Bereich Verbraucherschutz fallen, konsequent zurück bzw. leitet sie an die zuständige Kommission für Verbraucherschutzfragen (die „*Comisión de Defensa del Consumidor*") weiter.

6. Das Wettbewerbskonzept des Gesetzes 25.156

Das Gesetz 25.156 trägt den Titel „Gesetz zum Schutz des Wettbewerbs". Eine Definition oder Umschreibung des Begriffs *Wettbewerb* findet sich in dem Regelungswerk nicht. Allerdings kann von der Begründung des Vorgängergesetzes 22.262 und den Stellungnahmen der CNDC auf das dem argentinischen Wettbewerbsgesetz zugrundeliegende Wettbewerbskonzept geschlossen werden. In den Motiven des Gesetzes 22.262 wird der Wettbewerb häufiger mit dem Begriff *concurrencia* (Konkurrenz) gleichgesetzt.[129] Nach dem Willen des Gesetzgebers ist das Bestehen von Konkurrenz zwischen den verschiedenen Marktteilnehmern somit ein wichtiger Teilaspekt des Wettbewerbskonzepts. Für das Bestehen von Konkurrenz gibt es zwei wesentliche Voraussetzungen: einerseits muss ein freier Zutritt zum Markt möglich sein, andererseits müssen sich die Marktteilnehmer unabhängig voneinander verhalten. Die zentrale Bedeutung des freien Markzutritts und der Offenhaltung der Märkte hat auch die argentinische Wettbewerbsbehörde immer wieder betont.[130] Die Literatur hat ebenfalls die Bedeutung des freien Marktzugangs im Rahmen des Wettbewerbskonzepts hervorgehoben.[131] Mit Inkrafttreten des Gesetzes 25.156 hat der Gesetzgeber den Schutz des freien Marktzutritts auch in den Gesetzestext übernommen. Gemäß Artikel 1 sind Handlungen und Verhaltensweisen, durch die der Marktzutritt behindert oder beschränkt wird, verboten. Aufgrund dieser klaren gesetzgeberischen Wertung und der langjährigen Praxis der CNDC ist die Offenhaltung der Märkte m.E. das wichtigste Element des Wettbewerbskonzepts. Neben dem freien Marktzutritt ist die Aufrechterhaltung der Unabhängigkeit der Wettbewerber

---

[129] Ley 22.262 de Defensa de la Competencia, Exposición de motivos (Gesetzesmotive), Kapitel I, Ziffer 5: „régimen concurrencial"; Kapitel III, Ziffer 15 f): „entre concurrentes".

[130] Gutachten der Comisión Nacional de Defensa de la Competencia vom 6. Mai 1997, Serie Dictámenes Nr. 1, 6.2. „American Express c/ Visa, Mastercard y Argencard"; Gutachten der Comisión Nacional de Defensa de la Competencia vom 31. Juli 1997, Serie Dictámenes Nr. 2, RN 25 „Cámara Argentina de Papelerías, Librerías y Afines c/ Supermercados Makro", Comisión Nacional de Defensa de la Competencia, Breve Análisis Económico de la Ley Argentina de Defensa de la Competencia, Serie Documentos Nr. 1, S. 15.

[131] *Fargosi*, Apostilla sobre la Ley de Defensa de la Competencia, Anales de Legislación Argentina, Band 31, S. 10; *Cabanellas de las Cuevas*, Derecho antimonopólico y de defensa de la competencia, S. 261; *Otamendi*, Presupuestos básicos para la aplicación de la Ley de Defensa de la Competencia, La Ley 1981, Band B, S. 906.

der zweite wesentliche Aspekt des dem Gesetz 25.156 zugrundeliegenden Wettbewerbskonzepts. Das Gesetz soll eine Schwächung des Wettbewerbs durch Koordinierungen des Marktverhaltens von Wettbewerbern verhindern.[132] Auch die durch das Gesetz 25.156 eingeführte Zusammenschlusskontrolle dient dem Schutz des Wettbewerbs zwischen miteinander konkurrierenden Unternehmen auf zunehmend konzentrierten Märkten. Entsprechend ist die Aufrechterhaltung einer Mindestanzahl von untereinander unabhängigen Wettbewerbern ebenfalls ein zentraler Bestandteil des Wettbewerbskonzepts.

7. Anwendungspraxis

Das Inkrafttreten des Gesetzes 25.156 stellt auch in der Anwendungspraxis einen wichtigen Wendepunkt in der Geschichte des Wettbewerbsrechts in Argentinien dar. Zum ersten Mal kann von einer konsequenten und effektiven Anwendung des Wettbewerbsrechts gesprochen werden. Insbesondere die Einführung der Zusammenschlusskontrolle hat dazu geführt, dass das Wettbewerbsrecht auch tatsächlich die ihm zugedachte zentrale Ordnungsfunktion erfüllt. Die Zahl der Verfahren vor dem zuständigen Kontrollorgan – bis zur endgültigen Einsetzung des *Tribunal Nacional de Defensa de la Competencia* ist dies gemäß Artikel 58 des Gesetzes 25.156 weiterhin die *Comisión Nacional de Defensa de la Competencia* – ist sprunghaft angestiegen.[133] Auch die Anzahl der informellen Anfragen zur Interpretation des Gesetzes hat in starkem Ausmaß zugenommen.[134] Insgesamt ist das argentinische Wettbewerbsrecht aus seinem bisherigen Schattendasein herausgetreten und hat sich als eigenständige wichtige Rechtsmaterie etabliert.

---

[132] Ley 22.262 de Defensa de la Competencia, Exposición de motivos (Gesetzesmotive), Kapitel III, Ziffer 15 e).

[133] Im Zeitraum seit Inkrafttreten des Gesetzes am 29. September 1999 bis zum April 2001 hat die CNDC insgesamt 252 Fusionskontrollverfahren mit einer Entscheidung abgeschlossen, vgl. *Comisión Nacional de Defensa de la Competencia*, Memoria Trianual 1999-2001, S. 46.

[134] Die CNDC hat bis August 2002 insgesamt 169 solcher Stellungnahmen abgegeben, vgl. Aufstellung bei *Peña*, Control de concentraciones económicas, S. 593.

IV. Der Anwendungsbereich des Gesetzes 25.156

Der Anwendungsbereich des Gesetzes 25.156 ist in Artikel 3 geregelt. Danach sind die Vorschriften des Gesetzes auf alle natürlichen oder juristischen Personen des öffentlichen oder privaten Rechts, mit oder ohne Gewinnerzielungsabsicht anwendbar, die im gesamten oder einem Teil des nationalen Hoheitsgebiets wirtschaftlich tätig sind, oder die zwar außerhalb des Landes wirtschaftlich tätig sind, deren Handlungen, Aktivitäten oder Vereinbarungen aber Auswirkungen auf den nationalen Markt haben. Diese erstmals in das argentinische Wettbewerbsrecht eingeführte Definition des Anwendungsbereichs ist eine der wesentlichen Neuerungen des Gesetzes 25.156.

1. Persönlicher Anwendungsbereich

Der persönliche Anwendungsbereich des Gesetzes 25.156 umfasst gemäß Artikel 3 alle natürlichen und juristischen Personen des öffentlichen und privaten Rechts, mit oder ohne Gewinnerzielungsabsicht. Durch diese Vorschrift wurde die bisherige Anwendungspraxis der CNDC, wonach das argentinische Wettbewerbsgesetz auf alle Teilnehmer des Wirtschaftslebens anwendbar ist, kodifiziert.

a) Natürliche Personen

Die Bezeichnung *natürliche Personen* ist weit auszulegen. Unter diese Bezeichnung fallen somit alle auf den Märkten tätigen Einzelakteure. Beispiele für natürliche Personen sind Einzelhändler, Handelsvertreter, Handelsmakler, Handwerker und Landwirte. Artikel 3 enthält auch keinerlei Einschränkungen für Freiberufler wie Ärzte, Rechtsanwälte oder Architekten. Entsprechend ist das Gesetz 25.156 auch auf Freiberufler und deren Berufsorganisationen anwendbar. Dies entspricht auch der bisherigen Praxis der CNDC und der argentinischen Gerichte, die in einer Reihe von Entscheidungen entschieden haben, dass die freien Berufe dem Anwendungsbereich des argentinischen Wettbewerbsgesetzes unterliegen. So hielt die CNDC im Fall *Staff Médico S.A. c/ Federación Médica de la Provincia de Buenos Aires* ausdrücklich fest, dass Artikel 1 des Wettbewerbsgesetzes auch auf Vereinbarungen zwischen Ärzten Anwendung findet, weil jede Art des Austauschs von Waren oder Dienstleistungen unter diese Vorschrift fällt.[135] Dieser weite persönliche Anwendungsbereich schränkte die CNDC jedoch dahingehend ein, dass die konkrete Tätigkeit mit dem Angebot

---

135 Gutachten der Comisión Nacional de Defensa de la Competencia vom 22. September 1982, VI. „Staff Médico S.A. c/ Federación médica de la Provincia de Buenos Aires".

und der Nachfrage von Dienstleistungen oder Waren zusammenhängen und somit von wirtschaftlicher Natur sein muss.[136]

b) Juristische Personen

Auch der Begriff der *juristischen Person* in Artikel 3 des Gesetzes 25.156 ist weit auszulegen. Die Bezeichnung umfasst in Abgrenzung zu natürlichen Personen alle Formen von Gesellschaften, wobei es nicht darauf ankommt, ob diese rechtlich selbständig sind oder nicht. Entsprechend fallen alle Personen- und Kapitalgesellschaften des Privatrechts unter diesen Begriff, insbesondere die in Argentinien weit verbreiteten Aktiengesellschaften. Es ist davon auszugehen, dass auch Scheingesellschaften und faktische Gesellschaften von der Vorschrift umfasst sind. Hierfür spricht der Einfluss des brasilianischen Wettbewerbsrechts auf die Formulierung von Artikel 3.[137] Denn nach Artikel 15 des brasilianischen Gesetzes 8.884/94 sind die Vorschriften des Wettbewerbsgesetzes auf alle *de facto* und *de jure* konstituierten Gesellschaften anwendbar.

c) Öffentliche Unternehmen und juristische Personen des öffentlichen Rechts

Nach dem Wortlaut von Artikel 3 sind die Vorschriften des argentinischen Wettbewerbsgesetzes auf jede Form öffentlicher Unternehmen und juristischer Personen des öffentlichen Rechts anwendbar. Der argentinische Gesetzgeber hat durch die Vorschrift endgültig klargestellt, dass es für die Wirtschaftstätigkeit der öffentlichen Hand keine Ausnahmebereiche von der Anwendung der Wettbewerbsvorschriften mehr gibt. Unter dem Gesetz 22.262 gab es hingegen eine Ausnahmevorschrift für öffentliche Unternehmen. Artikel 5 des Gesetzes 22.262 gab dem Gesetzgeber die Möglichkeit, bestimmte wirtschaftliche Tätigkeiten durch Gesetz von der Anwendung der Wettbewerbsvorschriften auszunehmen. So fielen öffentliche Dienstleistungen wie Transport und Post aufgrund umfangreicher staatlicher Vorschriften, Genehmigungen und Preisvorgaben nicht dem Anwendungsbereich des Wettbewerbsrechts.[138] Im Rahmen der wirtschaftlichen Liberalisierung wurde die Wettbewerbsbehörde 1991 durch das Präsidialdekret

---

[136] Gutachten der Comisión Nacional de Defensa de la Competencia vom 4. April 1992, VII. „Comisión Nacional de Defensa de la Competencia c/ Círculo Médico Alto Paraná.". Dies entspricht auch dem europäischen Wettbewerbsrecht wonach Artikel 81 und 82 EGV auf Freiberufler anwendbar sind, wenn diese als Unternehmer eingestuft werden können, also eine wirtschaftliche Tätigkeit ausüben, siehe *Emmerich*, Kartellrecht, S. 386. Ausführlich zum Begriff der wirtschaftlichen Tätigkeit, siehe unten IV. 2.

[137] Ausführlich zum Einfluss des brasilianischen Wettbewerbsgesetzes 8.884/94 auf Artikel 3 des Gesetzes 25.156 siehe unten IV. 3.

[138] Ausführlich zum Anwendungsbereich von Artikel 5 des Gesetzes 22.262 siehe *Otamendi*, Criterios de la Comisión Nacional de Defensa de la Competencia, La Ley 1982, Band D, S. 757 ff. und *Cabanellas de las Cuevas*, Derecho antimonopólico y de defensa de la competencia, S. 133.

2.284/91 ermächtigt, auch Verhaltensweisen zu überprüfen, die durch Artikel 5 der Anwendung des Gesetzes 22.262 entzogen waren.[139] Dieser faktischen Abschaffung folgte im Jahre 1995 die förmliche Aufhebung der Ausnahmevorschrift im Zuge der Novellierung des Patentgesetzes.[140]

In Bereichen, die nicht gemäß Art. 5 der Anwendung entzogen waren, haben CNDC und die zuständigen argentinischen Gerichte das Wettbewerbsgesetz 22.262 seit Inkrafttreten konsequent auf staatlich kontrollierte Unternehmen oder mit öffentlichen Sonderrechten ausgestattete Organisationen angewandt.[141] Dabei wurde Artikel 5 des Gesetzes 22.262 sehr eng ausgelegt. Wettbewerbswidrige Handlungen und Verhaltensweisen von staatlichen Unternehmen oder juristischen Personen des öffentlichen Rechts fielen danach nur dann unter die Ausnahmevorschrift, wenn die konkrete Handlung durch das staatliche Ausnahmegesetz ausdrücklich vorgesehen war.[142] Staatlich kontrollierte Unternehmen unterliegen insbesondere dem Verbot des Missbrauchs einer marktbeherrschenden Stellung, weil sie regelmäßig mit staatlichen Exklusivrechten ausgestattet sind oder zumindest immer noch über eine marktbeherrschende Stellung verfügen.[143] Wie bei natürlichen Personen und Unternehmen sind die Vorschrif-

---

[139] Präsidialdekret 2.284/91, Boletín Official vom 1. November 1991. Ausführlich zu den Auswirkungen dieses Dekrets auf die praktische Arbeit der CNDC siehe *Marchesini*, Prudentia Iuris Nr. 46, Juni 1998, S. 32 ff.; *Carmen Pitetti/Marchesini/Soldano*, Las actualizaciones del derecho de defensa de la competencia introducida por el decreto 2284/91, Revista del Derecho Industrial, Nr. 43, Januar-April 1993, S. 17 ff.

[140] Artikel 107 des Gesetzes 24.481 für Patente, Erfindungen und Nutzbarkeitsmodelle, Boletín Oficial vom 20. September 1995.

[141] So beispielsweise im Gutachten der Comisión Nacional de Defensa de la Competencia vom 11. März 1982, VIII. „Ifrisa S.R.L. c/ YPF S.A."; Gutachten der Comisión Nacional de Defensa de la Competencia vom 27. April 1982, IV. „Comisión Nacional de Defensa de la Competencia c/ Colegio Oficial de Farmacéuticos y Bioquímicos de la Capital Federal"; Urteil der Cámara Nacional Penal Económico Buenos Aires vom 18. Oktober 1982, La Ley 1983, Band B, S. 338 ff. „Colegio de Famacéuticos y Bioquímicos de la Capital Federal"; Urteil des Berufungsgerichts von Posadas vom 2. Juli 1993 „Círculo Médico de Alto Paraná". Zustimmend zu dieser Praxis *Hendler*, Las Cooperativas y la Ley de Defensa de la Competencia, El Derecho, Band 116, S. 148 ff.

[142] Gutachten der Comisión Nacional de Defensa de la Competencia vom 10. Mai 1982, V. „Unión General de Tamberos/Cooperativa Popular de Electicidad de Santa Rosa"; Urteil des Berufungsgerichts San Fernando del Valle de Catamarca vom 18. Februar 1998 „Colegio de Médicos de Catamarca".
Hinweis zur Zitierweise: Nicht alle relevanten Gerichtsentscheidungen sind in Zeitschriften veröffentlicht worden. Die nur durch das Entscheidungsdatum und die beteiligten Parteien gekennzeichneten Gerichtsentscheidungen sind in der Bibliothek der CNDC aufbewahrt und dort der Öffentlichkeit zugänglich.

[143] Gutachten der Comisión Nacional de Defensa de la Competencia vom 11. März 1982, VIII. „Ifrisa S.R.L. c/ YPF S.A."; Gutachten der Comisión Nacional de Defensa de la Compe-

ten des Wettbewerbsgesetzes nach der Praxis der argentinischen Wettbewerbsbehörde jedoch nur auf öffentliche Unternehmen anwendbar, wenn diese wirtschaftlich am Markt tätig werden.[144] Reine Verwaltungsentscheidungen können daher nicht von der Wettbewerbsbehörde überprüft werden.

Eine besonders wichtige Rolle in der Anwendungspraxis des argentinischen Wettbewerbsgesetzes spielen die mit öffentlichen Sonderrechten ausgestatteten Berufs- und Standesorganisationen. Nach der Rechtsprechung unterliegen Berufsvereinigungen den Vorschriften des Wettbewerbsgesetzes, wenn sie über ihre gesetzlichen Aufgaben hinaus am Markt tätig sind.[145] Entsprechend haben Gerichte die Vorschriften des Wettbewerbsgesetzes beispielsweise auf Ärztekammern[146], Apothekerkammern[147] und Rechtsanwaltskammern[148] angewandt. Wenn die normalen Marktbedingungen beeinträchtigt werden, steht auch eine verfassungsrechtliche Garantie der Berufsorganisation der Anwendung des Wettbewerbsgesetzes nicht entgegen.[149] Die CNDC stellt ebenfalls nicht auf die von einer Standesorganisation verfolgten Ziele und Zwecke, sondern allein an deren konkrete Tätigkeit ab. Immer, wenn diese mit dem Angebot und der Nachfrage von Dienstleistungen oder Waren zusammenhängt, unterliegt sie den Vorschriften des Wettbewerbsgesetzes.[150] Die CNDC hat das Wettbewerbsgesetz daher auf Apothekerkammern[151], Ärztekammern[152], Notarskammern[153], Standes-

---

tencia vom 10. April 1992, VII. „Fiscalía Nacional de Investigaciones Administrativas c/ YPF S.A."

[144] Gutachten der Comisión Nacional de Defensa de la Competencia vom 14. Februar 1998, 5.8. „Executive Class S.A. c/ Fuerza Aérea Argentina".

[145] Urteil des Berufungsgerichts in Wirtschaftsstrafsachen Buenos Aires vom 18. Oktober 1982, La Ley 1983, Band B, S. 339 f. „Colegio de Famacéuticos y Bioquímicos de la Capital Federal".

[146] Urteil des Berufungsgerichts von Posadas vom 2. Juli 1993 „Círculo Médico de Alto Paraná"; Urteil des Berufungsgerichts San Fernando del Valle de Catamarca vom 18. Februar 1998 „Colegio de Médicos de Catamarca".

[147] Urteil des Berufungsgerichts in Wirtschaftsstrafsachen Buenos Aires vom 18. Oktober 1982, La Ley 1983, Band B, S. 338 ff. „Colegio de Famacéuticos y Bioquímicos de la Capital Federal"; Urteil des Berufungsgerichts La Plata vom 21. Dezember 1999 „Cámara de Empresas de Asistencia Farmacéutica c/ Colegio de Farmacéuticos de la Provincia de Buenos Aires".

[148] Urteil des Berufungsgerichts Rosario vom 2. Juni 1999 „Cámara Argentina de Empresas de Servicios Jurídicos Prepagos c/ Colegio de Abogados de San Nicolas".

[149] Urteil des Berufungsgerichts San Fernando del Valle de Catamarca vom 18. Februar 1998 „Colegio de Médicos de Catamarca".

[150] Gutachten der Comisión Nacional de Defensa de la Competencia vom 4. April 1992, VII. „Comisión Nacional de Defensa de la Competencia c/ Círculo Médico Alto Paraná.".

[151] Gutachten der Comisión Nacional de Defensa de la Competencia vom 27 April 1982, IV. „Comisión Nacional de Defensa de la Competencia c/ Colegio Oficial de Farmacéuticos y Bioquímicos de la Capital Federal"; Gutachten der Comisión Nacional de Defensa de la

vertretungen von Akademikern[154] sowie Rechtsanwaltskammern[155] angewandt. Diese Anwendungspraxis ist nunmehr ausdrücklich vom Gesetzgeber in Artikel 3 des Gesetzes 25.156 übernommen worden.

Die umfassende Anwendbarkeit des Wettbewerbsgesetzes auf alle öffentlichen Unternehmen oder mit öffentlichen Sonderrechten ausgestatteten juristischen Personen wird auch durch Artikel 59 des Gesetzes 25.156 deutlich. Im Rahmen der Liberalisierungspolitik hatte der argentinische Gesetzgeber Zuständigkeiten auf dem Gebiet des Wettbewerbsrechts in den Märkten für Telekommunikation, Strom und Post auf spezielle staatliche Regulierungsbehörden übertragen, was zu Schwierigkeiten bei der Abgrenzung der sich teilweise mit der CNDC überschneidenden Kontrollkompetenzen führte.[156] Diese Übertragung wurde durch Artikel 59 rückgängig gemacht, so dass nunmehr die argentinische Wettbewerbsbehörde umfassend und ausschließlich für die Anwendung der Vorschriften des Wettbewerbsgesetzes in allen Wirtschaftszweigen zuständig ist. Ausnahme- oder Sonderregelungen für öffentliche Unternehmen oder mit öffentlichen Rechten ausgestattete Organisationen bestehen im argentinischen Wettbewerbsrecht nicht mehr. Interessanterweise ist der argentinische Gesetzgeber damit nicht dem Modell des europäischen Wettbewerbsrechts gefolgt. In der EU unterfallen öffentliche Unternehmen der Sondervorschrift des Artikel 86 EGV. Danach gelten die Wettbewerbsvorschriften des EG-Vertrages zwar grundsätzlich auch für öffentliche Unternehmen. Sind diese mit einer Dienstleistung von allgemeinem wirtschaftlichen Interesse beauftragt, sind die Wettbewerbsvorschriften gemäß Artikel 86 Abs. 2 EGV jedoch nur insoweit anwendbar, als ihre Anwendung die Erfüllung der übertragenen Aufgaben nicht verhindert. Dienstleistungen von allgemeinem wirtschaftlichen Interesse sind solche, die für die Daseinsfürsorge der Bevölkerung unverzichtbar sind.[157] Nach der Rechtsprechung des Europäischen Gerichtshofs sind dies beispielsweise Energieversor-

---

Competencia vom 22. September 1999, Serie dictámenes Nr. 8, RN 80 „Cámara de Empresas de Asistencia Farmaceutica c/ Colegio de Farmacéuticos de la Capital Federal".

[152] Gutachten der Comisión Nacional de Defensa de la Competencia vom 4. April 1992, VII. „Comisión Nacional de Defensa de la Competencia. c/ Círculo Médico Alto Paraná."; Gutachten der Comisión Nacional de Defensa de la Competencia vom 24. November, 1998, 5.3. „Comisión Nacional de Defensa de la Competencia c/ Colegio Médico de Corrientes".

[153] Gutachten der Comisión Nacional de Defensa de la Competencia vom 5. Januar 1996, VI. „Colegio de Escribanos de la Capital Federal s/ Infracción Ley 22.262".

[154] Gutachten der Comisión Nacional de Defensa de la Competencia vom 14. Oktober 1982, VI. „Consejo Profesional de Ciencias Económicas de la Capital Federal".

[155] Gutachten der Comisión Nacional de Defensa de la Competencia vom 3. September 1998, 6.3. „Cámara Argentina de Empresas de Servicios Jurídicos Prepagos c/ Colegio de Abogados de San Nicolas".

[156] Ausführlich zu den verschiedenen Zuständigkeiten der verschiedenen Kontroll- und Regulierungsbehörden *Petrecolla*, La Defensa de la Competencia en Argentina, S. 7 ff.

[157] *Bleckmann*, Europarecht, RN 1981.

gungsunternehmen[158] und öffentlich-rechtliche Rundfunkanstalten.[159] Für diese Unternehmen sind die Wettbewerbsvorschriften nicht anwendbar, wenn es für das Unternehmen keinen rechtlichen oder technischen Weg gibt, seine Aufgaben ohne Verletzung der Wettbewerbsvorschriften zu erfüllen[160] und der Staat ihnen durch einen hoheitlichen Übertragungsakt Sonderrechte übertragen hat.[161] Mitgliedstaaten können somit gestützt auf Art. 86 Abs. 2 EGV bestimmte Wirtschaftszweige durch entsprechende Übertragungsakte der vollständigen Anwendung des Wettbewerbsgesetzes entziehen.

Auch das Protokoll zum Schutz des Wettbewerbs im MERCOSUR enthält eine Artikel 86 Abs. 2 EGV entsprechende Vorschrift. Nach Artikel 2 WSP sind die Vorschriften des Protokolls grundsätzlich auch auf Personen des öffentlichen Rechts anwendbar. Gemäß Unterabsatz von Artikel 2 WSP finden die Vorschriften des Protokolls jedoch auf Unternehmen, die ein staatliches Monopol ausüben nur anwendbar, wenn die Bestimmungen des Protokolls nicht die ordnungsgemäße Erfüllung der gesetzlichen Aufgaben verhindern. Diese Vorschrift gilt für alle privaten und öffentlichen Unternehmen, denen der Staat mittels der Übertragung von ausschließlichen Rechten eine Monopolstellung auf einem bestimmten Markt eingeräumt hat. Eine solche Übertragung von ausschließlichen Rechten findet sich typischerweise im Bereich der öffentlichen Daseinsfürsorge. Trotz Inkrafttreten des Protokolls gibt es noch keine Anwendungspraxis hinsichtlich Artikel 2, Erster Unterabsatz WSP. Als Ausnahmevorschrift sollte die Norm jedoch eng auszulegen sein. Im Gegensatz zu Artikel 2 WSP ist in Artikel 15 des brasilianischen Wettbewerbsgesetzes 8.884/94 ausdrücklich festgelegt, dass die Wettbewerbsvorschriften auch auf öffentliche Unternehmen und Unternehmen anwendbar sind, die in Ausübung eines gesetzlichen Monopols tätig sind. Diese Vorschrift entspricht somit Artikel 3 des Gesetzes 25.156. Auch die brasilianische Wettbewerbsbehörde, der *Conselho Administrativo de Defesa Econômica* (CADE) wendet das Wettbewerbsgesetz konsequent auf öffentliche Unternehmen und staatliche Monopolrechte ausübende Unternehmen an.[162] Somit unterliegen in Argentinien und Brasilien mit staatlichen Sonderrechten aus-

[158] EuGHE 1997, I-5819 (5834) - *Kommission/Frankreich*; EuGHE 1994, I-1477 (1520) - *Almelo*. Ausführlich zur Anwendbarkeit von Artikel 86 Abs. 2 EGV auf Energieversorgungsunternehmen siehe *Baur*, Energieversorgungsmonopole unter dem Recht des Vertrages über die Euopäische Gemeinschaft (EGV), in: FS Everling, S. 69 ff.

[159] EuGHE 1974, 409 (430) - *Sacchi*.

[160] *Immenga/Mestmäcker*, EG-Wettbewerbsrecht, zu Artikel 90 Abs. 2 EGV (Artikel 86 Abs. 2 EGV n.F.), RN 48; *Groeben/Thiesing/Ehlermann*, Kommentar zum EU-/EG-Vertrag, zu Artikel 90 EGV (Artikel 86 EGV n.F.) RN 63.

[161] EuGHE 1974, 313 (318) „BRT II"; EuGHE 1981, 2021 (2030) - *Züchner*.

[162] *Ramos*, Das Wettbewerbsschutz-Protokoll des Mercosur, S. 180 unter Hinweis auf die jährliche Stellungnahme der brasilianischen Wettbewerbsbehörde, CADE, Relatório Anual 1997, S. 38 ff.

gestattete Unternehmen bei rein innerstaatlichen Sachverhalten dem jeweiligen nationalen Wettbewerbsrecht. Bei grenzüberschreitenden Sachverhalten im Rahmen des MERCOSUR sind dieselben Unternehmen hingegen gemäß Artikel 2, Erster Unterabsatz WSP zumindest teilweise von der Anwendung der gemeinschaftlichen Wettbewerbsvorschriften ausgeschlossen. Dies entspricht im wesentlichen der Situation unter Artikel 86 Abs. 2 EGV.

2. Sachlicher Anwendungsbereich

Nach Artikel 3 des Gesetzes 25.156 sind die Vorschriften des Wettbewerbsgesetzes nur auf natürliche oder juristische Personen des öffentlichen oder privaten Rechts anwendbar, wenn diese *wirtschaftlich tätig* sind. Wirtschaftlich tätig ist jeder, der an der Produktion, dem Austausch oder der Vermarktung von Waren oder Dienstleistungen beteiligt ist.[163] Somit fallen alle Personen, unabhängig von ihrer Rechtsform, die als wirtschaftliche Akteure tätig sind, unter den sachlichen Anwendungsbereich des Gesetzes 25.156. Auf eine Gewinnerzielungsabsicht kommt es dabei ausdrücklich nicht an. Die Formulierung des sachlichen Anwendungsbereichs in Artikel 3 des Gesetzes 25.156 entspricht der bisherigen Entscheidungspraxis der CNDC. Die argentinische Wettbewerbsbehörde hatte in mehreren Entscheidungen klargestellt, dass die Vorschriften des Wettbewerbsgesetzes nur auf wirtschaftliche Aktivitäten anwendbar sind.[164] Dabei hatte sie sich insbesondere an den Begründungserwägungen des Gesetzes 22.262 orientiert. Danach müssen die unter das Wettbewerbsgesetz fallenden Handlungen „von wirtschaftlicher Natur“ sein.[165] Diese Auslegung wurde von der argentinischen Rechtsprechung bestätigt.[166] Bereits im Jahre 1982 hatte die CNDC darüber hinaus entschieden, dass es für die Ausübung einer wirtschaftlichen Aktivität nicht auf das Vorliegen einer Gewinnerzielungsabsicht ankomme.[167] Zusammenfassend führte die CNDC in ihrem Gutachten *Executive Class c/ Fuerza Aérea Argentina* aus, dass alle Arten von Personen, unabhängig von ihrer Rechtsnatur und einer Gewinnerzielungsabsicht, den Vorschriften des Wett-

---

[163] So die Definition der CNDC, Gutachten der Comisión Nacional de Defensa de la Competencia vom 16. Februar 1998, 5.8. „Executive Class c/ Fuerza Aérea Argentina y Manuel Tienda León“.

[164] Gutachten der Comisión Nacional de Defensa de la Competencia vom 27. April 1982, IV. „Colegio Oficial de Farmacéuticos y Bioquímicos de la Capital Federal“; Gutachten der Comisión Nacional de Defensa de la Competencia vom 22. September 1982, VI. „Staff Médico c/ Federación Médica de la Provincia de Buenos Aires“.

[165] Ley 22.262 de defensa de la competencia, Exposición de motivos (Gesetzesmotive), Kapitel III, Ziffer 1.

[166] Urteil des Berufungsgerichts Rosario vom 2. Juni 1999 „Cámara Argentina de Empresas de Servicios Jurídicos Prepagos c/ Colegio de Abogados de San Nicolas”.

[167] Gutachten der Comisión Nacional de Defensa de la Competencia vom 22. September 1982, VI. „Staff Médico S.A. c/ Federación médica de la Provincia de Buenos Aires”.

bewerbsgesetzes unterliegen, wenn sie als wirtschaftliche Akteure auf dem Markt, also als Anbieter, Nachfrager oder Zwischenhändler von Waren oder Dienstleistungen, tätig sind.[168] Demnach fallen beispielsweise auch Sport und Unterricht in den Anwendungsbereich des Gesetzes.[169] Gemeinnützige Organisationen unterliegen den Vorschriften des Wettbewerbsgesetzes ebenfalls, falls sie sich am Wirtschaftsverkehr beteiligen. Lediglich staatliches hoheitliches Handeln ist von der Anwendung des Wettbewerbsgesetzes ausgeschlossen, weil es insofern an einer wirtschaftlichen Tätigkeit fehlt.

Der Wortlaut von Artikel 3 des argentinischen Wettbewerbsgesetzes ist wesentlich weiter und klarer gefasst als die Wettbewerbsvorschriften des EG-Vertrags. Artikel 81 und 82 EGV sind nur auf *Unternehmen* bzw. *Unternehmensvereinigungen* anwendbar. Um eine möglichst effektive Anwendung der Wettbewerbsregeln zu ermöglichen, wird der Unternehmensbegriff im europäischen Wettbewerbsrecht jedoch sehr weit ausgelegt. Seine Funktion beschränkt sich im wesentlichen darauf, die Sphäre des privaten Verbrauchs und der hoheitlichen Staatstätigkeit von der Anwendung der Wettbewerbsvorschriften auszuklammern.[170] Nach der Rechtsprechung des Europäischen Gerichtshofs ist jede eine wirtschaftliche Tätigkeit ausübende Einheit, unabhängig von ihrer Rechtsform, vom Vorliegen einer Gewinnerzielungsabsicht sowie der Art ihrer Finanzierung ein Unternehmen i.S.v. Artikel 81 und 82 EGV.[171] Wie im Rahmen von Artikel 3 des Gesetzes 25.156 ist also das Vorliegen einer wirtschaftlichen Tätigkeit entscheidend für die Anwendbarkeit der Wettbewerbsvorschriften. Die Definition des Anwendungsbereichs des argentinischen Wettbewerbsgesetzes in Artikel 3 des Gesetzes 25.156 und die Rechtsprechung der CNDC entsprechen der Definition des Anwendungsbereichs des europäischen Wettbewerbsrechts durch den Europäischen Gerichtshof in allen Elementen. Im Gegensatz zu den Vorschriften des europäischen Wettbewerbsrechts kommt der weite Anwendungsbereich des argentinischen Wettbewerbsgesetzes in Artikel 3 des Gesetzes 25.156 jedoch klar zum Ausdruck, weshalb diese Vorschrift im Vergleich zu Artikel 81 und 82 EGV mehr Rechtssicherheit gewährleistet.

---

[168] Gutachten der Comisión Nacional de Defensa de la Competencia vom 16. Februar 1998, 5.8. „Executive Class c/ Fuerza Aérea Argentina y Manuel Tienda León".

[169] So für das Gesetz 22.262 *Otamendi*, Presupuestos básicos para la aplicación de la ley de Defensa de la Competencia, La Ley 1981, Band B, S. 910; *Cabanellas de las Cuevas*, Derecho antimonopólico y de defensa de la competencia, S. 177 .

[170] *Gleiss/Hirsch*, Kommentar zum EG-Kartellrecht, zu Artikel 90 Abs. 2 EGV (Artikel 86 Abs. 2 n.F.), RN 22; *Groeben/Thiesing/Ehlermann*, Kommentar zum EU-/EG-Vertrag, Vorbemerkung zu den Artikeln 85 bis 89 EGV (Artikel 81 bis 85 EGV n.F.) RN 24, 33.

[171] EuGHE 1984, 2999 (3016) „Hydrotherm"; EuGHE 1991, 2010 (2016) „Macrotron"; EuGHE 1995, 4022 (4028) „Job-Centre".

3. Territorialer Anwendungsbereich

Mit Inkrafttreten des Gesetzes 25.156 hat der argentinische Gesetzgeber eindeutig klargestellt, dass das argentinische Wettbewerbsgesetz sowohl auf innerargentinische als auch auf extraterritoriale Wettbewerbsbeschränkungen anwendbar ist. Nach Artikel 3 des Gesetzes 25.156 unterliegen einerseits alle Personen, die im gesamten oder einem Teil des nationalen Hoheitsgebiets wirtschaftlich tätig sind, den Vorschriften des Wettbewerbsgesetzes. Somit umfasst der Anwendungsbereich des Gesetzes 25.156 alle wirtschaftlichen Aktivitäten innerhalb Argentiniens, unabhängig davon, ob es sich um die Aktivitäten argentinischer oder ausländischer Personen bzw. Unternehmen handelt. Darüber hinaus unterliegen nach Artikel 3 des Gesetzes 25.156 auch alle Personen, die zwar außerhalb des Landes wirtschaftlich tätig sind, deren Handlungen, Aktivitäten oder Vereinbarungen sich aber auf den nationalen Markt auswirken, den Vorschriften des Gesetzes. Die einzige Voraussetzung für die Anwendbarkeit des Gesetzes 25.156 ist danach die *Auswirkung* einer wettbewerbsbeschränkenden Maßnahme auf den einen relevanten Markt in Argentinien. Nach dem klaren Wortlaut des Gesetzes kommt es in diesem Zusammenhang nicht darauf an, dass die Person oder das Unternehmen über einen Sitz, eine Niederlassung oder eine Vertretung in Argentinien verfügt. Der argentinische Gesetzgeber hat somit das sogenannte Auswirkungsprinzip übernommen. Danach ist allein die Auswirkung einer Handlung oder eines Rechtsakts auf das Marktgeschehen in dem jeweiligen Staat ausschlaggebend für die Anwendbarkeit einer Rechtsordnung.[172] Dies stellt im Vergleich zum Gesetz 22.262 eine wesentliche Modernisierung der argentinischen Wettbewerbsordnung dar. Das Vorgängergesetz war aufgrund seiner strafrechtlichen Rechtsnatur nicht auf extraterritoriale Sachverhalte anwendbar.[173] Die Entscheidung des argentinischen Gesetzgebers für das Auswirkungsprinzip steht in einem unmittelbaren Zusammenhang mit der durch Gesetz 25.156 eingeführten Zusammenschlusskontrolle. Entsprechend hat die CNDC festgestellt, dass für die Anwendung der Vorschriften der Fusionskontrolle nicht entscheidend sei, ob und in welcher Rechtsform ein Unternehmen einen Sitz oder eine Zweigniederlassung in Argentinien habe, sondern allein, ob sich der

---

[172] Comisión Nacional de Defensa de la Competencia, Opinión Consultativa Nr. 4 vom 15. November 1999, S. 1. Ausführlich zum Auswirkungsprinzip: *Immenga/Mestmäcker*, EG-Wettbewerbsrecht, Einleitung E., RN 55 ff.

[173] *Reyes Oribe/Iraola*, Defensa de la Competencia: Sintesis del Sistema Argentino actual y proyectos de reforma, Revista del Derecho Industrial, Año 15, Nr. 43, Januar-April 1993, S. 15; *Weinberg*, Ley de defensa de la competencia. Comparación con la ley y practicas de Alemania Federal, El Derecho – Legislación Argentina 1981, S. 1254. Danach war wegen des im Strafrecht geltenden Territorialitätsprinzips der Anwendungsbereich des Gesetzes 22.262 auf wettbewerbswidrige Handlungen beschränkt, die auf argentinischem Hoheitsgebiet begangen wurden.

Zusammenschluss auf den argentinischen Markt auswirke.[174] Nach Auffassung der argentinischen Wettbewerbsbehörde genügt jedoch nicht jede Auswirkung auf den argentinischen Markt. Diese muss vielmehr unmittelbar, wesentlich und bestimmbar sein.[175] Eine wesentliche Auswirkung auf den argentinischen Markt wird dabei unterstellt, wenn die konkrete Handlung von einem Unternehmen mit Marktmacht begangen wird.

Die Regelung im argentinischen Wettbewerbsgesetz entspricht den Regelungen in den meisten anderen Wettbewerbsordnungen. So ist das GWB gemäß § 130 Abs. 2 GWB auf alle Wettbewerbsbeschränkungen anwendbar, die sich im Geltungsbereich des Gesetzes auswirken. Dabei ist allein entscheidend, ob ein durch die verschiedenen Sachnormen des GWB geschütztes Rechtsgut spürbar und unmittelbar durch die Wettbewerbsbeschränkung beeinträchtigt wird.[176] Im europäischen Wettbewerbsrecht hingegen fehlt eine ausdrückliche Regelung der Anwendbarkeit der Wettbewerbsvorschriften auf extraterritoriale Sachverhalte. Die Europäische Kommission wendet jedoch in ständiger Anwendungspraxis das Auswirkungsprinzip an. So begründet sie die Anwendbarkeit von Artikel Artikel 81 und 82 EGV auf außerhalb der EU niedergelassene Unternehmen regelmäßig mit der Auswirkung der wettbewerbswidrigen Praktiken auf den europäischen Markt.[177] Auch im Bereich der Zusammenschlusskontrolle greift die Europäische Kommission auf das Auswirkungsprinzip zurück. So begründete sie die Anwendbarkeit der europäischen Fusionskontrollverordnung VO 4064/89 im Fall *Boing/Mc Donnell Douglas* damit, dass der Zusammenschluss unmittelbare Auswirkungen auf den europäischen Markt für Passagierflugzeuge habe.[178] Der Europäische Gerichtshof hingegen hat bisher eine ausdrückliche Festlegung auf das Auswirkungsprinzip vermieden. Er tendiert jedoch in diese Richtung und stellte beispielsweise im Urteil *Ahlström* auf den Ort ab, in dem eine wettbewerbswidrige Absprache ausgeführt wurde und Wirkung entfaltete.[179]

---

[174] Comisión Nacional de Defensa de la Competencia, Opinión Consultativa Nr. 17 vom 20. Januar 2000, S. 1. Ausführlich siehe unten VII. 4. b).

[175] Comisión Nacional de Defensa de la Competencia, Opinión Consultativa Nr. 4 vom 15. November 1999, S. 2 unter Bezugnahmen auf Abschnitt 7 des US-amerikanischen Foreign Antitrust Improvement Act.

[176] *Immenga/Mestmäcker*, GWB-Kommentar, zu § 98 Abs. 2 GWB (§ 130 Abs. 2 GWB n.F.), RN 80.

[177] Entscheidung der Europäischen Kommission vom 24. Juli 1969, ABl. 1969, L 195/11 „Farbstoffe"; Entscheidung der Europäischen Kommission vom 19. Dezember 1984, ABl. 1985, L 92/1 „Aluminiumeinfuhren".

[178] Entscheidung der Europäischen Kommission vom 30. Juli 1997, ABl. 1997, L 336/16 „Boing/Mc Donnell Douglas".

[179] EuGHE 1988, 5193 (5242 ff.) „Ahlström".

Neben der internationalen Praxis hat das Protokoll zum Schutz des Wettbewerbs im MERCOSUR einen besonders starken Einfluss auf die Definition des Anwendungsbereichs im argentinischen Wettbewerbsgesetz gehabt. Artikel 3 des Gesetzes 25.156 entspricht im wesentlichen Artikel 2 WSP. Danach sind die Bestimmungen des Protokolls auf Verhaltensweisen anwendbar, die von natürlichen oder juristischen Personen des öffentlichen oder privaten Rechts oder sonstigen Einrichtungen ausgehen und die sich auf den Wettbewerb innerhalb des MERCOSUR auswirken oder dies bezwecken. Aus dem Vergleich der beiden Vorschriften ergibt sich, dass der argentinische Gesetzgeber das Auswirkungsprinzip von Artikel 2 WSP übernommen hat. Artikel 2 WSP wurde wiederum stark vom brasilianischen Wettbewerbsgesetz beeinflusst. Auch im brasilianischen Wettbewerbsrecht gilt nach Artikel 2 des Gesetzes 8.884/94 ausdrücklich das Auswirkungsprinzip. Danach ist das Wettbewerbsgesetz auf alle Handlungen anwendbar, die sich auf den brasilianischen Markt auswirken. Ausländische Unternehmen mit Tochtergesellschaften, Niederlassungen, Filialen oder Vertretungen in Brasilien gelten nach Artikel 2, Einziger Unterabsatz des Gesetzes 8.884/94 als in Brasilien niedergelassen, so dass in diesen Fällen grundsätzlich von einer Auswirkung auszugehen ist. Das Auswirkungsprinzip gilt auch im Rahmen der brasilianischen Zusammenschlusskontrolle.[180] Die Übernahme des Auswirkungsprinzips durch den argentinischen Gesetzgeber verdeutlicht die Bedeutung des Wettbewerbsschutz-Protokolls für die nationalen Wettbewerbsordnungen im MERCOSUR. Das Protokoll hat zu einer inhaltlichen Harmonisierung der nationalen Wettbewerbsgesetze in Argentinien und Brasilien geführt. Dieser Harmonisierungseffekt ist vergleichbar mit einer Richtlinie im Europäischen Gemeinschaftsrecht und ist der Grundstein für eine zukünftige einheitliche Wettbewerbsordnung auf der Ebene des MERCOSUR.

---

[180] CADE, Voto do Acto de Concentração Nr. 16/94 vom 22. März 1995, „Siderurgía Laisa e Grupo Korf GmbH", in: *Franceschini*, Introdução ao Direito da Concorrência, S. 249.

V. Verhaltenskontrolle

Die Kontrolle wettbewerbswidriger Verhaltensweisen ist in Artikel 1 des Gesetzes 25.156 geregelt. Nach dieser Vorschrift sind Handlungen oder Verhaltensweisen verboten, die unabhängig von ihrer Form mit der Produktion oder dem Austausch von Waren oder Dienstleistungen zusammenhängen und die eine Begrenzung, Einschränkung, Verfälschung oder Störung des Wettbewerbs oder des Marktzutritts bezwecken oder bewirken, oder die den Missbrauch einer marktbeherrschenden Stellung darstellen, so dass ein Schaden für das wirtschaftliche Allgemeininteresse entstehen kann. Wie dem überfrachteteten Wortlaut der Vorschrift entnommen werden kann, hat sich der argentinische Gesetzgeber für eine Generalklausel entschieden, die alle denkbaren wettbewerbsbeschränkenden Verhaltensweisen regelt. Diese umfasst sowohl horizontale und vertikale, als auch einseitige und mehrseitige Wettbewerbsbeschränkungen. Eine solche Generalklausel ist den europäischen Wettbewerbsordnungen fremd. So unterscheidet das deutsche GWB[181] ausdrücklich zwischen horizontalen und vertikalen Wettbewerbsbeschränkungen. Auch eine dem EGV[182] und dem GWB[183] vergleichbare Unterscheidung zwischen einseitigen und abgestimmten Wettbewerbsbeschränkungen findet sich in Artikel 1 des Gesetzes 25.156 nicht. Vielmehr fallen sowohl wettbewerbswidrige Absprachen zwischen Wettbewerbern als auch der einseitige Missbrauch einer marktbeherrschenden Stellung durch ein Unternehmen in den Anwendungsbereich derselben Vorschrift.

Die scheinbare Besonderheit des argentinischen Gesetzes 25.156 fügt sich jedoch nahtlos in die Wettbewerbsordnungen des MERCOSUR ein. So findet sich eine entsprechende Generalklausel in Artikel 4 WSP. Danach stellen diejenigen individuellen oder abgestimmten Verhaltensweisen einen Verstoß gegen die Bestimmungen des Protokolls dar, die eine Begrenzung, Beschränkung, Verfälschung oder Verzerrung des Wettbewerbs oder des Marktzugangs bezwecken oder bewirken oder die den Missbrauch einer beherrschenden Stellung auf einem der relevanten Waren- oder Dienstleistungsmärkte innerhalb des MERCOSUR darstellen. Auch im brasilianischen Wettbewerbsrecht sind alle Wettbewerbsrechtsverstöße in einer weitgefassten Generalklausel geregelt. Gemäß Artikel 20 des Gesetzes 8.884/94 stellt jeder Akt, in dem eine Begrenzung, Beschränkung oder sonstige Verletzung des freien Wettbewerbs, die Kontrolle ei-

---

[181] Horizontale Wettbewerbsbeschränkungen fallen unter die §§ 1 ff. GWB, vertikale Wettbewerbsbeschränkungen unter die §§ 14 ff. GWB.

[182] Mehrseitige Wettbewerbsbeschränkungen fallen unter Artikel 81 EGV, einseitige Wettbewerbsbeschränkungen in Form des Missbrauchs einer marktbeherrschenden Stellung fallen unter Artikel 82 EGV.

[183] Mehrseitige Wettbewerbsbeschränkungen fallen unter §§ 1 ff. und 14 ff. GWB, einseitige Wettbewerbsbeschränkungen in Form des Missbrauchs einer marktbeherrschenden Stellung fallen unter §§ 19 ff. GWB.

nes Waren- oder Dienstleistungsmarkts, eine ungerechtfertigte Gewinnsteigerung oder der Missbrauch der Marktkontrolle zu sehen ist, eine Verletzung der Wirtschaftsordnung dar. Die Regelung aller denkbaren Wettbewerbsbeschränkungen in einer sehr weit gefassten Vorschrift stellt in den Wettbewerbsordnungen des MERCOSUR somit eine übliche Regelungspraxis der Gesetzgeber dar.

1. Allgemeine Konzepte von Art. 1 des Gesetzes 25.156

Artikel 1 des Gesetzes 25.156 enthält eine Reihe von grundlegenden Regelungskonzepten, die in allen Bereichen der argentinischen Wettbewerbsordnung zu beachten sind. Diese werden nachfolgend vor der Untersuchung der einzelnen Wettbewerbsbeschränkungen untersucht.

a) Relevantes Verhalten

Nach Artikel 1 fallen nur Handlungen oder Verhaltensweisen, die im Zusammenhang mit der Produktion oder dem Austausch von Waren oder Dienstleistungen stehen, unter den Anwendungsbereich des argentinischen Wettbewerbsgesetzes.

aa) Handlungen und Verhaltensweisen

Zwar handelt es sich bei *Handlungen* und *Verhaltensweisen* um zwei unterschiedliche Begriffe. Inhaltlich besteht zwischen ihnen jedoch kein Unterschied. Der Gesetzgeber wollte durch die Aufnahme beider Termini lediglich die bei der Formulierung des Gesetzestextes bestehenden Meinungsverschiedenheiten über den vorzugswürdigen Begriff aus der Welt räumen.[184] Entscheidend ist allein, dass es sich um einen willentlich gesteuerten Sachverhalt handelt. Nach Artikel 3 des Gesetzes 25.156 kommt es dabei nicht darauf an, ob die Handlung bzw. Verhaltensweise von einer (oder mehreren) natürlichen Person(en) oder dem Organ einer juristischen Person begangen wurde. Diese ausdrückliche Klarstellung durch das Gesetz 25.156 ist zu begrüßen. Denn früher war umstritten, ob und inwiefern auch Entscheidungen juristischer Personen unter die Begriffe „Handlung“ und „Verhaltensweise“ fielen.[185] Im Vergleich zu Artikel 1 des argentinischen Wettbewerbsgesetzes, der ausdrücklich *jede* Handlung und Verhaltensweise umfasst, ist Artikel 81 EGV dem Wortlaut nach nur auf Vereinbarungen, Beschlüsse und abgestimmte Verhaltensweisen anwendbar. Ein vergleichbar weiter Anwendungsbereich wie in Artikel 1 des Gesetzes 25.156

---

[184] Eine Auffassung favorisierte den Begriff „actos“ oder Handlungen, weil dieser der Terminologie des Zivilgesetzbuches entsprach. Eine andere Auffassung bevorzugte aufgrund der größeren Neutraltität den Begriff „conductas“ oder Verhaltensweisen. Siehe: *Cabanellas de las Cuevas*, Derecho antimonopólico y de la defensa de la competencia, S. 149, FN 148.

[185] Ausführlich zu diesem nunmehr überholten Streit: *Cabanellas de las Cuevas*, Derecho antimonopólico y de defensa de la competencia, S. 151 ff.

findet sich hingegen in Artikel 4 WSP und in Artikel 20 des brasilianischen Wettbewerbsgesetzes 8.884/94. Beide Vorschriften umfassen alle Handlungen und Verhaltensweisen, ohne eine dem europäischen Wettbewerbsrecht vergleichbare Einschränkung vorzunehmen. Dies ist ein weiteres Beispiel für die harmonisierende Wirkung des Wettbewerbsprotokolls des MERCOSUR.

bb) Zusammenhang mit der Produktion oder dem Austausch von Waren oder Dienstleistungen

Eine Handlung oder Verhaltensweise fällt nur dann unter Artikel 1 des Gesetzes 25.156, wenn sie im Zusammenhang mit der Produktion oder dem Austausch von Waren oder Dienstleistungen steht. Eine entsprechende Formulierung ist weder in den Vorschriften des europäischen Wettbewerbsrechts noch im Protokoll zum Schutz des Wettbewerbs im MERCOSUR oder des brasilianischen Wettbewerbsgesetzes zu finden. Diese Formulierung des argentinischen Wettbewerbsgesetzes lässt sich jedoch historisch erklären. So war das Gesetz 12.906 seinem klaren Wortlaut nach nicht auf Dienstleistungen anwendbar.[186] Durch die Formulierung von Artikel 1 soll somit in erster Linie klargestellt werden, dass auch der gesamte Dienstleistungsbereich unter den Anwendungsbereich des Gesetzes 25.156 fällt.[187] Gleichzeitig wird durch diese Voraussetzung deutlich, dass es sich bei den Handlungen oder Verhaltensweisen um eine wirtschaftliche Tätigkeit im Sinne von Artikel 3 des Gesetzes 25.156 handeln muss.

cc) Einseitige und mehrseitige Handlungen und Verhaltensweisen

Artikel 1 des argentinischen Wettbewerbsgesetzes macht keinen Unterschied zwischen individuellen und abgestimmten wettbewerbswidrigen Handlungen bzw. Verhaltensweisen. Die Vorschrift umfasst ihrem Wortlaut nach auf *jede* Handlung oder Verhaltensweise. Entsprechend hat die CNDC wiederholt klargestellt, dass Artikel 1 sowohl auf individuelle als auch auf abgestimmte Verhaltensweisen anwendbar ist.[188] Diese Auslegung entspricht auch der Meinung

---

[186] Das Verbot von Artikel 1 des Gesetzes 12.906 galt nur für monopolistische Akte „in allen Zweigen der Produktion, der Industrie, des Transportes zu Land, zu Wasser und in der Luft, sowie im Außen- und Binnenhandel".

[187] *Otamendi*, Presupuestos básicos para la aplicación de la Ley de defensa de la competencia, La Ley 1981, Band B, S. 910.

[188] Gutachten der Comisión Nacional de Defensa de la Competencia vom 12. August 1992, I. „Salomón Tarrab c/ Benjamín Pariesky"; Gutachten der Comisión Nacional de Defensa de la Competencia vom 17. November 1998, 5.4. „Miguel Angel Olmo c/ Buena Vista, Columbia, Tristar Films of Argentina S.A."; Gutachten der Comisión Nacional de Defensa de la Competencia vom 3. September 1998, 6.11. „Cámara de Empresas de Servicios Jurídicos Prepagos c/ Colegio de Abogados de San Nicolas"; Gutachten der Comisión Nacional de Defensa de la Competencia vom 12. November 1998, 5.2. „Axoft Argentina S.A. c/ Sistemas Bejerman S.A.".

der Literatur.[189] Für die Richtigkeit dieser Auffassung spricht sowohl der klare Wortlaut von Artikel 1 als auch die Systematik des Gesetzes 25.156. Denn in dem Beispielskatalog wettbewerbswidriger Verhaltensweisen des Artikel 2 hat der Gesetzgeber ausdrücklich sowohl mehrseitige Verhaltensweisen, beispielsweise Preisabsprachen oder den Austausch von Informationen, als auch einseitige Verhaltensweisen, beispielsweise die Lieferverweigerung und den Verkauf unterhalb des Kostenpreises, aufgezählt.[190] Die Erfassung einseitiger und mehrseitiger Verhaltensweisen in einer Generalnorm ist ein verbreitetes Regelungsinstrument in den verschiedenen Wettbewerbsordnungen des MERCOSUR. So ist sowohl Artikel 4 WSP als auch Artikel 20 des brasilianischen Gesetzes 8.884/94 auf *jede* Verhaltensweise anwendbar, ohne dass eine Unterscheidung zwischen einseitigen und abgestimmten Handlungen getroffen wird. Entsprechend hat auch die brasilianische Wettbewerbsbehörde das Wettbewerbsgesetz auf einseitige Verhaltensweisen angewandt.[191] Alle Wettbewerbsordnungen im MERCOSUR sind somit auf einseitige Handlungen anwendbar, unabhängig vom Vorliegen einer marktbeherrschenden Stellung.

dd) Kausalzusammenhang

Aus dem Wortlaut von Artikel 1 ergibt sich die Notwendigkeit eines Kausalzusammenhangs zwischen der Handlung bzw. der Verhaltensweise und der Wettbewerbsbeschränkung. Dabei sind zwei Fälle zu unterscheiden. Zum einen kann die Handlung bzw. die Verhaltensweise selbst die Wettbewerbsbeschränkung darstellen. Dies ist zum Beispiel bei Preisabsprachen zwischen Wettbewerbern oder dem Missbrauch einer marktbeherrschenden Stellung der Fall. Zum anderen sind auch Konstellationen denkbar, in denen die Handlung bzw. die Verhaltensweise nicht mit der Wettbewerbsbeschränkung identisch ist. Als Beispiel sei ein Preisdumping mit dem Ziel genannt, einen oder mehrere Wettbewerber aus dem Markt zu verdrängen. In diesen Fällen muss nach Artikel 1 ein natürlicher Kausalzusammenhang zwischen der Handlung (also dem Preisdumping) und der Wettbewerbsbeschränkung (also der Verdrängung eines Wettbewerbers) beste-

---

[189] *Otamendi*, Presupuestos básicos para la aplicación de la Ley de Defensa de la Competencia, La Ley 1981, Band B, S. 907; *Cabanellas de las Cuevas*, Derecho antimonopólico y de la defensa de la competencia, S. 160.

[190] Welche einseitigen Verhaltensweisen unter das Verbot von Artikel 1 des Gesetzes 25.156 fallen, wird ausführlich in einem eigenständigen Abschnitt dargestellt, siehe unten V. 5.

[191] CADE, Voto na Consulta Nr. 003/93 vom 25. August 1993 „ABRAFARMA“, DOU vom 31. August 1993, in: *Franceschini*, Introdução ao Direito da Concorrência, S. 53. Dabei berücksichtigt die CADE jedoch nur einseitige Verhaltensweisen von Marktteilnehmern mit Marktmacht, weil nur dann Einfluss auf den Wettbewerb genommen werden kann, siehe CADE Decisião vom 8. Oktober 1997 „Escola de Formacião de Vigilantes Tiradentes“, DOU vom 19. Oktober 1997, in: *Franceschini*, Lei de concorrência conforme interpretada pelo CADE, S. 788.

hen. Die Beurteilung dieses Kausalzusammenhangs richtet sich nach den allgemeinen Regeln des argentinischen Zivilrechts.[192] Gemäß Artikel 906 des argentinischen Zivilgesetzbuches (*Código Civil*) werden lediglich die unwahrscheinlichen Folgen eines Handelns nicht zugerechnet. Zufällige Folgen einer Handlung sind gemäß Artikel 907 des Zivilgesetzbuches nur zurechenbar, wenn sie voraussehbar waren. Fahrlässig verursachte Folgen hingegen sind gemäß Artikel 901 bis 904 des Zivilgesetzbuches zurechenbar.

b) Wettbewerbsbeschränkung

Nach Artikel 1 des Gesetzes 25.156 sind Handlungen und Verhaltensweisen nur dann verboten, wenn sie die Begrenzung, Einschränkung, Verfälschung oder Störung des Wettbewerbs oder des Marktzutritts bezwecken oder bewirken.

aa) Begrenzung, Einschränkung, Verfälschung oder Störung des Wettbewerbs

Die von Artikel 1 erfassten Handlungen oder Verhaltensweisen müssen zu einer Begrenzung, Einschränkung, Verfälschung oder Störung des Wettbewerbs führen. Im Vergleich zum Gesetz 22.262 ist Artikel 1 des Gesetzes 25.156 um die Alternative der *Verfälschung* des Wettbewerbs erweitert worden. Diese Alternative findet sich sowohl in Artikel 81 Abs. 1 EGV als auch in Artikel 4 WSP, was den Einfluss dieser beiden Vorschriften auf den Wortlaut von Artikel 1 des argentinischen Wettbewerbsgesetzes verdeutlicht. Bereits dem Wortlaut von Artikel 1 kann entnommen werden, dass sich die nunmehr vier Tatbestandsalternativen in einem Gleichrangigkeitsverhältnis befinden. Eine eigenständige Bedeutung kommt den einzelnen Alternativen dabei bisher weder in der Praxis der argentinischen Wettbewerbsbehörde noch in der wettbewerbsrechtlichen Literatur zu. Die CNDC verwendet in ihren Entscheidungen vielmehr den Oberbegriff *wettbewerbswidrige Handlungen und Verhaltensweisen.*[193] Dabei prüft die Wettbewerbsbehörde, ob die untersuchte Handlung bzw. Verhaltensweise wettbewerbswidrig ist, ohne unter die einzelnen Tatbestandsalternativen von Artikel 1 zu subsumieren.[194] Die Literatur betont ebenfalls, dass die Aufzählung der ver-

---

[192] *Cabanellas de las Cuevas*, Derecho antimonopólico y de defensa de la competencia, S. 155.

[193] „Actos y conductas anticompetitivos", siehe Gutachten der Comisión Nacional de Defensa de la Competencia vom 18. Mai 1998, Serie Dictámenes Nr. 4, 8.1. „Editorial Amfin c/ AGEA S.A."; Gutachten vom 3. September 1998, 6.16. „Cámara Argentina de Empresas de Servicios Jurídicos Prepagos c/ Colegio de Abogados del Departamento Judicial de San Nicolas".

[194] Gutachten der Comisión Nacional de Defensa de la Competencia vom 18. Mai 1998, Serie Dictámenes Nr. 4, 8.1. „Editorial Amfin c/ AGEA S.A."; Gutachten der Comisión Nacional de Defensa de la Competencia vom 3. September 1998, 6.16. „Cámara Argentina de Empresas de Servicios Jurídicos Prepagos c/ Colegio de Abogados del Departamento Judicial de San Nicolas".

schiedenen Alternativen überflüssig ist, weil der Begriff der Wettbewerbsbeschränkung am weitesten sei und alle anderen Begriffe umfasse.[195] Der Begriff Wettbewerbsbeschränkung ist m.E. dabei zuvorderst unter Zugrundelegung des Wettbewerbskonzepts des Gesetzes 25.156 auszulegen. Danach ist unter einer Wettbewerbsbeschränkung jede Beeinträchtigung der Wettbewerbsfreiheit und des freien Marktzugangs zu verstehen. Dies entspricht der Entscheidungspraxis des Europäischen Gerichtshofs und der Europäischen Kommission. Danach stellt der Begriff *Wettbewerbsbeschränkung* einen Oberbegriff dar, der alle anderen Alternativen des Artikels 81 EGV umfasst.[196] Im europäischen Wettbewerbsrecht ist eine Wettbewerbsbeschränkung dabei jede Einschränkung der wirtschaftlichen Handlungsfreiheit der Beteiligten.[197] Lediglich dem Begriff der *Wettbewerbsverfälschung* wird im europäischen Wettbewerbsrecht teilweise eine eigenständige Bedeutung zugemessen. Darunter werden Maßnahmen verstanden, die ohne eine direkte Einschränkung der wirtschaftlichen Handlungsfreiheit eine künstliche Veränderung der Wettbewerbsbedingungen zu Lasten Dritter bewirken.[198] Eine solche Unterscheidung wurde im argentinischen Wettbewerbsrecht bisher nicht getroffen. Es ist jedoch nicht auszuschließen, dass die CNDC in zukünftigen Entscheidungen den einzelnen Alternativen von Artikel 1 eigenständige Bedeutungen zumisst. Konkrete Anzeichen hierfür gibt es jedoch nicht.

bb) Beschränkung oder Verhinderung des Marktzutritts

Nach Artikel 1 des Gesetzes 25.156 sind auch alle Handlungen und Verhaltensweisen verboten, die den Marktzutritt beschränken oder behindern. Diese Alternative wurde neu in das argentinische Wettbewerbsgesetz eingeführt und verdeutlicht die Bedeutung der Offenhaltung der Märkte im argentinischen Wettbewerbsrecht. Danach werden alle Verhaltensweisen oder Handlungen von Artikel 1 erfasst, die den Marktzutritt eines neuen Wettbewerbers unmöglich machen oder erschweren. Eine eigenständige Bedeutung neben dem Oberbegriff der Wettbewerbsbeschränkung kommt dieser Alternative jedoch nicht zu. Denn in jeder Beschränkung des Marktzutritts ist aufgrund der Einschränkung der

---

[195] *Otamendi*, Presupuestos básicos para la aplicación de la Ley de defensa de la competencia, La Ley 1981, Band B, S. 906.

[196] *Gleiss/Hirsch*, Kommentar zum EG-Kartellrecht, zu Artikel 85 EGV (Artikel 81 EGV n.F.), RN 31; *Groeben/Thiesing/Ehlermann*, Kommentar zum EU-/EG-Vertrag, zu Artikel 85 Abs. 1 EGV (Artikel 81 Abs. 1 EGV n.F.), RN 88.

[197] *Groeben/Thiesing/Ehlermann*, Kommentar zum EU-/EG-Vertrag, zu Artikel 85 Abs. 1 EGV (Artikel 81 Abs. 1 EGV n.F.), RN 88.

[198] Entscheidung der Europäischen Kommission vom 22. Dezember 1972, ABl. 1972, L 303/24 „Cimbel"; Entscheidung der Europäischen Kommission vom 7. Dezember 1984, ABl. 1984, L 35/35 „Milchförderungsfonds"; *Immenga/Mestmäcker*, EG-Wettbewerbsrecht, zu Artikel 85 Abs. 1 EGV (Artikel 81 Abs. 1 EGV n.F.), RN 166.

wirtschaftlichen Handlungsfreiheit des neuen Wettbewerbers gleichzeitig eine Wettbewerbsbeschränkung zu sehen. Somit hat die Alternative der Beschränkung oder Verhinderung des Marktzutritts lediglich einen klarstellenden Charakter. Die Berücksichtigung der Marktzutrittsbeschränkung im Rahmen von Artikel 1 des argentinischen Wettbewerbsgesetzes ist auf den Einfluss von Artikel 4 WSP zurückzuführen. Auch diese Vorschrift zählt die Marktzutrittsbeschränkung ausdrücklich als eigenständige Alternative neben der Wettbewerbsbeschränkung auf. Eine eigenständige Bedeutung kommt der Beschränkung des Marktzutritts jedoch ebenfalls nicht zu.[199] Im brasilianischen Wettbewerbsgesetz ist die Verhinderung des Marktzugangs auch ausdrücklich erwähnt. Gemäß Artikel 21 IV des Gesetzes 8.884/94 handelt es sich um ein Regelbeispiel für eine wettbewerbswidrige Verhaltensweise. Im europäischen Wettbewerbsrecht hingegen ist die Behinderung des Marktzutritts nicht ausdrücklich geregelt. Die Be- oder Verhinderung des Marktzutritts fällt unter den Oberbegriff der Wettbewerbsbeschränkung.[200] Im Endergebnis gibt es daher trotz des unterschiedlichen Wortlauts von Artikel 1 des Gesetzes 25.156 und Artikel 81 EGV keinen Unterschied zwischen dem argentinischen und dem europäischen Wettbewerbsrecht.

cc) Zweck oder Wirkung

Die Handlung oder Verhaltensweise muss nach Artikel 1 des Gesetzes 25.156 eine Wettbewerbsbeschränkung „bezwecken oder bewirken". Die Aufnahme dieser gleichrangig nebeneinander stehenden Alternativen stellt eine Neuerung im argentinischen Wettbewerbsrecht dar. Nach dem Gesetz 22.262 war eine Handlung nur verboten, wenn sie tatsächlich eine Wettbewerbsbeschränkung herbeiführte. Die Absicht, eine Wettbewerbsbeschränkung herbeizuführen, genügte nicht.[201] Nunmehr hat der Gesetzgeber klargestellt, dass bereits ein wettbewerbsbeschränkender Zweck genügt, damit die fragliche Verhaltensweise unter das Verbot von Artikel 1 fällt. Hinsichtlich der inhaltlichen Bedeutung der Merkmale kann auf die Rechtsprechung zu Artikel 81 Abs. 1 EGV Bezug genommen werden. Auf diese Vorschrift ist die Übernahme des Begriffspaars „Zweck und Wirkung" in Artikel 1 des Gesetzes 25.156 zurückzuführen. Danach ist eine Wettbewerbsbeschränkung bezweckt, wenn sie das Ziel der kon-

---

[199] Ausführlich zur Bedeutung der Marktzutrittsbeschränkung in Artikel 4 WSP: *Ramos*, Das Wettbewerbsschutz-Protokoll des MERCOSUR, S. 71 f.

[200] Entscheidung der Europäischen Kommission vom 23. Dezember 1975, ABl. 1976, L 51/15 „Kewa"; Entscheidung der Europäischen Kommission vom 22. Dezember 1987, ABl. 1988, L 52/51 „Canon/Olivetti"; *Immenga/Mestmäcker*, EG-Wettbewerbsrecht, zu Artikel 85 Abs. 1 EGV (Artikel 81 Abs. 1 EGV n.F.), RN 153.

[201] *Otamendi*, Presupuestos básicos para la aplicación de la Ley de defensa de la competencia, La Ley 1981, Band B, S. 906.

kreten Handlung oder Verhaltensweise ist.[202] Dabei wird der *Zweck* einer Handlung oder Verhaltensweise auf Grundlage der objektiven Tendenz bestimmt. Auf die subjektive Absicht der Beteiligten kommt es nicht an.[203] Für die wettbewerbswidrige *Wirkung* einer Maßnahme ist ausreichend, dass zwischen der Handlung und der Wettbewerbsbeschränkung ein adäquater Kausalzusammenhang besteht.[204] Nach der Entscheidungspraxis der Europäischen Kommission und des Europäischen Gerichtshofs können dabei sowohl wettbewerbsbeschränkende Auswirkungen auf die Beteiligten, wie auch auf Dritte berücksichtigt werden.[205] Neben Artikel 81 Abs. 1 EGV ist die neu in das argentinische Wettbewerbsgesetz aufgenommene Unterscheidung zwischen Zweck und Wirkung einer Verhaltensweise auch auf den Einfluss des Wettbewerbsprotokolls des MERCOSUR zurückzuführen. Artikel 4 WSP unterscheidet ausdrücklich zwischen Zweck und Wirkung einer Verhaltensweise. Eine entsprechende Unterscheidung findet sich auch in Artikel 20 des brasilianischen Wettbewerbsgesetzes 8.884/94. Die verschiedenen Wettbewerbsordnungen im MERCOSUR stimmen nunmehr also auch in diesem Punkt überein. Die CNDC hat nach Inkrafttreten des Gesetzes 25.156 noch keine ausdrückliche Unterscheidung zwischen Zweck und Wirkung einer wettbewerbswidrigen Maßnahme getroffen. Es ist jedoch wahrscheinlich, dass die argentinische Wettbewerbsbehörde in Zukunft entsprechend der Entscheidungspraxis der Europäischen Kommission zwischen den beiden Merkmalen unterscheiden wird. Dabei ist zu beachten, dass bei bestehenden Wettbewerbsbeschränkungen bereits der Nachweis eines Kausalzusammenhangs zwischen Handlung und Wettbewerbsbeschränkung genügt, während der wettbewerbsbeschränkende Zweck einer Handlung insbesondere bei noch nicht ausgeführten Handlungen nachgewiesen werden kann.

dd) Spürbarkeit einer Wettbewerbsbeschränkung

Nach der ständigen Rechtsprechung des Europäischen Gerichtshofs enthält Artikel 81 Abs. 1 EGV als weiteres ungeschriebenes Tatbestandsmerkmal das Erfordernis der Spürbarkeit der Wettbewerbsbeschränkung.[206] Danach ist Artikel 81 Abs. 1 EGV nur anwendbar, wenn von der Wettbewerbsbeschränkung spür-

---

[202] *Groeben/Thiesing/Ehlermann*, Kommentar zum EU-/EG-Vertrag, zu Artikel 85 Abs. 1 EGV (Artikel 81 Abs. 1 EGV n.F.), RN 111.

[203] EuGHE 1979, 2435 (2475) „BMW Belgium"; *Immenga/Mestmäcker*, EG-Wettbewerbsrecht, zu Artikel 85 Abs. 1 EGV (Artikel 81 Abs. 1 EGV n.F.), RN 241.

[204] *Immenga/Mestmäcker*, EG-Wettbewerbsrecht, zu Artikel 85 Abs. 1 EGV (Artikel 81 Abs. 1 EGV n.F.), RN 246.

[205] EuGHE 1966, 281 (303) „Maschinenbau Ulm"; EuGHE 1998, 1997 (2004 f.) „Javico"; Entscheidung der Europäischen Kommission vom 15. Juli 1975, ABl. 1975, L 228/3 „IFTRA Aluminium".

[206] EuGHE 1966, 281 (303 f.) „LTU/MBU"; EuGHE 1975, 1663 (1984 ff.) „Suiker Unie"; EuGHE 1984, 3151 (3201) „AEG".

bare Auswirkungen auf Dritte im Sinne einer Beeinträchtigung der ihnen im Wettbewerb offenstehenden Handlungsalternativen ausgehen. Die Europäische Kommission hat den Begriff der Spürbarkeit in ihrer *Bekanntmachung über Vereinbarungen von geringer Bedeutung (de minimis)* konkretisiert.[207] Demzufolge fallen Vereinbarungen nicht in den Anwendungsbereich von Artikel 81 Abs. 1 EGV, wenn die an der Vereinbarung beteiligten Unternehmen bei Vereinbarungen zwischen Wettbewerbern einen Marktanteil von 10% oder bei Vereinbarungen zwischen Nichtwettbewerbern einen Marktanteil von 15% nicht überschreiten. Ein vergleichbares Konzept findet sich auch in der Anwendungspraxis der argentinischen Wettbewerbsbehörde. Diese hat klargestellt, dass nur solche wettbewerbswidrigen Maßnahmen vom Verbot des Artikels 1 des Gesetzes 25.156 erfasst werden, die von einem Wirtschaftsteilnehmer mit Marktmacht ausgeführt werden.[208] Denn ohne ein Mindestmaß an Marktmacht könne der Wirtschaftsteilnehmer keinen Einfluss auf das Marktgeschehen ausüben und somit keine Wettbewerbsbeschränkung verursachen.[209] Im Gegensatz zur Europäischen Kommission hat die CNDC hat jedoch keine genauen Angaben gemacht, ab welchem Marktanteil der notwendige Einfluss auf das Marktgeschehen vorliegt. Die Anwendbarkeit von Artikel 1 des Gesetzes 25.156 ist somit von einer Auswirkung auf das Marktgeschehen abhängig, die im Einzelfall konkret nachgewiesen werden muss.

c) Das Marktkonzept

Der Begriff *Markt* spielt im Rahmen von Artikel 1 des Gesetzes 25.156 eine zentrale Rolle. So verbietet die Vorschrift den Missbrauch einer *markt*beherrschenden Stellung und die Behinderung des *Markt*zutritts. Darüber hinaus kommt dem Marktbegriff eine entscheidende Bedeutung bei der Bestimmung des Anwendungsbereichs des argentinischen Wettbewerbsgesetzes zu. Denn die CNDC bestimmt in ständiger Praxis zuerst den relevanten Markt, auf den sich die jeweilige Handlung oder Verhaltensweise auswirkt, bevor sie feststellt, ob

---

[207] Bekanntmachung der Europäischen Kommission über Vereinbarungen von geringer Bedeutung, die den Wettbewerb gemäß Artikel 81 Abs. 1 EGV nicht spürbar beschränken (de minimis), ABl. 2001, C 368/13.

[208] Comisión Nacional de Defensa de la Competencia, Breve Análisis Económico de la Ley Argentina de Defensa de la Competencia, Serie Documentos Nr. 1, August 1997, S. 20. Ausführlicher zum Marktmachtkonzept der CNDC siehe unten V. 4. a).

[209] Gutachten der Comisión Nacional de Defensa de la Competencia vom 12. August 1992, I. „Salomón Tarrab c/ Benjamín Pariesky"; Gutachten der Comisión Nacional de Defensa de la Competencia vom 17. November 1998, 5.4. „Miguel Angel Olmo c/ Buena Vista, Columbia, Tristar Films of Argentina S.A."; Gutachten der Comisión Nacional de Defensa de la Competencia vom 3. September 1998, 6.11. „Cámara de Empresas de Servicios Jurídicos Prepagos c/ Colegio de Abogados de San Nicolas".

diese wettbewerbswidrig ist.[210] Die Bestimmung des relevanten Marktes ist somit nach der Entscheidungspraxis der argentinischen Wettbewerbsbehörde die Grundvoraussetzung dafür, dass Wettbewerbsbeschränkungen im Sinne von Artikel 1 des Gesetzes 25.156 festgestellt und beurteilt werden können. Im argentinischen Wettbewerbsgesetz selbst findet sich keine Definition des Marktbegriffs. Aufgrund seiner zentralen Bedeutung wird das der argentinischen Wettbewerbsordnung zugrundeliegende Marktkonzept im folgenden zusammenfassend dargestellt. Eventuelle Besonderheiten werden dabei an späterer Stelle im Rahmen des speziellen Kontextes erläutert. Das Marktkonzept des argentinischen Wettbewerbsgesetzes ist wesentlich durch die Anwendungspraxis der CNDC geprägt worden. Die argentinische Wettbewerbsbehörde hat seit Beginn ihrer Tätigkeit eine klare Trennung zwischen der Bestimmung des Markts einerseits und der Untersuchung der wettbewerbswidrigen Auswirkungen einer Handlung oder Verhaltensweise andererseits gezogen. In allen Gutachten wird daher zuerst der relevante Markt definiert, bevor die mögliche Wettbewerbswidrigkeit der relevanten Verhaltensweise untersucht wird.[211] Durch den relevanten Markt bestimmt die CNDC den Rahmen, innerhalb dessen sie die wettbewerbswidrigen Auswirkungen beurteilt. Bei der Bestimmung des relevanten Markts hat die argentinische Wettbewerbsbehörde in ihrer gesamten Anwendungspraxis klar zwischen dem sachlich und dem geografisch relevanten Markt unterschieden.[212] Die

---

[210] Gutachten der Comisión Nacional de Defensa de la Competencia vom 29. November 1999, Serie Dictámenes Nr. 9, RN 70 „Procter&Gamble c/ Unilever"; Gutachten der Comisión Nacional de Defensa de la Competencia vom 11. März 1982, III. und IV. „Humberto Savant c/ Matadero Vera"; Gutachten der Comisión Nacional de Defensa de la Competencia vom 14. Februar 1998, 3.1. „Executive Class c/ Fuerza Aérea Argentina".

[211] So im Gutachten der Comisión Nacional de Defensa de la Competencia vom 11. März 1982, III. und IV. „Humberto Savant c/ Matadero Vera"; im Gutachten der Comisión Nacional de Defensa de la Competencia vom 10. Mai 1982, VI. und VII. „Unión General de Tamberos c/ Cooperativa Popular de Electricidad de Santa Rosa"; im Gutachten der Comisión Nacional de Defensa de la Competencia vom 22. September 1982, VI. und VII. „Staff Médico c/ Federación Médica de la Provincia de Buenos Aires"; im Gutachten der Comisión Nacional de Defensa de la Competencia vom 14. Februar 1998, 3.1. „Executive Class c/ Fuerza Aérea Argentina"; im Gutachten der Comisión Nacional de Defensa de la Competencia vom 31. Juli 1997, Serie dictámenes Nr. 2, RN 8 „Cámara Argentina de Papelerías Librerías y Afines c/ Supermercados Makro".

[212] So im Gutachten der Comisión Nacional de Defensa de la Competencia vom 10. Mai 1982, VI. „Unión General de Tamberos c/ Cooperativa Popular de Electricidad de Santa Rosa"; im Gutachten der Comisión Nacional de Defensa de la Competencia vom 22. September 1982, VI. „Staff Médico c/ Federación Médica de la Provincia de Buenos Aires"; im Gutachten der Comisión Nacional de Defensa de la Competencia vom 14. Februar 1998, 3.1., 3.2. „Executive Class c/ Fuerza Aérea Argentina"; im Gutachten der Comisión Nacional de Defensa de la Competencia vom 22. September 1999, Serie de dictámenes Nr. 8, RN 28 „Cámara de Empresas de Asistencia Farmacéutica c/ Colegio de Farmacéuticos de la Provincia de

Unterscheidung zwischen dem sachlich und dem geografisch relevanten Markt ist auch von den argentinischen Gerichten[213] und der Literatur[214] anerkannt. Zur Bestimmung des sachlich und geografisch relevanten Markts hat die argentinische Wettbewerbsbehörde im Laufe ihrer Anwendungspraxis folgende Kriterien herausgearbeitet:

aa) Sachlich relevanter Markt

Zu Beginn ihrer Rechtsprechung ging die CNDC bei der Bestimmung des sachlich relevanten Markts noch von einem sehr weiten Marktkonzept aus. So definierte sie den Begriff Markt im Gutachten *Staff Médico c/ Federación Médica de la Provincia de Buenos Aires* als „die Gesamtheit der Beziehungen zwischen Anbietern und Nachfragern eines Produkts oder einer Dienstleistung".[215] Spätestens seit 1997 hat die CNDC jedoch stringente Parameter und gefestigte Anwendungskriterien zur Bestimmung des sachlich relevanten Markts entwickelt. Danach umfasst der sachlich relevante Markt alle Waren oder Dienstleistungen, zwischen denen ein effektiver oder potentieller Wettbewerb besteht.[216] Die aktuell oder potentiell miteinander im Wettbewerb stehenden Waren oder Dienstleistungen werden dabei nach dem Kriterium der Austauschbarkeit bestimmt. Anfangs stellte die CNDC ausschließlich auf die Austauschbarkeit des Produkts von der Nachfrageseite ab.[217] Seit dem Fall *CNDC c/ YPF S.A.* untersucht die argentinische Wettbewerbsbehörde jedoch neben der Nachfragesubstitution auch eine mögliche Austauschbarkeit von der Anbebotsseite.[218] Diese Kriterien finden sich auch in den einer Reihe nachfolgender Entscheidungen sowie im Rah-

---

Buenos Aires" und im Gutachten der Comisión Nacional de Defensa de la Competencia vom 29. November 1999, Serie Dictámenes Nr. 9, RN 70 „Procter&Gamble c/ Unilever".

[213] Cámara Nacional en el Penal Económico, El Derecho 1984, Band 107, S. 459 ff. „S.A. Industrias Welber Ltda.".

[214] *Otamendi*, Presupuestos básicos para la aplicación de la Ley de defensa de la competencia, La Ley 1981, Band B, S. 910; *Carbajales*, Algunas reflexiones sobre la ley de defensa de la competencia, Legislación Argentina – El Derecho 1997, Band A, S. 1377.

[215] Gutachten der Comisión Nacional de Defensa de la Competencia vom 22. September 1982, VII. „Staff Médico c/ Federación Médica de la Provincia de Buenos Aires".

[216] Gutachten der Comisión Nacional de Defensa de la Competencia vom 12. November 1998, 5.4. „Axoft Argentina c/ Sistemas Bejerman S.A"; Gutachten der Comisión Nacional de Defensa de la Competencia vom 19. März 1999, Serie Dictámenes Nr. 5, 4.1. „CNDC c/ YPF S.A.".

[217] Gutachten der Comisión Nacional de Defensa de la Competencia vom 12. November 1998, 5.4. „Axoft Argentina c/ Sistemas Bejerman S.A".

[218] Gutachten der Comisión Nacional de Defensa de la Competencia vom 19. März 1999, Serie Dictámenes Nr. 5, 4.1. „CNDC c/ YPF S.A.". Die Literatur hatte bereits vorher die Berücksichtigung der Austauschbarkeit aus Sicht der Anbieter befürwortet, vgl. *Cabanellas de las Cuevas*, Derecho antimonopólico y de defensa de la competencia, S. 307.

men der neu eingeführten Zusammenschlusskontrolle.[219] Die argentinischen Gerichte greifen ebenfalls auf die von der CNDC aufgestellten Kriterien der Austauschbarkeit von Nachfrage- und Angebotsseite zurück.[220]

aaa) Austauschbarkeit von der Nachfrageseite

Das in der Praxis wichtigste Kriterium für die Bestimmung des sachlich relevanten Markts ist die Nachfragesubstitution. Diese wird von der CNDC definiert als die tatsächliche Möglichkeit der Verbraucher, ein Gut in vernünftiger Weise durch ein anderes Gut mit demselben Nutzen zu ersetzen.[221] Ausschlaggebend für den Grad der Austauschbarkeit ist dabei die Kreuzpreiselastizität der Nachfrage, also der prozentuale Anstieg der Nachfrage nach einem Gut, der durch die spürbare Erhöhung des Preises für ein anderes Gut verursacht wird.[222] Aufgrund der mit einer genauen Bestimmung der Kreuzpreiselastizität verbundenen praktischen Schwierigkeiten nimmt die CNDC in ihrer Praxis jedoch eine rein qualitative Beurteilung dahingehend vor, ob die Nachfrage nach einem Gut bei der Erhöhung des Preises für ein anderes Gut merkbar steigt.[223] Dabei wird unter Berücksichtigung aller konkreten Umstände des Einzelfalls untersucht, ob die Verbraucher bei einer merkbaren und dauerhaften Preiserhöhung des konkreten Produkts zu einem anderen Produkt wechseln.[224] Kommt diese Untersuchung zu dem Ergebnis, dass ein Wechsel wahrscheinlich ist, also ein hoher Grad an Austauschbarkeit besteht, gehören diese Produkte zum selben sachlich relevanten

---

[219] Gutachten der Comisión Nacional de Defensa de la Competencia vom 22. September 1999, Serie dictámenes Nr. 8, RN 31 „Cámara de Empresas de Asistencia Farmacéutica c/ Colegio de Farmacéuticos de la Provincia de Buenos Aires"; Gutachten der Comisión Nacional de Defensa de la Competencia vom 29. November 1999, Serie dictámenes Nr. 9, RN 73 „Procter&Gamble c/ Unilever". Zur Zusammenschlosskontrolle siehe Comisión Nacional de Defensa de la Competencia, Lineamientos para el Control de las Concentraciones Económicas, Resolución Nr. 726/99 Secretaría de industria, comercio y minería vom 28. September 1999, S. 8 f. und ausführlich unten VII. 5. a) aa).

[220] Zur Nachfragesubstitution: Urteil der Cámara Nacional del Penal Económico vom 5. Juli 1983, El Derecho, Band 107, S. 460 „S.A.Industrias Welber Ltda."; Urteil der Cámara Nacional del Penal Económico vom 13. Dezember 1988, El Derecho, Band 141, S. 719 „Pepsi Cola Argentina". Zur Angebotssubstitution: Urteil des Corte Supremo vom 29. September 1983, La Ley 1984, Band A, S. 351 f. „Ecsal S.A. y YPF S.A.".

[221] Grundlegend: Gutachten der Comisión Nacional de Defensa de la Competencia vom 19. März 1999, Serie Dictámenes Nr. 5, 4.1. „CNDC c/ YPF S.A.".

[222] Comisión Nacional de Defensa de la Competencia, Breve Análisis Económico de la Ley Argentina de Defensa de la Competencia, Serie de Documentos Nr. 1, August 1997, S. 12.

[223] Gutachten der Comisión Nacional de Defensa de la Competencia vom 19. März 1999, Serie Dictámenes Nr. 5, 4.1. „CNDC c/ YPF S.A."; Gutachten der Comisión Nacional de Defensa de la Competencia vom 29. November 1999, Serie dictámenes Nr. 9, RN 90 „Procter&Gamble c/ Unilever".

[224] Sog. SNIP-Test. SNIP steht dabei für Small but noticable increase in price.

Markt.[225] Eine geringe Austauschbarkeit der Produkte hat dagegen zur Folge, dass die Produkte unterschiedlichen sachlichen Märkten angehören.

bbb) Austauschbarkeit von der Angebotsseite

Das zweite Kriterium zur Bestimmung des sachlich relevanten Marktes ist in der Praxis der CNDC die Austauschbarkeit von der Angebotsseite.[226] Dabei beurteilt die argentinische Wettbewerbsbehörde, inwiefern die Produzenten anderer, aus Sicht der Verbraucher nicht austauschbarer Güter, ihre Produktionsanlagen auf die Produktion des in Frage stehenden Produkts umstellen können.[227] Diese Anwendungspraxis beruht auf dem in der Wirtschaftstheorie als Kreuzpreiselastizität des Angebots bezeichneten Konzept. Wie auch bei der Bestimmung der Nachfragesubstitution beurteilt die CNDC in ihrer Praxis dabei rein qualitativ die Wahrscheinlichkeit, mit der die Erhöhung der Preise für ein Produkt zu einem Marktzutritt neuer Produzenten führt.[228] Dabei werden jedoch nur diejenigen Produzenten berücksichtigt, die ihre Produktionsmittel schnell und unter geringem Kostenaufwand auf die Herstellung des in Frage stehenden Produkts umstellen können, so dass eine konkrete Wettbewerbsdrohung herrschen muss. Ist ein Markteintritt eines neuen Anbieters schnell und unter geringen Kosten möglich, besteht also ein hoher Grad an Austauschbarkeit von der Angebotsseite, so sind seine potentiellen Wettbewerber Teil desselben sachlich relevanten Markts.

bb) Geografisch relevanter Markt

Nach dem sachlich relevanten Markt bestimmt die CNDC den geografisch relevanten Markt. Aufgrund der vom Gegensatz zwischen der stark bevölkerten Metropole Buenos Aires und des dünn besiedelten Landesinneren geprägten

---

[225] So kam die CNDC in ihrem Gutachten Asociación Argentina de Agencias de Viajes y Turismo/Junta de Representantes de Compañias Aéreas vom 27. August 2001 beispielsweise zu dem Ergebnis, dass die Flugstrecke Buenos Aires – London – Buenos Aires einen eigenen relevanten Produktmarkt darstellt, der allerdings auch Flugrouten umfasst, auf denen der Passagier umsteigen muss (z.B. Buenos Aires – London – Buenos Aires via Frankfurt, Paris oder Madrid).

[226] Grundlegend: Gutachten der Comisión Nacional de Defensa de la Competencia vom 19. März 1999, Serie Dictámenes Nr. 5, 4.1. „CNDC c/ YPF S.A.".

[227] Gutachten der Comisión Nacional de Defensa de la Competencia vom 19. März 1999, Serie Dictámenes Nr. 5, 4.1. „CNDC c/ YPF S.A."; Gutachten der Comisión Nacional de Defensa de la Competencia vom 29. November 1999, Serie dictámenes Nr. 9, RN 104 „Procter&Gamble c/ Unilever".

[228] Gutachten der Comisión Nacional de Defensa de la Competencia vom 19. März 1999, Serie Dictámenes Nr. 5, 4.1. „CNDC c/ YPF S.A."; Gutachten der Comisión Nacional de Defensa de la Competencia vom 29. November 1999, Serie dictámenes Nr. 9, RN 104 „Procter&Gamble c/ Unilever".

Geografie Argentiniens musste sich die CNDC in einer Reihe von Fällen ausführlich mit der Definition des geografischen Marktes befassen.[229] Eine grundlegende Darstellung der von der CNDC bei der Bestimmung des geografisch relevanten Marktes angewandten Kriterien findet sich wiederum im Gutachten *CNDC c/ YPF S.A.*[230] Danach stellt die argentinische Wettbewerbsbehörde auch bei der Bestimmung des geografisch relevanten Marktes auf die Nachfrage- und Angebotssubstitution ab. Im Rahmen der geografischen Nachfragesubstitution wird beurteilt, ob sich die Verbraucher eines bestimmten Gebietes mit Produkten von in anderen Gebieten tätigen Produzenten und Händlern versorgen können. Ist dieser Grad hoch, handelt es sich um einen einheitlichen geografischen Markt. Im Rahmen der Angebotssubstitution wird untersucht, ob die in einem Gebiet tätigen Produzenten ihre Produkte in einem anderen Gebiet anbieten können. Dabei berücksichtigt die CNDC eine Reihe verschiedener Faktoren. Der wichtigste Faktor ist die Natur des relevanten Produkts. So schließt beispielsweise ein leicht verderbliches Produkt wie Frischmilch, das erst durch ein spezielles Verfahren haltbar gemacht werden muss, einen Transport über weite Strecken aus.[231] Weiterhin werden der Zustand der Verkehrswege, Transportkosten und sonstige Marktzutrittsschranken berücksichtigt.[232] Kann ein Gebiet von einem in einem anderen Gebiet ansässigen Anbieter schnell und ohne große Kosten mitversorgt werden, handelt es sich bei den Gebieten um einen einheitlichen geografischen Markt.

---

[229] So im Gutachten der Comisión Nacional de Defensa de la Competencia vom 10. Mai 1982, VI. „Unión General de Tamberos c/ Cooperativa Popular de Electricidad de Santa Rosa“; im Gutachten der Comisión Nacional de Defensa de la Competencia vom 22. September 1982, VII. „Staff Médico c/ Federación Médica de la Provincia de Buenos Aires“; im Gutachten der Comisión Nacional de Defensa de la Competencia vom 17. November 1998, 3.3. „Cinematografía Olmo c/ Buena Vista International, Columbia Tristar S.A.“; im Gutachten der Comisión Nacional de Defensa de la Competencia vom 8. August 1999, RN 29 „Mariano Ernesto Morgan c/ José Maria Ubici“; im Gutachten der Comisión Nacional de Defensa de la Competencia vom 18. Mai 1998, Serie Dictámenes Nr. 4, 5.7. „Editorial Amfin c/ AGEA S.A.“.

[230] Gutachten der Comisión Nacional de Defensa de la Competencia vom 19. März 1999, Serie Dictámenes Nr. 5, 4.1. „CNDC c/ YPF S.A.“.

[231] Gutachten der Comisión Nacional de Defensa de la Competencia vom 11. März 1982, III. „Humberto Savant c/ Matadero Vera“; Gutachten der Comisión Nacional de Defensa de la Competencia vom 10. Mai 1982, VI. „Unión General de Tamberos c/ Cooperativa Popular de Electricidad de Santa Rosa“.

[232] Gutachten der Comisión Nacional de Defensa de la Competencia vom 22. September 1982, VI., „Staff Médico c/ Federación Médica de la Provincia de Buenos Aires“; Gutachten der Comisión Nacional de Defensa de la Competencia vom 10. Mai 1982, VI. „Unión General de Tamberos c/ Cooperativa Popular de Electricidad de Santa Rosa“.

cc) Einfluss anderer Wettbewerbsordnungen

Das Marktkonzept des argentinischen Wettbewerbsrechts ist insbesondere durch das US-amerikanische und europäische Wettbewerbsrecht beeinflusst worden. Der starke Einfluss des US-amerikanischen Wettbewerbsrechts wird bereits dadurch deutlich, dass die CNDC in einigen Gutachten Definitionen zur Bestimmung des relevanten Markts aus den Richtlinien der US-amerikanischen *Federal Trade Commission* (FTC) übernommen hat.[233] Unterschiede zum europäischen Wettbewerbsrecht bestehen dabei nicht, denn sowohl in der US-amerikanischen als auch in der europäischen Wettbewerbspraxis wird zur Bestimmung des relevanten Markts auf das sogenannte *Bedarfsmarktkonzept* abgestellt.[234] Danach gehören nur solche Waren oder Dienstleistungen zu einem Markt, die aus Sicht der Marktgegenseite wegen ihrer Eigenschaften zur Befriedigung eines gleichbleibenden Bedarfs gleichermaßen geeignet sind, so dass sie einander ersetzen können. Die Austauschbarkeit ist dabei sowohl aus Sicht der Nachfrager, wie auch aus Sicht der Anbieter zu beurteilen.[235] Sowohl die US-amerikanische als auch die europäische Wettbewerbsbehörde stellen dabei für die Beurteilung des relevanten Markts entscheidend auf die konkreten Wettbewerbsbedingungen auf dem Markt sowie die Struktur von Angebot und Nachfrage ab. Auch die Praxis der brasilianischen Wettbewerbsbehörde CADE zur Bestimmung des relevanten Markts entspricht dieser international gängigen Vorgehensweise. Die

---

[233] Gutachten der Comisión Nacional de Defensa de la Competencia vom 19. März 1999, Serie Dictámenes Nr. 5, 4.1. „CNDC c/ YPF S.A."; Gutachten der Comisión Nacional de Defensa de la Competencia vom 22. September 1999, Serie dictámenes Nr. 8, RN 30 „Cámara de Empresas de Asistencia Farmacéutica c/ Colegio de Farmacéuticos de la Provincia de Buenos Aires". Danach ist der relevante Produktmarkt „der kleinste Warenkorb, hinsichtlich dessen Waren eine geringe, aber merkbare und unbefristete Preiserhöhung durch einen hypothetischen Monopolisten rentabel wäre", siehe Horizontal Merger Guidelines, 1.1, Department of Justice and Federal Trade Commission, Washington 1972, abgedruckt in: *Morgan*, Modern Antitrust Law and its origins, S. 888 f.

[234] Das Bedarfsmarktkonzept liegt sowohl den Entscheidungen des Europäischen Gerichtshofs als auch den Entscheidungen der Europäischen Kommission zugrunde, EuGHE 1980, 3775 (3793) „Chiqita"; EuGHE 1979, 461 (516) „Hofmann-La Roche"; Bekanntmachung der Europäischen Kommission über die Bestimmung des relevanten Markts, ABl. 1997, C 372/5. Die grundlegende Entscheidung im US-amerikanischen Recht ist American Tobacco Co. vs. United States, 328 U.S. 781, 66 (1946). Ausführlich zur Marktdefinition im US-amerikanischen Wettbewerbsrecht siehe *Sullivan*, Handbook of the Law of Antitrust, S. 41 ff.

[235] Bekanntmachung der Europäischen Kommission über die Bestimmung des relevanten Markts, ABl. 1997, C 372/5. Für die Beantwortung der Frage, ob Produkte untereinander austauschbar sind, wird im Europäischen Wettbewerbsrecht ebenfalls auf das Kriterium der langfristigen Kreuz-Preis-Elastizität abgestellt, EuGHE 1978, 207 (281) „United Brands"; *Langen/Bunte*, Kommentar zum deutschen und europäischen Kartellrecht, zu Artikel 82 EGV, RN 24. Dies entspricht auch der Praxis der US-amerikanischen Wettwerbsbehörden, siehe Horizontal Merger Guidelines, 1.1, Department of Justice and Federal Trade Commission, Washington 1972, abgedruckt in: *Morgan*, Modern Antitrust Law and its origins, S. 888 f.

brasilianische Wettbewerbsbehörde unterscheidet ebenfalls zwischen dem sachlich und dem geografisch relevanten Markt.[236] Zur Bestimmung des sachlich relevanten Markts stellt die CADE ebenfalls auf die Kriterien der Nachfrage- und Angebotssubstitution ab, wobei sie Verwendungszweck, Qualität und Preis des Produkts berücksichtigt.[237] Diese fortschrittliche und übereinstimmende Gesetzesanwendung in Argentinien und Brasilien ist ein weiteres Beispiel für die fortgeschrittene Harmonisierung der Wettbewerbsordnungen im MERCOSUR. Insgesamt ist das von der CNDC ihren Entscheidungen zugrundegelegte Marktkonzept klar und übersichtlich. Die von der argentinischen Wettbewerbsbehörde angewandten wirtschaftswissenschaftlichen Konzepte der Nachfrage- und Angebotssubstitution sowie der Kreuzbandelastizität sind die international anerkannten und angewandten Standardkriterien zur Bestimmung des relevanten Markts nach dem in allen wichtigen Wettbewerbsordnungen anerkannten Bedarfsmarktkonzept. Die Aufstellung klarer und transparenter Kriterien zur Marktbestimmung durch die CNDC hat erheblich zur Schaffung von Rechtssicherheit in diesem wichtigen Bereich beigetragen und ist sehr zu begrüßen.

d) Schaden für das wirtschaftliche Allgemeininteresse

Gemäß Artikel 1 des Gesetzes 25.156 sind Handlungen oder Verhaltensweisen, die eine Begrenzung, Einschränkung, Verfälschung oder Störung des Wettbewerbs bezwecken oder bewirken oder die den Missbrauch einer marktbeherrschenden Stellung darstellen nur dann verboten, wenn daraus ein Schaden für das wirtschaftliche Allgemeininteresse entstehen kann. Im argentinischen Wettbewerbsrecht ist jedwede Wettbewerbsbeschränkung also nur verboten, wenn sie einen drohenden Schaden für das wirtschaftliche Allgemeininteresse darstellt. Das Konzept des wirtschaftlichen Allgemeininteresses spielt somit *die* zentrale Rolle im argentinischen Wettbewerbsrecht. Gleichzeitig stellt es eine Besonderheit dieser Wettbewerbsordnung dar, die keine direkte Entsprechung in anderen Wettbewerbsordnungen findet. Aufgrund seiner grundsätzlichen Bedeutung wird dieses Konzept an dieser Stelle allgemein und umfassend erläutert. Auf einzelne Besonderheiten wird im Rahmen der spezifischen Wettbewerbsbeschränkungen eingegangen.

---

[236] CADE, Voto no Proceso Administrativo Nr. 31/92 „Transauto/Fiat Automóveis"; in: *Franceschini*, Introdução ao Direito da Concorrência, S. 33. Ausführlich zur Bestimmung des relevanten Markts im brasilianischen Wettbewerbsrecht siehe *Salomão Filho*, Direito Concorrêncial, S. 89 ff.

[237] CADE, Ato de Concentração Nr. 16/94 „Siderúrgica Laisa e Grupo Korf GmbH"; in: *Franceschini*, Introdução ao Direito da Concorrência, S. 33.

aa) Sinn und Zweck

Ausgangspunkt des Konzepts des Schadens für das wirtschaftliche Allgemeininteresse ist die in allen Wettbewerbsordnungen anerkannte Tatsache, dass nicht jede Wettbewerbsbeschränkung automatisch zu Nachteilen für die wirtschaftliche Entwicklung einer Volkswirtschaft führt.[238] Entsprechend heißt es in den Motiven des Gesetzes 22.262, welches das Konzept des wirtschaftlichen Allgemeininteresses in die argentinische Wettbewerbsordnung einführte, dass mit dem Konzept des wirtschaftlichen Allgemeininteresses sichergestellt werden soll, dass Verhaltensweisen, die zwar wettbewerbswidrig erscheinen, aus denen aber in Wirklichkeit Vorteile für die Gesellschaft erwachsen, nicht verboten sind.[239] Das Konzept des wirtschaftlichen Allgemeininteresses bezweckt somit, dass Wettbewerbsbeschränkungen, die eine positive und wünschenswerte Auswirkung auf die wirtschaftliche Entwicklung haben, nicht unter das Verbot von Artikel 1 des Gesetzes 25.156 fallen. Das „wirtschaftliche Allgemeininteresse" ist ein bemerkenswert weiter und unbestimmter Rechtsbegriff. Diese weite Formulierung hat der argentinische Gesetzgeber bewusst gewählt, um dem Wettbewerbsgesetz ein großes Maß an Flexibilität zu verleihen und eine Anpassung an zukünftige wirtschaftliche Entwicklungen und soziale Wertvorstellungen zu ermöglichen.[240] Durch das Konzept des wirtschaftlichen Allgemeininteresses wird der Wettbewerbsbehörde somit ein erheblicher Beurteilungsspielraum eingeräumt. Dieser ist so auszulegen, dass dem Wohl der wirtschaftlichen Entwicklung gedient und sichergestellt wird, dass nur die für die wirtschaftliche Entwicklung schädlichen Wettbewerbsbeschränkungen verboten sind.

bb) Definition des wirtschaftlichen Allgemeininteresses

Im Gesetz findet sich keine Definition des wirtschaftlichen Allgemeininteresses. In systematischer Hinsicht ergibt sich aus dem Gesetzeswortlaut von Artikel 1 und 2 des Gesetzes 25.156 lediglich, dass der drohende Schaden für das wirtschaftliche Allgemeininteresse eine eigenständige Voraussetzung für ein Verbot der wettbewerbsbeschränkenden Verhaltensweise darstellt. Die Auslegung des Begriffs des wirtschaftlichen Allgemeininteresses ist angesichts des Wortlauts von Artikel 1 von zentraler Bedeutung für das argentinische Wettbewerbsrecht.

---

238 Dieser Grundgedanke liegt sowohl den umfangreichen Freistellungsmöglichkeiten im europäischen Wettbewerbsrecht gemäß Artikel 81 Abs. 3 EGV als auch den zahlreichen Ausnahmetatbeständen in den §§ 2 bis 9 GWB und der US-amerikanischen *rule of reason*-Doktrin zugrunde.

239 Ley 22.262 de Defensa de la Competencia, Exposición de motivos (Gesetzesmotive), Kapitel III, Ziffer 1.

240 *Cabanellas de las Cuevas/Etzrodt*, Das neue argentinische Kartellrecht vom 1.8.1980, RIW 1981, S. 156. *Cabanellas de las Cuevas* war an der Ausarbeitung des Gesetzes 22.262 beteiligt.

Dabei hat es im Laufe der Zeit eine Vielzahl von teilweise divergierenden Versuchen und Ansätzen gegeben, den Inhalt des wirtschaftlichen Allgemeininteresses zu konkretisieren.

aaa) Definition der Comisión Nacional de Defensa de la Competencia

Die Auslegung des unbestimmten Rechtsbegriffs „wirtschaftliches Allgemeininteresse" oblag und obliegt naturgemäß in erster Linie der argentinischen Wettbewerbsbehörde. In der zwanzigjährigen Anwendungspraxis der CNDC ist dabei zwischen drei unterschiedlichen Interpretationsansätzen zu unterscheiden.

Zu Beginn ihrer Tätigkeit setzte die CNDC den Begriff des wirtschaftlichen Allgemeininteresses mit dem einwandfreien Funktionieren des Marktes gleich. So führte sie in einem ihrer ersten Gutachten aus, dass das wirtschaftliche Allgemeininteresse potentiell durch jede Wettbewerbsbeschränkung beeinträchtigt werde, weil es nur so lange geschützt sei, wie der Markt ungestört funktioniere.[241] Im Gutachten *Colegio Oficial de Farmacéuticos y Bioquímicos de la Capital Federal,* in dem es um eine Preisfestsetzung durch die Apothekerkammer ging, führte die CNDC aus, dass eine Beeinträchtigung des wirtschaftlichen Allgemeininteresses immer dann vorliege, wenn der Marktmechanismus wie durch eine Preisabsprache spürbar beeinträchtigt werde.[242] Ein Schaden für das wirtschaftliche Allgemeininteresse lag danach immer vor, wenn der Grundsatz von Angebot und Nachfrage beeinträchtigt wurde. Das wirtschaftliche Allgemeininteresse entsprach somit der ungestörten Preisbildung durch Angebot und Nachfrage. Diese Interpretation wurde von der CNDC in einer Reihe weiterer Entscheidungen im Laufe der Achtziger und zu Beginn der Neunziger Jahre aufrechterhalten. So hieß es im Gutachten *Staff Médico c/ Federación Médica de la Provincia de Buenos Aires*, dass das wirtschaftliche Allgemeininteresse mit dem besseren Funktionieren der Märkte gleichzusetzen sei.[243] Auch im Gutachten *IFRISA S.A. c/ YPF S.A.* hob die CNDC hervor, dass das wirtschaftliche Allgemeininteresse gewahrt sei, wenn der Markt funktioniere, weil so alle aus dem Wettbewerb resultierenden Vorteile erlangt werden könnten.[244] Im Laufe dieses ersten Interpretationsansatzes ging die CNDC teilweise dazu über, bestimmte wettbewerbsbeschränkende Verhaltensweisen mit einem Schaden für das wirtschaftliche Algemeininteresse gleichzusetzen. So sah sie im Gutachten *Sociedad*

---

[241] Gutachten der Comisión Nacional de Defensa de la Competencia vom 18. August 1981, VI. „CNDC c/ Cámara Inmobiliaria Argentina."

[242] Gutachten der Comisión Nacional de Defensa de la Competencia vom 27. April 1982, IV. „CNDC c/ Colegio Oficial de Farmacéuticos y Bioquímicos de la Capital Federal."

[243] Gutachten der Comisión Nacional de Defensa de la Competencia vom 22. September 1982, VI. „Staff Médico S.A. c/ Federación Médica de la Provincia de Buenos Aires".

[244] Gutachten der Comisión Nacional de Defensa de la Competencia vom 11. März 1982, VI. „IFRISA S.A. c/ YPF S.A.".

Propietarios de Panaderías de Santa Fe die Beeinträchtigung des wirtschaftlichen Allgemeininteresses in der Preisabsprache selbst.[245] In den Gutachten *Antonio Humberto Savant c/ Matadero Vera*[246] und *Staff Médico c/ Federación médica de la Provincia de Buenos Aires*[247] stellte die CNDC fest, dass das wirtschaftliche Allgemeininteresse beeinträchtigt war, weil als Ergebnis des Missbrauchs einer marktbeherrschenden Stellung der Marktzutritt eines Wettbewerbers verhindert wurde. In diesen Fällen hat die CNDC also hinsichtlich Wettbewerbsbeschränkungen in Form von Preisabsprachen und in Form des Marktausschlusses von Wettbewerbern entschieden, dass diese grundsätzlich nicht mit dem wirtschaftlichen Allgemeininteresse zu vereinbaren waren, weil sie das einwandfreie Funktionieren des Marktes störten und den Verbraucher von den Vorteilen des freien Wettbewerbs ausschlossen. Diese Interpretation des wirtschaftlichen Allgemeininteresses lief somit im Ergebnis auf ein *per-se* Verbot dieser Wettbewerbsbeschränkungen hinaus. Weil das argentinische Wettbewerbsgesetz ein solches *per-se* Verbot jedoch ausdrücklich nicht vorsieht, ist diese Auslegung als *contra-legem* abzulehnen. Zusammenfassend waren folgende Aspekte die tragenden Elemente der ersten Auslegung des Begriffs des wirtschaftlichen Allgemeininteresses durch die CNDC:

1. Das wirtschaftliche Allgemeininteresse war beeinträchtigt, wenn der Marktmechanismus nicht mehr einwandfrei funktionierte, insbesondere, wenn das Marktgesetz von Angebot und Nachfrage außer Kraft gesetzt wurde.

2. Die Beeinträchtigung des wirtschaftlichen Allgemeininteresses musste kausal auf die Wettbewerbsbeschränkung zurückzuführen sein.

Im Jahre 1992 gab die CNDC ihre bisherige Interpretation des wirtschaftlichen Allgemeininteresses im Sinne eines ungestörten Funktionierens des Marktes auf. Sie stellte nunmehr darauf ab, ob die Wettbewerbsbeschränkung der Allgemeinheit oder aber nur den an der Wettbewerbsbeschränkung Beteiligten zugute kam. So prüfte die CNDC im Gutachten *CNDC c/ Círculo Médico Alto Paraná*, ob die wettbewerbsbeschränkenden Vertragsgestaltungen einer Ärztekammer sinnvolle Ziele zum Vorteil der Allgemeinheit verfolgten, oder ob sie lediglich dem Interesse der in der Ärztekammer vertretenen Mitglieder dienten.[248] Eine noch

---

[245] Gutachten der Comisión Nacional de Defensa de la Competencia vom 7. April 1983, VI. „CNDC c/ Sociedad Propietarios de Panaderías de Santa Fe".

[246] Gutachten der Comisión Nacional de Defensa de la Competencia vom 8. Februar 1982, IV. „Humberto Savant c/ Matadero Vera S.R.L.".

[247] Gutachten der Comisión Nacional de Defensa de la Competencia vom 22. September 1982, VI. „Staff Médico S.A. c/ Federación Médica de la Provincia de Buenos Aires".

[248] Gutachten der Comisión Nacional de Defensa de la Competencia vom 4. April 1992, VII. „Comisión Nacional de Defensa de la Competencia. c/ Círculo Médico Alto Paraná".

weitergehende Auslegung des wirtschaftlichen Allgemeininteresses findet sich im Gutachten *Fiscalía Nacional de Investigaciones administrativas c/ YPF S.A.*.[249] Darin vertrat die CNDC die Auffassung, dass das wirtschaftliche Allgemeininteresse mit den Vorteilen gleichzusetzen sei, welche der Allgemeinheit durch die untersuchte Verhaltensweise entstünden. Dabei berücksichtigte die CNDC ausdrücklich allgemeinwirtschaftliche Folgen wie die Einnahme von Devisen, die Schaffung von Arbeitsplätzen in Argentinien und die Förderung des Exports. Diese überwogen im konkreten Fall nach Ansicht der CNDC die Nachteile der Wettbewerbsbeschränkung in Form einer Marktaufteilung zwischen einem US-amerikanischen Investor und einem argentinischen Unternehmen im Rahmen eines Joint-Ventures, so dass keine Beeinträchtigung des wirtschaftlichen Allgemeininteresses vorlag. Diese Auslegung gab der argentinischen Wettbewerbsbehörde die Möglichkeit, im Rahmen des wirtschaftlichen Allgemeininteresses auch allgemeine wirtschafts- und gesellschaftspolitische Erwägungen anzustellen. Eine solche weite Diskretion ist jedoch mit der Aufgabe der CNDC als Hüterin des Wettbewerbs und Aufsichtsorgan über die Märkte nicht zu vereinbaren. Wirtschafts- und gesellschaftspolitische Entscheidungen müssen der politischen Ebene vorbehalten bleiben. Dieser Interpretationsansatz der CNDC verdeutlicht die Gefahr, dass durch eine willkürliche Auslegung des weiten und unbestimmten Rechtsbegriffs des wirtschaftlichen Allgemeininteresses ein bestimmtes (wirtschafts)politisch gewünschtes Ergebnis erreicht werden soll.

Mitte 1997 reformierte die CNDC ihre Auslegung des Konzepts des wirtschaftlichen Allgemeininteresses grundlegend. Ausgangspunkt für diesen bis heute gültigen Interpretationsansatz war die 1997 von der argentinischen Wettbewerbsbehörde herausgegebene „Wirtschaftswissenschaftliche Analyse des argentinischen Wettbewerbsrechts".[250] Darin führte sie aus dass, der unbestimmte Rechtsbegriff des wirtschaftlichen Allgemeininteresses unter Berücksichtigung der wirtschaftswissenschaftlichen Konzepte „Nachfrageüberschuss", „Produzentenüberschuss" und „Gesamtüberschuss" ausgelegt werden müsse. Unter Nachfrageüberschuss sei der Gewinn zu verstehen, den der Nachfrager durch den Erwerb eines Produkts habe.[251] Der Produzentenüberschuss wiederum sei

---

[249] Gutachten der Comisión Nacional de Defensa de la Competencia vom 10. April 1992, VII. „Fiscalía Nacional de Investigaciones administrativas c/ YPF S.A.".

[250] Comisión Nacional de Defensa de la Competencia, Breve Análisis Económico de la Ley Argentina de Defensa de la Competencia, Serie de Documentos Nr. 1, August 1997. Zu dieser Analyse siehe auch die Ausführungen des ehemaligen Mitglieds der CNDC *Coloma* in: La Ley Argentina de Defensa de la Competencia, Asociación Argentina de Economía Política, XXXII Reunión Anual 1997, S. 171 ff.

[251] Comisión Nacional de Defensa de la Competencia, Breve Análisis Económico de la Ley Argentina de Defensa de la Competencia, Serie de Documentos Nr. 1, August 1997, S. 5.

der Gewinn, den die Produzenten durch den Verkauf des Produkts erzielten.[252] Der Gesamtüberschuss schließlich setze sich aus dem Überschuss der Nachfrager und dem Überschuss der Produzenten zusammen. Sein Maximum erreiche der Gesamtüberschuss in einem Markt, auf dem vollständige Konkurrenz herrsche.[253] Das Ziel der Wettbewerbsordnung ist nach Auffassung der CNDC grundsätzlich in der Maximierung des Gesamtüberschusses zu sehen. In ihrer Analyse setzt die CNDC das wirtschaftliche Allgemeininteresse also mit der Maximierung des Gesamtüberschusses und somit einem Markt mit möglichst vollständiger Konkurrenz gleich. Eine Beeinträchtigung des wirtschaftlichen Allgemeininteresses liegt danach immer vor, wenn sich der wirtschaftliche Gesamtüberschuss aufgrund einer Wettbewerbsbeschränkung verringert. Diese wirtschaftswissenschaftlichen Ausführungen waren der Hintergrund einer auch in der Praxis umfassenden Neuausrichtung des Konzepts des wirtschaftlichen Allgemeininteresses. In ihrer Anwendungspraxis verwendet die CNDC allerdings nicht den sehr wirtschaftswissenschaftlich geprägten Begriff der Maximierung des Gesamtüberschusses. Die argentinische Wettbewerbsbehörde setzt das wirtschaftliche Allgemeininteresse vielmehr mit dem Begriff *wirtschaftliche Effizienz* gleich.[254] Eine Beeinträchtigung für das wirtschaftliche Allgemeininteresse liegt danach immer vor, wenn aufgrund einer Wettbewerbsbeschränkung weniger Einheiten eines Produkts vermarktet werden, dem der Verbraucher einen die Produktionskosten übersteigenden Wert beimisst, es also zu einer Verringerung des Nachfrageüberschusses kommt.[255] Ein gutes Beispiel für diese moderne Auslegung des Begriffs „wirtschaftliches Allgemeininteresse" durch die CNDC findet sich in dem Gutachten *CNDC c/ YPF S.A.*[256] Dem Fall lag ein Preismissbrauch eines marktbeherrschenden Unternehmens zugrunde. Nachdem die CNDC die Funktionsweise eines Marktes mit vollständiger Konkurrenz beschrieben hatte, stellte sie fest, dass jedes Abweichen vom Preis des Gleichgewichts zwischen Angebot und Nachfrage einen Verlust für das Allgemeinwohl

---

[252] Comisión Nacional de Defensa de la Competencia, Breve Análisis Económico de la Ley Argentina de Defensa de la Competencia, Serie de Documentos Nr. 1, August 1997, S. 6.

[253] Comisión Nacional de Defensa de la Competencia, Breve Análisis Económico de la Ley Argentina de Defensa de la Competencia, Serie de Documentos Nr. 1, August 1997, S. 8.

[254] So beispielsweise Gutachten der Comisión Nacional de Defensa de la Competencia vom 19. März 1999, Serie Dictámenes Nr. 5, 6.1. „CNDC c/ YPF S.A."; Gutachten der Comisión Nacional de Defensa de la Competencia vom 22. September 1999, Serie Dictámenes Nr. 8, RN 95 „Cámara de Empresas de Asistencia Farmacéutica c/ Colegio de Farmacéuticos de la Provincia de Buenos Aires"; Gutachten der Comisión Nacional de Defensa de la Competencia vom 18. Mai 1998, Serie Dictámenes Nr. 4, 8.7. „Editorial Amfin c/ AGEA S.A.".

[255] Comisión Nacional de Defensa de la Competencia, Lineamientos para el Control de las Concentraciones Económicas, Resolución Nr. 726/99 Secretaría de industría, comercio y minería vom 28. September 1999, S. 5.

[256] Gutachten der Comisión Nacional de Defensa de la Competencia vom 19. März 1999, Serie Dictámenes Nr. 5, 6.1. „CNDC c/ YPF S.A.".

und die wirtschaftliche Effizienz zur Folge habe. Diese Verringerung des Allgemeinwohls stelle eine Beeinträchtigung des wirtschaftlichen Allgemeininteresses dar, weshalb das Konzept des wirtschaftlichen Allgemeininteresses mit dem Prinzip wirtschaftlicher Effizienz gleichgesetzt werden müsse. Diese Auslegung des wirtschaftlichen Allgemeininteresses geht erkennbar auf den Einfluss der sogenannten *Chicago School* zurück, die als legitimen Zweck staatlicher Wettbewerbspolitik allein die Steigerung des Allgemeinwohls und der Effizienz der Unternehmen anerkennt.[257]

Neben der inhaltlichen Gleichsetzung des wirtschaftlichen Allgemeininteresses mit dem Begriff der wirtschaftlichen Effizienz ist ein systematischer Aspekt von besonderer Bedeutung. Nach der modernen Auslegung durch die CNDC kommt dem Konzept des wirtschaftlichen Allgemeininteresses die Rolle eines Rechtfertigungstatbestands zu, in dessen Rahmen die Wettbewerbsbeschränkung mit möglichen Effizienzgewinnen abgewogen wird. Diese mit der inhaltlichen Gleichsetzung des wirtschaftlichen Allgemeininteresses mit dem wirtschaftlichen Effizienzprinzip einhergehende systematische Neuordnung wird im Gutachten *Cámara de Empresas de Asistencia Farmacéutica c/ Colegio de Farmacéuticos de la Provincia de Buenos Aires* deutlich.[258] In diesem stellte die CNDC in einem ersten Schritt fest, dass ein Vertragsverhältnis mit Ausschließlichkeitsklauseln den Marktzutritt neuer Wettbewerber erheblich erschwerte und daher wettbewerbsbeschränkend war. Im Rahmen des wirtschaftlichen Allgemeininteresses stellte die CNDC ausschließlich auf das Effizienzprinzip ab. Zuerst führte sie aus, dass die Marktzutrittsschranken aufgrund der Verringerung des Wettbewerbs einen Effizienzverlust darstellten. Danach prüfte sie, ob dieser Effizienzverlust aufgrund anderer Effizienzgewinne des wettbewerbsbeschränkenden Vertrags gerechtfertigt werden konnte, wobei sie zu einem negativen Ergebnis kam. Auch im Gutachten *Editorial Amfin c/ AGEA S.A.* prüfte die CNDC, ob die durch eine Ausschließlichkeitsklausel verursachte Wettbewerbsbeschränkung durch wirtschaftliche Effizienzgewinne gerechtfertigt werden konnte.[259] Die CNDC nimmt somit im Rahmen des wirtschaftlichen Allgemeininteresses eine Abwägung zwischen den durch die Wettbewerbsbeschränkung verursachten Effizienzverlusten und den auf die Wettbewerbsbeschränkung zurückzuführenden Effizienzgewinnen vor. Bei einem Überwiegen der Effizienzgewinne liegt kein Schaden für das wirtschaftliche Allgemeininteresse vor, so

---

[257] Ausführlich zum Wettbewerbskonzept der Chicago School siehe *Schmidt/Rittaler*, Die Chicago School of Antitrust Analysis, Baden-Baden 1986.

[258] Gutachten der Comisión Nacional de Defensa de la Competencia vom 22. September 1999, Serie Dictámenes Nr. 8, RN 95 ff. „Cámara de Empresas de Asistencia Farmacéutica c/ Colegio de Farmacéuticos de la Provincia de Buenos Aires".

[259] Gutachten der Comisión Nacional de Defensa de la Competencia vom 18. Mai 1998, Serie Dictámenes Nr. 4, 8.8. „Editorial Amfin c/ AGEA S.A.".

dass die Wettbewerbsbeschränkung nicht gemäß Artikel 1 des Gesetzes 25.156 verboten ist. Diese Abwägung ist das Kernelement der Reform der Auslegungspraxis des Konzepts des wirtschaftlichen Allgemeininteresses durch die CNDC. Durch die rein markt- und effizienzbezogene Abwägung der Vor- und Nachteile einer Wettbewerbsbeschränkung hat die CNDC darüber hinaus der bei früheren Entscheidungen zu kritisierenden Berücksichtigung allgemeinwirtschaftlicher Aspekte entgegengewirkt und sich wieder auf ihre Aufgabe als Hüterin von Wettbewerb und effizienten Wettbewerbsbedingungen beschränkt.

bbb) Definition der argentinischen Gerichte

Die argentinischen Gerichte haben sich seit Inkrafttreten des Gesetzes 22.262 mehrfach mit der Auslegung und Bedeutung des Begriffs des wirtschaftlichen Allgemeininteresses beschäftigt. Leider kam es dabei im Vergleich zur Anwendungspraxis der CNDC teilweise zu erheblichen Abweichungen. Die uneinheitliche Rechtsprechung ist insbesondere darauf zurückzuführen, dass es kein zentral für alle Rechtsmittelverfahren gegen die Entscheidungen der CNDC zuständiges Gericht gibt, das eine stringente Rechtsprechung hätte entwickeln können. Dieser Missstand wurde durch das Gesetz 25.156 bedauerlicherweise nicht abgeschafft.[260]

In den ersten Urteilen nach Inkrafttreten des Gesetzes 22.262 stellten die Gerichte hinsichtlich des Konzepts des wirtschaftlichen Allgemeininteresses auf die Gesetzesgründe ab. So zitierte der oberste Gerichtshof Argentiniens, der *Corte Suprema de Justicia*, in seiner ersten Entscheidung zum Gesetz 22.262 lediglich die Gesetzesgründe, wonach „durch das Konzept des wirtschaftlichen Allgemeininteresses diejenigen Verhaltensweisen von der Anwendung des Artikels 1 ausgenommen werden, die zwar wettbewerbswidrig erscheinen, aber in Wirklichkeit vorteilhaft für die Gesellschaft sind".[261] In den meisten anderen Urteilen wurden die Ausführungen der CNDC zum wirtschaftlichen Allgemeininteresse übernommen. So begründete das Berufungsgericht Bahía Blanca im Urteil *Centro de Industriales Panaderos* die Beeinträchtigung des wirtschaftlichen Allgemeininteresses mit den gleichen Worten wie die CNDC in der diesem Urteil zugrundeliegenden Entscheidung.[262] Auch in den Urteilen *Arenera de Pu-*

---

[260] Nach Artikel 53 des Gesetzes 25.156 richtet sich die Zuständigkeit des Beschwerdegerichts nach dem Wohn- bzw. Niederlassungsort des wettbewerbswidrig Handelnden.

[261] Urteil des Corte Suprema de Justicia vom 31. Oktober 1985 „Colegio de Martilleros Públicos del Departamento Judicial de Mar del Plata", zitiert in: *Otamendi*, El interés general y la eficencia en la ley de defensa de la comptetencia, La Ley vom 7. Dezember 1999, Nr. 234, S. 2.

[262] Urteil der Cámara Federal Bahía Blanca vom 15. Oktober 1985 „Centro de Industriales Panaderos", zitiert in: *Otamendi*, El interés general y la eficencia en la ley de defensa de la

erto Nuevo S.A.[263] und *Colegio de Farmacéuticos y Bioquímicos de la Capital Federal*[264] übernahmen die Gerichte die zu diesem Zeitpunkt von der CNDC vertretene Auffassung, dass das wirtschaftliche Allgemeininteresse dem ungestörten Funktionieren des Markts entspreche. Wenn Entscheidungen der Wettbewerbsbehörde durch ein Gericht aufgehoben oder widerrufen wurden, geschah dies aus beweistechnischen Gründen[265] oder aufgrund der später aufgehobenen Ausnahmevorschrift des Artikels 5 des Gesetzes 22.262[266] und nicht aufgrund inhaltlicher Differenzen über die Auslegung des Begriffs des wirtschaftlichen Allgemeininteresses.

Erst in den Neunziger Jahren kam es zu einer Reihe von Urteilen, in denen Gerichte den Begriff des wirtschaftlichen Allgemeininteresses inhaltlich abweichend von der Praxis der CNDC auslegten. Teilweise haben die Gerichte dabei wesentlich zur Schärfung des unbestimmten Rechtsbegriffs des wirtschaftlichen Allgemeininteresses beigetragen und der nicht immer präzisen Anwendungspraxis der CNDC entgegengesteuert. So hat das Berufungsgericht für Wirtschaftsstrafsachen Buenos Aires im Urteil *A. Gas S.A. y otros c/ Agip Argentina S.A.* ausgeführt, dass entgegen der von der CNDC in ihrem Gutachten vertretenen Auffassung selbst ein evident wettbewerbswidriges Verhalten nicht automatisch eine Beeinträchtigung des wirtschaftlichen Allgemeininteresses darstellt.[267] Im konkreten Fall fehlte es nach Auffassung des Gerichts bei der wettbewerbsbeschränkenden Vereinbarung gemeinsamer Sicherheits- und Vermarktungsstandards aufgrund von Effizienzgewinnen und einer Verbesserung der Verbrauchersicherheit an der Gefährdung des wirtschaftlichen Allgemeininteresses.[268] Einen ähnlichen Ansatz hat das Berufungsgericht Catamarca im Fall *Colegio Médico de Catamarca* vertreten.[269] Danach verstoßen Wettbewerbsbeschränkungen nicht gegen das wirtschaftliche Allgemeininteresse, wenn sie die wirtschaft-

---

comptetencia, La Ley vom 7. Dezember 1999, Nr. 234, S. 2. Danach verstieß die Festsetzung der Preise für Grundnahrungsmittel wie Brot gegen das wirtschaftlichen Allgemeininteresse.

[263] Urteil der Cámara Nacional de Penal Económico, Sala III, vom 31. Mai 1988, La Ley 1989, Band A, S. 164 „Arenera Puerto Nuevo S.A.".

[264] Urteil der Cámara en lo Penal Económico de la Capital Federal vom 18. Oktober 1982 „Colegio de Farmacéuticos y Bioquímicos de la Capital Federal."

[265] So im Urteil des Corte Suprema de Justicia vom 29. September 1983, La Ley 1984, Band A, S. 351 f. „Ecsal S.A. c/ YPF S.A.".

[266] So im Urteil der Cámara Nacional de Penal Económico, Sala III, vom 18. Oktober 1982, La Ley 1983, Band B, S. 336 ff. „Colegio Oficial de Farmacéuticos y Bioquímicos de la Capital Federal".

[267] Urteil der Cámara Nacional de Penal Económico, Sala II, vom 12. März 1992, La Ley 1993, Band A, S. 52 ff. „A. Gas y otros c/ Agip Argentina S.A.".

[268] Urteil der Cámara Nacional de Penal Económico, Sala II, vom 12. März 1992, La Ley 1993, Band A, S. 54 „A. Gas y otros c/ Agip Argentina S.A.".

[269] Urteil des Berufungsgerichts Catamarca vom 18. Februar 1998 „Colegio Médico de Catamarca".

liche Effizienz oder die Produktqualität fördern. Diese Urteile haben der damaligen Tendenz der CNDC, in jeder Wettbewerbsbeschränkung automatisch eine Beeinträchtigung des wirtschaftlichen Allgemeininteresses zu sehen, entgegengewirkt und stellen einen wichtigen Schritt zur Entwicklung eines eigenständigen Konzepts des wirtschaftlichen Allgemeininteresses unter Berücksichtigung des Effizienzprinzips dar. In enger Anlehnung an die US-amerikanische *rule of reason*-Doktrin haben die Gerichte das wirtschaftliche Allgemeininteresse als Rechtfertigungsmöglichkeit für Wettbewerbsbeschränkungen interpretiert, in dessen Rahmen eine Abwägung zwischen den mit der Wettbewerbsbeschränkung verbundenen negativen Auswirkungen und den positiven Auswirkungen wie möglichen Effizienzgewinnen und der Förderung des technischen Fortschritts vorgenommen werden muss. Diese Auslegung der Gerichte entspricht im wesentlichen der heutigen Auslegung des Konzepts des wirtschaftlichen Allgemeininteresses durch die CNDC.

Neben diesen konstruktiven Ansätzen zur Weiterentwicklung des Konzepts des wirtschaftlichen Allgemeininteresses finden sich jedoch auch Gerichtsurteile, in denen eine nicht nachzuvollziehende Auslegung des Begriffs „wirtschaftliches Allgemeininteresse" zu einer Aufhebung von Entscheidungen der CNDC führte. Es ist nicht auszuschließen, dass diese Gerichtsurteile auf politische oder wirtschaftliche Einflussnahme zurückzuführen sind. Insbesondere der ungewöhnlich kurze Zeitraum zwischen der Einlegung der Beschwerde und dem Erlass des Urteils sprechen dafür.[270] Aus diesem Grund darf die Bedeutung der folgend dargestellten Urteile nicht überbewertet werden. Sie sind jedoch ein Beispiel dafür, dass ein unbestimmter Rechtsbegriff wie der des wirtschaftlichen Allgemeininteresses unsachgemäße Ermessensentscheidungen ermöglicht und der Schaffung von Rechtssicherheit abträglich ist. Im Fall *Amfin c/ AGEA S.A.* ging es um die Praxis der mit einem Marktanteil von über 58 % marktbeherrschenden Tageszeitung von Buenos Aires, die ausschließlich in ihrer Zeitung inserierenden Werbekunden einen erheblichen Rabatt einräumte. Die CNDC hatte den drohenden Schaden für das wirtschaftliche Allgemeininteresse damit begründet, dass andere Zeitungen durch die Verbindung der Exklusivitäts- und Rabattklauseln von der wichtigen Einnahmequelle der Werbung ausgeschlossen und auf Dauer aus dem Markt gedrängt würden, was langfristig zu einer Verringerung des Wettbewerbs geführt hätte.[271] Diese Entscheidung hat das Berufungsgericht für Wirtschaftsstrafsachen in Buenos Aires mit der Begründung aufgehoben, dass durch die Klauseln kein Schaden für das wirtschaftliche Allgemeininteresse

[270] Dieser Zeitraum betrug im Fall „Editorial Amfin c/ AGEA S.A." fünf Monate, im Fall „Cámara de Empresas de Asistencia Farmaceutica c/ Colegio de Farmacéuticos de la Provincia de Buenos Aires" sieben Wochen, während der normale Zeitraum etwa ein Jahr beträgt.

[271] Gutachten der Comisión Nacional de Defensa de la Competencia vom 18. Mai 1998, Serie de Dictámenes Nr. 4, 8.8. „Editorial Amfin c/ AGEA S.A.".

drohe.[272] Eine Definition des Begriffs wirtschaftliches Allgemeininteresse gab das Gericht nicht. Es stellte lediglich fest, dass dieser Begriff durch eine Vielzahl von Elementen bestimmt werde, die untereinander austauschbar seien.[273] Eine Beeinträchtigung des wirtschaftlichen Allgemeininteresses sah das Gericht als nicht gegeben an, weil die Werbung auch über andere Medien wie Fernsehen oder das Radio verbreitet werden könnte. Die Klauseln würden sogar vorteilhaft für das wirtschaftliche Allgemeininteresse sein, weil die Kunden zu günstigeren Konditionen in der Zeitung werben könnten. Die Argumentation des Gerichts verkennt grundlegende Prinzipien des modernen Wettbewerbsrechts wie die Tatsache, dass der Ausschluss von Wettbewerbern auf einem konzentrierten Markt auf Dauer zu höheren Preisen führt. Auf das dem Fall zugrundeliegende wettbewerbsrechtliche Problem der Verdrängung anderer Zeitungen durch den Ausschluss vom Werbemarkt durch die Verbindung der Exklusivitäts- und Rabattklauseln ist das Gericht nicht eingegangen. Darüber hinaus hat es unterschiedliche sachliche Märkte wie den Fernseh- und den Zeitungsmarkt fälschlicherweise als einen zusammengehörenden sachlich relevanten Markt eingestuft. Insgesamt hat das Gericht seine Entscheidung ohne Durchdringung der wettbewerbsrechtlichen Grundlagen allein durch eine unzutreffende Auslegung des Begriffs des wirtschaftlichen Allgemeininteresses begründet. Ein ähnliches Fehlurteil hat das Berufungsgericht La Plata im Fall *Cámara de Empresas de Asistencia Farmacéutica c/ Colegio de Farmacéuticos de la Provincia de Buenos Aires* gefällt.[274] In diesem Fall ging es um ein exklusives Vertragssystem zwischen Apothekern, der Apothekerkammer und Krankenversicherungen. Unabhängige Vermittler von Krankenversicherungen wurden durch dieses System vom Markt ausgeschlossen. Die CNDC hatte in ihrem dem Urteil zugrundeliegenden Gutachten die Beeinträchtigung des wirtschaftlichen Allgemeininteresses damit begründet, dass das exklusive Vertragssystem den Wettbewerb verhindere, was zu höheren Kosten für den Verbraucher führe.[275] Zwar hat das Gericht zutreffend festgestellt, dass die wettbewerbsbeschränkenden Auswirkungen einer Verhaltensweise mit den möglichen Vorteilen für das wirtschaftliche All-

---

[272] Urteil der Cámara Nacional Penal Económico, Sala B, vom 9. November 1998, La Ley vom 30. Juli 1999, S. 1 „Editorial Amfin S.A.“.

[273] Urteil der Cámara Nacional Penal Económico, Sala B, vom 9. November 1998, La Ley vom 30. Juli 1999, S. 1 „Editorial Amfin S.A.“. Bei dieser Definition nahm das Gericht Bezug auf *Cabanellas de las Cuevas*, Derecho antimonopólico y de defensa de la competencia, S. 178.

[274] Urteil der Cámara de Apelaciones de La Plata vom 21. Dezember 1999 „Cámara de Empresas de Asistencia Farmacéutica c/ Colegio de Farmacéuticos de la Provincia de Buenos Aires“.

[275] Gutachten der Comisión Nacional de Defensa de la Competencia vom 8. Oktober 1999, Serie Dictámenes Nr. 8, RN 98 „Cámara de Empresas de Asistencia Farmacéutica c/ Colegio de Farmacéuticos de la Provincia de Buenos Aires“.

gemeininteresse abgewogen werden müssen.[276] Eine solche Abwägung findet sich jedoch in dem Urteil nicht. Vielmehr hat das Gericht die Auffassung vertreten, dass die CNDC den Zusammenhang zwischen der Ausschließlichkeitsvereinbarung, dem Fehlen von Wettbewerb und den höheren Preisen für den Verbraucher nicht nachgewiesen habe. Daher könne nicht davon ausgegangen werden, dass ein Schaden für das wirtschaftliche Allgemeininteresse drohe. Das Gericht hat damit nicht nur die ausführliche Darstellung der CNDC in deren Gutachten[277] ignoriert, sondern sich schlichtweg geweigert, das allgemeine wettbewerbstheoretische Prinzip anzuerkennen, wonach mehr Wettbewerb zu niedrigeren Preisen führt. Solange nicht alle argentinischen Gerichte die fundamentalen wirtschaftswissenschaftlichen Grundsätze akzeptieren, auf denen das Gesetz 25.156 basiert, kann noch nicht von einer gesicherten Anwendungspraxis des Wettbewerbsrechts in Argentinien gesprochen werden. Wie die dargestellten Fälle beweisen, können aufgrund der Unbestimmtheit des Begriffs des wirtschaftlichen Allgemeininteresses selbst evident wettbewerbswidrige Verhaltensweisen von Gerichten aufgehoben werden, was zu einer erheblichen Rechtsunsicherheit führt und eine Einflussnahme auf den richterlichen Entscheidungsprozess begünstigt.

ccc) Definitionen in der Literatur

Auch in der argentinischen Wettbewerbsliteratur nehmen Stellungnahmen zum Konzept des wirtschaftlichen Allgemeininteresses eine zentrale Stellung ein.

Am ausführlichsten hat sich *Guillermo Cabanellas de las Cuevas* mit dem Konzept und dem Inhalt des wirtschaftlichen Allgemeininteresses auseinandergesetzt.[278] Seine Ausführungen sind von besonderem Interesse, weil er an der Ausarbeitung des Gesetzes 22.262 beteiligt war, durch das der Begriff in die argentinische Wettbewerbsordnung eingeführt wurde. Nach Auffassung des Autors liegt die Bedeutung des wirtschaftlichen Allgemeininteresses in der Einschränkung der Reichweite des Verbots von Artikel 1 des Gesetzes 25.156. Im Rahmen dieses Konzepts müssten die Auswirkungen einer Handlung auf den Wettbewerb mit den möglichen weiteren Vor- oder Nachteilen dieser Handlung für das wirtschaftliche Allgemeininteresse verglichen werden. Dabei sei zu be-

[276] Damit übernahm das Gericht wörtlich eine Definition von *Cabanellas de las Cuevas*, siehe *Cabanellas de las Cuevas*, Derecho antimonopólico y de defensa de la competencia, S. 178.

[277] Die CNDC hatte in ihrem Gutachten den Schaden für das wirtschaftliche Allgemeininteresse über mehrere Seiten ausführlich begründet, siehe Gutachten der Comisión Nacional de Defensa de la Competencia vom 8. Oktober 1999, Serie Dictámenes Nr. 8, RN 95 ff. „Cámara de Empresas de Asistencia Farmacéutica c/ Colegio de Farmacéuticos de la Provincia de Buenos Aires“.

[278] *Cabanellas de las Cuevas*, Derecho antimonopólico y de defensa de la competencia, S. 177 ff.

achten, dass das Gesetz zum Schutz des Wettbewerbs zuvorderst dem Schutz des freien Wettbewerbs diene, weshalb dieser *den* fundamentalen Wert im Rahmen des wirtschaftlichen Allgemeininteresses darstelle. Das Konzept sei jedoch flexibel und könne sich durch soziale und wirtschaftliche Entwicklungen verändern. Diese Änderungen in der Auslegung dürften jedoch nicht zu einer Interpretation *contra legem* führen und die grundsätzliche Bedeutung des freien Wettbewerbs in Frage stellen. Die konstitutiven Elemente des wirtschaftlichen Allgemeininteresses sind nach Auffassung des Autors:[279]

- die möglichst hohe Produktivität und Effizienz der direkt oder indirekt von der wettbewerbsbeschränkenden Handlung betroffenen Wirtschaftszweige;
- ein möglichst hohes technisches Niveau und eine möglichst gute berufliche Ausbildung in dem betroffenen Wirtschaftszweig;
- die möglichst weite geografische Verteilung der Produktion und der Bevölkerung im gesamten Staatsgebiet;
- der Außenhandel, insbesondere die Erhöhung von Exporten und die Verringerung von Importen;
- eine möglichst hohe Beschäftigung, sowie
- Vorteile für die Verbraucher, insbesondere niedrige Preise, qualitativ hochwertige Produkte, eine große Auswahl an Produkten, ein höherer Grad an Produktsicherheit sowie ein besserer Service.

Diese verschiedenen Elemente des wirtschaftlichen Allgemeininteresses müssten unter Berücksichtigung der Besonderheiten des Einzelfalls miteinander abgewogen werden. Die Ausführungen von *Cabanellas de las Cuevas* haben einen großen Einfluss auf die Entwicklung des Konzepts des wirtschaftlichen Allgemeininteresses im argentinischen Wettbewerbsrecht gehabt. Insbesondere die Rechtsprechung hat seine Ausführungen in ihren Entscheidungen wiederholt zitiert.[280] Die CNDC hingegen hat sich insbesondere in ihrer modernen Auslegung des Begriffs des wirtschaftlichen Allgemeininteresses an der US-amerikanischen *Chicago School* orientiert, weswegen der praktische Einfluss des Autors insgesamt schwächer geworden ist. Insbesondere die starke Betonung sozialer und allgemeinwirtschaftlicher Ziele im Rahmen des wirtschaftlichen Allge-

---

[279] Diese Aufzählung findet sich in *Cabanellas de las Cuevas*, Derecho antimonopólico y de defensa de la competencia, S. 202 ff.

[280] So beispielsweise im Urteil der Cámara Nacional Penal Económico, Sala B, vom 9. November 1998, La Ley vom 30. Juli 1999, S. 1 „Editorial Amfin S.A."; Urteil der Cámara de Apelaciones de La Plata vom 21. Dezember 1999 „Cámara de Empresas de Asistencia Farmaceéutica c/ Colegio de Farmacéuticos de la Provincia de Buenos Aires".

meininteresses ist meiner Ansicht nicht mit einer modernen Wettbewerbsordnung zu vereinbaren, die primär den Schutz des Wettbewerbs und nicht allgemeinwirtschaftliche Fragen wie die Schaffung von Arbeitsplätzen und die gleichmäßige Verteilung der Bevölkerung im Staatsgebiet zum Inhalt haben sollte.

Als zweite wichtige Stimme in der argentinischen Wettbewerbsrechtsliteratur hat auch *Jorge Otamendi* ausführlich zum Begriff des wirtschaftlichen Allgemeininteresses Stellung genommen.[281] Unter Hervorhebung des starken Einflusses der US-amerikanischen *rule of reason*-Doktrin sieht er den Zweck dieses Konzepts darin, dass Wettbewerbsbeschränkungen im argentinischen Wettbewerbsrecht keinem *per-se* Verbot unterliegen, sondern in jedem Einzelfall geprüft werden muss, ob die Verhaltensweise vorteilhaft für die Gesellschaft ist oder nicht.[282] Eine Wettbewerbsbeschränkung verstoße dann nicht gegen das wirtschaftliche Allgemeininteresse, wenn die damit verbundenen Vorteile für den Wettbewerbsprozess die verursachten Schäden überwögen. In einer späteren Stellungnahme kritisierte er das von der CNDC aufgestellte Kriterium der wirtschaftlichen Effizienz als zu unbestimmt und plädierte für die Beibehaltung der bisherigen Auslegung, wonach das wirtschaftliche Allgemeininteresse mit dem einwandfreien Funktionieren des Marktes gleichzusetzen ist.[283] Diese Kritik überzeugt angesichts der klaren Richtlinien, welche die CNDC bei der Anwendung des Effizienzprinzips zugrunde legt, nicht. Außerdem verkennt der Autor, dass das Effizienzprinzip auch in der modernen Anwendungspraxis der europäischen und US-amerikanischen Wettbewerbsbehörden angewandt wird.[284]

---

[281] *Otamendi*, Presupuestos básicos para la aplicación de la ley de defensa de la competencia, La Ley 1981, Band B, S. 912 ff.; *ders.*, El interés general y la eficiencia económica en la ley de defensa de la competencia, La Ley vom 7. Dezember 1999, Nr. 234, S. 1 ff.

[282] *Otamendi*, Presupuestos básicos para la aplicación de la ley de defensa de la competencia, La Ley 1981, Band B, S. 912.

[283] *Otamendi*, El interés general y la eficiencia económica en la ley de defensa de la competencia, La Ley vom 7. Dezember 1999, Nr. 234, S. 1.

[284] So hebt die Europäische Kommission die Bedeutung wirtschaftlicher Effizienzgewinne in letzter Zeit verstärkt hervor: siehe beispielsweise Verordnung (EG) Nr. 2790/1999 vom 22. Dezember 1999 über die Anwendung von Artikel 81 Abs. 3 EGV auf Gruppen von vertikalen Vereinbarungen und aufeinander abgestimmter Verhaltensweisen, Erwägungsgründe 6 und 7, ABl. 1999, L 336/21; Vorschlag für eine Verordnung des Rates über die Kontrolle von Unternehmenszusammenschlüssen (EG-Fusionskontrollverordnung), ABl. 2003, C 20/4, Randziffer 59 und 60; Entwurf einer Mitteilung der Kommission über die Kontrolle horizontaler Zusammenschlüsse gemäß der Fusionskontrollverordnung, ABl. 2002, C 331/18, Randziffer 87 ff. Auch im US-amerikanischen Wettbewerbsrecht liegt der Anwendungspraxis der Wettbewerbsbehörden das Effizienzprinzip zugrunde, siehe Ziffer 4 der Horizontal Merger Guidelines, Department of Justice (DOJ) and Federal Trade Commission (FTC), Washington D.C. 1992, in: *Morgan*, Modern Antitrust Law and its origins, S. 905 ff.

Eine grundsätzliche Kritik am Begriff des wirtschaftlichen Allgemeininteresses haben lediglich die ehemaligen Mitglieder der CNDC *Arquimedes Soldano* und *Walter Manuel Lanosa* geäußert.[285] Auf der Grundlage einer eingehenden Untersuchung einer Vielzahl von Entscheidungen der CNDC und argentinischer Gerichte vertreten sie die Auffassung, dass der Begriff des wirtschaftlichen Allgemeininteresses zu vage, zu weit und zu ungenau ist. Das wirtschaftliche Allgemeininteresse ist in ihren Augen ein subjektives, unbeständiges und von politischen Entscheidungen abhängiges Konzept, das zu einer erheblichen Rechtsunsicherheit führt.[286] Die Autoren haben konsequent die Abschaffung dieses Konzepts gefordert und für die Einführung eines am deutschen GWB orientierten Systems plädiert, in dem die Ausnahmen vom allgemeinen Verbot von Wettbewerbsbeschränkungen klar ausformuliert sind. Eine Reihe anderer Autoren setzt das wirtschaftliche Allgemeininteresse mit dem schützenswerten Verbraucherinteresse, insbesondere an niedrigen Preisen und hoher Produktqualität, gleich.[287] Diese Reduzierung auf das Verbraucherinteresse ist jedoch zu einseitig und mit dem Regelungsansatz moderner Wettbewerbsordnungen, die in erster Linie der Aufrechterhaltung wettbewerbsfördernder Marktbedingungen dienen, nicht zu vereinbaren. Insgesamt hat die argentinische wettbewerbsrechtliche Literatur mit Ausnahme von *Cabanellas de las Cuevas* wenig Einfluss auf die Entwicklung des Konzepts des wirtschaftlichen Allgemeininteresses gehabt. Dies ist damit zu erklären, dass das Wettbewerbsrecht bisher in der argentinischen Rechtspraxis eine untergeordnete Rolle eingenommen hat, so dass sich viele Autoren, bei denen es sich meist um Praktiker handelt, nicht mit den Problemen des Wettbewerbsrechts beschäftigt haben. Mit der nach Inkrafttreten des Gesetzes 25.156 gestiegenen Bedeutung des Wettbewerbsrechts wird diesem wichtigen Rechtsgebiet jedoch mehr und mehr Aufmerksamkeit gewidmet, was sich bereits in einer intensiveren Veröffentlichungstätigkeit und Berichterstattung in der Wirtschaftspresse niederschlägt.

---

285 *Soldano/Lanosa*, El intererés económico general en la ley de defensa de la competencia, La Ley 1993, Band E, S. 1241 ff.; *dies.*, El interés económico general. Su alcance en la ley 22.262, La Ley 1994, Band C, S. 278 ff.

286 *Soldano/Lanosa*, El intererés económico general en la ley de defensa de la competencia, La Ley 1993, Band E, S. 1246. Zustimmend *García*, Acerca de la nueva ley de defensa de la competencia, Antecedentes Parlamentarios 1999, Nr. 9, S. 177.

287 *D'Albora/Lozada*, La defensa de la competencia ante la justicia, La Ley 1993, Band D, S. 1000; *Carbajales*, Algunas reflexiones sobre la ley de defensa de la competencia, El Derecho – Legislación Argentina 1997, Band A, S. 1377; *Pieroni*, Monopólio y Libre Concurrencia, El Derecho, Band 171, S. 1028; *Pascar/Tajan*, Impacto de las políticas sobre defensa de la competencia en los mercados integrados, Boletín Latinoamericano de Competencia Nr. 8, September 1999, S. 26 ff.

cc) Der Schadensbegriff

Gemäß Artikel 1 des Gesetzes 25.156 muss dem wirtschaftlichen Allgemeininteresse durch die Wettbewerbsbeschränkung ein *Schaden* drohen. Fraglich ist, wann ein solcher Schaden vorliegt und welche Anforderungen an den Nachweis des drohenden Schadens zu stellen sind. In den Motiven des Gesetzes 22.262 heißt es, dass unter der Möglichkeit eines Schadens die im Einzelfall bestehende, konkrete und vernünftig bestimmbare Gefahr, und nicht die bloße logisch-abstrakte Möglichkeit einer Verletzung zu verstehen ist.[288] Diese klaren Ausführungen des Gesetzgebers führen dazu, dass es im Rahmen der Auslegung des Schadensbegriffs vergleichsweise wenige Spannungen und Unterschiede zwischen den Anwendungspraxen der CNDC und der Rechtsprechung gibt.

Insbesondere zu Beginn ihrer Tätigkeit prüfte die CNDC unter Berücksichtigung der Gesetzesmotive, ob die Wettbewerbsbeschränkung einen „potentiellen Schaden" für das wirtschaftliche Allgemeininteresse darstellte.[289] So führte sie im Gutachten *Unión General de Tamberos c/ Cooperativa Popular de Electricidad de Santa Rosa* aus, dass Artikel 1 lediglich das Vorliegen eines potentiellen Schadens verlange.[290] In den meisten Gutachten ging die CNDC nicht vertieft auf den potentiellen Schaden ein, sondern stellte lediglich fest, dass die festgestellte Wettbewerbsbeschränkung in der Lage sei, einen solchen Schaden für das wirtschaftliche Allgemeininteresse zu verursachen.[291] Teilweise ging die CNDC auf das Erfordernis gar nicht gesondert ein.[292] Diese sehr oberflächliche Prüfung, die meines Erachtens nicht mit den Erfordernissen der in den Gesetzesmotiven erwähnten im Einzelfall konkret bestehenden Gefahr zu vereinbaren war, wurde erst nach Erlass des Urteils des höchsten argentinischen Gerichts, des *Corte Suprema de Justicia* im Fall *A. Gas y otros c/ Agip de Argentina S.A. y otros*[293] aufgegeben. In diesem *obiter dictum* zum Schadensbegriff im Rahmen

[288] Siehe Ley 22.262 de Defensa de la Competencia – Exposición de motivos (Gesetzesmotive), Kapitel III., Ziffer 1.

[289] Gutachten der Comisión Nacional de Defensa de la Competencia vom 8. Februar 1982, IV. „Humberto Savant c/ Matadero Vera"; vom 11. März 1982, VIII. „IFRISA S.R.L. c/ YPF S.A."; Gutachten der Comisión Nacional de Defensa de la Competencia vom 10. Mai 1982, VIII. „Unión General de Tamberos c/ Cooperativa Popular de Electricidad de Santa Rosa".

[290] Gutachten der Comisión Nacional de Defensa de la Competencia vom 10. Mai 1982, VIII. „Unión General de Tamberos c/ Cooperativa Popular de Electricidad de Santa Rosa".

[291] So im Gutachten der Comisión Nacional de Defensa de la Competencia vom 8. Februar 1982, IV. „Humberto Savant c/ Matadero Vera"; im Gutachten der Comisión Nacional de Defensa de la Competencia vom 11. März 1982, VIII. „IFRISA S.R.L. c/ YPF S.A.".

[292] So im Gutachten der Comisión Nacional de Defensa de la Competencia vom 27. Dezember 1991 „The Coca Cola Export Corporation c/ Frontera S.A."; im Gutachten der Comisión Nacional de Defensa de la Competencia vom 22. Mai 1991 „Agip Argentina y otros".

[293] Urteil des Corte Suprema de Justicia vom 23. November 1993, La Ley 1993, Band C, S. 278 ff. „A. Gas y otros c/ Agip Argentina y otros".

des wirtschaftlichen Allgemeininteresses führte das Gericht aus, dass bei der Auslegung zuvorderst der Wortlaut berücksichtigt werden müsse. Dem klaren Wortlaut der Vorschrift nach müsse ein Schaden für das wirtschaftliche Allgemeininteresse nicht notwendigerweise eingetreten sein. Es genüge vielmehr, wenn die in Frage stehende Verhaltensweise geeignet sei, einen solchen Schaden zu verursachen. Dieses Ergebnis werde durch die Gesetzesgründe gestützt, denn der Gesetzgeber fordere lediglich eine konkrete Gefahr, keinen realen Schaden. Dies entspreche den Gefährdungsdelikten im Strafrecht.[294] Diese Ausführungen des obersten Gerichts werden von der CNDC unter ausdrücklicher Bezugnahme auf das Grundsatzurteil in ihren Gutachten bis heute angewandt und beachtet.[295] Die CNDC hat somit ihre eigenständige Auslegung des Schadensbegriffs aufgegeben und die Auslegung des höchsten argentinischen Gerichts übernommen. Auch die meisten nachfolgenden Gerichtsentscheidungen nehmen ausdrücklich auf die Entscheidung des Suprema Corte Bezug und wenden die im Urteil *A. Gas y otros c/ Agip de Argentina S.A.* aufgestellten Kriterien zur Bestimmung des Schadens des wirtschaftlichen Allgemeininteresses an.[296]

Zwei Gerichtsentscheidungen weichen jedoch von dieser einheitlichen Anwendungspraxis ab. Das Berufungsgericht Posadas forderte in seinem Urteil zum Fall *Círculo Médico de Alto Paraná* einen konkreten Nachweis, dass die Wettbewerbsbeschränkung einen Schaden für das wirtschaftliche Allgeminteresse verursache.[297] Das Gericht forderte somit nicht den Nachweis eines potentiellen, sondern eines konkreten Schadens. Diese Entscheidung erging allerdings vor der Veröffentlichung des Grundsatzurteils des Corte Suprema. Daher ist davon auszugehen, dass die Richter in Unkenntnis des Urteils des höchsten Gerichts entschieden und sich nicht bewusst gegen dessen Auslegung gestellt haben. Demgegenüber kannte das Berufungsgericht La Plata im Fall *Cámara de Empresas de Asistencia Farmacéutica c/ Colegio de Farmacéuticos de la Provincia de*

---

[294] Teilweise wurde in Artikel 1 des Gesetzes 22.262 sogar ein strafrechtliches Gefährdungsdelikt gesehen, vgl. *Soldano/Lanosa*, El interés económico general. Su alcance en la Ley 22.262, La Ley 1994, Band C, S. 279.

[295] Beispielsweise im Gutachten der Comisión Nacional de Defensa de la Competencia vom 3. September 1998, 6.20. „Cámara de Argentina de Servicios Jurídicos Prepagos c/ Colegio de Abogados de San Nicolas"; im Gutachten der Comisión Nacional de Defensa de la Competencia vom 18. Mai 1998, Serie Dictámenes Nr. 4, 8.11. „Editorial Amfin c/ AGEA S.A.".

[296] So im Urteil der Cámara de Apelaciones de Rosario vom 2. Juni 1999, „Cámara Argentina de Empresas de Servicios Jurídicos Prepagos c/ Colegio de Abogados de San Nicolas". Entsprechende Ausführungen zum Schadensbegriff finden sich auch bereits im Urteil der Cámara Nacional en el Penal Económico vom 31. Mai 1988, La Ley 1989, Band A, S. 164 „Arenera Puerto Nuevo S.A.".

[297] Urteil der Cámara Federal de Apelaciones de Paraná vom 2. Juli 1993 „Círculo Médico de Alto Paraná".

Buenos Aires [298] das Urteil des Corte Suprema. Denn dieses wurde in der dem Beschwerdeverfahren zugrundeliegenden Gutachten der CNDC ausführlich erwähnt.[299] Trotzdem hat das untergeordnete Berufungsgericht keinen Bezug auf die Entscheidung des obersten Gerichts genommen. Nach Auffassung des Berufungsgerichts La Plata muss die CNDC die Möglichkeit eines Schadens für das wirtschaftliche Allgemeininteresse konkret nachweisen. Dabei müssten alle denkbaren Nachteile und Vorteile für das wirtschaftliche Allgemeininteresse und die Wahrscheinlichkeit ihres Eintritts beurteilt werden. Die CNDC, der insofern die Beweislast obliege, müsse daher von allen ihr zur Verfügung stehenden Beweismitteln Gebrauch machen und insbesondere Marktstudien erstellen und Nachforschungen über das Verhalten der Verbraucher durchführen. Diese Gerichtsentscheidung ist meiner Auffassung nach nicht mit den vom Corte Suprema aufgestellten Grundsätzen zu vereinbaren. Denn die vom Berufungsgericht La Plata aufgestellten Anforderungen an den Nachweis eines Schadens können nur erfüllt werden, wenn ein konkreter Schaden für das wirtschaftliche Allgemeininteresse vorliegt. Damit wird die vom höchsten Gericht vorgenommene Auslegung des Schadensbegriffs im Sinne eines potentiellen Schadens in das Gegenteil verkehrt. Das Urteil widerspricht damit nicht nur der Entscheidung des höchsten argentinischen Gerichts, sondern auch dem Wortlaut von Artikel 1 des Gesetzes 25.156 und den Gesetzesmotiven. Insgesamt handelt es sich jedoch bei diesem Urteil um eine nicht repräsentative einzelne Fehlentscheidung.

dd) Einfluss anderer Wettbewerbsordnungen

Der Begriff des wirtschaftlichen Allgemeininteresses findet sich in keiner anderen Wettbewerbsordnung. Es handelt sich um einen genuin argentinischen Rechtsbegriff. Dennoch haben andere Wettbewerbsordnungen einen erheblichen Einfluss auf das dem Begriff zugrundeliegende Regelungskonzept gehabt.

aaa) Einfluss des US-amerikanischen Wettbewerbsrechts

Im US-amerikanischen Wettbewerbsrecht hat die Rechtsprechung früh einen Rechtsgrundsatz des Common Law im Bereich des Wettbewerbsrechts angewandt, um die starren Vorschriften des vom *per-se* Verbot wettbewerbswidriger Vereinbarungen und Monopolstellungen geprägten Sherman-Acts zu flexibilisieren. Diese Doktrin ist als *rule of reason* bekannt geworden. In der grundle-

---

[298] Urteil der Cámara Federal de Apelaciones de La Plata vom 21. Dezember 1999 „Cámara de Empresas de Asistencia Farmacéutica c/ Colegio de Farmacéuticos de la Provincia de Buenos Aires".

[299] Gutachten der Comisión Nacional de Defensa de la Competencia vom 22. September 1999, Serie de Dictámenes Nr. 8, RN 73 „Cámara de Empresas de Asistencia Farmacéutica c/ Colegio de Farmacéuticos de la Provincia de Buenos Aires".

genden Entscheidung *Board of Trade of the City of Chicago vs. United States*[300] heißt es:

> „Jede Vereinbarung zwischen Unternehmen im Handelsbereich beeinträchtigt den Wettbewerb, denn die Auferlegung von Pflichten und die Beeinträchtigung der Handelsfreiheit stellt das Wesen einer jeden Vereinbarung dar. Die richtige Überprüfung der Rechtmäßigkeit einer Vereinbarung besteht daher darin, ob die auferlegte Beeinträchtigung lediglich regelnden Charakter hat und so den Wettbewerb fördert oder aber, ob sie den Wettbewerb unterdrücken oder zerstören kann.“

Im Laufe ihrer Anwendungspraxis wurde die *rule of reason*-Doktrin von den Gerichten in den USA weiterentwickelt und präzisiert. Nach der heutigen Anwendungspraxis sind - bis auf die unter das *per se*–Verbot fallenden - Handlungen und Verhaltensweisen nicht verboten, die zwar bestimmte wettbewerbsbeschränkende Aspekte enthalten, insgesamt betrachtet aber für den Wettbewerbsprozess vorteilhaft sind.[301] Der starke Einfluss der US-amerikanischen *rule of reason*-Doktrin auf das Konzept des wirtschaftlichen Allgemeininteresses kann bereits der Begründung des Gesetzes 22.262 entnommen werden. Darin heisst es, dass das wirtschaftliche Allgemeininteresse sicherstellen soll, dass Handlungen, die zwar wettbewerbswidrig erscheinen, aber in Wahrheit vorteilhaft für die Gesellschaft sind, nicht verboten sind.[302] Entsprechend haben sowohl die CNDC [303] als auch die argentinischen Gerichte[304] den Einfluss der *rule of reason* auf das Konzept des wirtschaftlichen Allgemeininteresses immer wieder ausdrücklich anerkannt. Auch die moderne Anwendungspraxis der CNDC, wonach die Nachteile einer Wettbewerbsbeschränkung im Rahmen des wirtschaftlichen Allgemeininteresses mit den möglichen Vorteilen in Form von Effizienzgewinnen abgewogen werden, ist auf den Einfluss der US-amerikanischen *Chicago School* und die Praxis von Federal Trade Commission (FTC) und Department of Justice (DoJ) zurückzuführen.

---

300 *Board of Trade of the City of Chicago vs. United States*, 246 U.S. 231, 38 (1918), in: *Morgan*, Modern Antitrust Law and its origins, S. 120.

301 *Sullivan*, Handbook of the Law of Antitrust, S. 186 f. Zur Frage der Anwendbarkeit der rule of reason im europäischen Wettbewerbsrecht siehe *Immenga/Mestmäcker*, EG-Wettbewerbsrecht, zu Artikel 85 Abs. 1 EGV (Artikel 81 Abs. 1 EGV n.F.), RN 257 ff.; *Korah*, EC Competition Law and Practice, S. 267 ff.

302 Ley 22.262 de Defensa de la Competencia, Exposición de motivos (Gesetzesmotive), Kapitel III, Ziffer 1.

303 Gutachten der Comisión Nacional de Defensa de la Competencia vom 18. Mai 1998, Serie Dictámenes, 8.1. „Editorial Amfin c/ AGEA S.A.“.

304 Urteil der Cámara Nacional de Penal Económico, Sala II, vom 12. März 1992, La Ley 1993, Band A, S. 54 „A. Gas y otros c/ Agip Argentina S.A.“.

bbb) Einfluss des europäischen Wettbewerbsrechts

Die Europäische Wettbewerbsordnung löst den Konflikt zwischen Wettbewerbsbeschränkungen und daraus resultierenden möglichen Vorteilen für die wirtschaftliche Entwicklung nach dem Prinzip des Verbots mit Erlaubnisvorbehalt. Gemäß Artikel 81 Abs. 3 EGV können Wettbewerbsbeschränkungen vom Verbot des Artikels 81 Abs. 1 EGV freigestellt werden, wenn sie unter angemessener Beteiligung der Verbraucher zur Verbesserung der Warenerzeugung oder –verteilung oder zur Förderung des technischen oder wirtschaftlichen Fortschritts beitragen. Im Gegensatz zum europäischen Freistellungssystem bedarf es in Argentinien aufgrund des Konzepts des wirtschaftlichen Allgemeininteresses keiner ausdrücklichen Genehmigung durch die Wettbewerbsbehörde. Denn wenn das wirtschaftliche Allgemeininteresse nicht beeinträchtigt wird, fehlt bereits eine der Voraussetzungen für ein Verbot gemäß Artikel 1 des Gesetzes 25.156. Der Einfluss von Artikel 81 Abs. 3 EGV auf das argentinische Wettbewerbsrecht beschränkt sich darauf, dass die in dieser Vorschrift aufgezählten Ziele der Verbesserung der Warenerzeugung und –verteilung, sowie der Förderung des technischen und wirtschaftlichen Fortschritts unter angemessener Beteiligung der Verbraucher als Teilaspekte des wirtschaftlichen Allgemeininteresses anerkannt sind.[305] Der argentinische Gesetzgeber hat sich im Gegensatz zu den Vätern der Römischen Verträge bewusst gegen ein Freistellungssystem entschieden, um eine möglichst flexible Rechtsanwendung zu ermöglichen und die Wettbewerbsbehörde nicht zu überlasten. Bemerkenswert ist, dass auch die Kommission inzwischen einen flexibleren Ansatz unter ausdrücklicher Berücksichtigung von Effizienzgewinnen verfolgt.[306]

ccc) Einfluss des britischen Wettbewerbsrechts

Im britischen *Restrictive Trade Practices Act* von 1976 (RTPA) findet sich das Konzept des öffentlichen Interesses. Gemäß Artikel 2 Abs. 1 RTPA sind wettbewerbsbeschränkende Vereinbarungen nur dann nichtig, wenn sie dem öffentlichen Interesse widersprechen. Danach verstoßen wettbewerbsbeschränkende Vereinbarungen oder Vertragsklauseln grundsätzlich gegen das öffentliche Inte-

[305] *Cabanellas de las Cuevas*, Derecho antimonopólico y de defensa de la competencia, S. 191.

[306] Siehe beispielsweise Verordnung (EG) Nr. 2790/1999 vom 22. Dezember 1999 über die Anwendung von Artikel 81 Abs. 3 EGV auf Gruppen von vertikalen Vereinbarungen und aufeinander abgestimmter Verhaltensweisen, Erwägungsgründe 6 und 7, ABl. 1999, L 336/21; Vorschlag der Kommission für eine Verordnung des Rates über die Kontrolle von Unternehmenszusammenschlüssen (EG-Fusionskontrollverordnung), ABl. 2003, C 20/4, Randziffer 59 und 60; Entwurf einer Mitteilung der Kommission über die Kontrolle horizontaler Zusammenschlüsse gemäß der Fusionskontrollverordnung, Abl. 2002, C 331/18, Randziffer 87 ff.

resse und sind nur dann mit dem öffentlichen Interesse zu vereinbaren, wenn die mit ihnen verbundenen Vorteile die Nachteile der Wettbewerbsbeschränkung für die Öffentlichkeit überwiegen und einer der im Gesetz vorgesehenen Rechtfertigungsgründe vorliegt.[307] Das Konzept des öffentlichen Interesses im britischen Restrictive Trade Practices Act von 1976 hatte laut dem am Gesetzentwurf beteiligten *Cabanellas de las Cuevas* aufgrund des engen zeitlichen Zusammenhangs mit dem argentinischen Wettbewerbsgesetz 22.262 einen erheblichen Einfluss auf das Konzept des wirtschaftlichen Allgemeininteresses.[308] Dies wird bereits in der Verwendung ähnlicher Rechtsbegriffe deutlich.

ddd) Einfluss des deutschen Wettbewerbsrechts

Das deutsche GWB enthält kein dem wirtschaftlichen Allgemeininteresse entsprechendes Konzept. In den §§ 1 bis 7 GWB sind eine Reihe von genau bestimmten Ausnahmen vom grundsätzlichen Verbot wettbewerbswidriger Vereinbarungen und abgestimmter Verhaltensweisen des § 1 GWB vorgesehen. Durch die 6. GWB-Novelle wurden die Ausnahmemöglichkeiten durch eine Neufassung von § 7 GWB, der nunmehr im wesentlichen Artikel 81 Abs. 3 EGV entspricht, erweitert.[309] Insofern gilt das zu Artikel 81 Abs. 3 EGV Gesagte entsprechend. Interessant ist jedoch die Ministererlaubnis gemäß § 8 GWB, wonach der Wirtschaftsminister wettbewerbsbeschränkende Vereinbarungen oder Beschlüsse vom Verbot des § 1 GWB freistellen kann, wenn die Beschränkung des Wettbewerbs aus überwiegenden Gründen der Gemeinwirtschaft und des Gemeinwohls notwendig ist. Im Rahmen der Fusionskontrolle ist die Ministererlaubnis in § 42 GWB geregelt. In der Praxis kommt es dabei darauf an, dass das öffentliche Interesse an den Vereinbarungen, Beschlüssen oder Unternehmenzusammenschlüssen die damit verbundene Wettbewerbsbeschränkung überwiegt.[310] Die Aufgabe des Ministers beschränkt sich darauf, die vom Bundeskartellamt verbindlich festgestellte Wettbewerbsbeschränkung gegen die von ihm angenommenen gesamtwirtschaftlichen Vorteile abzuwägen. Diese Abwägung ist vergleichbar mit dem Konzept des wirtschaftlichen Allgemeininteresses, wobei die Abwägung in Argentinien bereits von der Wettbewerbsbehörde selbst und nicht erst auf Ministerebene vorgenommen wird. Allerdings

---

[307] Artikel 10 Abs. 1 Restrictive Trade Practices Act von 1976. Ausführlich zum Begriff des öffentlichen Interesses im Restrictive Trade Practices Act: *Wish*, Competition Law, S. 121 ff.

[308] *Cabanellas de las Cuevas*, Derecho antimonopólico y de defensa de la competencia, S. 196.

[309] BGBl. 1998 I, S. 2521.

[310] BMWi, 1.2.1974 „VEBA/Gelsenberg“, WuW/E BMW 147; BMWi, 17.10.1976 „Babcock/Artos“, WuW/E BMW 155; BMWi, 6.9.1989 „Daimler-Benz/MBB“, WuW/E BMW 191; *Langen/Bunte*, Kommentar zum deutschen und europäischen Kartellrecht, zu § 8 GWB, RN 7, zu § 42 GWB, RN 4 und 5; *Immenga/Mestmäcker*, GWB-Kommentar, zu § 8 GWB RN 45.

spielen allgemeinwirtschaftliche Aspekte in der Praxis der CNDC im Gegensatz zur deutschen Ministererlaubnis eine untergeordnete Rolle.

eee) Einfluss des Protokolls zum Schutz des Wettbewerbs im MERCOSUR und des brasilianischen Wettbewerbsrechts

Im Protokoll zum Schutz des Wettbewerbs im MERCOSUR findet sich kein dem wirtschaftlichen Allgemeininteresse entsprechendes Konzept. In Artikel 7 WSP ist potentiell ein Freistellungssystem für wettbewerbsbeschränkende Verhaltensweisen vorgesehen, das jedoch von den Vertragsstaaten noch nicht verabschiedet wurde. Auch das brasilianische Wettbewerbsgesetz 8.884/94 enthält in Artikel 54 ein dem europäischen Wettbewerbsrecht entsprechendes Freistellungssystem. Nach Artikel 54 § 1 können wettbewerbsbeschränkende Handlungen freigestellt werden, wenn sie:

1. kumulativ oder alternativ bezwecken

   a) die Produktivität zu steigern;

   b) die Qualität der Waren oder Dienstleistungen zu verbessern;

   c) die Effizienz und die technische oder wirtschaftliche Entwicklung zu fördern;

2. der Nutzen zwischen den Beteiligten einerseits und den Verbrauchern andererseits angemessen verteilt wird;

3. der Wettbewerb in einem wesentlichen Teil des Marktes von Gütern oder Dienstleistungen nicht ausgeschaltet wird; und

4. nicht über das zur Verwirklichung der bezweckten Ziele Notwendige hinausgehen.

Viele dieser Elemente finden sich im argentinischen Wettbewerbsrecht bei der Abwägung zwischen den positiven und negativen Auswirkungen einer Wettbewerbsbeschränkung im Rahmen des wirtschaftlichen Allgemeininteresses. Der wesentliche Unterschied zwischen der brasilianischen und der argentinischen Wettbewerbsordnung ist jedoch, dass diese Elemente nach dem brasilianischen Wettbewerbsgesetz Voraussetzungen für eine Freistellung vom Verbot sind, während die entsprechenden Handlungen oder Verhaltensweisen nach dem argentinischen Wettbewerbsgesetz beim Vorliegen dieser Elemente gar nicht erst verboten sind. Der argentinische Gesetzgeber hat sich im Rahmen der Novellierung des Wettbewerbsrechts durch das Gesetz 25.156 entschlossen, das Konzept des wirtschaftlichen Allgemeininteresses beizubehalten und nicht das sonst im MERCOSUR vorherrschende Freistellungssystem zu übernehmen. In diesem wichtigen Teilbereich weichen die Wettbewerbsordnungen des MERCOSUR somit noch stark voneinander ab.

ee) Stellungnahme

Die vorhergehende Darstellung der teilweise widersprüchlichen Interpretationen und Auslegungen des Konzepts des wirtschaftlichen Allgemeininteresses wirft zwei zentrale Fragen auf. Erstens: Ist das Festhalten an dem Konzept des wirtschaftlichen Allgemeininteresses sinnvoll? Und zweitens: Wie sieht eine sinnvolle Auslegung des Begriffs des wirtschaftlichen Allgemeininteresses aus?

aaa) Ist das Festhalten am Konzept des wirtschaftlichen Allgemeininteresses sinnvoll?

Vor der Verabschiedung des Gesetzes 25.156 war lange umstritten, ob an dem durch das Gesetz 22.262 eingeführten Konzept des wirtschaftlichen Allgemeininteresses festgehalten werden sollte.[311] Die meisten Gesetzesentwürfe zur Reform des Gesetzes 22.262 sahen in Anlehnung an Artikel 81 EGV ein Verbot bestimmter Wettbewerbsbeschränkungen mit einem klar definierten Freistellungssystem unter Verzicht auf den Begriff des wirtschaftlichen Allgemeininteresses vor.[312] Trotzdem übernahm der Gesetzgeber das Konzept des wirtschaftlichen Allgemeininteresses in das Gesetz 25.156. Der Vorteil des Konzepts des wirtschaftlichen Allgemeininteresses im argentinischen Wettbewerbsrecht im Vergleich zu Regelungssystemen, die von einem *per-se* Verbot ausgehen, ist seine Flexibilität. Das Konzept stellt sicher, dass wettbewerbsrechtlich unbedenkliche Vereinbarungen nicht unter das Verbot von Artikel 1 des Gesetzes 25.156 fallen, ohne dass eine langwierige und bürokratische Freistellungsprozedur, wie sie beispielsweise Artikel 81 Abs. 3 EGV vorsieht, durchlaufen werden muss. Angesichts der immer noch unzureichenden personellen und technischen Ausstattung der argentinischen Wettbewerbsbehörde wäre die CNDC durch ein Artikel 81 Abs. 3 EGV entsprechendes Freistellungssystem überfordert. Das Konzept des wirtschaftlichen Allgemeininteresses stellt somit sicher, dass sich die CNDC auf die wirklich wettbewerbsrechtlich problematischen Fälle kon-

---

[311] Für die Beibehaltung des wirtschaftlichen Allgemeininteresses: *Cabanellas de las Cuevas*, El nuevo proyecto de ley de defensa de la competencia, La Ley 1994, Band E, S. 839 ff.; *Otamendi*, El interés general y la eficiencia económica en la ley de defensa de la competencia, La Ley vom 7. Dezember 1999, Nr. 234, S. 1 ff. Gegen die Beibehaltung des wirtschaftlichen Allgemeininteresses: *Soldano/Lanosa*, El intererés económico general en la ley de defensa de la competencia, La Ley 1993, Band E, S. 1246; *García*, Acerca de la nueva ley de defensa de la competencia, Antecedentes Parlamentarios 1999, Nr. 9, S. 177.

[312] Eine Darstellung der verschiedenen Gesetzesentwürfe findet sich bei *Carbajales*, Acerca del proyecto de una nueva ley de defensa de la competencia, El Derecho-Legislacion Argentina 1998, S. 1530 und bei *Soldano/Lanosa*, El intererés económico general en la ley de defensa de la competencia, La Ley 1993, Band E, S. 1244 ff.

zentrieren kann und die personellen Ressourcen nicht durch zeitintensive Freistellungsverfahren gebunden werden. Auch den argentinischen Unternehmen wird eine zeit- und kostenaufwendige Anmeldung von wettbewerbsrechtlich unbedenklichen Vereinbarungen erspart. Die Nachteile des Konzepts des wirtschaftlichen Allgemeininteresses liegen ebenfalls auf der Hand. Die Unbestimmtheit des Rechtsbegriffs führt zu einem erheblichen Maß an Rechtsunsicherheit. Die bewusste Entscheidung des Gesetzgebers, keine klaren Leitlinien zur Auslegung und Anwendung des Konzepts aufzustellen, ermöglicht es der CNDC sowie den zuständigen Gerichten, im Rahmen des wirtschaftlichen Allgemeininteresses allgemein- und wirtschaftspolitische Erwägungen zu berücksichtigen. Darüber hinaus besteht leider in der Praxis die Gefahr, dass der durch die Verwendung eines unbestimmten Rechtsbegriffs eröffnete Ermessensspielraum durch politische oder wirtschaftliche Einflussnahme beeinflusst wird. Insbesondere die argentinischen Gerichte scheinen aufgrund ihrer relativ geringen Erfahrung im Bereich des Wettbewerbsrechts mit einer wettbewerbstheoretisch einwandfreien Anwendung dieses Rechtskonzepts überfordert. Darüber hinaus sind die Gerichte bei der Beurteilung des wirtschaftlichen Allgemeininteresses nicht an die klaren und zutreffenden Entscheidungskriterien der CNDC gebunden.

Somit stellt sich die Frage, ob die Vorteile der aktuellen Regelung nur durch die Verwendung eines so weiten und unbestimmten Rechtsbegriffs wie dem möglichen Schaden für das wirtschaftliche Allgemeininteresse erlangt werden können. Dabei ist zu beachten, dass die immer wieder als wichtigster Einfluss auf das Konzept des wirtschaftlichen Allgemeininteresses zitierte *rule of reason*-Doktrin das Ergebnis einer langjährigen Rechtsprechungspraxis ist. Wie dem Überblick über die Entscheidungen argentinischer Gerichte entnommen werden kann, gibt es in Argentinien keine vergleichbare Rechtsprechungspraxis im Bereich des Wettbewerbsrechts. Somit fehlt eine wesentliche Grundvoraussetzung für eine in der Praxis erfolgreiche Anwendung der vom argentinischen Gesetzgeber in Form des wirtschaftlichen Allgemeininteresses in das Wettbewerbsgesetz implementierten positivrechtlichen *rule of reason.* Auch wenn die CNDC in den letzten Jahren klare und übersichtliche Auslegungskriterien für die Beurteilung des wirtschaftlichen Allgemeininteresses aufgestellt und in ihren Entscheidungen konsequent angewandt hat, erscheint zumindest in den argentinischen Gerichten, die ihre Urteile teilweise unter Missachtung fundamentaler wettbewerbsrechtlicher Prinzipien fällen, das Verständnis für das Wettbewerbsrecht noch nicht so weit entwickelt, dass die notwendige stringente und klare Auslegung des Begriffs garantiert wäre. Die davon ausgehende Gefahr in Form der Verhinderung einer konsequenten Anwendung des Wettbewerbsrechts, das in Argentinien aufgrund der erst vor kurzem vollzogenen Liberalisierung und Öffnung der Märkte besonders wichtig erscheint, darf meines Erachtens nicht unterschätzt werden. Eine mögliche Lösung des Problems könnte in der Aufstellung klarer Richtlinien zur Anwendung des Konzepts des wirtschaftlichen Allgemeininteresses durch den Gesetzgeber oder das Wirtschaftsministerium liegen. Diese Richtlinien könnten in Zusammenarbeit mit der argentinischen Wettbewerbsbehörde formuliert werden, so dass eine einheitliche Anwendung und Auslegung des wirtschaftlichen Allgemeininteresses garantiert wäre. Einen vergleichbaren Schritt ist das Wirtschaftsministerium bereits im Rahmen der Zusammenschlusskontrolle gegangen, wo in Zusammenarbeit mit der CNDC allgemeingültige Richtlinien zur Beurteilung von wirtschaftlichen Zusammenschlüssen verabschiedet wurden.[313] Diese Lösung hätte den Vorteil, dass der Wortlaut des Gesetzes nicht verändert und kein aufwendiges Freistellungsverfahren eingeführt werden müsste. Diese Lösung würde es somit ermöglichen, die Vorteile des jetzigen Systems in Form von Flexibilität und Arbeitsentlastung für die CNDC mit der notwendigen Rechtssicherheit zu kombinieren.

bbb) Wie sieht eine moderne und sinnvolle Auslegung des wirtschaftlichen Allgemeininteresses aus?

Als zweites stellt sich die Frage, wie eine sinnvolle Auslegung des wirtschaftlichen Allgemeininteresses auszusehen hat. In systematischer Hinsicht ergibt sich aus Artikel 1 des Gesetzes 25.156, dass es sich bei der Beeinträchtigung des wirtschaftlichen Allgemeininteresses um eine Voraussetzung für ein Verbot einer wettbewerbsbeschränkenden Verhaltensweise handelt. Dies ist insbesondere wichtig für die Beweislastverteilung. Denn nach dem klaren Wortlaut des Gesetzes obliegt es der argentinischen Wettbewerbsbehörde, die Beeinträchtigung des wirtschaftlichen Allgemeininteresses nachzuweisen. Inhaltlich hat die Auslegung des Begriffs des wirtschaftlichen Allgemeininteresses unter besonderer Berücksichtigung der Gesetzesmotive zu erfolgen. Danach sollen diejenigen Verhaltensweisen, die zwar wettbewerbsbeschränkend erscheinen, aber in Wahrheit vorteilhaft für die Gesellschaft sind, vor dem Verbot des Artikels 1 geschützt werden.[314] Nach dem Willen des Gesetzgebers sollen also die mit der Wettbewerbsbeschränkung verbundenen Nachteile mit möglichen Vorteilen abgewogen werden. Welche Kriterien bei dieser Abwägung zu berücksichtigen sind, hat der Gesetzgeber jedoch nicht präzisiert. Aufgrund des starken Einflusses, den die US-amerikanische *rule of reason*-Doktrin auf das Konzept des wirtschaftlichen Allgemeininteresses gehabt hat, sollten deren Grundsätze und Anwendungspraxis bei der Bestimmung der Abwägungskriterien herangezogen

---

[313] Comisión Nacional de Defensa de la Competencia, Lineamientos para el Control de las Concentraciones Económicas, Resolución Nr. 726/99 Secretaría de industría, comercio y minería vom 28. September 1999, S. 29.

[314] Ley 22.262 de Defensa de la Competencia – Exposición de motivos (Gesetzesmotive), Kapitel III., Ziffer 1.

werden. Danach sind insbesondere die Steigerung der wirtschaftlichen Effizienz, die Einführung neuer Produkte, die Erhöhung der Qualität und die Stärkung des Wettbewerbs zwischen verschiedenen Marken zu berücksichtigen. Allgemein- und wirtschaftspolitische Aspekte, wie die Schaffung von Arbeitsplätzen oder die Förderung des Exports, dürfen hingegen mangels Auswirkung auf den Wettbewerbsprozess nicht berücksichtigt werden.

Die Orientierung am US-amerikanischen Wettbewerbsrecht darf hingegen nicht so weit gehen, bestimmte Wettbewerbsbeschränkungen als generell nicht mit dem wirtschaftlichen Allgemeininteresse vereinbar einzustufen. Im US-amerikanischen Wettbewerbsrecht sind gewisse wettbewerbswidrige Verhaltensweisen wie beispielsweise Preisabsprachen aufgrund ihres eklatanten Verstoßes gegen den freien Wettbewerb *per se* verboten und können nicht durch Vernunfterwägungen im Rahmen der *rule of reason* gerechtfertigt werden.[315] Der argentinische Gesetzgeber hat hingegen klargestellt, dass *alle* Wettbewerbsbeschränkungen, auch die spezifisch in Artikel 2 des Gesetzes 25.156 aufgezählten, nur unter der Voraussetzung verboten sind, dass ein Schaden für das wirtschaftliche Allgemeininteresse vorliegt. Zur Schaffung von mehr Rechtssicherheit und um der Tendenz einiger Gerichte entgegenzuwirken, selbst eindeutig wettbewerbswidrige Verhaltensweisen nicht zu verbieten[316], könnte durch eine Orientierung an der *rule of reason* jedoch klargestellt werden, dass bestimmte Wettbewerbsbeschränkungen nur in besonderen Ausnahmefällen mit dem wirtschaftlichen Allgemeinintersse vereinbar sind. Dies würde zum Vorteil aller Wirtschaftsteilnehmer zu mehr Rechtssicherheit und einer konsequenteren Beachtung des Wettbewerbsgesetzes führen. Die CNDC stellt in ihren Entscheidungen und Stellungnahmen bei der Abwägung im Rahmen des wirtschaftlichen Allgemeininteresses auf das wirtschaftliche Effizienzprinzip ab und hat somit bereits im wesentlichen die im Rahmen der US-amerikanischen *rule of reason* angewandten materiellen Entscheidungskriterien übernommen. Hinsichtlich des der argentinischen Wettbewerbsbehörde bei ihrer Entscheidung im Rahmen des wirtschaftlichen Allgemeininteresses vom Gesetzgeber eingeräumten Ermessensspielraums ist festzuhalten, dass die Ermessensentscheidungen nur begrenzt justiziabel sind. Denn auch in Argentinien gilt der verwaltungsrechtliche Grundsatz, dass Gerichte Ermessensentscheidungen von Behörden nur in begrenztem

---

[315] *Sullivan*, Handbook of the Law of Antitrust, S. 187 f.; *Langen/Bunte*, Kommentar zum deutschen und europäischen Kartellrecht, Einführung zum GWB, RN 5.

[316] So hielt das Berufungsgericht La Plata in seinem Urteil vom 21. Dezember 1999 im Fall „Cámara de Empresas de Asistencia Farmacéutica c/ Colegio de Farmacéuticos de la Provincia de Buenos Aires" eine horizontale Festsetzung von Marktzutrittsschranken aufrecht, weil der Schaden für das wirtschaftliche Allgemeininteresse nach Auffassung des Gerichts nicht nachgewiesen war, siehe oben V. 1 d) bb).

Umfang überprüfen dürfen.[317] Somit sind die Gerichte in der Berufungsinstanz angesichts des wirtschaftlichen Sachverstands der CNDC meines Erachtens nach darauf beschränkt, die Entscheidungen der argentinischen Wettbewerbsbehörde auf das Vorliegen sachfremder Erwägungen oder von Ermessensfehlern zu untersuchen. Eigene Erwägungen der Gerichte zum wirtschaftlichen Allgemeininteresse sind danach nur in sehr begrenztem Umfang möglich.

Hinsichtlich der Anforderungen an einen *Schaden* für das wirtschaftliche Allgemeininteresse sollte von der Grundlage der Entscheidung des höchsten argentinischen Gerichts ausgegangen werden. Danach muss die wettbewerbsbeschränkende Maßnahme geeignet sein, einen Schaden für das wirtschaftliche Allgemeininteresse zu verursachen.[318] An den Nachweis der Geeignetheit einer wettbewerbswidrigen Maßnahme zur Hervorrufung eines Schaden für das wirtschaftliche Allgemeininteresse können dabei keine allzuhohen Anforderungen gestellt werden. Die Berücksichtigung aller mit einer wettbewerbsbeschränkenden Verhaltensweise verbundenen Vor- und Nachteile für den Wirtschaftsprozess und die Bestimmung der Wahrscheinlichkeit ihres Eintritts, wie beispielsweise vom Berufungsgericht La Plata gefordert[319], würde die Arbeit der argentinischen Wettbewerbsbehörde zum Erliegen bringen und ein möglichst schnelles und effizientes Eingreifen der CNDC verhindern. Denn in der Praxis ist ein solch umfangreicher Nachweis nicht möglich. Meines Erachtens genügen daher stichhaltige Ausführungen auf der Grundlage allgemein anerkannter wettbewerbsrechtlicher und wirtschaftlicher Grundsätze. Die Arbeit der argentinischen Wettbewerbsbehörde könnte dabei wesentlich erleichtert werden, wenn bei der Beurteilung der Geeignetheit einer Wettbewerbsbeschränkung, einen Schaden für das wirtschaftliche Allgemeininteresse hervorzurufen, in Zukunft berücksichtigt würde, dass ein funktionierender Wettbewerb einen wesentlichen Bestandteil des wirtschaftlichen Allgemeininteresses darstellt. Dann wäre prima facie davon auszugehen, dass die Wettbewerbsbeschränkung geeignet ist, einen solchen Schaden zu verursachen. Diese Annahme könnte durch den Nachweis konkreter Effizienzgewinne oder sonstiger Vorteile für den Wettbewerbsprozess widerlegt werden. Hinsichtlich der Beweislast für den möglichen Schaden würde diese Auslegung dazu führen, dass die CNDC lediglich die Wettbewerbsbeschränkung sowie deren grundsätzliche Geeignetheit zum Hervorrufen eines Schadens für das wirtschaftliche Allgemeininteresse nachweisen müsste. Die

---

[317] *Cabanellas de las Cuevas*, Derecho antimonopólico y de defensa de la competencia, S. 183.

[318] Urteil des Corte Suprema de Justicia vom 23. November 1993, La Ley 1993, Band C, S. 278 ff. „A. Gas y otros c/ Agip Argentina y otros".

[319] Urteil der Cámara Federal de Apelaciones de La Plata vom 21. Dezember 1999 „Cámara de Empresas de Asistencia Farmacéutica c/ Colegio de Farmacéuticos de la Provincia de Buenos Aires".

Gegenseite müsste nachweisen, dass die Wettbewerbsbeschränkung im Einzelfall aufgrund außergewöhnlicher Effizienzgewinne oder sonstiger Vorteile für den Wettbewerbsprozess doch keinen Schaden für das wirtschaftliche Allgemeininteresse darstellt. Eine solche Auslegung würde erheblich zur Steigerung der Rechtssicherheit und der Entlastung der argentinischen Wettbewerbsbehörde beitragen.

2. Horizontale Wettbewerbsbeschränkungen

Artikel 1 1. Hs. des argentinischen Wettbewerbsgesetzes richtet sich gegen jede Art von Wettbewerbsbeschränkungen. Eine ausdrückliche Unterscheidung zwischen horizontalen und vertikalen Wettbewerbsbeschränkungen findet sich im Gesetzestext nicht. Die argentinische Wettbewerbsbehörde unterscheidet in ihrer Praxis jedoch klar zwischen horizontalen und vertikalen Praktiken. Eine Wettbewerbsbeschränkung ist danach horizontaler Natur, wenn sie sich auf den Wettbewerb zwischen tatsächlichen oder potentiellen Wettbewerbern auswirkt.[320] Ein tatsächlicher Wettbewerb besteht dabei zwischen im selben sachlichen und geografischen Markt tätigen Unternehmen. Unter einem potentiellen Wettbewerber ist nach Auffassung der CNDC ein Unternehmen zu verstehen, das in absehbarer Zeit ohne erhebliche finanzielle Investitionen in den relevanten Markt einsteigen kann.[321] Aufgrund der direkten Auswirkung auf die Wettbewerbsverhältnisse auf einem Markt stellen horizontale Wettbewerbsbeschränkungen nach Auffassung der CNDC eine besondere Gefährdung des Wettbewerbs dar[322], weshalb sie besonders konsequent gegen diese Form wettbewerbsbeschränkender Verhaltensweisen vorgeht. Das Gesetz 25.156 enthält in Artikel 2 eine beispielhafte Aufzählung wettbewerbswidriger Verhaltensweisen. Bei einem Großteil der in Artikel 2 aufgezählten wettbewerbswidrigen Verhaltensweisen handelt es sich um horizontale Verhaltensweisen zwischen mindestens zwei Marktteilnehmern. Dem Wortlaut von Artikel 2 („unter anderem") ist zu entnehmen, dass die Aufzählung der wettbewerbsbeschränkenden Verhaltensweisen in dieser Vorschrift nicht abschließend ist. Darüber hinaus ist bei allen Regelbeispielen des Artikels 2 ist zu beachten, dass sie nicht *per-se* verboten sind, sondern nur, wenn die Voraussetzungen von Artikel 1 erfüllt sind, also ein drohender Schaden für das wirtschaftliche Allgemeininteresse besteht. Diese Gesetzestechnik der beispielhaften Aufzählung bestimmter wettbewerbsbeschränkender Verhaltensweisen findet sich auch im Protokoll zum Schutz des Wettbewerbs im MERCOSUR und im brasilianischen Wettbewerbsgesetz. Arti-

[320] Comisión Nacional de Defensa de la Competencia, Breve Análisis Económico de la Ley Argentina de Defensa de la Competencia, Serie Documentos Nr. 1, August 1997, S. 20.
[321] Comisión Nacional de Defensa de la Competencia, Breve Análisis Económico de la Ley Argentina de Defensa de la Competencia, Serie Documentos Nr. 1, August 1997, S. 13.
[322] Comisión Nacional de Defensa de la Competencia, Breve Análisis Económico de la Ley Argentina de Defensa de la Competencia, Serie Documentos Nr. 1, August 1997, S. 20.

kel 6 WSP und Artikel 21 des brasilianischen Gesetzes 8.884/94 enthalten einen im wesentlichen Artikel 2 des Gesetzes 25.156 vergleichbaren Beispielskatalog von Wettbewerbsbeschränkungen, wobei es sich jeweils weder um eine abschließende Aufzählung, noch um *per-se* Verbote handelt.[323] Alle drei Vorschriften der verschiedenen Wettbewerbsordnungen des MERCOSUR wurden wiederum stark durch die in Artikel 81 Abs. 1 EGV aufgezählten Regelbeispiele beeinflusst. Im folgenden werden die einzelnen in Artikel 2 des argentinischen Wettbewerbsgesetzes aufgezählten horizontalen Wettbewerbsbeschränkungen unter besonderer Berücksichtigung der Anwendungspraxis der CNDC und des Einflusses anderer Wettbewerbsordnungen dargestellt und untersucht.

a) Horizontale Preisabsprachen

Gemäß Artikel 2 g) des Gesetzes 25.156 stellt die unmittelbare oder mittelbare Festsetzung, Vereinbarung oder Steuerung von An- und Verkaufspreisen gegenüber Nachfragern oder Anbietern im Einklang mit Wettbewerbern, eine wettbewerbsbeschränkende Verhaltensweise dar. Die Vorschrift geht auf Artikel 41 a) des Gesetzes 22.262 zurück, wonach die Festsetzung, Bestimmung oder Veränderung von Preisen innerhalb eines Marktes mittels abgestimmter Verhaltensweisen verboten war. Im Vergleich zum Vorgängergesetz wurde durch das Gesetz 25.156 die ausdrückliche Unterscheidung zwischen Ankaufs- und Verkaufspreisen neu eingeführt. Gleichzeitig wurde die Beschränkung auf Preisfestsetzungen mittels abgestimmter Verhaltensweisen aufgehoben. Dem Wortlaut der Vorschrift kann kein Unterschied zwischen vertikalen und horizontalen Preisfestsetzungen entnommen werden. Für vertikale Preisfestsetzungen besteht jedoch mit Artikel 2 a) des Gesetzes 25.156 eine Spezialnorm, die ausführlich im Rahmen der vertikalen Wettbewerbsbeschränkungen behandelt wird.[324] Hauptanwendungsfall von Artikel 2 g) ist somit die Festsetzung von Preisen zwischen aktuellen und potentiellen Wettbewerbern. Der Wortlaut der Vorschrift erinnert sehr an Artikel 81 Abs. 1 a) EGV, wonach die unmittelbare oder mittelbare Festsetzung der An- oder Verkaufspreise verboten ist. Weiterhin wurde Artikel 2 g) des Gesetzes 25.156 stark durch Artikel 6 I WSP beeinflusst. Danach ist die unmittelbare oder mittelbare, mit Mitbewerbern abgestimmte oder individuelle Festsetzung, Auferlegung oder Anwendung jeglicher Art von Preisen eine wettbewerbswidrige Verhaltensweise. Eine entsprechende Vorschrift findet sich auch in Artikel 21 I des brasilianischen Wettbewerbsgesetzes 8.884/94. Die beinahe wörtliche Übereinstimmung dieser Vorschriften verdeut-

---

[323] Zu Artikel 21 des brasilianischen Gesetzes 8.884/94 siehe *Franschescini*, Introdução ao Direito da Concorrência, S. 225, zu Artikel 6 WSP siehe *Ramos*, Das Wettbewerbsschutz-Protokoll des Mercosur, S. 107 ff.

[324] Siehe unten V. 3. a). Dort findet sich auch eine Darstellung des Verhältnisses der beiden Normen zueinander.

licht den fortgeschrittenen Harmonisierungsgrad der Wettbewerbsordnungen des MERCOSUR.

aa) Festsetzung, Vereinbarung oder Steuerung von An- oder Verkaufspreisen

Der Schutz des einwandfreien Funktionierens des Preisbildungsmechanismus ist eines der wichtigsten Ziele jedes Wettbewerbsgesetzes. Denn der Preis stellt das wichtigste Instrument für Wettbewerb dar. Daher ist der Schutz der Preisgestaltungsfreiheit der Marktteilnehmer eine zentrale Aufgabe jeder Wettbewerbsbehörde. Die CNDC hat diese Bedeutung der freien Bestimmung des Preises für den Wettbewerb immer wieder betont. So hob sie im Fall *Cámara Inmobiliaria Argentina* hervor, dass erst der Preis als Reflex des Marktgeschehens in einem funktionierenden Markt das Erreichen eines Gleichgewichts zwischen Angebot und Nachfrage ermögliche.[325] Artikel 2 g) des Gesetzes 25.156 enthält drei gleichwertige Tatbestandsalternativen: die *Festsetzung, Vereinbarung* und *Steuerung* von Preisen. Diese Vielzahl von Tatbestandsalternativen hat insbesondere eine klarstellende Funktion. Artikel 2 g) des Gesetzes 25.156 wurde in Anlehnung an Artikel 81 Abs. 1 a) EGV formuliert. In der europäischen Rechtsprechung wird der Begriff *Festsetzung* sehr weit ausgelegt. Danach ist jede kollektive Einflussnahme auf die Preisbildungsfreiheit der Unternehmen verboten.[326] Durch die Aufnahme weiterer Alternativen neben der Festsetzung wollte der argentinische Gesetzgeber dieser Entwicklung Rechnung tragen und klarstellen, dass Artikel 2 g) des Gesetzes 25.156 wie Artikel 81 Abs. 1 a) EGV auf jede Art der horizontalen Preisabstimmung anwendbar ist und einen weiten Anwendungsbereich hat. Auch von der Anwendungspraxis der CNDC ist auf einen weiten Anwendungsbereich der Vorschrift zu schließen. Die argentinische Wettbewerbsbehörde hat in einer Vielzahl von Entscheidungen zu horizontalen Preisabsprachen Stellung genommen.[327] Dabei hat sie nicht ausdrücklich zwischen der Festsetzung, Vereinbarung oder Steuerung von Preisen unterschieden. Die CNDC hat vielmehr darauf abgestellt, ob der Preismechanismus im Sinne des Zusammenspiels von Angebot und Nachfrage durch das jeweilige Verhalten

---

[325] Gutachten der Comisión Nacional de Defensa de la Competencia vom 18. August 1981, VI. „Cámara Inmobiliaria Argentina“.

[326] EuGHE 1977, 1875 (1906) „Metro“; EuGHE 1989 , 2181 (2185) „Belasco“.

[327] Gutachten der Comisión Nacional de Defensa de la Competencia vom 18. August 1981 „Cámara Inmobiliaria Argentina“; Gutachten der Comisión Nacional de Defensa de la Competencia vom 27. April 1982 „Fletes de Salta S.A. c/ Cámara de Flete al Instante“; Gutachten der Comisión Nacional de Defensa de la Competencia vom 27. April 1982 „Colegio Oficial de Farmacéuticos y Bioquímicos de la Capital Federal“; Gutachten der Comisión Nacional de Defensa de la Competencia vom 7. April 1983 „Sociedad Propietarios de Panaderías de Santa Fe“; Gutachten der Comisión Nacional de Defensa de la Competencia vom 22. Mai 1991 „A-gip Gas Argentina S.A. y otros“.

außer Kraft gesetzt wurde.[328] Danach ist in jeder marktfremden Beeinträchtigung des Preises eine Wettbewerbsbeschränkung zu sehen. Auch wenn die argentinische Wettbewerbsbehörde bisher auf eine ausdrückliche Unterscheidung verzichtet hat, können aus den bisherigen Entscheidungen Schlüsse auf die Bedeutung der einzelnen Tatbestandsmerkmale des neu formulierten Artikel 2 g) gezogen werden.

Unter der *Festsetzung* von Preisen ist insbesondere die Fixierung eines bestimmten Betrags, die Festlegung von Höchst- oder Niedrigstpreisen sowie die Bestimmung gemeinsamer Zielpreise zu verstehen.[329] Unter diese Alternative fallen insbesondere auch Preisvorgaben durch Interessenvertretungen oder Unternehmensverbände.[330] Unter dem durch das Gesetz 25.156 neu in das argentinische Wettbewerbsrecht eingeführten Begriff *Vereinbarung* ist im argentinischen Wettbewerbsrecht jede schriftliche oder mündliche Übereinkunft über Preise zwischen mindestens zwei Marktteilnehmern zu verstehen.[331] Diese Alternative findet entsprechend insbesondere auf Absprachen von Preisen oder Preisentwicklungen zwischen zwei oder mehreren aktuellen oder potentiellen Wettbewerbern Anwendung.[332] Weitere Beispiele sind Vereinbarungen, durch die Preise in anschließenden Vermarktungsetappen festgesetzt werden und abge-

---

[328] Gutachten der Comisión Nacional de Defensa de la Competencia vom 27. April 1982, IV. „Colegio Oficial de Farmacéuticos y Bioquímicos de la Capital Federal"; Gutachten der Comisión Nacional de Defensa de la Competencia vom 7. April 1983, VI. „Sociedad Propietarios de Panaderías de Santa Fe"; Gutachten der Comisión Nacional de Defensa de la Competencia vom 18. August 1981, VI. „Cámara Inmobiliaria Argentina".

[329] Gutachten der Comisión Nacional de Defensa de la Competencia vom 18. August 1981, VI. „Cámara Inmobiliaria Argentina"; Gutachten der Comisión Nacional de Defensa de la Competencia vom 27. April 1982, X. „Fletes de Salta S.A. c/ Cámara de Flete al Instante"; Gutachten der Comisión Nacional de Defensa de la Competencia vom 27. April 1982, IV. „Colegio Oficial de Farmacéuticos y Bioquímicos de la Capital Federal"; Gutachten der Comisión Nacional de Defensa de la Competencia vom 7. April 1983, VI. „Sociedad Propietarios de Panaderías de Santa Fe".

[330] Gutachten der Comisión Nacional de Defensa de la Competencia vom 27. April 1982, IV. „Colegio Oficial de Farmacéuticos y Bioquímicos de la Capital Federal"; Gutachten der Comisión Nacional de Defensa de la Competencia vom 7. April 1983, VI. „Sociedad Propietarios de Panaderías de Santa Fe"; Gutachten der Comisión Nacional de Defensa de la Competencia vom 31 August 1998, 5.14. „Cámara Argentina de Empresas de Seguridad e Investigación".

[331] *Otamendi*, Presupuestos básicos para la aplicación de la ley de defensa de la competencia, La Ley 1981, Band B, S. 907.

[332] Gutachten der Comisión Nacional de Defensa de la Competencia vom 22. Mai 1991, VII. „Agip Gas Argentina S.A. y otros". In diesem Fall ging es um Preisabsprachen zwischen verschiedenen Gasproduzenten. Gutachten der Comisión Nacional de Defensa de la Competencia vom 5. August 1997, VIII. „Sanchez Gas y otros c/ Vaspia S.A.I.C. y otros". In diesem Fall ging es um Preisabsprachen zwischen Herstellern von Gasflaschen.

stimmte Verhaltensweisen zur Koordinierung der Preispolitik, wie der Ausschluss von Preiskriegen oder des Verkaufs unterhalb des Selbstkostenpreises.[333]

Die Tatbestandsalternative der *Steuerung* von Preisen wurde ebenfalls neu in das Gesetz 25.156 eingeführt. Sie umfasst insbesondere die indirekte Bestimmung des Preises durch die Absprache oder Vorgabe von Berechnungsformeln, Preisbestandteilen, Preisnachlässen und sonstiger gemeinsamer Anknüpfungspunkte für die Preisberechnung.[334] Auch die Anpassung der Preisentwicklung an bestimmte Indexe oder andere Parameter fallen unter diese Alternative. Schließlich ist der Austausch von preisrelevanten Informationen mit dem Ziel einer einheitlichen Preispolitik ein weiteres wichtiges Beispiel der Preissteuerung.[335] Durch die Aufnahme des Begriffspaars *An- oder Verkaufspreise* wird nunmehr deutlich, dass Artikel 2 g) des Gesetzes 25.156 sowohl auf die Festsetzung, Vereinbarung oder Steuerung von An- als auch von Verkaufspreisen anzuwenden ist. Dies entspricht der bisherigen Anwendungspraxis der CNDC.[336] Diese Novellierung hat somit einen rein klarstellenden Charakter und dient der Anpassung des Wortlauts des argentinischen Wettbewerbsgesetzes an Artikel 81 Abs. 1 a) EGV und an Artikel 6 I WSP. Nicht ausdrücklich erwähnt sind in Artikel 2 g) *Preisempfehlungen*. Die argentinische Wettbewerbsbehörde hat in ihrer Anwendungspraxis jedoch schon früh klargestellt, dass auch die horizontale Preisempfehlung eine wettbewerbswidrige Verhaltensweise darstellt.[337] Dies trifft insbesondere auf Preisempfehlungen von Berufsverbänden und Interessenvertretungen zu.

Den bisherigen Ausführungen kann entnommen werden, dass ein Großteil der bisherigen Entscheidungen der CNDC zu horizontalen Preisfeststetzungen gegen Berufsverbände und Interessenvertretungen bestimmter Industriezweige ergangen sind.[338] Dabei hat die CNDC klargestellt, dass jede Bestimmung von

---

[333] *Cabanellas de las Cuevas*, Derecho antimonopólico y de defensa de la competencia, S. 333.

[334] Gutachten der Comisión Nacional de Defensa de la Competencia vom 24. Mai 1983, VI. „CNDC c/ Asociación Argentina de Anestesiología"; Gutachten der Comisión Nacional de Defensa de la Competencia vom 18. August 1981, IV. „Cámara Inmobiliaria Argentina".

[335] Die Steuerung der Preise durch den Austausch preisrelevanter Informationen ist im Rahmen der vertikalen Preisfestsetzung gemäß Artikel 2 a) des Gesetzes 25.156 sogar ausdrücklich erwähnt. Ausführlich zu Artikel 2 a) unten V. 3. a).

[336] Gutachten der Comisión Nacional de Defensa de la Competencia vom 27. April 1982, X. „Fletes de Salta S.A. c/ Cámara de Flete al Instante"; Gutachten der Comisión Nacional de Defensa de la Competencia vom 24. Mai 1983, VI. „CNDC c/ Asociación Argentina de Anestesiología".

[337] Gutachten der Comisión Nacional de Defensa de la Competencia vom 18. August 1981, IV. „Cámara Inmobiliaria Argentina".

[338] Gutachten der Comisión Nacional de Defensa de la Competencia vom 18. August 1981, IV. „Cámara Inmobiliaria Argentina"; Gutachten der Comisión Nacional de Defensa de la

Höchst- oder Mindestpreisen, Preistabellen, Kalkulationsschemata, Bekanntmachungen in Rundschreiben oder Richtlinien zur Festsetzung von Preisen unter das Verbot horizontaler Preisabsprachen fällt.[339] Auf die rechtliche Verbindlichkeit solcher Maßnahmen oder die tatsächliche Befolgung durch die einzelnen Mitglieder des Verbandes oder der Interessenvertretung kommt es dabei nicht an.[340] Insgesamt geht die CNDC unter Anwendung stringenter Entscheidungskriterien konsequent gegen jede Art horizontaler Preisabsprachen vor, was in einem lange Zeit von kollektiven Preisabstimmungen und staatlichen Preisvorgaben gekennzeichneten Wirtschaftssystem sehr zu begrüßen ist.

bb) Unmittelbar oder mittelbar

In Artikel 2 g) des Gesetzes 25.156 wird erstmals ausdrücklich zwischen der *unmittelbaren* und der *mittelbaren* Festsetzung, Vereinbarung oder Steuerung von Preisen unterschieden. Durch diese Novellierung ist das argentinische Wettbewerbsgesetz dem Wortlaut von Artikel 81 Abs. 1 a) EGV angepasst worden. Bei der Auslegung dieser Begriffe kann deshalb auf die entsprechende Auslegung durch die europäischen Wettbewerbsbehörden zurückgegriffen werden. Danach handelt es sich bei der *unmittelbaren* Festsetzung, Vereinbarung oder Steuerung des Preises um ein Verhalten, durch das die von den Beteiligten auf dem Markt erhobenen Preise direkt bestimmt werden.[341] Die *mittelbare* Festsetzung, Vereinbarung oder Steuerung des Preises hingegen hat die Festlegung anderer Parameter zum Inhalt, durch die indirekt eine Vereinheitlichung des Preis-

---

Competencia vom 27. April 1982, X. „Fletes de Salta S.A. c/ Cámara de Flete al Instante"; Gutachten der Comisión Nacional de Defensa de la Competencia vom 27. April 1982, IV. „Colegio Oficial de Farmacéuticos y Bioquímicos de la Capital Federal"; Gutachten der Comisión Nacional de Defensa de la Competencia vom 7. April 1983, VI. „Sociedad Propietarios de Panaderías de Santa Fe"; Gutachten der Comisión Nacional de Defensa de la Competencia vom 24. Mai 1983, VI. „CNDC c/ Asociación Argentina de Anestesiología".

[339] So ging es im Fall *Cámara Inmobiliaria Argentina* beispielsweise um eine Berechnungssystem mit mehreren Beispielsrechnungen, durch das die Preise für Immobilien um 10% erhöht werden sollten. Die Anwendung dieser Berechnungsmethode war den Mitgliedern frei gestellt, siehe Gutachten der Comisión Nacional de Defensa de la Competencia vom 18. August 1981, I. „Cámara Inmobiliaria Argentina". In der Entscheidung *Colegio Oficial de Farmacéuticos y Bioquímicos de la Capital Federal* ging es um eine Gebührenordnung der Apotheker- und Biochemikerkammer der Stadt Buenos Aires, in der die Preise für bestimmte Dienstleistungen der Mitglieder aufgestellt waren, siehe Gutachten der Comisión Nacional de Defensa de la Competencia vom 27. April 1982, I. „Colegio Oficial de Farmacéuticos y Bioquímicos de la Capital Federal".

[340] Gutachten der Comisión Nacional de Defensa de la Competencia vom 27. April 1982, IV. „Colegio Oficial de Farmacéuticos y Bioquímicos de la Capital Federal"; Gutachten der Comisión Nacional de Defensa de la Competencia vom 7. April 1983, VI. „Sociedad Propietarios de Panaderías de Santa Fe".

[341] EuGHE 1977, 1875 (1906) "Metro/Saba"; *Grabitz/Hilf*, Das Recht der Europäischen Union, zu Artikel 81 EGV, RN 178.

bildungsmechanismus erreicht werden soll.[342] Dies entspricht der bisherigen Anwendungspraxis der argentinischen Wettbewerbsbehörde. Die CNDC hat das argentinische Wettbewerbsgesetz auf alle direkten und indirekten Preisabsprachen angewandt. Indirekte Preisabsprachen hat die CNDC beispielsweise in der Orientierung der Preise an bestimmten Indexen[343] und in abgestimmten Verhaltensweisen, wie beispielsweise dem bewussten Parallelverhalten von Wettbewerbern hinsichtlich ihrer Preispolitik[344], gesehen. Beiden Alternativen ist gemeinsam, dass sie sich auf die Preise beziehen müssen. Vereinbarungen wie der gemeinsame Vertrieb von Produkten oder die gemeinsame Forschung oder Werbung, durch die lediglich indirekt durch eine Kostensenkung in den Preisbildungsmechanismus eingegriffen wird, fallen daher nicht unter den Anwendungsbereich von Artikel 2 g) des Gesetzes 25.156.

cc) Anforderungen an den Nachweis einer Preisabsprache

Die größte Schwierigkeit für jede Wettbewerbsbehörde ist in der Praxis der konkrete Nachweis einer horizontalen Preisabsprache. Denn typischerweise haben die beteiligten Parteien ein großes Interesse an der Verheimlichung ihrer Preismanipulation. Welche Anforderungen an den Nachweis einer Preisfestsetzung zu stellen sind, war in Argentinien lange Zeit unklar. In einer Grundsatzentscheidung hat das Berufungsgericht Buenos Aires im Fall *A. Gas Argentina S.A. y otros c/ Agip Argentina S.A. y otros* anerkannt, dass die CNDC zum Beweis einer Preisabsprache auch auf Indizien und allgemein anerkannte wirtschaftstheoretische Grundsätze zurückgreifen kann.[345] Eine weitere Erleichterung für die Arbeit der CNDC ist die Tatsache, dass im argentinischen Wettbewerbsrecht das Konzept der *abgestimmten Verhaltensweise* ausdrücklich vom Gesetzgeber anerkannt wurde.[346] Danach genügt es, wenn den beteiligten Unternehmen ein bewusstes Parallelverhalten am Markt nachgewiesen werden

---

[342] Entscheidung der Europäischen Kommission vom 20. Juli 1978, ABl. 1978, L 224/29 „GB-Inno-BM-Fedetab"; *Grabitz/Hilf*, Das Recht der Europäischen Union, zu Artikel 81 EGV, RN 178.

[343] Gutachten der Comisión Nacional de Defensa de la Competencia vom 18. August 1981, IV. „Cámara Inmobiliaria Argentina"; Gutachten der Comisión Nacional de Defensa de la Competencia vom 7. April 1983, VI, „Sociedad Propietarios de Panaderías de Santa Fe".

[344] Gutachten der Comisión Nacional de Defensa de la Competencia vom 27. Februar 1996, VI. „Administración General de Puertos c/ Centro Coordinador de Actividades Portuarias".

[345] Urteil der Cámara Nacional de Apelaciones en lo Penal Económico vom 12. März 1992, Revista del Derecho Industrial, Nr. 43, Januar - April 1993, S. 199 „A. Gas S.A. y otros c/ Agip Argentina S.A. y otros".

[346] Die Artikel 41 a), b), c), e), f), g), h), i), j), k) des Gesetzes 22.262 galten ausdrücklich für abgestimmte Verhaltensweisen. Im Rahmen des Gestzes 25.156 fallen abgestimmte Verhaltensweisen hinsichtlich Preisen unter den Begriff der mittelbaren Preisfestsetzung.

kann.[347] Entsprechend genügte im Fall *Sociedad Propietarios de Panaderías de Santa Fe* der Nachweis, dass ein Großteil der Bäckereien in der Stadt Santa Fe ihre Preise nach einem Rundschreiben der Bäckerinnung um denselben Betrag erhöht hatten.[348] Die CNDC hat in ihrer bisherigen Praxis herausgestellt, dass bestimmte Marktbedingungen ein abgestimmtes Verhalten von Unternehmen erleichtern. Danach sind insbesondere Märkte mit einer geringen Anzahl von Marktteilnehmern und einem einheitlichen Produktangebot anfällig für Abstimmungen zwischen den Marktteilnehmern.[349] Hegt die CNDC den Verdacht einer abgestimmten Preiserhöhung, vergleicht sie die Preiserhöhung auf dem verdächtigen Markt mit der allgemeinen Preisentwicklung.[350] Somit greift die argentinische Wettbewerbsbehörde zum Nachweis von horizontalen Preisfestsetzungen auf das Vergleichsmarktkonzept zurück.[351] Allerdings ist nicht jedes Parallelverhalten ein Indiz für ein verbotenes abgestimmtes Verhalten. So hielt die CNDC in ihrem Gutachten *Asociación Argentina de Agencias de Viajes y Turismo/Junta de Representantes de Compañias Aéreas* fest, dass ein wettbewerbswidriges bewusstes Parallelverhalten nur angenommen werden kann, wenn sich alle wesentlichen Anbieter auf dem relevanten Markt entsprechend verhalten und Preiserhöhungen durchführen.[352]

dd) Mögliche Rechtfertigung im Rahmen des wirtschaftlichen Allgemeininteresses

Horizontale Preisfestsetzungen sind gemäß Artikel 2 i.V.m. Artikel 1 des Gesetzes 25.156 nur verboten, wenn die Gefahr eines Schadens für das wirtschaftliche Allgemeininteresse besteht. Nach der neuen Rechtsprechung der CNDC ist dabei eine Abwägung zwischen der mit der Verhaltensweise verbundenen Beein-

---

[347] Gutachten der Comisión Nacional de Defensa de la Competencia vom 27. Februar 1996, VI. „Administración General de Puertos c/ Centro Coordinador de Actividades Portuarias". Damit entspricht die Definition von abgestimmten Verhaltensweisen im argentinischen Wettbewerbsrecht dem europäischen und deutschen Wettbewerbsrecht, wonach eine Verhaltensweise dann abgestimmt ist, wenn die Wettbewerber ihr Verhalten einverständlich aufeinander ausrichten, siehe *Emmerich*, Kartellrecht S. 37.

[348] Gutachten der Comisión Nacional de Defensa de la Competencia vom 7. April 1983, VI. „Sociedad Propietarios de Panaderías de Santa Fe".

[349] Gutachten der Comisión Nacional de Defensa de la Competencia vom 5. August 1997, VIII. „Sanchez Gas y otros c/ Vaspia S.A.I.C. y otros".

[350] Gutachten der Comisión Nacional de Defensa de la Competencia vom 18. Februar 1997, VI. „CNDC c/ Abbott Laboratories Argentina y otros".

[351] Ausführlich zum Vergleichsmarktkonzept siehe unten, V. 5. c) bb) aaa) (1).

[352] Gutachten der Comisión Nacional de Defensa de la Competencia vom 27. August 2001, „Asociación Argentina de Agencias de Viajes y Turismo/Junta de Representantes de Compañias Aéreas". Siehe auch *Asplindh/Bidart*, Acurdo internacional en la industria de transporte aéreo internacional: Su tratamiento por la Comisión Nacional de Defensa de la Competencia, Boletín Latinoamericano de Competencia, Nr. 13, November 2001, S. 3 ff.

trächtigung des Wettbewerbs und möglichen mit der Verhaltensweise verbundenen wirtschaftlichen Effizienzgewinnen vorzunehmen.[353] Solche im Rahmen der Abwägung positiv zu berücksichtigenden Effizienzgewinne werden durch horizontale Preisfestsetzungen jedoch gerade verhindert. Denn durch solche Verhaltensweisen wird das wichtigste Wettbewerbsinstrument in Form des Preises ausgeschaltet.[354] Dadurch wird die Bildung des Preises im Punkt des Gleichgewichts zwischen Angebot und Nachfrage, in dem der wirtschaftliche Gesamtüberschuss und das wirtschaftliche Allgemeininteresse maximal sind, verhindert. Aufgrund dieses erheblichen Eingriffs in die Funktionsmechanismen des Markts und dem damit verbundenen Verlust für den wirtschaftlichen Gesamtüberschuss erscheint eine Rechtfertigung von horizontalen Preisfestsetzungen durch Effizienzgewinne im Rahmen des wirtschaftlichen Allgemeininteresses nur in besonderen Ausnahmesituationen möglich. Eine solche Ausnahmesituation könnte beispielsweise ein extremer Preiskrieg darstellen, der das Überleben aller Anbieter auf dem Markt konkret gefährdet.[355] Grundsätzlich sind horizontale Preisfestsetzungen jedoch nicht mit dem wirtschaftlichen Allgemeininteresse zu vereinbaren.

b) Horizontale Festsetzungen von Geschäftsbedingungen

Neben der Preisfestsetzung ist nach Artikel 2 g) des Gesetzes 25.156 auch die unmittelbare oder mittelbare Festsetzung oder Auferlegung von Ankaufs- und Verkaufsbedingungen eine wettbewerbswidrige Verhaltensweise. Zwar macht Artikel 2 g) des Gesetzes 25.156 seinem Wortlaut nach keinen Unterschied zwischen horizontalen und vertikalen Verhaltensweisen. Für letztere gilt jedoch die Spezialnorm des Artikels 2 a), die ausführlich im Rahmen der vertikalen Wettbewerbsbeschränkungen behandelt wird.[356] Die abgestimmte Aufstellung von Verkaufs- und Handelsbedingungen war bereits gemäß Artikel 41 c) des Geset-

---

[353] Gutachten der Comisión Nacional de Defensa de la Competencia vom 18. Mai 1998, Serie Dictámenes Nr. 4, 8.7. „Editorial Amfin c/ AGEA S.A."; Gutachten der Comisión Nacional de Defensa de la Competencia vom 3. September 1998 „Cámara de Empresas de Servicios Jurídicos Prepagos c/ Colegio de Abogados de San Nicolas".

[354] Die CNDC sieht die Wettbewerbswidrigkeit und den Schaden für das wirtschaftliche Allgemeininteresse von horizontalen Preisfestsetzungen gerade in dieser Ausschaltung des Gesetzes von Angebot und Nachfrage begründet, Gutachten der Comisión Nacional de Defensa de la Competencia vom 7. April 1983, VI. „Sociedad Propietarios de Panaderías de Santa Fe"; Gutachten der Comisión Nacional de Defensa de la Competencia vom 22. Mai 1991, VII. „Agip Gas Argentina S.A. y otros"; Gutachten der Comisión Nacional de Defensa de la Competencia vom 18. August 1981, IV. „Cámara Inmobiliaria Argentina"; Gutachten der Comisión Nacional de Defensa de la Competencia vom 27. Februar 1996, VI. „Administración General de Puertos c/ Centro Coordinador de Actividades Portuarias".

[355] *Cabanellas de las Cuevas*, Derecho antimonopólico y de defensa de la competencia, S. 335.

[356] Siehe unten V. 3. b).

zes 22.262 wettbewerbswidrig. Durch das Gesetz 25.156 sind nunmehr die horizontale Preisfestsetzung und die horizontale Festsetzung von Geschäftsbedingungen in einer gemeinsamen Vorschrift geregelt. Durch diese Zusammenfassung wurde das argentinische Wettbewerbsgesetz an den Wortlaut von Artikel 81 Abs. 1 a) EGV und von Artikel 6 I WSP angepasst. Auch in Artikel 21 I des brasilianischen Wettbewerbsgesetzes 8.884/94 werden die Preisfestsetzung und die Festsetzung von Geschäftsbedingungen als wettbewerbsbeschränkende Verhaltensweisen eingestuft. Die Wettbewerbsordnungen im MERCOSUR entsprechen sich also auch hinsichtlich der Beurteilung der horizontalen Festsetzung von Geschäftsbedingungen. Im folgenden werden die im argentinischen Wettbewerbsrecht anerkannten Fälle einer wettbewerbswidrigen Festsetzung oder Vereinbarung von Geschäftsbedingungen dargestellt. Den Begriffen *Festsetzung* und *Vereinbarung* kommt dabei dieselbe Bedeutung zu wie im Rahmen der horizontalen Preisabsprache.[357]

aa) Vereinheitlichung von Vertragsbedingungen

Der Begriff *An- und Verkaufsbedingungen* im Sinne von Artikel 2 g) ist weit auszulegen. Die CNDC hat klargestellt, dass insbesondere die abgestimmte Vereinheitlichung von Vertragsbedingungen durch die auf einem relevanten Markt tätigen Unternehmen oder durch eine Unternehmensvereinigung eine wettbewerbswidrige Festsetzung von An- und Verkaufsbedingungen darstellt.[358] Die Wettbewerbsbeschränkung sei darin zu sehen, dass den Marktteilnehmern durch das gemeinschaftliche Vorgehen die Möglichkeit des Wettbewerbs mit besonderen vertraglichen Anreizen genommen werde und die Parteien den Vertragsinhalt nicht mehr frei bestimmen könnten.[359] Eine Rechtfertigung einer horizontalen Vereinheitlichung von Vertragsbedingungen durch Vorteile für das wirtschaftliche Allgemeininteresse ist nach den von der CNDC aufgestellten Kriterien nur möglich, wenn die Festsetzung zu einer erheblichen Effizienzsteigerung auf dem konkreten Markt führt. Dies ist beispielsweise in Fällen denkbar, in dem erst durch eine Vereinheitlichung von Verkaufsbedingungen ein Grad an

---

[357] Siehe oben V. 2. a) aa).

[358] Gutachten der Comisión Nacional de Defensa de la Competencia vom 18. Dezember 1987, VI. „Cámara Argentina de Farmacias c/ Colegio Oficial de Farmacéuticos". Im Fall ging es um die Festsetzung einheitlicher Rabatte und Garantiebedingungen durch die argentinische Apothekerkammer. Gutachten der Comisión Nacional de Defensa de la Competencia vom 22. Mai 1991, VII. „Agip Argentina S.A. y otros". In diesem Fall stimmten die Gaslieferanten die Lieferbedingungen für Flüssiggas ab. Auch im europäischen Wettbewerbsrecht fallen Absprachen und Standardisierungen von Geschäftsbedingungen unter Artikel 81 Abs. 1 a) EGV, siehe Entscheidung der Europäischen Kommission vom 23. Juli 1974, ABl. 1974, L 237/7 „Papiers peints de Belgique".

[359] Gutachten der Comisión Nacional de Defensa de la Competencia vom 18. Dezember 1987, VI. „Cámara Argentina de Farmacias c/ Colegio Oficial de Farmacéuticos".

Markttransparenz erreicht wird, der einen effektiven Wettbewerb zwischen verschiedenen Anbietern ermöglicht.

bb) Festsetzungen von Rabatten

Die Gewährung von Rabatten ist ein wichtiges Mittel für den Kundengewinn. Entsprechend wurde die Festsetzung von Rabatten in Artikel 41 c) des Gesetzes 22.262 noch ausdrücklich als Unterfall der Festsetzung von An- und Verkaufsbedingungen erwähnt. In ihrem Gutachten *Cámara Argentina de Farmacias c/ Colegio Oficial de Farmacéuticos* hat die CNDC daher die Vereinheitlichung von Rabatten durch die Vorgaben einer Unternehmensvereinigung aufgrund des Verlustes dieses Wettbewerbsmittels als erhebliche Wettbewerbsbeschränkung eingestuft.[360] Aufgrund der mit einer Vereinheitlichung der Rabattpolitik einhergehenden Zementierung der bestehenden Marktstruktur, kann diese regelmäßig nicht durch Vorteile für das wirtschaftliche Allgemeininteresse gerechtfertigt werden.[361] Eine Rechtfertigung aufgrund von Effizienzgewinnen erscheint wie bei horizontalen Preisfestsetzungen nur in extremen Ausnahmefällen möglich.

cc) Qualitätskontrollen, Zertifikate und Siegel

Grundsätzlich ist die Einführung von Qualitätskontrollen, Zertifikaten, Siegeln und ähnlichen Mechanismen zur Aufrechterhaltung bestimmter gemeinsamer Standards durch eine Anzahl von Unternehmen zulässig. Unter bestimmten Voraussetzungen kann in solchen Systemen jedoch eine wettbewerbswidrige Festsetzung von An- und Verkaufsbedingungen zu sehen sein. So hat die argentinische Wettbewerbsbehörde im Fall *Cámara Argentina de Fabricantes de Cajas Metálicas* die Einführung eines Garantiesystems durch die Hersteller von Tresoren als wettbewerbswidrig eingestuft, weil das System nicht allen Herstellern offen stand.[362] Qualitäts- oder Garantiesysteme sind danach wettbewerbswidrig, wenn sie Produktionsbeschränkungen oder Preisaspekte beinhalten, wenn sie zum Ausschluss von Wettbewerbern führen, oder wenn sie eine erhebliche Marktzutrittsschranke für neue Wettbewerber darstellen.[363] Für eine wettbe-

---

[360] Gutachten der Comisión Nacional de Defensa de la Competencia vom 18. Dezember 1987, VI. „Cámara Argentina de Farmacias c/ Colegio Oficial de Farmacéuticos". Auch im europäischen Wettbewerbsrecht fallen Rabattkartelle unter Artikel 81 Abs. 1 a) EGV, siehe *Immenga/Mestmäcker*, EG-Wettbewerbsrecht, zu Artikel 85 Abs. 1 EGV (Artikel 81 Abs. 1 EGV n.F.), B. RN 16.

[361] *Cabanellas de las Cuevas*, Derecho antimonopólico y de defensa de la competencia, S. 383.

[362] Gutachten der Comisión Nacional de Defensa de la Competencia vom 10. September 1998, 6.5. „Cámara Argentina de Fabricantes de Cajas Metálicas para Ataúdes".

[363] Dies entspricht auch der Rechtsprechung der Europäischen Kommission, siehe Entscheidung der Europäischen Kommission vom 20. Oktober 1972, ABl. 1972, L 264/22 „Zentralheizung".

werbsrechtliche Unbedenklichkeit muss somit sichergestellt werden, dass diese Systeme allen aktuellen und potentiellen Wettbewerbern offen stehen. Eine Rechtfertigung unter dem Gesichtspunkt überwiegender Gründe des wirtschaftlichen Allgemeininteresses ist bei einer Steigerung der wirtschaftlichen Effizienz, der Steigerung der Produktqualität oder einer erheblichen Verbesserung des Services denkbar.

dd) Messe- und Ausstellungsverträge

Im europäischen Wettbewerbsrecht gibt es eine Reihe von Entscheidungen, die sich mit restriktiven Klauseln in Messe- und Ausstellungsverträgen beschäftigen, durch die Messeveranstalter die Teilnahme von Ausstellern an Konkurrenzveranstaltungen unterbinden.[364] Bei der Beurteilung entsprechender Klauseln im Rahmen von Artikel 2 g) des Gesetzes 25.156 ist zu berücksichtigen, dass Messen und Ausstellungen die Transparenz von Märkten in erheblichem Maße fördern. Aufgrund dieser wettbewerbsfördernden Wirkung können restriktive Klauseln im Rahmen des wirtschaftlichen Allgemeininteresses gerechtfertigt werden.[365] Dies kann jedoch nur insoweit gelten, als die Beschränkung notwendig ist, um die Durchführung der Messe bzw. Ausstellung sicherzustellen.

c) Horizontale Mengenbeschränkungen

Gemäß Artikel 2 b) des Gesetzes 25.156 stellt die Verpflichtung, eine beschränkte oder limitierte Anzahl von Waren zu produzieren, zu bearbeiten, zu verteilen, zu kaufen oder zu vermarkten sowie die Verpflichtung, eine Dienstleistung nach Anzahl, Umfang oder Häufigkeit beschränkt anzubieten, eine wettbewerbswidrige Verhaltensweise dar. Die Vorschrift ist ihrem klaren Wortlaut nach sowohl auf horizontale als auch vertikale Mengenbeschränkungen anwendbar. Die Besonderheiten vertikaler Mengenbeschränkungen werden ausführlich im Rahmen der vertikalen Wettbewerbsbeschränkungen dargestellt.[366] Artikel 2 b) des Gesetzes 25.156 ist neu in das argentinische Wettbewerbsgesetz eingeführt worden. Im Vorgängergesetz 22.262 war in Artikel 41 c) lediglich die Vereinbarung von Mindestmengen ausdrücklich verboten. Eine Artikel 2 b) des Gesetzes 25.156 entsprechende Vorschrift findet sich weder in Artikel 81 Abs. 1 EGV noch in Artikel 6 WSP oder Artikel 21 des brasilianischen Wettbewerbsgesetzes 8.884/94. In diesen Wettbewerbsordnungen fallen Mengenbeschrän-

---

[364] EuGHE 1987, 3131 (3154 f.) „Ancides"; Entscheidung der Europäischen Kommission vom 20. Dezember 1988, ABl. 1989, L 37/11 „Emco"; Entscheidung der Europäischen Kommission vom 15. Februar 1991, ABl. 1991, L 60/19 „SIPPA".

[365] *Cabanellas de las Cuevas*, Derecho antimonopólico y de defensa de la competencia, S. 374.

[366] Siehe unten V. 3. d).

kungen unter die wettbewerbswidrige Einschränkung der Erzeugung und des Absatzes eines Produkts.[367] Die ausdrückliche Erwähnung von Mengenbeschränkungen im Rahmen des Beispielskatalogs von Artikel 2 des argentinischen Wettbewerbsgesetzes hat somit in erster Linie einen klarstellenden Charakter. Der Wortlaut von Artikel 2 b) des Gesetzes 25.156 ist weit gefasst und umfasst jede Art von Mengenbeschränkungen. Horizontale Mengenbeschränkungen können dabei auf ausdrückliche Vereinbarungen zwischen Wettbewerbern oder auf abgestimmte Verhaltensweisen zurückzuführen sein.

aa) Vereinbarungen oder Abstimmungen von Höchstmengen

Eine wettbewerbswidrige Mengenbeschränkung im Sinne von Artikel 2 b) des Gesetzes 25.156 ist insbesondere in der Vereinbarung oder Abstimmung von Höchstmengen zwischen Wettbewerbern zu sehen. Diese Verhaltensweise ist aus mehreren Gründen wettbewerbsbeschränkend. In erster Linie führt die Vereinbarung oder Abstimmung von Höchstmengen zwischen den Wettbewerbern zu einer künstlichen Verknappung des Produkts. Diese Verknappung hat eine Erhöhung des Preises zur Folge, so dass die Wettbewerber letztendlich mittels der Vereinbarung von Höchstmengen den Preis steuern und beeinflussen können. Gleichzeitig kann die durch die Vereinbarung von Höchstmengen erreichte Verknappung des Produkts zu einer künstlichen Marktaufteilung führen, weil nicht genügend Ware für den Verkauf in anderen Gebieten vorhanden ist, so dass sich jeder Produzent auf ein Absatzgebiet beschränkt.

bb) Vereinbarungen oder Abstimmungen von Mindestmengen

Neben der Vereinbarung oder Abstimmung von Höchstmengen ist auch die Vereinbarung oder Abstimmung von Mindestmengen zwischen den Wettbewerbern eine wettbewerbswidrige Mengenbeschränkung im Sinne von Artikel 2 b) des Gesetzes 25.156. Diese Verhaltensweise wurde unter Artikel 41 c) des Gesetzes 22.262 ausdrücklich als wettbewerbswidrig eingestuft. Eine Festsetzung von Mindestmengen ist dabei insbesondere in der Vereinbarung von physischen oder pekuniären Mindestsummen zu sehen, unterhalb derer keine Geschäfte mit Dritten abgeschlossen werden.[368] Die Wettbewerbswidrigkeit einer solchen Ver-

---

[367] So sind Quotenkartelle im europäischen Wettbewerbsrecht ein Unterfall von 81 Abs. 1 b) EGV, der die Einschränkung oder Kontrolle der Erzeugung, des Absatzes, der technischen Entwicklung oder der Investitionen verbietet, siehe *Immenga/Mestmäcker*, EG-Wettbewerbsrecht, zu Artikel 85 Abs. 1 EGV (Artikel 81 Abs. 1 EGV n.F.), B. RN 37. Auch im Protokoll zum Schutz des Wettbewerbs im MERCOSUR fallen Mengenbeschränkungen unter Artikel 6 III WSP, siehe *Ramos*, Das Wettbewerbsschutz-Protokoll des MERCOSUR, S. 114.

[368] *Cabanellas de las Cuevas*, Derecho antimonopólico y de defensa de la competencia, S. 382.

haltensweise liegt in der indirekten Preiskontrolle und einer möglichen Marktaufteilung begründet. Außerdem können Abnehmer, die nicht willens oder in der Lage sind, die festgesetzte Mindestmenge abzunehmen, vom Markt verdrängt werden.

cc) Mögliche Rechtfertigung im Rahmen des wirtschaftlichen Allgemeininteresses

Bei der Frage, ob horizontale Mengenbeschränkungen aufgrund von überwiegenden Gründen des wirtschaftlichen Allgemeininteresses gerechtfertigt werden können, ist zu beachten, dass diese Verhaltensweise es den Wettbewerbern ermöglicht, durch die Steuerung des Angebots indirekt die Preise zu bestimmen. Dadurch wird der bei einem funktionierenden Wettbewerb auf dem Gesetz von Angebot und Nachfrage beruhende Preisbildungsmechanismus außer Kraft gesetzt. Angesichts des Stellenwerts, den die CNDC dem einwandfreien Funktionieren des Gesetzes von Angebot und Nachfrage beimisst[369], erscheint eine Rechtfertigung nur in Ausnahmefällen möglich. Insbesondere die Vereinbarung von Höchstmengen führt zu einer Verfestigung der vorhandenen Marktstrukturen und zu einer Verhinderung des Wettbewerbs. Effizienzgewinne sind bei der Vereinbarung von Höchstmengen nicht zu erwarten. Die Vereinbarung von Mindestmengen hingegen kann in Ausnahmefällen aus Effizienzgesichtspunkten gerechtfertigt sein. So ist denkbar, dass sich die Einführung eines neuen Produktes erst bei Abnahme einer bestimmten Mindestmenge rechnet, oder dass die Vertriebskosten erst ab einer gewissen Menge auch zum Vorteil des Endverbrauchers gesenkt werden können.

d) Horizontale Marktaufteilungen

Nach Artikel 2 c) des Gesetzes 25.156 ist die horizontale Aufteilung von Gebieten, Märkten, Kunden und Versorgungsquellen wettbewerbswidrig. Diese Vorschrift entspricht im wesentlichen Artikel 81 Abs. 1 c) EGV, wonach die Aufteilung von Märkten und Versorgungsquellen verboten ist. Diese Vorschrift des europäischen Wettbewerbsrechts hat auch Artikel 6 IV WSP und Artikel 21 III des brasilianischen Wettbewerbsgesetzes 8.884/94 beeinflusst, wonach die Aufteilung von Märkten und Versorgungsquellen jeweils eine wettbewerbswid-

---

369 So im Gutachten der Comisión Nacional de Defensa de la Competencia vom 18. August 1981, IV. „Cámara Inmobiliaria Argentina"; im Gutachten der Comisión Nacional de Defensa de la Competencia vom 27. April 1982, X. „Fletes de Salta S.A. c/ Cámara de Flete al Instante"; im Gutachten der Comisión Nacional de Defensa de la Competencia vom 27. April 1982, V. „Colegio Oficial de Farmacéuticos y Bioquímicos de la Capital Federal"; im Gutachten der Comisión Nacional de Defensa de la Competencia vom 7. April 1983, VI. „Sociedad Propietarios de Panaderías de Santa Fe"; im Gutachten der Comisión Nacional de Defensa de la Competencia vom 22. Mai 1991, VII. „Agip Gas Argentina S.A. y otros".

rige Verhaltensweise darstellt. Im Gegensatz zu diesen Vorschriften gilt Artikel 2 c) des argentinischen Wettbewerbsgesetzes jedoch ausdrücklich nur für horizontale Verhaltensweisen. Vertikale Marktaufteilungen sind im argentinischen Wettbewerbsrecht somit nicht grundsätzlich wettbewerbswidrig, können jedoch unter den Anwendungsbereich der Generalnorm von Artikel 1 des Gesetzes 25.156 fallen.[370]

aa) Horizontale Verhaltensweise

Als erste Voraussetzung von Artikel 2 c) muss eine horizontale Verhaltensweise vorliegen. Nach der Definition der CNDC ist darunter ein Verhalten zu verstehen, das den Wettbewerb zwischen realen oder potentiellen Wettbewerbern betrifft.[371] Dabei ist unter einem potentiellen Wettbewerber ein Unternehmen zu verstehen, das in absehbarer Zeit ohne erhebliche finanzielle Investitionen in den relevanten Markt einsteigen kann.[372] Erfüllt ein Zwischenhändler eines Produktes diese Voraussetzungen und stellt somit einen potentiellen Wettbewerber dar, kann eine Vereinbarung zwischen diesem und dem Produzenten trotz des vertikalen Geschäftsverhältnisses zu einer Anwendung von Artikel 2 c) des Gesetzes 25.156 führen.

bb) Aufteilung von Gebieten, Märkten oder Versorgungsquellen

Zweite Voraussetzung von Artikel 2 c) ist die Aufteilung von Gebieten, Märkten oder Versorgungsquellen. Die Begriffe Gebiete und Märkte sind dabei teilidentisch. Denn jeder Markt setzt sich aus einer sachlichen und einer geografischen Komponente zusammen.[373] Entsprechend ist unter einer Gebietsaufteilung die Aufteilung eines Marktes nach geografischen Gesichtspunkten zu verstehen, während eine Marktaufteilung sowohl die Aufteilung des sachlich relevanten Marktes, als auch die Aufteilung des geografisch relevanten Marktes umfasst. Die eigenständige Erwähnung der Gebietsaufteilung neben der Marktaufteilung ist daher lediglich eine inhaltliche Klarstellung ohne eigenständige Bedeutung.[374] Der Unterfall der Aufteilung von Versorgungsquellen entspricht Arti-

---

[370] zur vertikalen Marktaufteilung siehe unten V. 3. b).

[371] Comisión Nacional de Defensa de la Competencia, Breve Análisis Económico de la Ley Argentina de Defensa de la Competencia, Serie Documentos Nr. 1, August 1997, S. 20.

[372] Comisión Nacional de Defensa de la Competencia, Breve Análisis Económico de la Ley Argentina de Defensa de la Competencia, Serie Documentos Nr. 1, August 1997, S. 13.

[373] Ausführlich zum Marktkonzept des Gesetzes 25.156 siehe oben V. 1. c).

[374] So ist im europäischen Wettbewerbsrecht in jeder Gebietsaufteilung eine verbotene Marktaufteilung im Sinne von Artikel 81 Abs. 1 c) EGV zu sehen, siehe *Immega/Mestmäcker*, EG-Wettbewerbsrecht, zu Artikel 85 Abs. 1 EGV (Artikel 81 Abs. 1 EGV n.F.), B. RN 76.

kel 81 Abs. 1 c) EGV und umfasst insbesondere die Aufteilung von (Rohstoff-) Lieferanten.[375]

In der Anwendungspraxis der CNDC finden sich Beispiele für Verhaltensweisen, in denen eine wettbewerbswidrige Marktaufteilung zu sehen ist. Die CNDC ist dabei insbesondere gegen Vereinbarungen vorgegangen, in denen sich Wettbewerber verpflichten, ihre Produkte jeweils nur in bestimmten Gebieten zu verkaufen.[376] Auch Klauseln, durch die das Eindringen von Wettbewerbern in einen Markt unterbunden wird, oder in denen ein Tätigwerden auf dem Markt von der Zustimmung eines oder mehrer Wettbewerber abhängig gemacht wird, werden als wettbewerbswidrige Marktaufteilung eingestuft.[377] Schließlich ist auch jede Aufteilung von Kunden nach geografischen oder sachlichen Kriterien von der CNDC als wettbewerbswidrige Marktaufteilung eingestuft worden.[378] Insgesamt können sich wettbewerbswidrige Aufteilungen daher auf territoriale Aspekte, auf Produkte oder auf Personen beziehen, wobei letztere sowohl Kunden als auch Lieferanten der an den Absprachen beteiligten Unternehmen sein können. Die Wettbewerbswidrigkeit einer Marktaufteilung liegt nach Auffassung der CNDC darin begründet, dass ein größerer und anfangs wettbewerbsintensiverer Markt in ein Konglomerat kleinerer Monopole, in denen jeweils nur ein Unternehmen tätig ist, umgewandelt wird.[379] Dadurch könne jedes dieser Unternehmen Marktmacht ausüben und seine Preise unabhängig vom Wettbewerb erhöhen. Die Rechtsprechung der CNDC entspricht somit im wesentlichen der Anwendungspraxis der Europäischen Kommission, wonach jede Marktaufteilung nach Gebieten, Kunden oder Produkten in den Anwendungsbereich von Artikel 81 Abs. 1 c) EGV fällt.[380] Im Gegensatz zum europäischen Wettbewerbsrecht spielen jedoch Verhaltensweisen, die zu einer künstlichen Abschottung nationaler Heimatmärkte führen, mangels Vorliegens eines gemeinsamen Marktes keine Rolle. In Zukunft soll diese Lücke jedoch durch die Anwendung

---

[375] Unter die Alternative der Aufteilung von Versorgungsquellen im Sinne von Artikel 81 Abs. 1 c) EGV fallen alle Formen von Beschränkungen des Nachfragewettbewerbs, siehe *Immenga/Mestmäcker*, EG-Wettbewerbsrecht, zu Artikel 85 Abs. 1 EGV (Artikel 81 Abs. 1 EGV n.F.), B. RN 102.

[376] Gutachten der Comisión Nacional de Defensa de la Competencia vom 22. Mai 1991, VII. „Agip Argentina S.A. y otros".

[377] Gutachten der Comisión Nacional de Defensa de la Competencia vom 10. September 1998, 6.5. „Cámara Argentina de Fabricantes de Cajas Metálicas para Ataúdes".

[378] Gutachten der Comisión Nacional de Defensa de la Competencia vom 22. Mai 1991, VII. „Agip Argentina S.A. y otros". Dies entspricht auch der Anwendungspraxis der Europäischen Kommission, siehe Entscheidungen der Europäischen Kommission, ABl. 1973, L 296/24 „Prym-Beka"; ABl. 1986, L 232/15 „Dach- und Dichtungsbahnen".

[379] Comisión Nacional de Defensa de la Competencia, Breve Análisis Económico de la Ley Argentina de Defensa de la Competencia, Serie Documentos Nr. 1, August 1997, S. 23.

[380] *Grabitz/Hilf*, Das Recht der Europäischen Union, zu Artikel 81 EGV, RN 189 ff.

der Vorschriften des Wettbewerbsprotokolls des MERCOSUR geschlossen werden.

cc) Mögliche Rechtfertigung im Rahmen des wirtschaftlichen Allgemeininteresses

Aufgrund des mit der Aufteilung des Marktes in eine Vielzahl von kleineren Monopolen verbundenen Verlusts für den wirtschaftlichen Gesamtüberschuss verstößt eine Marktaufteilung grundsätzlich gegen das wirtschaftliche Allgemeininteresse. Marktaufteilungen führen auch nicht zu Vorteilen für den Wettbewerbsprozess, wie beispielsweise der Förderung von Forschung und technischer Entwicklung, der Erhöhung der Produktqualität oder der Verringerung von Vertriebskosten. Eine Rechtfertigung im Rahmen des wirtschaftlichen Allgemeininteresses erscheint somit so gut wie ausgeschlossen. Eine Ausnahme kann jedoch für Klauseln gelten, durch die der Wettbewerb zwischen Vertragspartnern ausgeschlossen wird, den sogenannten Wettbewerbsverboten oder *no competition clauses*. Diese können zwar zu einer Marktaufteilung führen, geben den Vertragspartnern jedoch gleichzeitig die notwendige Rechtssicherheit, ohne die sie nicht mit der wirtschaftlichen Aktivität beginnen würden. In Wettbewerbsverboten, die das notwendige Maß an Rechtssicherheit gewähren, ohne das die Parteien die wirtschaftliche Aktivität nicht aufnehmen würden, ist somit kein Verstoß gegen das wirtschaftliche Allgemeininteresse zu sehen.[381] Hinsichtlich der Dauer solcher Wettbewerbsklauseln hat die CNDC im Rahmen der Zusammenschlusskontrolle entschieden, dass bis zu einer Dauer von fünf Jahren grundsätzlich nicht von einer Gefährdung des wirtschaftlichen Allgemeininteresses ausgegangen werden kann.[382] Bei jeder Entscheidung sind jedoch die Besonderheiten des Einzelfalls zu berücksichtigen.

---

[381] Gutachten der Comisión Nacional de Defensa de la Competencia zum Zusammenschluss von Cabaña y Estancia Santa Rosa S.A. und Nestlé Argentina S.A. vom 2. Dezember 1999, S. 7; Gutachten der Comisión Nacional de Defensa de la Competencia zum Zusammenschluss von Fresenius Medical Care AG und Renal Treatment Centers Inc. vom 7. Juni 2000, S. 40. Hinweis zur Zitierweise: Die Gutachten der CNDC zu Zusammenschlüssen sind einheitlich mit Seitenzahlen versehen. Sie sind im Nationalen Wettbewerbsregister aufbewahrt, das der Öffentlichkeit in den Räumlichkeiten der CNDC zugänglich ist.

[382] Gutachten der Comisión Nacional de Defensa de la Competencia zum Zusammenschluss von Cabaña y Estancia Santa Rosa S.A. und Nestlé Argentina S.A. vom 2. Dezember 1999, S. 8; Gutachten der Comisión Nacional de Defensa de la Competencia zum Zusammenschluss von Fresenius Medical Care AG und Renal Treatment Centers Inc. vom 7. Juni 2000, S. 41. Ausführlich zur Beurteilung von Wettbewerbsverboten im Rahmen der Zusammenschlusskontrolle siehe unten VII. 5. d) aa).

e) Einschränkung oder Kontrolle der technischen Entwicklung oder der Investitionen

Vereinbarungen zur Einschränkung oder Kontrolle der technischen Entwicklung oder der für die Produktion und Vermarktung von Waren oder Dienstleistungen bestimmten Investitionen stellen gemäß Artikel 2 e) des Gesetzes 25.156 eine wettbewerbswidrige Verhaltensweise dar. Neben Artikel 2 e) gibt es noch eine zweite Vorschrift, die Vereinbarungen über die technische Entwicklung und Investitionen betrifft. Nach Artikel 2 h) des Gesetzes 25.156 ist die Steuerung von Waren und Dienstleistungsmärkten mittels Vereinbarungen, die eine Einschränkung oder Kontrolle der Forschung und des technischen Fortschritts oder die Erschwerung von Investitionen bezwecken, wettbewerbswidrig. Bereits dem Wortlaut beider Vorschriften kann entnommen werden, dass Artikel 2 h) neben Artikel 2 e) keinen eigenständigen Anwendungsbereich hat. Bei Artikel 2 h) des Gesetzes 25.156 handelt es sich um eine überflüssige und gesetzestechnisch missglückte Wiederholung, die mehr Verwirrung als Klarheit stiftet. Sie sollte bei der nächsten Gesetzesnovelle entfernt werden. Artikel 2 e) des Gesetzes 25.156 entspricht dem Verbot der Einschränkung oder Kontrolle der technischen Entwicklung und der Investitionen in Artikel 81 Abs. 1 b) EGV. Darüber hinaus ist die Vorschrift des argentinischen Wettbewerbgesetzes identisch mit Artikel 6 III WSP und Artikel 21 X des brasilianischen Gesetzes 8.884/94. Nach Artikel 6 III WSP sind Vereinbarungen zur Begrenzung oder Kontrolle der technischen Entwicklung oder der Investitionen wettbewerbswidrig. Artikel 21 X des brasilianischen Wettbewerbsgesetzes richtet sich in engerer Anlehnung an den Wortlaut von Artikel 81 Abs. 1 b) EGV gegen die Einschränkung oder Kontrolle der technischen Entwicklung oder der Investitionen. Insgesamt stimmen die Vorschriften der Wettbewerbsordnungen im MERCOSUR somit auch in diesem Punkt überein.

aa) Vereinbarungen zur Einschränkung oder Kontrolle der technischen Entwicklung

Nach Artikel 2 e) 1. Alternative des Gesetzes 25.156 sind Vereinbarungen zur Einschränkung oder Kontrolle der technischen Entwicklung wettbewerbswidrig. Artikel 2 e) bezieht sich dem klaren Wortlaut nach ausschließlich auf *Vereinbarungen*, also ausdrückliche Übereinkünfte zwischen Wettbewerbern. Die Vorgängernorm Artikel 41 b) des Gesetzes 22.262 umfasste auch abgestimmte Verhaltensweisen. Diese fallen im neuen argentinischen Wettbewerbsgesetz lediglich unter den Anwendungsbereich der Generalnorm Artikel 1. Unter einer *Einschränkung* ist jede Einführung von Höchstgrenzen sowie jede Reduzierung von

Beträgen, Mengen oder Werten zu verstehen.[383] Der Begriff der *Kontrolle* ist weiter und umfasst alle Fälle, in denen die wirtschaftlichen Aktivitäten der aktuellen und potentiellen Wettbewerber durch ein gemeinsames Verhalten bestimmt werden.[384] Die Vorschrift ist somit auf jede Vereinbarung zwischen Unternehmen im Bereich der technischen Entwicklung anwendbar, durch die die Wettbewerbsfreiheit der Unternehmen beeinträchtigt wird.[385] Eine Einschränkung der technischen Entwicklung kann in einheitlichen Normen und Typen, einheitlichen Ein- oder Verkaufsorganisationen und gemeinsamen Forschungsarbeiten bestehen. Die Kontrolle der technischen Entwicklung ist insbesondere in Form von Vereinbarungen über gemeinsame Forschungsprogramme und den Umgang mit von Dritten erworbenem Know-how möglich. Die Wettbewerbswidrigkeit solcher Vereinbarungen liegt in der Verringerung der Angebotspalette, der Produktqualität, der Innovation und der wirtschaftlichen Effizienz begründet.[386] Denn neue technische Entwicklungen sowie innovative Produktionsmethoden stellen neben dem Preis die wichtigsten Wettbewerbselemente dar. Eine Kontrolle der technischen Entwicklung führt zu einer Eliminierung der Unabhängigkeit der aktuell oder potentiell miteinander im Wettbewerb stehenden Unternehmen, was wiederum negative Auswirkungen auf die Wettbewerbsintensität auf einem Markt hat. In bestimmten Fällen kann die Wettbewerbswidrigkeit jedoch auch in einer Offenlegung aller technischen Innovationen zu sehen sein. Denn falls alle Wettbewerber freien Zugang zu neuen Forschungsergebnissen und Know-how haben, muss keines der beteiligten Unternehmen fürchten, durch die technische Entwicklung vom Markt verdrängt zu werden.

Das größte Problem im Rahmen von Vereinbarungen auf dem Gebiet der technischen Entwicklung ist die Beurteilung der Frage, ob auch die Gefahr eines Schadens für das wirtschaftliche Allgemeininteresse vorliegt. Im Falle der Einschränkung der technischen Entwicklung muss diese Frage aufgrund der damit verbundenen Verlangsamung des Innovationstempos, dem Verlust an Wettbewerbsintensität und den Nachteilen für die Allgemeinheit in Form eines beschränkten und veralteten Angebots grundsätzlich affirmativ beurteilt werden. Hingegen kann eine gemeinsame Kontrolle des technischen Fortschritts, insbesondere in Form einer gemeinsamen Forschungstätigkeit, durch überwiegende Gründe des wirtschaftlichen Allgemeininteresses gerechtfertigt sein. So ist bei-

---

[383] *Cabanellas de las Cuevas*, Derecho antimonopólico y de defensa de la competencia, S. 355.

[384] *Cabanellas de las Cuevas*, Derecho antimonopólico y de defensa de la competencia, S. 355.

[385] Dies entspricht dem Anwendungsbereich von Artikel 81 Abs. 1 b) EGV, siehe *Immenga/Mestmäcker*, EG-Wettbewerbsrecht, zu Artikel 85 Abs. 1 EGV (Artikel 81 Abs. 1 EGV n.F.), B. RN 65.

[386] Siehe Bekanntmachung der Europäischen Kommission über Vereinbarungen, die eine zwischenbetriebliche Zusammenarbeit betreffen, ABl. 1968, C 75/3, Nr. II. 3.

spielsweise denkbar, dass der technische Fortschritt nur durch eine Bündelung der Ressourcen der Wettbewerber erreicht werden kann, weil die Forschungskosten für ein Unternehmen allein zu hoch sind. Dies entspricht dem im europäischen und deutschen Wettbewerbsrecht anerkannten „Arbeitsgemeinschaftsgedanken".[387] Ähnliches gilt für Vereinbarungen zwischen Wettbewerbern, mittels derer diese sich ihr patentiertes Wissen zur gegenseitigen Nutzung überlassen. Durch eine solche Vereinbarung wird das natürliche Monopol in Form des Patents aufgehoben, was den Wettbewerb langfristig fördern kann, weil alle Produzenten neue Produkte auf der Grundlage des patentierten Wissens entwickeln können.

bb) Vereinbarungen zur Einschränkung oder Kontrolle von Investitionen

Die 2. Alternative von Artikel 2 e) des Gesetzes 25.156 richtet sich gegen Vereinbarungen zur Einschränkung oder Kontrolle von Investitionen. Die Vorschrift basiert auf dem Grundgedanken, dass das heutige Angebot das Ergebnis einer in der Vergangenheit getätigten Investition ist.[388] Eine Einschränkung oder Kontrolle der Investitionen ist insbesondere wettbewerbswidrig, weil sie zu einer festen Aufteilung der Märkte und somit langfristig zu einer nicht durch technische Innovation gerechtfertigten Erhöhung der Preise führt.[389] Aufgrund des mit jeder ungerechtfertigten Preiserhöhung einhergehenden Verlustes für den wirtschaftlichen Gesamtüberschuss verstößt eine Vereinbarung zur Einschränkung von Investitionen grundsätzlich gegen das wirtschaftliche Allgemeininteresse. Die gemeinsame Kontrolle der Investitionen kann jedoch beispielsweise im wirtschaftlichen Allgemeininteresse liegen, wenn bei langfristigen und kostenaufwendigen Investitionen durch eine gemeinsame Steuerung Überkapazitäten vermieden werden können.

f) Vereinbarungen und Abstimmungen bei Ausschreibungen und Wettbewerben (Submissionsabsprachen)

Gemäß Artikel 2 d) des Gesetzes 25.156 stellen Vereinbarungen oder Abstimmungen von Geboten bei Ausschreibungen und Wettbewerben, sogenannte Submissionsabsprachen, eine wettbewerbswidrige Verhaltensweise dar. Die

---

[387] Zum europäischen Wettbewerbsrecht siehe Bekanntmachung der Kommission, Leitlinien zur Anwendbarkeit von Artikel 81 EG-Vertrag auf Vereinbarungen über horizontale Zusammenarbeit, ABl. 2001, C 3/2, Randziffer 24; Kommission, Entscheidung vom 24.10.1988, ABl. 1988 L 311/36,38 „Eurotunnel". Zum deutschen Wettbewerbsrecht siehe BGH, Urteil vom 13.12.1983, WuW/E BGH 2050; *Langen/Bunte*, Kommentar zum deutschen und europäischen Kartellrecht, zu § 1 GWB, RN 307 ff.

[388] *Cabanellas de las Cuevas*, Derecho antimonopólico y de defensa de la competencia, S. 359.

[389] So im Rahmen von Artikel 81 Abs. 1 b) EGV *Groeben/Thiesing/Ehlermann*, Kommentar zum EG/EU-Vertrag, zu Artikel 85 Abs. 1 EGV (Artikel 81 Abs. 1 EGV n.F.), RN 154.

Vorschrift geht auf Artikel 6 VI WSP und Artikel 21 VIII des brasilianischen Wettbewerbsgesetzes 8.884/94 zurück. Nach diesen Vorschriften sind Vereinbarungen und Abstimmungen im Rahmen von öffentlichen Ausschreibungen wettbewerbswidrig. Der einzige Unterschied zu diesen Vorschriften besteht darin, dass Artikel 2 d) des Gesetzes 25.156 nicht auf öffentliche Ausschreibungen beschränkt ist.

In der Praxis richtet sich die Vorschrift in erster Linie gegen Absprachen bei Ausschreibungen von Bauprojekten durch die öffentliche Hand. Artikel 2 d) ist aber ausdrücklich nicht auf öffentliche Ausschreibungen begrenzt und findet auch auf die Vergabe von Aufträgen durch Privatunternehmen Anwendung. Bei „Vereinbarungen" und bei „Abstimmungen" im Sinne von Artikel 2 d) des Gesetzes 25.156 handelt es sich jeweils um horizontale Verhaltensweisen zwischen mindestens zwei Wettbewerbern. Der Begriff *Vereinbarung* bezieht sich dabei auf ausdrückliche Übereinkünfte, der Begriff *Abstimmung* umfasst jede Art von konkludenten Übereinkünften und bewusstem Parallelverhalten.[390] Die Wettbewerbswidrigkeit dieser Verhaltensweisen liegt darin begründet, dass die durch die Ausschreibungen beabsichtigte Steigerung der Wettbewerbsintensität gerade verhindert wird. Denn durch Ausschreibungen wird in vielen Märkten ein effektiver Wettbewerb erst ermöglicht. Sie erhöhen die Markttransparenz und erlauben die Abgabe von Angeboten einer Vielzahl von Anbietern, unter denen sich der Auftraggeber das Vorteilhafteste aussuchen kann. Absprachen und Abstimmungen zwischen den Wettbewerbern führen hingegen zu einer Verhinderung der Abgabe günstigerer Angebote und somit zu einem Verlust für den wirtschaftlichen Gesamtüberschuss. Aus diesem Grund verstoßen Absprachen und Abstimmungen bei Wettbewerben und Ausschreibungen gegen das wirtschaftliche Allgemeininteresse. Eine Rechtfertigung durch Effizienzgewinne erscheint ausgeschlossen.

g) Behinderung des Marktzutritts und Marktausschluss

Gemäß Artikel 2 f) des Gesetzes 25.156 sind die Verhinderung, Erschwerung oder Behinderung des Marktzutritts sowie der Marktausschluss von Dritten wettbewerbswidrige Verhaltensweisen. Im Vergleich zu Artikel 1 des Gesetzes 25.156, der die Behinderung des Marktzutritts und den Marktausschluss ebenfalls ausdrücklich als wettbewerbsbeschränkende Verhaltensweisen erwähnt, hat Artikel 2 f) lediglich eine klarstellende Funktion. Die Vorschrift geht auf Artikel 6 IX WSP und Artikel 21 IV des brasilianischen Wettbewerbsgesetzes 8.884/94 zurück, die ebenfalls ausdrücklich klarstellen, dass die Verhinderung oder Behinderung des Marktzutritts wettbewerbswidrig ist. Artikel 2 f) des Gesetzes

[390] Insofern gelten die zu Artikel 2 g) des Gesetzes 25.156 gemachten Ausführungen entsprechend, siehe oben V. 2. a) aa).

25.156 ist aufgrund seines weiten Wortlauts auf horizontale und auf vertikale Verhaltensweisen anwendbar. Eine Behinderung des Marktzutritts durch eine horizontale Verhaltensweise hat die CNDC insbesondere in Vereinbarungen von Berufsverbänden gesehen, die zu einem Marktausschluss von nicht von der Vereinigung anerkannten Anbietern führten.[391] Neben diesen Fällen einer kollektiven Marktzutrittsbeschränkung oder eines kollektiven Marktausschlusses handelt es sich bei der überwiegenden Anzahl der einschlägigen Verhaltensweisen um einseitige Handlungen marktstarker Unternehmen, weshalb die einzelnen Voraussetzungen der Behinderung des Marktzutritts und des Marktausschlusses ausführlich im Rahmen der einseitigen Wettbewerbsbeschränkungen behandelt werden.[392] Die dort gemachten Ausführungen gelten entsprechend für kollektive Verhaltensweisen von Unternehmen oder deren Interessenvereinigungen, die den Marktzutritt neuer Wettbewerber erschweren oder aktuelle Wettbewerber vom Markt verdrängen.

h) Diskriminierende Bezugs- und Veräußerungsbedingungen

Nach Artikel 2 k) des Gesetzes 25.156 sind diskriminierende Bezugs- und Veräußerungsbedingungen, die nicht dem Handelsbrauch entsprechen, wettbewerbswidrig. Ein Verstoß gegen diese Vorschrift durch horizontales Handeln ist in Form einer kollektiven Vereinbarung diskriminierender Bedingungen durch Wettbewerber oder durch eine Unternehmensvereinigung denkbar. Solche Fälle kollektiver Diskriminierung sind jedoch selten, weil diese Verhaltensweisen bereits meistens unter das Verbot der Absprache von Geschäftsbedingungen fallen. Eine umfassende Darstellung des Diskriminierungsverbots findet sich daher im Rahmen der einseitigen Wettbewerbsbeschränkungen.[393] Diese Ausführungen gelten entsprechend für Fälle einer kollektiven Diskriminierung.

i) Ungerechtfertigte Lieferverweigerungen

Auch die in Artikel 2 l) des Gesetzes 25.156 behandelte ungerechtfertigte Lieferverweigerung kann durch horizontale Verhaltensweisen in Form einer Vereinbarung zwischen Wettbewerbern oder einem Beschluss einer Unternehmensvereinigung begangen werden. In diesen Fällen handelt es sich um eine kollek-

---

[391] Gutachten der Comisión Nacional de Defensa de la Competencia vom 22. September 1982, VI. „Staff Médico c/ Federación Médica de la Provincia de Buenos Aires". Gutachten der Comisión Nacional de Defensa de la Competencia vom 10. September 1998, 6.7. „Cámara Argentina de Fabricantes de Cajas Metálicas para Ataúdes"; Gutachten der Comisión Nacional de Defensa de la Competencia vom 22. September 1999, Serie Dictámenes Nr. 8, RN 93 „Cámara de Empresas de Asistencia Farmacéutica c/ Colegio de Farmacéuticos de la Provincia de Buenos Aires".

[392] Siehe unten V. 4. c).

[393] Siehe unten V. 4. d).

tive Lieferverweigerung bzw. einen Boykott.[394] Aufgrund der wesentlich häufiger vorkommenden einseitigen Lieferverweigerung erfolgt eine ausführliche Darstellung der Vorschrift im Rahmen der einseitigen Wettbewerbsbeschränkungen.[395] Die dortigen Erläuterungen gelten entsprechend für kollektive Lieferverweigerungen.

3. Vertikale Wettbewerbsbeschränkungen

Obwohl in Artikel 1 des Gesetzes 25.156 nicht ausdrücklich zwischen horizontalen und vertikalen Wettbewerbsbeschränkungen unterschieden wird, spielt diese Unterscheidung in der Anwendungspraxis der argentinischen Wettbewerbsbehörde eine wichtige Rolle. Die CNDC stuft ein Verhältnis als vertikal ein, wenn die beteiligten Unternehmen in verschiedenen Etappen eines Produktionsprozesses tätig sind.[396] Insgesamt geht die CNDC gegen vertikale wettbewerbsbeschränkende Verhaltensweisen weniger streng vor als gegen horizontale Wettbewerbsbeschränkungen. Denn vertikale Wettbewerbsbeschränkungen können einfacher durch Effizienzgewinne im Rahmen des wirtschaftlichen Allgemeininteresses gerechtfertigt werden.[397] Im argentinischen Wettbewerbsrecht sind eine Reihe unterschiedlicher vertikaler Wettbewerbsbeschränkungen anerkannt.

a) Vertikale Preisfestsetzungen

Mit Artikel 2 a) des Gesetzes 25.156 findet sich erstmals eine Vorschrift im argentinischen Wettbewerbsgesetz, die sich ausschließlich auf vertikale Wettbewerbsbeschränkungen bezieht. Danach ist die unmittelbare oder mittelbare Festsetzung, Vereinbarung oder Steuerung von An- und Verkaufspreisen der auf dem Markt auftretenden Nachfrager oder Anbieter von Waren und Dienstleis-

---

[394] Eine vergleichbare Vorschrift findet sich im deutschen Wettbewerbsrecht. Dort ist der kollektive Boykott eines Marktteilnehmers durch Unternehmen oder Unternehmensvereinigungen in der Spezialvorschrift des § 21 GWB geregelt.

[395] Siehe unten V. 4. e).

[396] Comisión Nacional de Defensa de la Competencia, Breve Análisis Económico de la Ley Argentina de Defensa de la Competencia, Serie Documentos Nr. 1, August 1997, S. 20.

[397] Dies entspricht auch dem neuen Regelungsansatz der Europäischen Kommission, die ausdrücklich klargestellt hat, dass vertikale Vereinbarungen wesentlich zur Steigerung der wirtschaftlichen Effizienz beitragen können, siehe Verordnung (EG) Nr. 2790/1999 vom 22. Dezember 1999 über die Anwendung von Artikel 81 Abs. 3 EGV auf Gruppen von vertikalen Vereinbarungen und aufeinander abgestimmter Verhaltensweisen, Erwägungsgründe RN 6 und 7, ABl. 1999, L 336/21. Auch im US-amerikanischen Wettbewerbsrecht werden vertikale Wettbewerbsbeschränkungen grundsätzlich weniger streng behandelt als horizontale Wettbewerbsbeschränkungen. Ausführlich zu der Behandlung vertikaler Verträge nach dem US-amerikanischen Wettbewerbsrecht siehe *Hölzler*, Vertikale Verträge – US-Guidelines 1985 und EG-Kartellrecht, Köln 1986.

tungen sowie der Austausch von Informationen mit demselben Zweck oder derselben Wirkung, wettbewerbswidrig. Der Wortlaut der Vorschrift ist etwas überfrachtet und unklar. Dennoch wird deutlich, dass jedwede von einem Hersteller oder Produzenten ausgehende Festlegung der Preise, die ein Abnehmer von seinen Kunden auf dem Markt fordert, unterbunden werden soll. Letztendlich soll also eine Beeinträchtigung der Preisbildungsfreiheit der auf nachgeordneten Märkten tätigen Unternehmen verhindert werden. Somit richtet sich Artikel 2 a) des Gesetzes 25.156 insbesondere gegen vertikale Preisbindungen.

Die Vorschrift findet keine direkte Entsprechung in den Vorschriften des EG-Vertrags. Jedoch ist das Verbot vertikaler Preisbindungen auch im europäischen Wettbewerbsrecht anerkannt.[398] Der Wortlaut von Artikel 2 a) des Gesetzes 25.156 ist wohl auf Artikel 21 XI des brasilianischen Wettbewerbsgesetzes 8.884/94 zurückzuführen. Danach ist die Festsetzung von Preisen, Rabatten, Zahlungsbedingungen, Mindestmengen oder anderen Geschäftsbedingungen für Vertriebshändler und Handelsvertreter, die diese bei Geschäften mit Dritten anzuwenden haben, eine wettbewerbswidrige Verhaltensweise. Im Gegensatz zum brasilianischen Wettbewerbsgesetz wird in Artikel 2 a) des Gesetzes 25.156 jedoch nur die vertikale Festsetzung von Preisen und nicht auch die vertikale Festsetzung sonstiger Vertragsbedingungen erfasst. Letztere fällt jedoch in den Anwendungsbereich der Generalnorm des Artikels 1.

aa) Verhältnis von Artikel 2 a) zu Artikel 2 g) des Gesetzes 25.156

Ein besonderes Problem ergibt sich aus dem jeweils sehr weit gefassten Wortlaut der Vorschriften Artikel 2 a) und 2 g) des Gesetzes 25.156. Ihr Wortlaut entspricht sich weitgehend und erschwert eine klare Abgrenzung ihrer Anwendungsbereiche. Beide Vorschriften erfassen die unmittelbare oder mittelbare Festsetzung, Steuerung oder Vereinbarung von Preisen. Der Unterschied zwischen beiden Normen besteht darin, dass Artikel 2 a) lediglich die Festsetzung und Steuerung der An- und Verkaufspreise der Abnehmer und Nachfrager umfasst, während Artikel 2 g) keinerlei Einschränkung enthält. Um eine weitgehende Überschneidung der Anwendungsbereiche dieser Vorschriften zu vermeiden, müssen sie unter Berücksichtigung ihres Wortlauts und der Gesetzessystematik ausgelegt werden. Dem Wortlaut von Artikel 2 a) lässt sich entnehmen, dass sich diese Vorschrift in erster Linie gegen vertikale Preisfestsetzungen richtet. Artikel 2 g) hingegen behandelt insbesondere die Preisfestsetzung durch Vereinbarungen zwischen Wettbewerbern, also horizontale Preisabsprachen. Der im Wortlaut angedeutete systematische Unterschied der beiden Vorschriften

---

[398] Entscheidung der Europäischen Kommission vom 4. Dezember 1996, ABl. 1997, L 47/11 „Novalliance"; *Langen/Bunte*, Kommentar zum deutschen und europäischen Kartellrecht, zu Artikel 81 EGV, RN 178 f.

liegt also in der Unterscheidung zwischen horizontalen und vertikalen Verhaltensweisen. Entsprechend muss Artikel 2 a) als speziellere Vorschrift so interpretiert werden, dass der Anwendungsbereich vertikale Preisabsprachen, -vereinbarungen und -steuerungen zwischen in unterschiedlichen Verwertungsetappen tätigen Unternehmen umfasst. Horizontale Preisabsprachen, -vereinbarungen und -steuerungen zwischen aktuellen oder potentiellen Wettbewerbern fallen hingegen in den Anwendungsbereich von Artikel 2 g). Diese Interpretation wird der Systematik von Artikel 2 des Gesetzes 25.156 gerecht, in dem eine Vielzahl Regelbeispiele für unterschiedliche Wettbewerbsbeschränkungen aufgezählt werden, deren Anwendungsbereiche sich nach Möglichkeit nicht überschneiden sollten.

bb) Unmittelbare oder mittelbare Festsetzung, Vereinbarung oder Steuerung von An- und Verkaufspreisen für Nachfrager oder Anbieter

Die Begriffe *Festsetzung, Vereinbarung, Steuerung* sowie *An- und Verkaufspreis* entsprechen den Begriffen in Artikel 2 g) des Gesetzes 25.156. Auch hinsichtlich der Unterscheidung zwischen *unmittelbaren* und *mittelbaren* Einfluss auf die Preisgestaltung besteht kein Unterschied zu Artikel 2 g). Insofern kann auf die im Rahmen der horizontalen Preisfestsetzung gemachten Ausführungen zu diesen Begriffen verwiesen werden.[399] Der wesentliche Unterschied zu Artikel 2 g) besteht darin, dass Artikel 2 a) nur die Einflussnahme auf die Preise der *Nachfrager* oder *Anbieter* umfasst. Mit dieser nicht besonders glücklichen Formulierung stellt der argentinische Gesetzgeber klar, dass nur Preisfestsetzungen im vertikalen Verhältnis, also beispielsweise im Verhältnis Produzent/Großhändler oder Großhändler/Endverkäufer, von der Vorschrift erfasst werden. Wie sich aus dem Wortlaut von Artikel 2 a) ergibt, ist die Art und Weise der Preisfestsetzung und -steuerung unerheblich. Dem Wortlaut der Vorschrift nach fallen somit alle Verhaltensweisen unter Artikel 2 a) des Gesetzes 25.156, durch die die Preisgestaltungsfreiheit der auf dem relevanten Markt in einer anderen Verwertungsetappe tätigen Unternehmen beschränkt werden. Dies entspricht der Entscheidungspraxis der argentinischen Wettbewerbsbehörde, wonach eine vertikale Preisfestsetzung vorliegt, wenn ein Unternehmen, das in einer Etappe des Produktionsprozesses tätig ist, die Preise des Gutes oder der Dienstleistung in einen vor- oder nachgelagerten Produktionsabschnitt festsetzt.[400] Ein solches Verhalten ist dabei in erster Linie deswegen wettbewerbswidrig, weil der Preiswettbewerb auf den nachgeordneten Märkten ausgeschlossen wird und sich das die Preise festsetzende Unternehmen die in den anderen Märkten erzeugten Überschüsse aneignet.

---

[399] siehe oben, V. 2. a).

[400] Comisión Nacional de Defensa de la Competencia, Breve Análisis Económico de la Ley Argentina de Defensa de la Competencia, Serie Documentos Nr. 1, August 1997, S. 22.

cc) Austausch preisrelevanter Informationen

Auch der Austausch von preisrelevanter Information ist nach Artikel 2 a) 2. Alt. des Gesetzes 25.156 eine wettbewerbswidrige Verhaltensweise. Die ausdrückliche Erwähnung dieser Tatbestandsalternative hat lediglich klarstellenden Charakter, denn beim Austausch preisrelevanter Informationen handelt es sich um einen Unterfall der Preissteuerung, die zu einer Verringerung des Geheimwettbewerbs führt.[401] Zweck dieser Regelung ist die Unterbindung von bewusst parallelen Verhaltensweisen hinsichtlich der Preisgestaltung. Dabei ist unerheblich, ob die betreffenden Unternehmen eine Beeinflussung der Preise bezwecken oder nicht. Die Geeignetheit einer solchen Beeinflussung genügt. Der Austausch von Information setzt dem Wortsinn nach die Existenz von zumindest zwei Beteiligten voraus. Daher fällt die einseitige Information gegen den Willen eines anderen nicht unter den Anwendungsbereich von Artikel 2 a) 2. Alt. des Gesetzes 25.156.

Problematisch ist die systematische Einordnung des Austausches preisrelevanter Informationen in das Gesetz 25.156. Der Austausch von preisrelevanten Informationen wird von der wettbewerbsrechtlichen Literatur grundsätzlich den horizontalen Wettbewerbsbeschränkungen zugeordnet.[402] Denn die Gefahr eines solchen Informationsaustausches für den Wettbewerb liegt insbesondere darin begründet, dass die Wettbewerber ihre Preise aufeinander abstimmen. Insofern ist nicht nachzuvollziehen, dass der argentinische Gesetzgeber den Informationsaustausch im Rahmen der vertikalen Preisfestsetzung gemäß Artikel 2 a), nicht jedoch im Rahmen der horizontalen Preisabsprache gemäß Artikel 2 g) des Gesetzes 25.156 erwähnt hat.

dd) Mögliche Rechtfertigung im Rahmen des wirtschaftlichen Allgemeininteresses

Eine vertikale Preisfestsetzung ist gemäß Artikel 2 S.1 i.V.m. Artikel 1 des Gesetzes 25.156 nur verboten, wenn ein Schaden für das wirtschaftliche Allgemeininteresse droht. Nach Auffassung der CNDC verstößt eine vertikale Preisfestsetzung gegen das wirtschaftliche Allgemeininteresse, wenn durch die Preisfestsetzung auf den nachgeordneten Märkten ein Gewinnüberschuss zu Lasten der Verbraucher entsteht, um den sich die beteiligten Unternehmen bereichern

---

[401] So verstoßen Marktinformationsverfahren, die einen Austausch preisrelevanter Informationen zum Austausch haben, im europäischen Wettbewerbsrecht insbesondere auf engen oligopolistischen Märkten gegen Artikel 81 Abs. 1 a) EGV, weil sie den Ausschluss des geheimen Preiswettbewerbs zum Gegenstand haben, siehe EuGE 1994 II, 905 (949) „Fiatagri"; EuGE 1994 II, 957 (986 f.) „John Deere".

[402] *Cabanellas de las Cuevas*, Derecho antimonopólico y de defensa de la competencia, S. 563; *Emmerich*, Kartellrecht, S. 423.

wollen.[403] Darüber hinaus sei zu beachten, dass jede Preisfestsetzung das wichtigste Wettbewerbsinstrument in Form der Preisgestaltungsfreiheit einschränke. Die CNDC hat die vertikale Preisfestsetzung bisher nur in einem Fall als durch das wirtschaftliche Allgemeininteresse gerechtfertigt angesehen. Im Fall *Puigamarti c/ Autolatina Argentina*, der verbindliche Preisempfehlungen eines PKW-Herstellers an seine Vertriebshändler zum Gegenstand hatte, hat die argentinische Wettbewerbsbehörde einen Verstoß gegen das wirtschaftliche Allgemeininteresse verneint, weil den Vertriebshändlern noch genügend andere Wettbewerbsmittel wie Rabatte oder zusätzliche Serviceleistungen blieben.[404] Darüber hinaus hat die CNDC angedeutet, dass bei der sogenannten „sukzessiven Monopolisierung" eines Marktes, bei der verschiedene Unternehmen in den verschiedenen Stadien einer Verwertungskette jeweils eine marktbeherrschende Stellung innehaben, eine vertikale Preisbindung vorteilhaft für den Wettbewerbsprozess sein kann.[405] Denn dadurch werde monopolistisches Verhalten in zumindest einem Marktsegment unterbunden. Eine solche Marktsituation ist jedoch nur in seltenen Fällen gegeben. Insgesamt erscheint eine Rechtfertigung vertikaler Preisfestsetzungen aus Gründen wie beispielsweise dem Schutz von Marken und Warenzeichen oder der Sicherung der Produktqualität wegen des mit jeder Preisfestsetzung verbundenen erheblichen Eingriffs in die Preisgestaltungsfreiheit grundsätzlich nur in besonderen Ausnahmefällen möglich. Dies entspricht dem neuen Beurteilungsansatz der Europäischen Kommission hinsichtlich vertikaler Vereinbarungen. Nach Artikel 2 und 3 der am 1. Januar 2000 in Kraft getretenen *Verordnung VO 2790/99* sind vertikale Vereinbarungen vom Verbot des Artikels 81 Abs. 1 EGV freigestellt, wenn der Anteil des Lieferanten an dem relevanten Markt 30% nicht übersteigt.[406] Nach Artikel 4 a) gilt diese Freistellung jedoch nicht für vertikale Vereinbarungen, die unmittelbar oder mittelbar den Käufer in seiner Möglichkeit beschränken, seinen Verkaufspreis selbst festzulegen. Somit können auch nach Auffassung der Europäischen Kommission vertikale Preisfestsetzungen grundsätzlich nicht aufgrund von wirtschaftlichen Effizienzgewinnen vom Verbot des Artikels 81 Abs. 1 EGV freigestellt werden.

---

[403] Comisión Nacional de Defensa de la Competencia, Breve Análisis Económico de la Ley Argentina de Defensa de la Competencia, Serie Documentos Nr. 1, August 1997, S. 21.

[404] Gutachten der Comisión Nacional de Defensa de la Competencia vom 15. April 1997, VI. „Puigamarti c/ Autolatina Argentina".

[405] Comisión Nacional de Defensa de la Competencia, Breve Análisis Económico de la Ley Argentina de Defensa de la Competencia, Serie Documentos Nr. 1, August 1997, S. 22, FN 13.

[406] Verordnung (EG) Nr. 2790/1999 der Europäischen Kommission vom 22. Dezember 1999 über die Anwendung von Artikel 81 Abs. 3 EGV auf Gruppen von vertikalen Vereinbarungen und aufeinander abgestimmter Verhaltensweisen, ABl. 1999, L 336/21.

b) Ausschließlichkeitsbindungen und andere Formen vertikaler Marktaufteilung

Nach Artikel 2 j) des Gesetzes 25.156 ist der Kauf oder Verkauf unter der Bedingung, keine Waren oder Dienstleistungen zu gebrauchen, erwerben oder verkaufen, die von Dritten produziert, verarbeitet, vertrieben oder vermarktet werden, eine wettbewerbswidrige Verhaltensweise. Diese Vorschrift entspricht wortwörtlich Artikel 6 XI WSP, was den Einfluss des Protokolls zum Schutz des Wettbewerbs im MERCOSUR auf das neue argentinische Wettbewerbsgesetz hervorhebt. Das brasilianische Wettbewerbsgesetz 8.884/94 stuft in Artikel 21 VII lediglich das Verlangen und Einräumen von Exklusivrechten in den Medien ausdrücklich als wettbewerbswidrig ein. Im europäischen Wettbewerbsrecht sind Ausschließlichkeitsklauseln hingegen nicht in eigenen Vorschriften geregelt.

aa) Ausschließlichkeitsbindungen

Artikel 2 j) ist seinem Wortlaut nach insbesondere auf Ausschließlichkeitsbindungen mit einer Alleinbezugsvereinbarung anwendbar. Schon vor Inkrafttreten des Gesetzes 25.156 hat die Beurteilung von Ausschließlichkeitsbindungen eine wichtige Rolle in der Praxis der CNDC gespielt.[407] Nach der Entscheidungspraxis der argentinischen Wettbewerbsbehörde ist unter einer Ausschließlichkeitsbindung eine Bedingungen zu verstehen, durch die einem der Beteiligten die Pflicht auferlegt wird, keine Waren oder Dienstleistungen von Dritten zu benutzen oder mit diesen zu handeln.[408] Diese Definition wurde vom argentinischen Gesetzgeber in dem neu eingeführten Artikel 2 j) übernommen. Solche Ausschließlichkeitsvereinbarungen finden sich in einer Vielzahl von Verträgen. Beispiele aus der Praxis der CNDC sind Alleinvertriebsverträge für ein bestimmtes Produkt und/oder ein bestimmtes Gebiet, Tankstellenverträge mit Bezugspflichten für Treib- und Schmierstoffe sowie Gaststättenverträge mit Bezugs-

[407] Gutachten der Comisión Nacional de Defensa de la Competencia vom 22. September 1982, VI. „Staff Médico c/ Federación Médica de la Provincia de Buenos Aires"; Gutachten der Comisión Nacional de Defensa de la Competencia vom 22. Mai 1984, V. „Cámara Argentina de Farmacias c/ Colegio de Farmacéuticos de la Provincia de Buenos Aires"; Gutachten der Comisión Nacional de Defensa de la Competencia vom 22. September 1999, Serie Dictámenes Nr. 8, RN 93 ff. „Cámara de Empresas de Asistencia Farmacéutica c/ Colegio de Farmacéuticos de la Provincia de Buenos Aires"; Gutachten der Comisión Nacional de Defensa de la Competencia vom 18. Mai 1998, Serie Dictámenes Nr. 4, 8.9. „Editorial Amfin c/ AGEA S.A."; Gutachten der Comisión Nacional de Defensa de la Competencia vom 19. Januar 1996, VI. „Bober Hnos./Rigolleau S.A."; Gutachten der Comisión Nacional de Defensa de la Competencia vom 16. September 1997, Serie Dictámenes Nr. 3, 6.4. „SADIT c/ Nobleza Picardo y Massalin Particulares".

[408] Comisión Nacional de Defensa de la Competencia, Breve Análisis Económico de la Ley Argentina de Defensa de la Competencia, Serie Documentos Nr. 1, August 1997, S. 23.

pflichten für Bier oder andere Getränke.[409] Aufgrund der großen Fläche finden sich in Argentinien insbesondere Alleinvertriebsverträge für verschiedene Regionen und Gebiete. Die wettbewerbsbeschränkende Natur dieser Alleinvertriebsverträge beruht dabei auf drei Elementen: erstens der Bindung des Abnehmers, nur die Ware des Lieferanten zu führen, zweitens der Bindung des Abnehmers, die Ware nur in einem bestimmten Gebiet zu vertreiben und drittens der Bindung des Lieferanten bzw. Produzenten, in dem bestimmten Gebiet nur an einen bestimmten Abnehmer zu liefern.[410] Neben Alleinvertriebsverträgen hat die CNDC eine Reihe von Ausschließlichkeitsvereinbarungen im Bereich des Gesundheitswesens auf ihre Vereinbarkeit mit dem Wettbewerbsrecht geprüft.[411] Dem Gutachten *Cámara de Empresas de Asistencia Farmacéutica c/ Colegio de Farmacéuticos de la Provincia de Buenos Aires* lag beispielsweise eine Vertragsklausel zugrunde, in dem eine Apothekerkammer den angeschlossenen Apothekern untersagte, ihre Medikamente an Mitglieder solcher Krankenkassen zu verkaufen, die vorher keinen Vertrag mit der Apothekerkammer abgeschlossen hatten. Die CNDC begründete die Wettbewerbswidrigkeit dieser Ausschließlichkeitsklausel damit, dass sie eine erhebliche Marktzutrittsschranke darstellte, durch die der Einstieg neuer Wettbewerber in den Markt für pharmazeutische Dienstleistungen verhindert wurde.[412] Somit sind Ausschließlichkeitsbindungen insbesondere wettbewerbswidrig, wenn sie den Einstieg neuer Wettbewerber in den relevanten Markt erschweren und dadurch zu einer Aufteilung und Abschottung des Marktes führen.

bb) Andere Formen vertikaler Marktaufteilungen

Neben Ausschließlichkeitsvereinbarungen sind im argentinischen Wettbewerbsrecht auch andere Formen vertikaler Marktaufteilungen anerkannt. Nach Auffassung der CNDC ist jede Vereinbarung zwischen in unterschiedlichen Verwer-

---

[409] Gutachten der Comisión Nacional de Defensa de la Competencia vom 19. Januar 1996, VI. „Bober/Rigolleau"; Gutachten der Comisión Nacional de Defensa de la Competencia vom 16. September 1997, Serie Dictámenes Nr. 3, 6.4. „SADIT c/ Nobleza Picardo y Massalin Particulares".

[410] Gutachten der Comisión Nacional de Defensa de la Competencia vom 16. September 1997, Serie Dictámenes Nr. 3, 6.4. „SADIT c/ Nobleza Picardo y Massalin Particulares".

[411] Gutachten der Comisión Nacional de Defensa de la Competencia vom 22. September 1982, VI. „Staff Médico c/ Federación Médica de la Provincia de Buenos Aires"; Gutachten der Comisión Nacional de Defensa de la Competencia vom 22. Mai 1984, V. „Cámara Argentina de Farmacia c/ Colegio de Farmacéuticos de la Provincia de Buenos Aires"; Gutachten der Comisión Nacional de Defensa de la Competencia vom 22. September 1999, Serie Dictámenes Nr. 8, RN 93 ff. „Cámara de Empresas de Asistencia Farmacéutica c/ Colegio de Farmacéuticos de la Provincia de Buenos Aires".

[412] Gutachten der Comisión Nacional de Defensa de la Competencia vom 22. September 1999, Serie Dictámenes Nr. 8, RN 95 „Cámara de Empresas de Asistencia Farmacéutica c/ Colegio de Farmacéuticos de la Provincia de Buenos Aires".

tungsstufen tätigen Unternehmen, in denen sich zumindest ein Teil verpflichtet, nicht in einem bestimmten Gebiet, Kundenkreis oder Produktmarkt tätig zu werden, als vertikale Marktaufteilung einzustufen.[413] Dabei genügt eine zeitliche, räumliche, sachliche oder personelle Beschränkung, die nicht vollständig zu sein braucht. Auf diese Formen vertikaler Marktaufteilungen ist Artikel 2 j) jedoch nicht anwendbar, denn diese Vorschrift gilt seinem klaren Wortlaut nach nur für Ausschließlichkeitsbindungen. Insofern ist fraglich, nach welcher Vorschrift sich die Beurteilung der anderen vertikalen Marktaufteilungen richtet. In ihrer bisherigen Praxis unter dem Gesetz 22.262 hat die CNDC bei vertikalen Marktaufteilungen grundsätzlich die Generalnorm des Artikels 1 angewandt.[414] Angesichts des umfangreichen Regelbeispielkatalogs von Artikel 2 des Gesetzes 25.156 ist meiner Ansicht nach jedoch ein Rückgriff auf die Generalnorm des Artikels 1 nicht mehr notwendig. Bei der Suche der einschlägigen Vorschrift ist auf die wettbewerbswidrige Auswirkung der Verhaltensweise abzustellen. Nach Auffassung der argentinischen Wettbewerbsbehörde hat eine vertikale Marktaufteilung in der Regel die Erschwerung bzw. Verhinderung des Marktzugangs für Dritte oder den Marktausschluss eines Wettbewerbers zur Folge.[415] Dies entspricht der Rechtsprechung der Europäischen Kommission, wonach vertikale Marktaufteilungen in den Anwendungsbereich von Artikel 81 Abs. 1 EGV fallen, wenn sie zu einer Erschwerung des Marktzugangs führen.[416] Dieselben Überlegungen finden auch im brasilianischen Wettbewerbsrecht Anwendung.[417]

---

413 Comisión Nacional de Defensa de la Competencia, Breve Análisis Económico de la Ley Argentina de Defensa de la Competencia, Serie Documentos Nr. 1, August 1997, S. 23. Im Gutachten CNDC/YPF S.A. stufte die CNDC entsprechend ein Re-Importverbot, das brasilianischen Abnehmern verbot, Flüssiggas aus Argentinien wieder nach Argentinien zu verkaufen, als wettbewerbswidrig ein, Gutachten der Comisión Nacional de Defensa de la Competencia vom 19. März 1999, Serie Dictámenes Nr. 5, 5.1. „CNDC c/ YPF S.A.".

414 Comisión Nacional de Defensa de la Competencia, Breve Análisis Económico de la Ley Argentina de Defensa de la Competencia, Serie Documentos Nr. 1, August 1997, S. 23. Die Anwendung von Artikel 1 ist darauf zurückzuführen, dass die CNDC für diese Vorschrift im Rahmen des Gesetzes 22.262 ausschließlich zuständig war, während sie beim Vorliegen einer Straftat im Sinne des Artikels 41 Anklage vor einem Strafgericht erheben musste.

415 Comisión Nacional de Defensa de la Competencia, Breve Análisis Económico de la Ley Argentina de Defensa de la Competencia, Serie Documentos Nr. 1, August 1997, S. 23.

416 Entscheidung der Europäischen Kommission vom 22. Dezember 1972, ABl. 1972, L 303/24 „Cimbel"; Entscheidung der Europäischen Kommission vom 11. Mai 1973, ABl. 1973, L 217/3 „Kali & Salz"; Siehe auch die inzwischen außer Kraft getretene Verordnung (EG) Nr. 1983/83 der Europäischen Kommission vom 22. Juni 1983 über die Anwendung von Artikel 85 Abs. 3 EGV (Artikel 81 Abs. 3 EGV n.F.) auf Gruppen von Alleinvertriebsvereinbarungen, Erwägungsgrund Nr. 3, ABl. 1983, L 173/1.

417 Danach ist die Wettbewerbswidrigkeit von Ausschließlichkeitsbindungen in der Behinderung des Marktzutritts begründet, siehe CADE, Decisião no Proceso Administrativo Nr. 37 vom 12. Oktober 1989 „Febernati S.A. – Indústria e Comércio e Esso Brasileira de Petróleo S.A.", in: Franceschini, Introdução ao Direito da Concorrência, S. 63.

Aufgrund der durch eine vertikale Marktaufteilung verursachten Behinderung des Markzutritts ist meiner Ansicht nach Artikel 2 f) des Gesetzes 25.156 die einschlägige Vorschrift. Aus Spezialitätsgründen sollte die CNDC daher zukünftig bei vertikalen Marktaufteilungen diese Vorschrift anwenden und nicht auf die Generalnorm des Artikel 1 des Gesetzes 25.156 zurückgreifen.

cc) Mögliche Rechtfertigung im Rahmen des wirtschaftlichen Allgemeininteresses

Vertikale Marktaufteilungen und Ausschließlichkeitsbindungen sind gemäß Artikel 2 S. 1 i.V.m. Artikel 1 des Gesetzes 25.156 nur verboten, wenn sie einen Schaden für das wirtschaftliche Allgemeininteresse darstellen. Die CNDC hat in ihrer Praxis klar zum Ausdruck gebracht, dass Ausschließlichkeitsbindungen nicht automatisch gegen das wirtschaftliche Allgemeininteresse verstoßen. Sie können nach Ansicht der argentinischen Wettbewerbsbehörde Effizienzgewinne und eine Intensivierung des Wettbewerbs zur Folge haben.[418] Eine Gefährdung des wirtschaftlichen Allgemeininteresses ist danach insbesondere auszuschließen, wenn die Vertragsparteien ex-ante die Freiheit hatten, einen Vertrag mit Wettbewerbern ihres jeweiligen Vertragspartners abzuschließen.[419] Bezüglich Alleinvertriebsverträgen hat die CNDC entschieden, dass diese insbesondere zu Beginn der Tätigkeit eines Unternehmens nicht gegen das wirtschaftliche Allgemeininteresse verstoßen, weil diese Verträge erst den Markteintritt des neuen Wettbewerbers ermöglichen und somit langfristig zu einer Intensivierung des Wettbewerbs führen.[420] Im Umkehrschluss stellen Ausschließlichkeitsbindungen immer dann eine Gefahr für das wirtschaftliche Allgemeininteresse dar, wenn die Parteien ihre Vertragspartner nicht frei wählen können, neue Wettbewerber nicht in den Markt eintreten können oder bestehende Wettbewerber vom Markt verdrängt werden.

Der argentinische Ansatz hinsichtlich der Beurteilung vertikaler Marktaufteilungen entspricht im wesentlichen dem US-amerikanischen Wettbewerbsrecht. Dort

[418] Gutachten der Comisión Nacional de Defensa de la Competencia vom 16. September 1997, Serie Dictámenes Nr. 3, 6.6. „SADIT c/ Nobleza Picardo y Massalin Particulares"; Gutachten der Comisión Nacional de Defensa de la Competencia vom 18. Mai 1998, Serie Dictámenes Nr. 4, 8.9. „Editorial Amfin c/ AGEA S.A.".

[419] Gutachten der Comisión Nacional de Defensa de la Competencia vom 16. September 1997, Serie Dictámenes Nr. 3, 6.7. „SADIT c/ Nobleza Picardo y Massalin Particulares"; Comisión Nacional de Defensa de la Competencia, Breve Análisis Económico de la Ley Argentina de Defensa de la Competencia, Serie Documentos Nr. 1, August 1997, S. 23.

[420] Gutachten der Comisión Nacional de Defensa de la Competencia vom 22. November 1985, IV. „Casa Amado/Massalin Particulares"; Gutachten der Comisión Nacional de Defensa de la Competencia vom 17. Januar 1996, VI. „Segal/Cámara de Distribuidores de Tabaco"; Gutachten der Comisión Nacional de Defensa de la Competencia vom 16. September 1997, Serie Dictámenes Nr. 3, 6.8. „SADIT c/ Nobleza Picardo y Massalin Particulares".

ist anerkannt, dass vertikale im Gegensatz zu horizontalen Markaufteilungen nicht unter das *per-se* Verbot fallen, und in vielen Fällen eine positive Auswirkung auf den Wettbewerbsprozess haben.[421] Auch im brasilianischen Wettbewerbsrecht unterliegen vertikale Marktaufteilungen und Ausschließlichkeitsvereinbarungen der *rule of reason.*[422] Danach ist ein Verbot solcher Vereinbarungen immer ausgeschlossen, wenn der Verbraucher durch Effizienzgewinne oder einen besseren Service von der Vereinbarung profitiert.[423] Die Europäische Kommission hat die Anwendbarkeit der europäischen Wettbewerbsvorschriften auf Ausschließlichkeitsvereinbarungen ursprünglich in zwei Gruppenfreistellungsverordnungen ausführlich geregelt.[424] Danach waren ausschließliche Vertriebs- und Bezugsvereinbarungen vom Verbot des Artikels 81 Abs. 1 EGV freigestellt, wenn sie den Markteinstieg neuer Wettbewerber und den grenzüberschreitenden Wettbewerb in der Europäischen Union zum Vorteil des Verbrauchers fördern.[425] Nunmehr fallen Ausschließlichkeitsvereinbarungen unter den Anwendungsbereich der Verordnung VO 2790/99 über die Beurteilung vertikaler Wettbewerbsbeschränkungen.[426] Nach Artikel 4 b) VO 2790/99 sind vertikale Gebiets- oder Kundenbeschränkungen grundsätzlich nicht vom Verbot des Artikels 81 Abs. 1 EGV freigestellt (sog. „schwarze Klausel"), wenn nicht einer der in der Vorschrift aufgezählten Ausnahmetatbestände vorliegt. Freigestellt sind danach das Verbot aktiver Verkäufe außerhalb eines zugewiesenen Vertragsgebietes, das Verbot von Sprungverkäufen durch Großhändler sowie das Verbot von Mitgliedern eines Selektivvertriebssystems, an nicht zugelassene Händler zu verkaufen[427]. Im Vergleich zu der formalen und teilweise unübersichtlichen Regelung in der Gruppenfreistellungsverordnung für vertikale Vereinbarungen erscheint die wettbewerbsrechtliche Beurteilung von Aus-

---

[421] *Sullivan*, Handbook of the Law of Antitrust, S. 479 f.

[422] CADE, Decisião no Proceso Administrativo Nr. 30/92 vom 26. Februar 1993 „Seara Agrícola Comercial y Industrial Ltda. e ICI Brasil S.A.", in: Franschescini, Introdução ao Direito da Concorrência, S. 128 f.

[423] CADE, Decisião no Proceso Administrativo Nr. 30/92 vom 26. Februar 1993 „Seara Agrícola Comercial y Industrial Ltda. e ICI Brasil S.A.", in: Franschescini, Introdução ao Direito da Concorrência, S. 128 f.

[424] Verordnung (EG) Nr. 1983/83 der Europäischen Kommission vom 22. Juni 1983 über die Anwendung von Artikel 85 Abs. 3 EGV (Artikel 81 Abs. 3 EGV n.F.) auf Gruppen von Alleinvertriebsvereinbarungen, ABl. 1983, L 173/1, sowie Verordnung (EG) Nr. 1984/83 der Europäischen Kommission vom 22. Juni 1983 über die Anwendung von Artikel 85 Abs. 3 EGV (Artikel 81 Abs. 3 EGV n.F.) auf Gruppen von Alleinbezugsvereinbarungen, ABl. 1983, L 173/5.

[425] *Wish*, Competition Law, S. 558.

[426] Verordnung (EG) Nr. 2790/1999 der Europäischen Kommission vom 22. Dezember 1999 über die Anwendung von Artikel 81 Abs. 3 EGV auf Gruppen von vertikalen Vereinbarungen und aufeinander abgestimmter Verhaltensweisen, ABl. 1999, L 336/21.

[427] Vgl. *Langen/Bunte*, Kommentar zum deutschen und europäischen Kartellrecht, zu Art. 81, RN 517.

schließlichkeitsklauseln und anderen vertikalen Gebiets- oder Kundenkreisbeschränkungen durch die argentinische Wettbewerbsbehörde aufgrund der konsequenten Orientierung am Effizienzprinzip moderner und flexibler.

c) Kopplungsgeschäfte

Gemäß Artikel 2 i) des Gesetzes 25.156 ist der Verkauf einer Ware oder das Angebot einer Dienstleistung unter der Bedingung, eine andere Ware oder Dienstleistung abzunehmen, eine wettbewerbswidrige Verhaltensweise. Diese Vorschrift entspricht Artikel 6 VIII WSP, wonach die Verknüpfung des Verkaufs einer Ware mit dem Erwerb einer anderen Ware oder mit der Inanspruchnahme einer Dienstleistung sowie die Verknüpfung der Erbringung einer Dienstleistung mit der Inanspruchnahme einer anderen Dienstleistung oder mit dem Erwerb einer Ware, wettbewerbswidrig ist. Auch das brasilianische Gesetz 8.884/94 enthält in Artikel 21 XIII eine inhaltsgleiche Regelung. Alle diese Vorschriften der verschiedenen Wettbewerbsordnungen im MERCOSUR sind wiederum maßgeblich vom Verbot von Kopplungsgeschäften in Artikel 81 Abs. 1 e) EGV beeinflusst worden.

aa) Vorliegen eines Kopplungsgeschäfts

Erste Voraussetzung von Artikel 2 i) ist, dass der Erwerb einer Ware oder Dienstleistung vom Erwerb einer anderen Ware oder Dienstleistung abhängig gemacht wird.[428] Der im argentinischen Wettbewerbsgesetz verwendete Begriff des *Abhängigmachens* ist dabei nicht formal zu verstehen. Er umfasst alle Verhaltensweisen, durch die zum Ausdruck gebracht wird, dass der Vertragsabschluss nur bei Erwerb der miteinander verbundenen Waren oder Dienstleistungen möglich ist.[429] Dies kann ausdrücklich, beispielsweise mittels einer entsprechenden Vertragsklausel, oder konkludent, wie zum Beispiel durch die Weigerung, ein Produkt ohne das andere zu verkaufen, geschehen. Die CNDC hat herausgestellt, dass durch das Abhängigmachen immer eine Zwangswirkung auf den Ersteher einer Ware oder Dienstleistung ausgeübt werden muss.[430] Der Begriff des Abhängigmachens ist somit weit auszulegen, wobei sich der Ersteher der

---

[428] Der vom argentinischen Gesetzgeber gewählte Begriff „subordinar“ kann mit „ von etwas abhängig machen“ oder mit „unterordnen“ übersetzt werden.

[429] Auch im europäischen Wettbewerbsrecht ist Artikel 81 Abs. 1 e) EGV nur anwendbar, wenn der Abschluss von Verträgen von der Erfüllung der Bedingung abhängig gemacht wird, eine zusätzliche Ware oder Dienstleistung abzunehmen, siehe *Immenga/Mestmäcker*, EG-Wettbewerbsrecht, zu Artikel 85 Abs. 1 EGV (81 Abs. 1 EGV n.F.), B. RN 134.

[430] Gutachten der Comisión Nacional de Defensa de la Competencia vom 24. August 1982, VI. „Asociación de Empresas de Servicios Funebres y Afines de Villa Maria“; Gutachten der Comisión Nacional de Defensa de la Competencia vom 14. Juni 1982, VI. „Asociación Sureña de Pompas Funebres de la Provincia de Buenos Aires“.

Hauptsache jeweils in einer gewissen Zwangssituation befinden muss, die ihm die Annahme alternativer Angebote anderer Anbieter erschwert.

Die zweite Voraussetzung von Artikel 2 i) des Gesetzes 25.156 ist, dass es sich bei dem gekoppelten Produkt um eine *andere* Ware oder Dienstleistung handeln muss. Der Begriff „andere" ist unklar. In der Vorgängernorm Artikel 41 d) des Gesetzes 22.262 hieß es noch, dass die gekoppelten Waren oder Dienstleistungen aufgrund ihrer Natur und der Handelsgewohnheiten nicht mit dem Vertragsgegenstand im Zusammenhang stehen dürfen. Es stellt sich daher die Frage, wann eine „andere" Ware oder Dienstleistung im Sinne von Artikel 2 i) des Gesetzes 25.156 vorliegt. Aufgrund der im Vergleich zu Artikel 41 d) des Gesetzes 22.262 unterschiedlichen Formulierung könnte man annehmen, dass der Gesetzgeber eine Erweiterung des Anwendungsbereichs von Artikel 2 i) des Gesetzes 25.156 auf alle „nicht gleichen" Waren oder Dienstleistungen angestrebt hat. Dann würde aber auch die Koppelung von einer Ware mit einer sachlich dazugehörenden Ware oder Dienstleistung, wie zum Beispiel der Verkauf einer Maschine mitsamt Zubehör, unter die Vorschrift fallen. Eine solche Interpretation ließe sich jedoch nicht mit der von der argentinischen Wettbewerbsbehörde anerkannten wettbewerbswidrigen Natur von Kopplungsgeschäften vereinbaren. Diese liegt nach Auffassung der CNDC in der künstlichen Verbindung von grundsätzlich weder sachlich noch handelsüblich zusammengehörenden Waren oder Dienstleistungen.[431] Eine an Sinn und Zweck von Artikel 2 i) orientierte Auslegung des Begriffs *anders* führt daher zu dem Ergebnis, dass nur solche Waren oder Dienstleistung diese Voraussetzung erfüllen, die keinen sachlichen oder handelsüblichen Zusammenhang mit dem eigentlichen Vertragsgegenstand haben. Ein sachlicher oder handelsüblicher Zusammenhang liegt dabei vor, wenn eine Einzelvermarktung der gekoppelten Güter ihrer Natur oder vernünftigen kommerziellen Erwägungen widerspricht.[432] Dieses Ergebnis entspricht somit dem Wortlaut der Vorgängervorschrift Artikel 41 f) des Gesetzes 22.262 und von Artikel 81 Abs. 1 e) EGV. Die CNDC hat darüber hinaus klargestellt,

---

[431] Gutachten der Comisión Nacional de Defensa de la Competencia vom 24. August 1982, VI. „Asociación de Empresas de Servicios Funebres y Afines de Villa Maria"; Gutachten der Comisión Nacional de Defensa de la Competencia vom 14. Juni 1982, VI. „Asociación Sureña de Pompas Funebres de la Provincia de Buenos Aires";
Comisión Nacional de Defensa de la Competencia, Breve Análisis Económico de la Ley Argentina de Defensa de la Competencia, Serie Documentos Nr. 1, August 1997, S. 23. Diese Definition entspricht der im europäischen Wettbewerbsrecht gängigen Umschreibung, wonach ein Kopplungsgeschäft eine Vereinbarung über Waren oder Dienstleistungen ist, durch die eine Partei verpflichtet wird, Waren oder Dienstleistungen abzunehmen, die weder sachlich noch handelsüblich zu den Waren oder Leistungen gehören, die den eigentlichen Vertragsgegenstand bilden, siehe *Emmerich*, Kartellrecht, S. 139.
[432] So im Rahmen der Vorgängervorschrift Artikel 41 f) des Gesetzes 22.262 Cabanellas de las Cuevas, Derecho antimonopólico, S. 417.

dass ein wettbewerbswidriges Kopplungsgeschäft nur vorliegt, wenn zwei *konkrete* Produkte miteinander verbunden werden. So fiel das Angebot eines Supermarktes, bei einem Einkauf in einer bestimmten Mindesthöhe eine Eintrittskarte für ein Popkonzert zu einem vergünstigten Preis zu erstehen, nicht in den Anwendungsbereich der Vorschrift, weil es sich nicht um die Koppelung zweier konkreter Produkte handelte.[433]

bb) Wettbewerbswidrigkeit von Kopplungsgeschäften

Die argentinische Wettbewerbsbehörde hat die Wettbewerbswidrigkeit von Kopplungsgeschäften insbesondere mit der Gefahr der Ausdehnung von Marktmacht begründet.[434] Denn durch Kopplungsverträge könne der Lieferant oder Produzent seine hinsichtlich des Hauptgegenstandes bestehende Marktmacht auf den Markt des an den Hauptgegenstand gekoppelten Produkts ausdehnen. So hat die CNDC beispielsweise die Koppelung der Stromversorgung mit dem Angebot von Beerdigungsdienstleistungen als wettbewerbswidrig eingestuft, weil die mit einem gesetzlichen Monopol ausgestatteten Stromversorger ihre Marktmacht auf den sachlich nicht zusammenhängenden Markt für Bestattungen ausdehnten.[435] Nach Auffassung der CNDC ist der Hauptzweck von Artikel 2 i) des Gesetzes 25.156 also die Vermeidung der Ausdehnung der Marktmacht marktstarker Unternehmen auf andere Märkte. Ist das fragliche Unternehmen auch marktbeherrschend im Sinne von Artikel 4 des Gesetzes 25.156 kann gleichzeitig ein Missbrauch einer marktbeherrschenden Stellung vorliegen. Neben der Ausdehnung von Marktmacht können Kopplungsgeschäfte darüber hinaus zu einem Ausschluss von Wettbewerbern vom Markt des gekoppelten Produkts und zu einer Beeinträchtigung der wirtschaftlichen Entscheidungsfreiheit des gebundenen Vertragspartners führen.[436] Abschließend ist zu beachten, dass sich Artikel 2 i) des Gesetzes 25.156 nur gegen diejenige Partei richtet, welche die wettbewerbswidrige Koppelung vornimmt, und nicht gegen die Partei, die diese akzeptiert.

---

[433] Gutachten der Comisión Nacional de Defensa de la Competencia vom 22. Dezember 1999, RN 13 „Acción del Consumidor y Proconsumidor c/ Alto Palermo S.A.".

[434] Gutachten der Comisión Nacional de Defensa de la Competencia vom 14. Juni 1982, VI. „Asociación Sureña de Pompas Funebres de la Provincia de Buenos Aires"; Comisión Nacional de Defensa de la Competencia, Breve Análisis Económico de la Ley Argentina de Defensa de la Competencia, Serie Documentos Nr. 1, August 1997, S. 23.

[435] Gutachten der Comisión Nacional de Defensa de la Competencia vom 24. August 1982, VI. „Asociación de Empresas de Servicios Funebres y Afines de Villa Maria"; Gutachten der Comisión Nacional de Defensa de la Competencia vom 14. Juni 1982, VI. „Asociación Sureña de Pompas Funebres de la Provincia de Buenos Aires".

[436] *Immenga/Mestmäcker*, EG-Wettbewerbsrecht, zu Artikel 85 Abs. 1 EGV (81 Abs. 1 EGV n.F.), B. RN 126.

cc) Mögliche Rechtfertigung im Rahmen des wirtschaftlichen Allgemeininteresses

Ein Kopplungsgeschäft muss schließlich gemäß Artikel 2 S. 1 i.V.m. Artikel 1 des Gesetzes 25.156 eine Gefahr für das wirtschaftliche Allgemeininteresse darstellen. Nach Auffassung der CNDC stellt die Verwendung von Kopplungsklauseln ein starkes Indiz für das Bestehen einer marktstarken Stellung des die Koppelung vornehmenden Vertragspartners dar.[437] Eine solche wirtschaftliche Machtstellung hat nach Meinung der argentinischen Wettbewerbsbehörde grundsätzlich negative Auswirkungen auf den Wettbewerbsprozess, weil das fragliche Unternehmen langfristig höhere Preise durchsetzen kann.[438] Somit stellen Kopplungsgeschäfte grundsätzlich eine Gefahr für das wirtschaftliche Allgemeininteresse dar. Eine Rechtfertigung aufgrund wirtschaftlicher Effizienzgewinne erscheint nur in begrenzten Ausnahmefällen möglich. Solche Ausnahmefälle sind denkbar, wenn erst der gebündelte Verkauf einer gesamten Produktpalette den Markteintritt eines neuen Wettbewerbers ermöglicht, oder wenn die Koppelung zu einer erheblichen Kostenreduktion auch für den Endverbraucher führt. Unter Bezugnahme auf das US-amerikanische Wettbewerbsrecht wird darüber hinaus vorgeschlagen, die Koppelung von Waren und Dienstleistungen auch aufgrund des Schutzes von Markenrechten und von Know-how zuzulassen.[439] Eine solche Rechtfertigung dürfte jedoch nur bestehen, wenn das Kopplungsgeschäft für die rechtmäßige Ausübung der Schutzrechte notwendig ist und keine weniger wettbewerbsbeschränkende Alternative besteht.

d) Vertikale Mengenbeschränkungen

Nach Artikel 2 b) des Gesetzes 25.156 sind Verpflichtungen, nur eine beschränkte oder limitierte Anzahl von Waren zu produzieren, zu bearbeiten, zu verteilen, zu kaufen oder zu vermarkten sowie Verpflichtungen, eine Dienstleistung nach Anzahl, Umfang oder Häufigkeit beschränkt anzubieten, wettbewerbswidrige Verhaltensweisen. Diese Vorschrift ist auf horizontale und vertikale Mengenbeschränkungen anwendbar. Während horizontale Mengenbeschränkungen zwischen Wettbewerbern wie dargestellt grundsätzlich wettbewerbswidrig sind und eine Gefahr für das wirtschaftliche Allgemeininteresse darstellen[440], ist die Situation bei vertikalen Mengenbeschränkungen anders.

---

[437] Comisión Nacional de Defensa de la Competencia, Breve Análisis Económico de la Ley Argentina de Defensa de la Competencia, Serie Documentos Nr. 1, August 1997, S. 23.

[438] Comisión Nacional de Defensa de la Competencia, Breve Análisis Económico de la Ley Argentina de Defensa de la Competencia, Serie Documentos Nr. 1, August 1997, S. 23.

[439] *Cabanellas de las Cuevas*, Derecho antimonopólico y de defensa de la competencia, S. 423.

[440] Siehe oben V. 2. c).

aa) Formen vertikaler Mengenbeschränkungen

Es gibt eine Vielzahl verschiedener vertikaler Mengenbeschränkungen. Besonders häufig sind Vertragsklauseln, in denen der Produzent einer Ware seine Händler verpflichtet, eine bestimmte Höchst- oder Mindestmenge seiner Waren abzunehmen.[441] Eine solche vertikale Mengenbegrenzung kann aus mehreren Gründen wettbewerbsbeschränkend sein. Die künstliche Verknappung eines Produkts mittels der Vereinbarungen von Höchstmengen kann zu einer Marktaufteilung und zu einer mittelbaren Steuerung des Verkaufspreises führen. Auch der Verkauf unter Vereinbarung einer Mindestabnahmemenge kann eine Marktaufteilung zur Folge haben, oder aber die Anzahl der untereinander konkurrierenden Händler verringern.

bb) Mögliche Rechtfertigung im Rahmen des wirtschaftlichen Allgemeininteresses

Vertikale Mengenbegrenzungen verstoßen nicht grundsätzlich gegen das wirtschaftliche Allgemeininteresse und führen häufig zu einer Erhöhung der wirtschaftlichen Effizienz.[442] So kann die Vereinbarung von maximalen Abnahmemengen gerechtfertigt sein, wenn ein Hersteller nicht die gesamte Nachfrage befriedigen kann und aufgrund langfristiger Überlegungen eine Preiserhöhung verhindern will.[443] Auch die Auferlegung von Mindestabnahmemengen kann aufgrund von Effizienzgewinnen gerechtfertigt sein. So ist beispielsweise denkbar, dass sich der Markteintritt eines Produzenten erst bei Abnahme einer bestimmten Mindestmenge rechnet, oder dass durch die Vereinbarung von Mindestmengen zu einer Verringerung der Vertriebskosten, auch zum Vorteil der Endverbraucher, führt.

e) Sonstige vertikale Wettbewerbsbeschränkungen

Alle nicht ausdrücklich in Artikel 2 des Gesetzes 25.156 aufgezählten vertikalen Wettbewerbsbeschränkungen fallen in den Anwendungsbereich der Generalnorm Artikel 1 des Gesetzes 25.156.

---

[441] *Cabanellas de las Cuevas*, Derecho antimonopólico y de defensa de la competencia, S. 587.

[442] Dies entspricht dem Regelungsansatz der Europäischen Kommission, wonach vertikale Mengenbeschränkungen unter den Anwendungsbereich von Artikel 2 Abs. 1 VO 2790/99 fallen und somit vom Verbot des Artikels 81 Abs. 1 EGV freigestellt sind.

[443] *Cabanellas de las Cuevas*, Derecho antimonopólico y de defensa de la competencia, S. 587.

aa) Lizenzverträge

Lizenzverträge sind Verträge, durch die der Inhaber eines Schutzrechtes einem anderen die Ausübung einer an sich ausschließlich dem Berechtigten aufgrund seines Schutzrechts vorbehaltenen Tätigkeit gestattet.[444] In diesem Zusammenhang stellt sich die grundsätzliche Frage, inwiefern das Wettbewerbsrecht auf die gesetzlich garantierten Schutzrechte des geistigen Eigentums anwendbar sind. Die argentinische Wettbewerbsbehörde hat sich bisher lediglich in der Entscheidung *Tiboni c/ Sorensen y Cia.* Ausführlich mit dem Problem der wettbewerbsrechtlichen Beurteilung von Schutzrechten befasst.[445] Inhaltlich ging es um die Frage, ob der Inhaber eines Patents wettbewerbswidrig handelte, indem er seine ausschließlichen Rechte zur Behinderung von Wettbewerbern missbraucht hatte. In ihrem Gutachten erkannte die argentinische Wettbewerbsbehörde an, dass ein Patent dem Inhaber grundsätzlich ein exklusives, staatlich garantiertes Recht gibt, ein bestimmtes Produkt herzustellen und zu vermarkten. Dieses exklusive Schutzrecht gilt nach Auffassung der CNDC jedoch nicht uneingeschränkt. Die CNDC kann danach im Einzelfall nachprüfen, wo die Grenzen der Schutzrechte liegen, und ob ihr exzessiver Gebrauch zu einer Verletzung des Wettbewerbsgesetzes führt.[446] Diese Ausführungen sind stark an der sowohl im amerikanischen als auch im europäischen Wettbewerbsrecht anerkannten Unterscheidung zwischen Bestand und Ausübung eines Schutzrechts orientiert. Danach ist zwar nicht der Bestand, aber die Ausübung der Schutzrechte der Kontrolle durch das Wettbewerbsrecht unterworfen.[447] Welche Ausübungshandlungen dabei geschützt sind, richtet sich nach dem spezifischen Gegenstand jedes Schutzrechts.[448] Den Ausführungen der argentinischen Wettbewerbsbehörde kann ebenfalls entnommen werden, dass die Ausübung von Schutzrechten in den Anwendungsbereich des argentinischen Wettbewerbsgesetzes fällt und durch dieses begrenzt wird. Wie im europäischen Wettbewerbsrecht sind nur die

---

[444] *Immenga/Mestmäcker*, EG-Wettbewerbsrecht, zu Artikel 85 Abs. 1 EGV (81 Abs. 1 EGV n.F.), B. RN 247.

[445] Gutachten der Comisión Nacional de Defensa de la Competencia vom 16. August 1981, „Tiboni c/ Sorensen y Cia.“.

[446] Gutachten der Comisión Nacional de Defensa de la Competencia vom 16. August 1981, VI. „Tiboni c/ Sorensen y Cia.“. Ebenso *Bergel/Battioli*, En torno de Derechos de Propiedad Intelectual y la Competencia, Revista del Derecho Industrial Nr. 43, Januar – April 1993, S. 101.

[447] Zum europäischen Wettbewerbsrecht siehe EuGHE 1982, 2853 (2871) „Keurkoop“; EuGHE 1988, 6067 (6071) „Renault“; EuGHE 1995, 339 (342) „RTE/ITP (Magill)“. Zum US-amerikanischen Wettbewerbsrecht siehe Walker Process Equip. v. Food Mach. & Chem. Corp., 382 U.S. 172, 86 (1965). Siehe auch *Sullivan*, Handbook of the Law of Antitrust, S. 508 ff.

[448] EuGHE 1974, 1147 (1163) „Centrafarm“; EuGHE 1988, 6067 (6071) „Renault“; EuGHE 1988, 6232 (6235) „Volvo“.

vom Kernbereich des Schutzrechts umfassten Tätigkeiten der Anwendung des Wettbewerbsgesetzes vollständig entzogen. Ein weiteres Indiz für die Richtigkeit der Annahme, dass die Ausübung von Schutzrechten in vollem Umfang der Anwendung des Wettbewerbsrechts unterliegt, ist in der Abschaffung von Artikel 5 des Gesetzes 22.262 zu sehen.[449] Nach dieser Vorschrift waren durch andere Gesetze erlaubte Verhaltensweisen von der Anwendung des Wettbewerbsgesetzes ausgeschlossen, was insbesondere für Patente und andere Schutzrechte galt.[450] Mit der Abschaffung dieser Norm wurde die Ausübung von Schutzrechten ausdrücklich dem Anwendungsbereich des Wettbewerbsgesetzes unterstellt.

Abschließend stellt sich die Frage, in welchen Fällen die Ausübung eines Schutzrechts wettbewerbswidrig ist. Aufgrund der auch im argentinischen Wettbewerbsrecht anerkannten Unterscheidung zwischen dem Bestand und der Ausübung eines Schutzrechts kann ein Vergleich mit dem europäischen Wettbewerbsrecht angestellt werden. Danach sind insbesondere Erstreckungen des Schutzrechts auf gemeinfreie Produkte, Wettbewerbsverbote für die Zeit nach Vertragsende, Nichtangriffsklauseln, Export- und Reimportverbote, jede Form des absoluten Gebietsschutzes sowie sehr langfristig geschlossene ausschließliche Lizenzen als wettbewerbswidrig einzustufen.[451] Bei dem Vergleich ist jedoch einschränkend zu beachten, dass die Beurteilung der Ausübung von Schutzrechten im europäischen Wettbewerbsrecht stark am Gemeinschaftsziel eines gemeinsamen Binnenmarkts orientiert ist.[452] Das in einer Vielzahl von Entscheidungen der Europäischen Kommission und des Europäischen Gerichtshofs vorgebrachte Argument, dass der Binnenmarkt durch die wettbewerbswidrige Ausübung des Schutzrechts wieder künstlich in nationale Märkte aufgeteilt werde, ist daher nicht übertragbar. Im Rahmen des drohenden Schadens für das wirtschaftliche Allgemeininteresse ist zu prüfen, ob die wettbewerbsbeschränkende Auswirkung des konkreten Lizenzvertrags durch überwiegende Effizienzgewinne gerechtfertigt werden kann. Hierbei ist insbesondere zu untersuchen, ob der Lizenzvertrag einem Unternehmen den Marktzutritt oder die Einführung eines neuen Produkts ermöglicht, was langfristig zu einer Intensivierung

---

[449] Artikel 5 des Gesetzes wurde faktisch durch das Präsidialdekret 2284/91, Boletín Oficial vom 1. November 1991, außer Kraft gesetzt und endgültig durch Artikel 107 des Gesetzes 24.481, Boletín Oficial vom 20. September 1995, abgeschafft.

[450] Ley 22.262 de Defensa de la Competencia - Exposición de Motivos (Gesetzesmotive), Kapitel III. Ziffer 5.

[451] Entscheidung der Europäischen Kommission vom 9. Juni 1972, ABl. 1972, L 234/34 „Davidson Rubber Company"; Entscheidung der Europäischen Kommission vom 2. Dezember 1975, ABl. 1976, L 6/8 „AOIP/Beyrard"; Entscheidung der Europäischen Kommission vom 12. Juli 1985, ABl. 1985, L 233/22 „Velcro/Aplix"; Entscheidung der Europäischen Kommission vom 11. Juli 1983, ABl. L 229/1 „Windsurfing International", ABl. 1986, L 229/1.

[452] EuGHE 1963, 321 (393 f.) „Consten und Grundig"; EuGHE 1994 I, 2836 (2855) „Ideal Standard".

des Wettbewerbs führt. Aus diesem Grund können auch langfristige oder ausschließliche Lizenzverträge durch Vorteile für für das wirtschaftliche Allgemeininteresse gerechtfertigt sein.

bb) Selektive Vertriebssysteme

Unter einem selektiven Vertriebssystem ist eine Absatzorganisation zu verstehen, bei der sich der Hersteller in einem bestimmten Gebiet auf eine ausgewählte Anzahl von Groß- oder Einzelhändlern unter Ausschluss der übrigen Händler beschränkt.[453] Diese Abnehmer müssen dabei in der Regel eine Reihe standardisierter Kriterien, beispielsweise hinsichtlich fachlicher Beratung, Produktservice und Verkaufsräumen erfüllen. Die Wettbewerbswidrigkeit von selektiven Vertriebssystemen liegt insbesondere in der vertikalen Beschränkung des sog. „intra-brand-Wettbewerbs" (also zwischen den verschiedenen Anbietern einer Marke) begründet.[454] Im europäischen Wettbewerbsrecht sind vier verschiedene Typen selektiver Vertriebssysteme anerkannt: die offene Selektion, die einfache Fachhandelsbindung, die qualifizierte Fachhandelsbindung und der quantitativ selektive Vertrieb.[455] Eine Übernahme dieser Einteilung bietet sich auch für das argentinische Wettbewerbsrecht an, weil sich insbesondere im Hinblick auf eine mögliche Rechtfertigung im Rahmen des wirtschaftlichen Allgemeininteresses jeweils unterschiedliche Beurteilungen ergeben.

In einem *offenen Vertriebssystem* schließt der Lieferant mit seinen von ihm ausgewählten Händlern Rahmenverträge über die Förderung des Absatzes seiner Waren, beschränkt den Händler aber nicht beim Weiterverkauf.[456] Von offenen Vertriebssystemen gehen nach der Praxis der Europäischen Kommission in der Regel keine spürbaren Wettbewerbsbeschränkungen aus, so dass kein Verstoß gegen Artikel 81 Abs. 1 EGV vorliegt.[457] Entsprechend ist aufgrund der fehlenden Auswirkung auf den Markt in offenen Vertriebssystemen keine Wettbewerbsbeschränkung im Sinne von Artikel 1 des Gesetzes 25.156 zu sehen. Darüber hinaus liegt wegen der mit diesen Vertriebssystemen verbundenen Förde-

---

[453] *Immenga/Mestmäcker*, EG-Wettbewerbsrecht, zu Artikel 85 Abs. 1 EGV (81 Abs. 1 EGV n.F.), B. RN 178.

[454] EuGHE 1977, 1879 (1905) „Metro/Saba I". Unter intra-brand Wettbewerb ist der Wettbewerb zwischen den Verkäufern desselben Produkts zu verstehen, siehe *Langen/Bunte*, Kommentar zum deutschen und europäischen Kartellrecht, zu Artikel 81 EGV, RN 465.

[455] *Immenga/Mestmäcker*, EG-Wettbewerbsrecht, zu Artikel 85 Abs. 1 EGV (81 Abs. 1 EGV n.F.), B. RN 180.

[456] *Langen/Bunte*, Kommentar zum deutschen und europäischen Kartellrecht, zu Artikel 81 EGV, RN 410.

[457] Entscheidung der Europäischen Kommission vom 17. April 1980, ABl. 1980, L 120/26 „Krups".

rung des Absatzes durch spezielle Anreize zum Vorteil des Verbrauchers auch keine Beeinträchtigung des wirtschaftlichen Allgemeininteresses vor.

Bei einer *einfachen Fachhandelsbindung* verpflichtet der Hersteller seine unmittelbaren Abnehmer, allein in bestimmter Weise qualifizierte Fachhandelsgeschäfte unter Ausschluss aller anderen Formen des Einzelhandels zu beliefern.[458] Die Fachhandelsgeschäfte müssen dabei eine Reihe qualitativer Mindestanforderungen hinsichtlich Kundenservice, Verkaufsräumen und Personal erfüllen. Im europäischen Wettbewerbsrecht verstoßen solche einfachen Fachhandelsbindungen nicht gegen Artikel 81 Abs. 1 EGV, wenn sie nach Art des Produkts erforderlich erscheinen, um dessen Qualität und richtigen Gebrauch sicherzustellen, die Auswahl der Wiederverkäufer aufgrund von objektiven Gesichtspunkten qualitativer Art erfolgt, das System zur Stärkung des Wettbewerbs beiträgt und im Interesse des Verbrauchers ist.[459] Diese Kriterien können auf die im Rahmen von Artikel 1 des Gesetzes 25.156 anzustellende Beurteilung, ob in einer Fachhandelsbindung eine Wettbewerbsbeschränkung zu sehen ist, übertragen werden. Insofern ist zu beachten, dass der Wettbewerb durch die Fachhandelsbindung intensiviert wird, weil die Hersteller nicht nur durch Preise, sondern auch durch zusätzlichen Service miteinander konkurrieren. Diese Argumente treffen jedoch meiner Ansicht nur auf Qualitätsprodukte zu, weil bei qualitativ geringwertigeren Produkten allein der Preiswettbewerb entscheidet. Einfache Fachhandelsbindungen bei qualitativ anspruchsvollen Produkten stellen somit grundsätzlich keine Wettbewerbsbeschränkung und keine Gefahr für das wirtschaftliche Allgemeininteresse dar, so dass sie nicht unter das Verbot von Artikel 1 des Gesetzes 25.156 fallen.

Eine *qualifizierte Fachhandelsbindung* liegt vor, wenn die zugelassenen Händler über die einfache Fachhandelsbindung hinaus zusätzliche wettbewerbsbeschränkende Verpflichtungen übernehmen, die mit Rücksicht auf die Eigenschaften des Produktes zur Wahrung dessen Qualität nicht mehr unbedingt erforderlich sind.[460] Beispiele sind eine besondere Absatzförderungspflicht, die Pflicht zur Mindestabnahme oder zur Mitwirkung an der Werbung, Wettbewerbsverbote und Ausschließlichkeitsbindungen.[461] Im europäischen Wettbewerbsrecht ver-

---

[458] *Immenga/Mestmäcker*, EG-Wettbewerbsrecht, zu Artikel 85 Abs. 1 EGV (81 Abs. 1 EGV n.F.), B. RN 200.

[459] EuGHE 1977, 1875 (1907 ff.) „Metro/SABA I"; EuGHE 1983, 3151 (3194 ff.) „AEG"; EuGHE 1986, 3021 (3074 ff.) „Metro/SABA II"; EuGHE 1996, 1961 (2007 ff.) „Yves St. Laurent". Diese Rechtsprechung ist in Artikel 4 b) der Verordnung (EG) Nr. 2790/99 über die Beurteilung vertikaler Vereinbarungen übernommen worden.

[460] *Immenga/Mestmäcker*, EG-Wettbewerbsrecht, zu Artikel 85 Abs. 1 EGV (81 Abs. 1 EGV n.F.), B. RN 212.

[461] *Langen/Bunte*, Kommentar zum deutschen und europäischen Kartellrecht, zu Artikel 81 EGV, RN 433.

stoßen solche zusätzlichen Verpflichtungen gegen Artikel 81 Abs. 1 EGV, können jedoch nach Artikel 81 Abs. 3 EGV freigestellt werden.[462] Eine Freistellung kommt danach insbesondere bei Luxusgütern wie etwa Parfum oder Elektrogeräten in Betracht. Diese Grundsätze sind auch bei der Beurteilung, ob vergleichbare Vetragsklauseln gemäß Artikel 1 des Gesetzes 25.156 gegen das wirtschaftliche Allgemeininteresse verstoßen, zu berücksichtigen. Insbesondere ist auf die Art der Ware abzustellen. Bei qualitativ hochwertigen Luxusgütern können zusätzliche Wettbewerbsbeschränkungen aufgrund von überwiegenden Gründen des wirtschaftlichen Allgemeininteresses gerechtfertigt sein. Dies ist insbesondere der Fall, wenn nur so der Markteintritt eines neuen Produkts ermöglicht werden kann oder dies zur Vermeidung von Produktpiraterie erforderlich ist. In allen anderen Fällen sind die einzelnen wettbewerbsbeschränkenden Vertragsklauseln, die über das zur Qualitätssicherung der Ware erforderliche Maß hinausgehen, gemäß Artikel 1 des Gesetzes 25.156 verboten.

Bei *quantitativ selektiven Vertriebssystemen* ist der Vertrieb von vornherein auf eine bestimmte Anzahl an Vertragshändlern begrenzt, so dass nicht alle die qualitativen Voraussetzungen erfüllenden Händler zum Vertrieb des jeweiligen Produkts zugelassen werden.[463] Diese Art des Vertriebs kann im europäischen Wettbewerbsrecht nur dann vom Verbot des Artikels 81 Abs. 1 EGV freigestellt werden, wenn dies zur Gewährleistung der Exklusivität des vertriebenen Produkts notwendig ist.[464] Dies ist insbesondere der Fall, wenn die komplizierte Technik des Produkts in Verbindung mit der Notwendigkeit eines besonders qualifizierten Kundendienstes nur durch ein quantitativ selektives Vertriebssystem sichergestellt werden kann. So hat die Europäische Kommission selektive Vertriebssysteme bei Fahrzeugen durch die Gruppenfreistellungsverordnung VO 1400/2002 unter bestimmten Voraussetzungen vom Verbot des Artikels 81 Abs. 1 EGV freigestellt.[465] Dieser an der Natur des konkreten Produkts orientierte Lö-

---

[462] EuGHE 1977, 1875 (1907 ff.) „Metro/SABA I"; Entscheidung der Europäischen Kommission vom 16. Dezember 1985, ABl. 1985, L 376/15 „Villeroy & Boch"; Entscheidung der Europäischen Kommission vom 16. Dezember 1991, ABl. 1992, L 12/24 (28) „Yves St. Laurent"; Entscheidung der Europäischen Kommission vom 24. Juli 1992, ABl. Nr. L 236/11 (15) „Givenchy". Diese Rechtsprechung ist in Artikel 4 b) VO 2790/99 übernommen worden. Danach sind insbesondere Beschränkungen des Verkaufs an nicht zugelassene Händler, die Mitgliedern eines selektiven Betriebssystems auferlegt sind, vom Verbot des Artikel 81 Abs. 1 EGV freigestellt.

[463] *Immenga/Mestmäcker*, EG-Wettbewerbsrecht, zu Artikel 85 Abs. 1 EGV (81 Abs. 1 EGV n.F.), B. RN 218.

[464] EuGHE 1980, 2511 (2536) „Lancôme"; EuGHE 1984, 883 (904 ff.) „Hasselblad", EuGE 1992, 417 (438 ff.) „Vichy"; Entscheidung der Europäischen Kommission vom 6. Januar 1982, ABl. 1982, L 117/15 „AEG".

[465] Verordnung (EG) Nr. 1400/2002 der Europäischen Kommission vom 31. Juli 2002 über die Anwendbarkeit von Artikel 81 Abs. 3 EGV des Vertrags auf Gruppen von vertikalen Ver-

sungsansatz kann auch auf die Abwägung zwischen der durch quantitativ selektive Vertriebssysteme verursachten Wettbewerbsbeschränkung in Form einer erheblichen Beschränkung des Marktzutritts und dem wirtschaftlichen Allgemeininteresse im Rahmen von Artikel 1 des Gesetzes 25.156 übertragen werden. So ist denkbar, dass bei technisch hochwertigen Produkten wie zum Beispiel Kraftfahrzeugen ein quantitativ selektives Vertriebssystem keine Gefahr für das wirtschaftliche Allgemeininteresse darstellt, weil der Vertrieb des Produkts anders nicht möglich wäre oder der Markteintritt des Produkts anders nicht abgesichert werden könnte. Grundsätzlich ist in der quantitativen Beschränkung jedoch eine wettbewerbswidrige Marktaufteilung zu sehen, die nur in außergewöhnlichen Fällen durch überwiegende Effizienzgewinne gerechtfertigt werden kann.

cc) Franchiseverträge

Der Wesensgehalt von Franchiseverträgen liegt in der Lizenzierung der Firmen- und Markenrechte des Franchisegebers sowie der Überlassung von dessen Know-how gegen die Verpflichtung des Franchisenehmers, die Vertragsware ausschließlich vom Franchisegeber zu beziehen.[466] In der Europäischen Union richtet sich die wettbewerbsrechtliche Beurteilung von Franchiseverträgen nach der Gruppenfreistellungsverordnung 2790/1999.[467] Nach den Leitlinien für vertikale Beschränkungen sind auch zum Schutz der Rechte am geistigen Eigentum enhaltene Lizenzbestimmungen wie Wettbewerbsverbote, Ausschließlichkeitsbindungen und Geheimhaltungspflichten von der Gruppenfreistellung gedeckt[468]. Auch die argentinische Wettbewerbsbehörde hat sich im Rahmen der wettbewerbsrechtlichen Analyse von Ausschließlichkeitsbindungen mit der Besonderheit von Franchiseverträgen befasst.[469] Danach sind Ausschließlichkeitsbindungen in Franchiseverträgen dann nicht wettbewerbswidrig, wenn die Parteien vor Abschluss des Vertrages die Möglichkeit hatten, mit Wettbewerbern des jeweiligen Vertragspartners einen entsprechenden Vertrag abzuschließen. Angesichts der mit Franchiseverträgen verbundenen Vorteile wie der Möglichkeit eines schnellen Markteintritts neuer Wettbewerber und der effektiven Qualitätskontrolle zum Vorteil des Verbrauchers, ist davon auszugehen, dass die in

---

einbarungen und aufeinander abgestimmten Verhaltensweisen im Kraftfahrzeugsektor, ABl. 2002, L 203/30.

[466] Vgl. Mitteilung der Kommission, Leitlinien für vertikale Beschränkungen, ABl. 2000, C 291/1, RN 199.

[467] Verordnung (EG) Nr. 2790/1999 vom 22. Dezember 1999 über die Anwendung von Artikel 81 Abs. 3 EGV auf Gruppen von vertikalen Vereinbarungen und aufeinander abgestimmter Verhaltensweisen, ABl. 1999, L 336/21.

[468] Mitteilung der Kommission, Leitlinien für vertikale Beschränkungen, ABl. 2000, C 291/1, RN 200.

[469] Comisión Nacional de Defensa de la Competencia, Breve Análisis Económico de la Ley Argentina de Defensa de la Competencia, Serie Documentos Nr. 1, August 1997, S. 23.

Franchiseverträgen enthaltenen Ausschließlichkeitsklauseln, Gebietsbeschränkungen und Marketingvorgaben grundsätzlich keine Gefahr für das wirtschaftliche Allgemeininteresse darstellen.[470] Sollten die in einem Franchisevertrag enthaltenen Wettbewerbsbeschränkungen jedoch das zur Erreichung dieser Ziele erforderliche Maß überschreiten, unterliegen diese Klauseln dem Verbot von Artikel 1 des Gesetzes 25.156.

4. Einseitige Wettbewerbsbeschränkungen

Das Verbot von Artikel 1 1. Hs. des argentinischen Wettbewerbsgesetzes umfasst ausdrücklich *alle* Wettbewerbsbeschränkungen. Eine Unterscheidung zwischen abgestimmten und einseitigen Verhaltensweisen trifft die Vorschrift nicht. Auch in Artikel 2 des Gesetzes 25.156 finden sich Beispiele für einseitige Wettbewerbsbeschränkungen. Aus diesen Gründen ist allgemein anerkannt, dass einseitige Wettbewerbsbeschränkungen, unabhängig vom Vorliegen einer marktbeherrschenden Stellung, in den Anwendungsbereich von Artikel 1 1. Hs. des Gesetzes 25.156 fallen.[471] Im Falle einer Marktbeherrschung kann darüber hinaus ein Missbrauch einer marktbeherrschenden Stellung gemäß Artikel 1 2. Hs. des Gesetzes 25.156 vorliegen. Dieser Regelungsansatz stellt keine Besonderheit des argentinischen Wettbewerbsrechts dar. Auch im brasilianischen Wettbewerbsrecht fallen einseitige Wettbewerbsbeschränkungen unabhängig vom Vorliegen einer marktbeherrschenden Stellung unter Artikel 20 des Gesetzes 8.884/94.[472] Nach Artikel 4 WSP sind die Vorschriften des Wettbewerbsschutz-Protokolls des MERCOSUR ebenfalls sowohl auf individuelle als auch auf abgestimmte Handlungen anwendbar. Im Gegensatz zu den Wettbewerbsordnungen des MERCOSUR sind im europäischen und deutschen Wettbewerbsrecht einseitige Wettbewerbsbeschränkungen nur im Fall einer marktbeherrschenden Stellung

---

[470] So auch *Manago*, Franchising y defensa de la competencia, La Ley 1993, Band C, S. 652 f.

[471] Dies ist die einhellige Meinung der CNDC und der argentinischen wettbewerbsrechtlichen Literatur, siehe Gutachten der Comisión Nacional de Defensa de la Competencia vom 12. August 1992, I. „Salomón Tarrab c/ Benjamín Pariesky"; Gutachten der Comisión Nacional de Defensa de la Competencia vom 17. November 1998, 5.4. „Miguel Angel Olmo c/ Buena Vista, Columbia, Tristar Films of Argentina S.A."; Gutachten der Comisión Nacional de Defensa de la Competencia vom 3. September 1998, 6.10. „Cámara de Empresas de Servicios Jurídicos Prepagos c/ Colegio de Abogados de San Nicolas"; Gutachten der Comisión Nacional de Defensa de la Competencia vom 12. November 1998, 5.2. „Axoft Argentina S.A. c/ Sistemas Bejerman S.A."; *Otamendi*, Presupuestos básicos para la aplicación de la Ley de Defensa de la Competencia, La Ley 1981, Band B, S. 907.

[472] CADE, Voto na Consulta Nr. 003/93 vom 25.8.1993, DOU vom 31.8.1993 „ABRAFARMA", in: *Franceschini*, Introdução ao Direito da Concorrência, S. 53.

verboten.[473] Die Beurteilung sonstiger einseitiger Beschränkungen des Marktgeschehens richtet sich nach Spezialgesetzen wie beispielsweise dem deutschen Gesetz gegen den unlauteren Wettbewerb (UWG).[474] In Argentinien ist das Recht des unlauteren Wettbewerbs hingegen nur sehr unzureichend geregelt.[475] Dies macht den weiten Anwendungsbereich des argentinischen Wettbewerbsgesetzes verständlich.

a) Bestehen von Marktmacht

Aufgrund des bewusst weitgefassten Anwendungsbereichs der Generalnorm Artikel 1 des Gesetzes 25.156 muss sich die argentinische Wettbewerbsbehörde in ihrer Praxis mit einer Vielzahl von Fällen beschäftigen, denen einseitige Wettbewerbsbeschränkungen nicht marktbeherrschender Unternehmen zugrunde liegen.[476] Um zu verhindern, dass die knappen personellen und technischen Ressourcen der CNDC durch Fälle gebunden werden, die unlautere kommerzielle Praktiken, Vertragsbrüche eines Unternehmens oder anstößige Werbekampagnen zum Gegenstand haben, die aber keinerlei negative Auswirkungen auf das Marktgeschehen haben, hat die argentinische Wettbewerbsbehörde mittels Auslegung des wirtschaftlichen Allgemeininteresses eine zusätzliche Voraussetzung für die Anwendbarkeit des Wettbewerbsgesetzes auf einseitige Wettbewerbsbeschränkungen aufgestellt. In dem grundlegenden Gutachten *Miguel Angel Olmo c/ Buena Vista, Columbia, Tristar Films of Argentina S.A.* führte die CNDC aus, dass nur solche einseitigen wettbewerbswidrigen Handlungen potentiell einen Schaden für das wirtschaftliche Allgemeininteresse bewirken können, die von einem Unternehmen mit Marktmacht oder einer marktbeherrschenden Stellung vorgenommen werden.[477] Wenn diese Voraussetzung nicht erfüllt sei, könne

---

[473] Artikel 82 EGV und § 19 GWB sind nur auf einseitige Wettbewerbsbeschränkungen von marktbeherrschenden Unternehmen anwendbar, Artikel 81 EGV und § 1 GWB setzen jeweils ein abgestimmtes Verhalten voraus.

[474] Gesetz gegen den unlauteren Wettbewerb, Fassung vom 26. August 1998, BGBl. I S. 2546.

[475] Das Verbot des unlauteren Wettbewerbs ist in Argentinien Teil des Strafrechts, siehe Artikel 159 des Código Penal. Ausführlich zum argentinischen Recht des unlauteren Wettbewerbs in Argentinien: *Spolansky*, El Delito de Competencia Desleal y el Mercado Competitivo, Buenos Aires 1997.

[476] So beispielsweise Gutachten der Comisión Nacional de Defensa de la Competencia vom 12. August 1992, I. „Salomón Tarrab c/ Benjamín Pariesky"; Gutachten der Comisión Nacional de Defensa de la Competencia vom 17. November 1998, 5.5. „Miguel Angel Olmo c/ Buena Vista, Columbia, Tristar Films of Argentina S.A."; Gutachten der Comisión Nacional de Defensa de la Competencia vom 12. November 1998, 5.3. „Axoft Argentina S.A. c/ Sistemas Bejerman S.A."; Gutachten der Comisión Nacional de Defensa de la Competencia vom 11. Januar 1999, 7.14. „Asociación Mutual Mercantil Argentina".

[477] Gutachten der Comisión Nacional de Defensa de la Competencia vom 17. November 1998, 5.5. „Miguel Angel Olmo c/ Buena Vista, Columbia, Tristar Films of Argentina S.A.".

kein Einfluss auf das Marktgeschehen ausgeübt werden, so dass das wirtschaftliche Allgemeininteresse nicht beeinträchtigt werden könne. Einseitige Wettbewerbsbeschränkungen unterliegen danach nur dann dem Anwendungsbereich des Gesetzes 25.156, wenn sie von einem Marktteilnehmer mit Marktmacht ausgeführt werden. Somit stellt sich die Frage, wann ein Unternehmen über Marktmacht verfügt. Die argentinische Wettbewerbsbehörde hat Marktmacht als die Möglichkeit eines Marktteilnehmers definiert, die Preisbildung auf dem Markt einseitig zu beeinflussen.[478] Indiz für das Bestehen von Marktmacht ist danach die Möglichkeit eines Unternehmens, seinen Willen einseitig am Markt durchzusetzen, ohne die Reaktion von Wettbewerbern befürchten zu müssen.[479] Dabei kann die Marktmacht beispielsweise auf dem hohen Marktanteil eines Unternehmens[480] oder dem Prestige und dem guten Ruf einer Unternehmens- oder Berufsvereinigung[481] beruhen. Marktmacht ist jedoch ausgeschlossen, wenn auf dem jeweiligen Markt ein intensiver Wettbewerb herrscht, oder es sich um ein leicht ersetzbares Produkt handelt.[482] Auch niedrige Marktzutrittsschranken und die Möglichkeit eines schnellen und effektiven Markteintritts potentieller, insbesondere internationaler Wettbewerber, schließen das Bestehen von Marktmacht aus.[483] Das Vorliegen von Marktmacht ist somit insbesondere von der Struktur des jeweiligen Marktes abhängig. Die brasilianische Wettbewerbsbehörde stellt bei der Beurteilung einseitiger Wettbewerbsbeschränkungen ebenfalls auf das Kriterium der Marktmacht ab. Danach können sich einseitige Handlungen nur auf den Markt auswirken, wenn sie von Marktteilnehmern mit einer marktbeherrschenden Stellung oder wirtschaftlicher Macht ausgeübt werden.[484] Das von

---

[478] Comisión Nacional de Defensa de la Competencia, Breve Análisis Económico de la Ley Argentina de Defensa de la Competencia, Serie Documentos Nr. 1, August 1997, S. 12.

[479] Gutachten der Comisión Nacional de Defensa de la Competencia vom 13. Juni 1997, VI. „Cámara de Productos Avícolas“; Gutachten der Comisión Nacional de Defensa de la Competencia vom 17 November 1998, 5.5. „Miguel Angel Olmo c/ Buena Vista, Columbia, Tristar Films of Argentina S.A.“.

[480] So im Gutachten der Comisión Nacional de Defensa de la Competencia vom 18. Mai 1998, Serie Dictámenes Nr. 4, 8.4. „Editorial Amfin c/ AGEA S.A.“. Danach verfügte eine Zeitung mit einem Marktanteil von 58% über Marktmacht.

[481] So im Gutachten der Comisión Nacional de Defensa de la Competencia vom 3. September 1998, 6.15. „Cámara de Empresas de Servicios Jurídicos Prepagos c/ Colegio de Abogados de San Nicolas“. Danach verfügte eine Rechtsanwaltskammer aufgrund ihrer Reputation und ihres guten Rufes in der Öffentlichkeit über Marktmacht, so dass sie in der Lage war, einseitig mit Zeitungsanzeigen den Markteintritt von Prozessfinanzierungsunternehmen zu verhindern.

[482] So im Gutachten der Comisión Nacional de Defensa de la Competencia vom 12. November 1998, 5.4. „Axoft Argentina S.A. c/ Sistemas Bejerman S.A.“, wo alle aufgezählten Merkmale auf den relevanten Markt für Betriebssoftware zutrafen.

[483] Comisión Nacional de Defensa de la Competencia, Breve Análisis Económico de la Ley Argentina de Defensa de la Competencia, Serie Documentos Nr. 1, August 1997, S. 15.

[484] CADE, Decisião vom 8. Oktober 1997, Proceso Administrativo 41/92 „IBM do Brasil“, in: *Franceschini*, Lei da Concorrência conforme interpretada pelo CADE, S. 729 f.; Decisião

der CNDC und der CADE für die Anwendbarkeit des Wettbewerbsgesetzes auf einseitige Wettbewerbsbeschränkungen entwickelte zusätzliche Erfordernis der Marktmacht ist zu begrüßen. Es stellt die Abgrenzung der marktrelevanten Wettbewerbsbeschränkungen von für das Marktgeschehen unbedeutenden unlauteren Handelspraktiken sicher und schränkt den zu weit gefassten Anwendungsbereich der argentinischen und brasilianischen Wettbewerbsgesetze unter Anwendung vernünftiger und nachvollziehbarer Kriterien ein.

b) Einseitige Festsetzung von Preisen und Geschäftsbedingungen

Gemäß Artikel 2 g) des Gesetzes 25.156 stellt die *individuelle*, unmittelbare oder mittelbare Festsetzung, Vereinbarung oder Steuerung von An- oder Verkaufspreisen sowie von Geschäftsbedingungen eine wettbewerbsbeschränkende Handlung dar. Dem klaren Wortlaut der Vorschrift nach ist somit in jeder einseitige Festsetzung von Preisen oder Geschäftsbedingungen eine Beschränkung des Wettbewerbs zu sehen. Der Wortlaut von Artikel 2 g) des argentinischen Wettbewerbsgesetzes entspricht Artikel 6 I WSP. Auch dort werden individuelle und abgestimmte Festsetzungen von Preisen und Geschäftsbedingen gleichgestellt und als wettbewerbswidrige Verhaltensweisen eingeordnet. Nach Artikel 21 I des brasilianischen Wettbewerbsgesetzes 8.884/94 ist hingegen lediglich die Festsetzung von Preisen und Geschäftsbedingungen durch Vereinbarungen zwischen Konkurrenten wettbewerbswidrig. Diese Regelung entspricht somit Artikel 81 Abs. 1 a) EGV.

Meiner Ansicht nach bestehen grundsätzliche Bedenken gegen den Wortlaut von Artikel 2 g) des Gesetzes 25.156 und Artikel 6 I WSP. Ihrem Wortlaut nach würde jede Bestimmung von Preisen und Geschäftsbedingungen durch einen Marktteilnehmer wettbewerbswidrig sein. Die einseitige Bestimmung und Festlegung von Preisen und Geschäftsbedingungen kann jedoch schon deshalb nicht als wettbewerbswidrig eingestuft werden, weil diese Handlungen die Grundlage einer auf freiem Wettbewerb basierenden Markwirtschaft sind. Denn in einem wettbewerbsorientierten Wirtschaftssystem ist gerade die einseitige Bildung und Festsetzung von Preisen durch die verschiedenen Wettbewerber Ausdruck eines funktionierenden Wettbewerbs. Die Alternative bestünde in einem System staatlicher Preisvorgaben und -kontrollen. Dasselbe gilt für die Geschäftsbedingungen wie beispielsweise die Gewährung von Garantien oder Rabatten. Ohne einseitige Festsetzungen unterschiedlicher Bedingungen durch die Wettbewerber würde auch in diesem Punkt kein Wettbewerb bestehen. Entsprechend ist in der wettbewerbsrechtlichen Literatur anerkannt, dass die einseitige Festsetzung von

---

vom 3. September 1997, DOU vom 19. September 1997 „Escola de Formacião de Vigilantes Tiradentes“, in: *Franceschini*, Lei de concorrência conforme interpretada pelo CADE, S. 788 f.

Preisen und Geschäftsbedingungen durch ein Unternehmen nur dann wettbewerbswidrig ist, wenn das Unternehmen seine marktbeherrschende Stellung durch das Verlangen überhöhter Preise missbraucht.[485] Nur in diesen Fällen haben die staatlichen Wettbewerbsbehörden das Recht, die Preispolitik von Unternehmen zu kontrollieren. Eine Ausdehnung der Preiskontrolle über diesen Ausnahmefall hinaus, wie im Wortlaut von Artikel 2 g) des Gesetzes 25.156 und Artikel 6 I WSP angelegt ist, ist nicht mit den Grundsätzen des modernen Wettbewerbsrechts zu vereinbaren. Darüber hinaus ist zu beachten, dass die Festsetzung von Preisen und Vertragsbedingungen einen wesentlichen Bestandteil der wirtschaftlichen Handlungsfreiheit und der Vertragsfreiheit der Unternehmer darstellt. Diese auch von der argentinischen Verfassung geschützten Werte wurden von der argentinischen Wettbewerbsbehörde ausdrücklich anerkannt.[486] Der Wortlaut von Artikel 2 g) des Gesetzes 25.156 ist meines Erachtens nicht mit diesen Rechten zu vereinbaren. Insgesamt muss der Wortlaut von Artikel 2 g) des Gesetzes 25.156 und Artikel 6 I WSP, wonach die einseitige Festsetzung von Preisen und Geschäftsbedingungen eine wettbewerbswidrige Verhaltensweise darstellt, als irreführend und sachlich unzutreffend eingestuft werden. Die einzige Möglichkeit, ein sachfremdes Ergebnis zu vermeiden, liegt meiner Ansicht nach in einer einschränkenden Auslegung der Vorschriften entgegen deren Wortlaut. Eine solche Auslegung muss zum Inhalt haben, dass die einseitige Festsetzung von Preisen und Geschäftsbedingungen nur im Falle eines Ausbeutungsmissbrauchs marktbeherrschender oder marktstarker Unternehmen verboten ist. Da nicht davon ausgegangen werden kann, dass die Gesetzgeber wirklich jede einseitige Festsetzung von Preisen und Geschäftsbedingungen als wettbewerbswidrig einstufen wollten, böte sich darüber hinaus Streichung des Begriffs *individuell* in Artikel 2 g) des Gesetzes 25.156 an.

c) Einseitige Behinderung des Marktzutritts und einseitiger Marktausschluss

Gemäß Artikel 2 f) des argentinischen Wettbewerbsgesetzes ist die Verhinderung, Erschwerung oder Behinderung des Markteintritts eines Dritten oder dessen Ausschluss vom Markt eine wettbewerbswidrige Verhaltensweise. Diese Vorschrift wurde durch das Gesetz 25.156 auf einseitige Verhaltensweisen ausgedehnt und um die Alternative des Marktausschlusses erweitert.

Die einseitige Einschränkung und Verhinderung des Marktzutritts für neue Unternehmen ist auch gemäß Artikel 6 III WSP und Artikel 21 IV des brasiliani-

---

485 *Immenga/Mestmäcker*, EG-Wettbewerbsrecht, zu Artikel 86 EGV (82 EGV n.F.), RN 132; *Grabitz/Hilf*, Das Recht der Europäischen Union, zu Artikel 82 EGV, RN 144; *Emmerich*, Kartellrecht, S. 464.

486 Gutachten der Comisión Nacional de Defensa de la Competencia vom 18. Mai 1998, Serie Dictámenes Nr. 4, 8.9. „Editorial Amfin c/ AGEA S.A.“.

schen Gesetzes 8.884/94 wettbewerbswidrig. Im europäischen Wettbewerbsrecht findet sich hingegen keine vergleichbare Vorschrift.

aa) Verhinderung, Behinderung oder Erschwerung des Marktzutritts

Die drei Tatbestandsalternativen der Vorschrift – das Verhindern, Behindern oder Erschweren des Marktzutritts – machen deutlich, dass das relevante Verhalten nicht dazu führen muss, dass der Marktzutritt für Dritte unmöglich ist. Nach der Entscheidungspraxis der argentinischen Wettbewerbsbehörde genügt bereits, dass der Marktzutritt schwerer bzw. teurer wird als unter unverfälschten Wettbewerbsbedingungen.[487] Dabei sind die Begriffe *Behinderung* und *Erschwerung* als Synonym zu verwenden, während der Begriff *Verhinderung* die vollständige Unterbindung des Marktzutritts bezeichnet. Marktzutrittsbeschränkungen können in einer Vielzahl unterschiedlicher Formen auftreten. So können insbesondere Ausschließlichkeitsklauseln, durch die der Vertragspartner einseitig dazu verpflichtet wird, keine Geschäfte mit Dritten abzuschließen, zu einer wettbewerbswidrigen Marktzutrittsbeschränkung führen.[488] Darüber hinaus können diskriminierende Vertragsklauseln und der Verkauf unterhalb des Einkaufspreises Marktzutrittsschranken für neue Wettbewerber darstellen.[489] In vielen Fällen erschließt sich erst auf den zweiten Blick, dass eine Maßnahme zu einer Behinderung des Marktzutritts führt. So stufte die CNDC beispielsweise im Fall *The Coca Cola Export Corporation c/ Frontera S.A.* die Hortung von leeren Pfandflaschen, die alle Hersteller von Erfrischungsgetränken beim Verkauf ihrer Getränke verwenden mussten, als wettbewerbswidrig ein, weil aufgrund der Verknappung der vorhandenen Behältnisse der Marktzutritt für Wettbewerber erschwert wurde.[490] Nach Artikel 2 f) muss durch das relevante Verhalten ein *Dritter* betroffen sein. Dabei muss es sich nicht um einen direkten Wettbewerber handeln, der bereits im gleichen Markt tätig ist wie der sich wettbewerbswidrig Verhaltende. Vielmehr genügt, wenn es sich um einen potentiellen Wettbewerber handelt, wobei dieser keine konkreten Pläne für einen Markteintritt zu haben braucht.[491]

---

[487] Gutachten der Comisión Nacional de Defensa de la Competencia vom 27. Dezember 1991, VII. „The Coca Cola Export Corporation c/ Frontera S.A.".

[488] Gutachten der Comisión Nacional de Defensa de la Competencia vom 22. September 1999, Serie Dictámenes Nr. 8, RN 95 „Cámara de Empresas de Asistencia Farmacéutica c/ Colegio de Farmacéuticos de la Provincia de Buenos Aires".

[489] Gutachten der Comisión Nacional de Defensa de la Competencia vom 31. Juli 1997, Serie Dictámenes Nr. 2, RN 25 „Cámara de Papelerías, Librerías y Afines c/ Supermercados Makro".

[490] Gutachten der Comisión Nacional de Defensa de la Competencia vom 27. Dezember 1991, VII. „The Coca Cola Export Corporation c/ Frontera S.A.".

[491] Gutachten der Comisión Nacional de Defensa de la Competencia vom 27. Dezember 1991, VII. „The Coca Cola Export Corporation c/ Frontera S.A.".

Ein Problem bei der Anwendung von Artikel 2 f) des Gesetzes 25.156 ist die Beurteilung natürlicher Wettbewerbspraktiken. So kann beispielsweise auch ein durch eine fortschrittliche Technik gesetzter neuer Produktstandard dazu führen, dass aktuelle oder potentielle Wettbewerber, die nicht über diese Technik verfügen, vom Marktzutritt ausgeschlossen werden. In diesen natürlichen Wettbewerbspraktiken kann jedoch keine wettbewerbswidrige Verhaltensweise gesehen werden. Außerdem fehlt es aufgrund der erheblichen Effizienzgewinne und der Vorteile für den Verbraucher an einem Schaden für das wirtschaftliche Allgemeininteresse. In bestimmten Grenzfällen kann jedoch auch in scheinbar natürlichen Wettbewerbshandlungen eine Behinderung des Marktzugangs zu sehen sein. So kann ein Unternehmen mit der Vereinbarung, die Gesamtproduktion eines Produzenten abzunehmen einerseits die Sicherstellung der Versorgung mit dem Produkt bezwecken, andererseits kann es die Unterbindung der Versorgung eines potentiellen Wettbewerbers mit dem Produkt anstreben.[492] In diesen Fällen bedarf es daher einer ausführlichen Untersuchung und Analyse der mit der Verhaltensweise verbundenen wirtschaftlichen Auswirkungen auf den Markt und die aktuellen und potentiellen Wettbewerber.

bb) Marktausschluss

Für die Tatbestandsalternative des *Ausschlusses* eines Dritten vom Markt gilt im wesentlichen das zur Verhinderung oder Erschwerung des Marktzutritts gesagte entsprechend. Der Unterschied besteht darin, dass der Dritte bereits auf dem Markt tätig ist, also ein Wettbewerbsverhältnis zwischen dem Dritten und dem wettbewerbswidrig Handelnden besteht. Somit schützt die Vorschrift den bestehenden Wettbewerb zwischen aktuellen Wettbewerbern und soll die Verdrängung eines Wettbewerbers nach erfolgreichem Markteintritt und die damit verbundene Verringerung des Wettbewerbs verhindern. Ein Beispiel aus der Entscheidungspraxis der CNDC für eine Verhaltensweise, die zu einem Marktausschluss führen kann, ist die Weigerung einer Gruppe von Herstellern, einen weiteren Produzenten an einem Garantiesystem teilnehmen zu lassen.[493] Auch in den Fällen eines Marktausschlusses bedarf es somit einer eingehenden Untersuchung der Auswirkungen der konkreten Verhaltensweise auf den Markt und die Wettbewerber.

cc) Verhältnis von Artikel 2 f) zu anderen Vorschriften des Gesetzes 25.156

Bei der Beurteilung der Frage, ob eine Verhaltensweise die Verhinderung oder Erschwerung des Marktzutritts oder den Marktausschluss eines Dritten zur Fol-

---

[492] So *Cabanellas de las Cuevas*, Derecho antimonopólico y de defensa de la competencia, S. 485.

[493] Gutachten der Comisión Nacional de Defensa de la Competencia vom 10. September 1998, 6.10. „Cámara Argentina de Fabricantes de Cajas Metálicas para Ataúdes".

ge hat, ist der Spezialitätsgrundsatz zu beachten. So kann eine Marktzutrittsbeschränkung oder ein Marktausschluss auf Preisabsprachen, Preisunterbietungen, Marktaufteilungen oder diskriminierende Geschäftsbedingungen zurückzuführen sein. Für alle diese wettbewerbswidrigen Verhaltensweisen finden sich im argentinischen Wettbewerbsgesetz mit Artikel 2 g), Artikel 2 m), Artikel 2 c) und Artikel 2 k) speziellere Vorschriften, so dass nicht auf die allgemeinere Vorschrift des Artikels 2 f) zurückgegriffen werden muss. Artikel 2 f) des Gesetzes 25.156 hat damit lediglich eine Auffangfunktion, was bereits dadurch deutlich wird, dass nicht an der wettbewerbswidrigen Handlung selbst, sondern an der Folge dieser Handlung – der Verhinderung oder Erschwerung des Marktzutritts bzw. dem Marktausschluss – angeknüpft wird.

dd) Mögliche Rechtfertigung im Rahmen des wirtschaftlichen Allgemeininteresses

Grundsätzlich handelt es sich bei der Behinderung des Marktzutritts und dem Marktausschluss um Wettbewerbsbeschränkungen, die nicht durch überwiegende Effizienzgewinne gerechtfertigt werden können. Denn die Verhinderung oder Behinderung des Marktzutritts von potentiellen Wettbewerbern und der Ausschluss aktueller Wettbewerber führt zu einer Verringerung des Wettbewerbs, was zumindest langfristig eine Verringerung des wirtschaftlichen Gesamtüberschusses zur Folge hat. Auch die Bedeutung der Offenhaltung der Märkte im argentinischen Wettbewerbsrecht spricht dafür, dass diese Verhaltensweisen grundsätzlich eine Gefahr für das wirtschaftliche Allgemeininteresse darstellen. Im übrigen ist auf die Ausführungen im Rahmen bestimmter Formen von Marktzutrittsschranken, wie beispielsweise Ausschließlichkeitsbindungen zu verweisen.[494]

d) Einseitige Diskriminierung

Gemäß Artikel 2 k) des Gesetzes 25.156 ist das Auferlegen diskriminierender Bezugs- oder Veräußerungsbedingungen für Waren und Dienstleistungen wettbewerbswidrig, falls dies nicht dem Handelsbrauch entspricht. Im Vergleich mit der Vorgängervorschrift Artikel 41 h) des Gesetzes 22.262 wurde der Anwendungsbereich des Diskriminierungsverbotes durch das neue Wettbewerbsgesetz auf einseitige Verhaltensweisen erweitert. Diese Erweiterung scheint sinnvoll, weil die meisten diskriminierenden Bezugs- und Veräußerungsbedingungen von einzelnen marktstarken Unternehmen angewandt werden und nicht auf ein Vereinbarungen zwischen mehreren Unternehmen zurückzuführen sind. Auch in den anderen Wettbewerbsordnungen des MERCOSUR finden sich Vorschriften hinsichtlich wettbewerbswidriger diskriminierender Geschäftsbedingungen.

---

[494] Zur Rechtfertigung von Ausschließlichkeitsbindungen im Rahmen des wirtschaftlichen Allgemeininteresses siehe ausführlich oben V. 3. b) cc).

Nach Artikel 6 VII WSP ist die Anwendung unterschiedlicher Bedingungen gegenüber Vertragspartnern im Falle gleichwertiger Leistungen wettbewerbswidrig, wenn letztere dadurch einen Wettbewerbsnachteil erleiden. Gemäß Artikel 21 XII des brasilianischen Gesetzes 8.884/94 ist die Diskriminierung der Nachfrager von Gütern oder Dienstleistungen durch die Anwendung unterschiedlicher Preise oder Geschäftsbedingungen wettbewerbswidrig. Diese Vorschriften gehen wiederum auf Artikel 81 Abs. 1 d) EGV zurück, wonach die Anwendung unterschiedlicher Bedingungen bei gleichwertigen Leistungen gegenüber Handelspartnern wettbewerbswidrig ist, wenn diese im Wettbewerb benachteiligt werden. Im Gegensatz zu Artikel 81 Abs. 1 d) EGV, der nur auf die abgestimmte Diskriminierung von Handelspartnern anwendbar ist,[495] gilt Artikel 2 k) des Gesetzes 25.156 jedoch auch für einseitige Benachteilungen.

aa) Bedeutung des Diskriminierungsverbotes im argentinischen Wettbewerbsgesetz

Der argentinische Gesetzgeber hat hervorgehoben, dass es sich bei dem Diskriminierungsverbot um einen wesentlichen Bestandteil des argentinischen Wettbewerbsrechts handelt.[496] Danach soll die unerwünschte Störung der Marktstruktur durch ungerechtfertigte diskriminierende Bedingungen verhindert werden. Im Vordergrund steht also der Schutz der Marktstruktur, nicht der Schutz der Wettbewerbsfreiheit der einzelnen Unternehmen. Wichtigstes Ziel ist dabei die Offenhaltung der Märkte für alle Wettbewerber.

bb) Auferlegung von Bezugs- und Veräußerungsbedingungen

Die wettbewerbswidrige Handlung liegt in der *Auferlegung* diskriminierender Bezugs- oder Veräußerungsbedingungen. Hierbei handelt es sich um eine einseitige Handlungsweise. Einer Annahme der Bedingungen durch den Vertragspartner bedarf es nicht. Darüber hinaus muss kein wettbewerbswidriger Effekt eingetreten sein. Somit fällt jede einseitige Verwendung diskriminierender Bedingungen unter Artikel 2 k) des Gesetzes 25.156, selbst wenn der jeweilige Vertragspartner die Bedingungen nicht akzeptiert. Gleichzeitig wird durch die Wortwahl deutlich, dass nur derjenige, der die diskriminierenden Bedingungen verwendet, wettbewerbswidrig handelt und nicht derjenige, der diese – oft ohne von der Diskriminierung zu wissen – annimmt. Der in Artikel 2 k) des Gesetzes 25.156 verwendete Begriff der *Bezugs- und Veräußerungsbedingungen* ist weit

---

[495] *Grabitz/Hilf*, Das Recht der Europäischen Union, zu Artikel 81 EGV, RN 193. Einseitige Diskriminierungen können jedoch unter das Verbot des Missbrauchs einer marktbeherrschenden Stellung gemäß Artikel 82 Abs. 2 c) EGV fallen, siehe *Grabitz/Hilf*, Das Recht der Europäischen Union, zu Artikel 82 EGV, RN 254.

[496] Ley 22.262 de Defensa de la Competencia - Exposición de motivos (Gesetzesmotive), Kapitel III, Ziffer 15.

auszulegen.[497] Er umfasst neben allen Vertragsbedingungen auch den Preis der Ware oder Dienstleistung. Denn beim Preis handelt es sich um die wichtigste Veräußerungsbedingung. Entsprechend hat die CNDC das Wettbewerbsgesetz im Gutachten *Unión General de Tamberos c/ Cooperativa Popular de Electricidad de Santa Rosa* auf diskriminierende Preise und Lieferungsbedingungen eines Elektrizitätsunternehmens angewandt.[498] Entsprechend ist auch im europäischen Wettbewerbsrecht anerkannt, dass die diskriminierende Preisgestaltung unter den Anwendungsbereich von Artikel 81 Abs. 1 d) EGV fällt.[499]

cc) Vorliegen einer Diskriminierung

Die Bezugs- und Veräußerungsbedingungen müssen gemäß Artikel 2 k) diskriminierend sein. Wann eine Diskriminierung vorliegt, ist der Vorschrift jedoch nicht zu entnehmen. Allerdings findet sich im Gegensatz zum argentinischen Wettbewerbsgesetz in Artikel 6 VII WSP eine Umschreibung des Begriffs Diskriminierung. Danach liegt eine Diskriminierung vor, wenn ein Unternehmen gegenüber Dritten unterschiedliche Bedingungen bei gleichwertigen Leistungen anwendet. Dies entspricht der Definition im Rahmen von Artikel 81 Abs. 1 d) EGV. Danach ist unter einer Diskriminierung die unterschiedliche Behandlung gleicher Sachverhalte sowie die gleich Behandlung unterschiedlicher Sachverhalte zu verstehen.[500] Aufgrund des Einflusses dieser Vorschriften auf Artikel 2 k) des Gesetzes 25.156 kann auch diese Definition des Begriffes Diskriminierung in das argentinische Wettbewerbsrecht übernommen werden.

In ihrer Praxis vollzieht die CNDC die Prüfung, ob im Einzelfall eine Diskriminierung vorliegt, in zwei Schritten.[501] In einem ersten Schritt stellt die Wettbewerbsbehörde fest, ob gleiche oder unterschiedliche Sachverhalte vorliegen. Hierbei untersucht sie insbesondere, ob die Unternehmen auf demselben oder auf unterschiedlichen Märkten tätig sind. In einem zweiten Schritt stellt sie dann fest, ob eine Diskriminierung vorliegt, also derselbe Sachverhalt unterschiedlich,

---

[497] So bereits *Cabanellas de las Cuevas*, Derecho antimonopólico y de defensa de la competencia, S. 548 hinsichtlich Artikel 41 h) des Gesetzes 22.262.

[498] Gutachten der Comisión Nacional de Defensa de la Competencia vom 10. Mai 1982, VII. „Unión General de Tamberos c/ Cooperativa Popular de Electricidad de Santa Rosa".

[499] Entscheidung der Europäischen Kommission vom 30. Juni 1970, ABl. 1970, L 147/26 „Kodak"; Entscheidung der Europäischen Kommission vom 23. November 1972, ABl. 1972, L 272/37 „Formica".

[500] *Immenga/Mestmäcker*, EG-Wettbewerbsrecht, zu Artikel 85 Abs. 1 EGV (81 Abs. 1 EGV n.F.), B. RN 112; *Langen/Bunte*, Kommentar zum deutschen und europäischen Kartellrecht, zu Artikel 82 EGV, RN 178.

[501] Gutachten der Comisión Nacional de Defensa de la Competencia vom 10. Mai 1982, VII. „Unión General de Tamberos c/ Cooperativa Popular de Electricidad de Santa Rosa"; Gutachten der Comisión Nacional de Defensa de la Competencia vom 9. Mai 1997, VI. „MAKRO S.A. c/ SAVA".

bzw. unterschiedliche Sachverhalte gleich behandelt werden.[502] Die Frage, ob eine Diskriminierung vorliegt, beurteilt sich dabei grundsätzlich aus der Sicht des Anbieters und nicht aus der Sicht des Nachfragers.[503] Der wichtigste Unterfall diskriminierender An- und Verkaufsbedingungen ist in der Praxis der CNDC die *Preisdiskriminierung.* Eine Diskriminierung liegt dabei vor, wenn ein Produzent in zwei Märkten, in denen ihm die gleichen Kosten entstehen, verschiedene Preise berechnet.[504] Im Umkehrschluss ist eine Diskriminierung auch dann gegeben, wenn ein Produzent in zwei unterschiedlichen Märkten den gleichen Preis verlangt, obwohl die Kosten für den Produzenten in beiden Märkten stark voneinander abweichen. Eine Preisdiskriminierung zum Zweck des Marktausschlusses ist nach Auffassung der CNDC anzunehmen, wenn ein marktstarker Anbieter die Preise als Reaktion auf das Auftauchen eines neuen Wettbewerbers absenkt.[505] Dabei ist jedoch zu beachten, dass nicht jede geänderte Preispolitik den Marktzutritt Dritter verhindert oder erschwert, sondern auch die Erhöhung der abgesetzten Ware, die Festigung der Marktposition oder eine Reaktion auf Wettbewerber bezwecken kann. Voraussetzung für die Wettbewerbswidrigkeit einer Preisdiskriminierung ist daher eine Auswirkung auf die Marktbedingungen in dem Sinne, dass potentielle Wettbewerber von einem Einstieg in den Markt abgehalten, oder etablierte Wettbewerber aus dem Markt gedrängt werden.[506] In der Regel ist eine solche Preisdiskriminierungen nur bei einer erheblichen Marktmacht des Unternehmens sowie einer deutlichen Absenkung der Preise möglich. Eine andere Art der Preisdiskriminierung ist das Verlangen zu hoher Preise. Ein solcher Fall ist insbesondere denkbar, wenn ein Unternehmen die Produktionsmittel für ein bestimmtes Produkt kontrolliert und mittels überhöhter Preise für die Produktionsmittel den Einstieg von Wettbewerbern in den Produktmarkt erschweren, oder bestehende Wettbewerber durch überhöhte Preise für die Produktionsmittel vom Markt verdrängen kann.[507] In diesen Fällen muss

---

502 Auch im europäischen Wettbewerbsrecht setzt eine Diskriminierung die Ungleichbehandlung der Handelspartner trotz gleichwertiger Leistungen voraus, siehe EuGHE 1984, 883 (905) „Hasselblad"; *Langen/Bunte*, Kommentar zum deutschen und europäischen Kartellrecht, zu Artikel 81 EGV, RN 91.

503 Gutachten der Comisión Nacional de Defensa de la Competencia vom 10. Mai 1982, VII. „Unión General de Tamberos c/ Cooperativa Popular de Electricidad de Santa Rosa"; Gutachten der Comisión Nacional de Defensa de la Competencia vom 9. Mai 1997, VI. „MAKRO S.A. c/ SAVA".

504 Gutachten der Comisión Nacional de Defensa de la Competencia vom 10. Mai 1982, VII. „Unión General de Tamberos c/ Cooperativa Popular de Electricidad de Santa Rosa".

505 Gutachten der Comisión Nacional de Defensa de la Competencia vom 9. Mai 1997, VI. „MAKRO S.A. c/ SAVA".

506 Gutachten der Comisión Nacional de Defensa de la Competencia vom 9. Mai 1997, VI. „MAKRO S.A. c/ SAVA".

507 Vgl. *Cabanellas de las Cuevas*, Derecho antimonopólico y de defensa de la competencia, S. 509.

jedoch im einzelnen nachgewiesen werden, dass die Erhöhung der Preise der Produktionsmittel den Marktausschluss oder die Behinderung des Marktzutritts auf dem Produktmarkt zur Folge hat.

dd) Mögliche Rechtfertigung durch Handelsbräuche oder im Rahmen des wirtschaftlichen Allgemeininteresses

Nicht jede Ungleichbehandlung stellt automatisch eine wettbewerbswidrige Diskriminierung dar. Nach Artikel 2 k) des Gesetzes 25.156 sind nur solche Diskriminierungen wettbewerbswidrig, die nicht den Handelsbräuchen entsprechen. Die Einführung dieser Beschränkung in das argentinische Wettbewerbsgesetz ist auf die Rechtsprechung der CNDC zurückzuführen. Diese hatte bereits unter dem Gesetz 22.262 entschieden, dass Differenzierungen bezüglich des Preises und anderer Bezugskonditionen durch Handelsbräuche, die Marktsituation und die konkreten Geschäftsbeziehungen zwischen den jeweiligen Parteien des Einzelfalls gerechtfertigt sein können.[508] Durch die Aufnahme dieser Bedingung hat der Gesetzgeber klargestellt, dass im argentinischen Wettbewerbsrecht kein allgemeines Diskriminierungsverbot besteht. Dem Handelsbrauch entsprechen beispielsweise unterschiedliche Konditionen für Groß- und Kleinhändler, die Gewährung von Preisnachlässen bei Saisonartikeln oder bei Großkunden sowie unterschiedliche Konditionen bei einer unterschiedlichen Besteuerung.[509] Daneben entsprechen auch unterschiedliche Vertragskonditionen, wie die Einräumung von Kreditlinien, Finanzierungsabsprachen und Rabatten dem Handelsbrauch. Darüber hinaus kann eine Diskriminierung im Sinne von Artikel 2 k) des Gesetzes 25.156 durch überwiegende Gründe des wirtschaftlichen Allgemeininteresses gerechtfertigt sein. Bei der Abwägung ist zu beachten, dass insbesondere einseitige Preissenkungen eine Belebung des Wettbewerbs zur Folge haben können. So ist vorstellbar, dass ein Unternehmen die Preise auf einem bestimmten Markt senkt, um dort neu in den Markt einzutreten. Ein Schaden für das wirtschaftliche Allgemeininteresse liegt hingegen regelmäßig bei einer Preisdiskriminierung vor, die zu einem Marktausschluss und damit zu einer Verringerung des Wettbewerbs führt.

e) Ungerechtfertigte Lieferverweigerung

Nach Artikel 2 l) des Gesetzes 25.156 stellt die ungerechtfertigte Weigerung, Bestellungen von Waren oder Dienstleistungen nachzukommen, obwohl diese den marktüblichen Bedingungen entsprechen, eine wettbewerbswidrige Verhaltensweise dar. Diese Verhaltensweise kann einseitig durch ein marktstarkes Un-

---

[508] Gutachten der Comisión Nacional de Defensa de la Competencia vom 9. Mai 1997, VI. „MAKRO S.A. c/ SAVA".

[509] *Cabanellas de las Cuevas*, Derecho antimonopólico y de defensa de la competencia, S. 550 f.

ternehmen oder abgestimmt erfolgen, wobei einseitige Lieferverweigerungen typischerweise überwiegen. Entsprechende Vorschriften finden sich im Protokoll zum Schutz des Wettbewerbs im MERCOSUR und im brasilianischen Wettbewerbsgesetz. Nach Artikel 6 XIII WSP ist die ungerechtfertigte Verweigerung des Verkaufs von Waren oder der Erbringung von Dienstleistungen wettbewerbswidrig. In Artikel 21 XIII des brasilianischen Wettbewerbsgesetzes 8.884/94 ist die Weigerung eines den Marktbedingungen entsprechenden Verkaufs von Gütern oder Dienstleistungen als wettbewerbswidrige Handlung eingestuft. Diese Vorschriften haben einen erkennbaren Einfluss auf den Wortlaut von Artikel 2 l) des Gesetzes 25.156 gehabt. Im Gegensatz zu den Wettbewerbsordnungen des MERCOSUR ist die Lieferverweigerung im europäischen Wettbewerbsrecht nicht ausdrücklich als Beispiel einer wettbewerbswidrigen Verhaltensweise in Artikel 81 oder 82 EGV aufgezählt. Die Lieferverweigerung ist jedoch im europäischen Wettbewerbsrecht als Unterfall des Diskriminierungsverbotes anerkannt.[510]

aa) Marktmacht

Im Rahmen von Lieferverweigerungen hat die CNDC in ihrer Praxis das Bestehen einer marktstarken oder marktbeherrschenden Stellung besonders hervorgehoben. So führte die argentinische Wettbewerbsbehörde in ihrem Gutachten *Unión General de Tamberos c/ Cooperativa Popular de Santa Rosa* aus, dass die erforderliche konkrete Einschränkung der An- oder Verkaufsfreiheit nur im Falle des Vorliegens von Marktmacht besteht.[511] Der Zweck von Artikel 2 l) des Gesetzes 25.156 besteht somit im Schutz der Wettbewerbsfreiheit Dritter vor willkürlichen Eingriffen marktstarker Unternehmen.

bb) Weigerung, marktüblichen Bestellungen nachzukommen

Die wettbewerbswidrige Handlung im Rahmen von Artikel 2 l) des Gesetzes 25.156 ist die Weigerung, marktüblichen Bestellungen nachzukommen. Die Beurteilung des Vorliegens einer *Weigerung* und einer *Bestellung* richtet sich nach der Handelspraxis. Entsprechend kann eine Weigerung bereits im Schweigen auf ein Bestätigungsschreiben zu sehen sein.[512] Die Verweigerung der Erfüllung nicht marktüblicher Bestellungen fällt nicht in den Anwendungsbereich der Norm. Was im Einzelfall marktüblich ist, hängt vom konkreten sachlichen und geografischen Markt ab. Nach der von der CNDC im Gutachten *Staff Médico c/*

---

[510] EuGHE 1985, 2015 (2042) „Binon"; Entscheidung der Europäischen Kommission vom 15. Dezember 1975, ABl. 1976, L 28/19 „SABA.

[511] Gutachten der Comisión Nacional de Defensa de la Competencia vom 10. Mai 1982, VII. „Unión General de Tamberos c/ Cooperativa Popular de Santa Rosa".

[512] *Cabanellas de las Cuevas*, Derecho antimonopólico y de defensa de la competencia, S. 529.

Federación Médica la provincia de Buenos Aires gegebenen Definition ist eine Bestellung marktüblich, wenn deren Bedingungen der überwiegenden Mehrzahl der Bestellungen auf dem Markt entsprechen.[513] So stufte die CNDC die Weigerung einer Ärztekammer, einen Vertrag mit einem Anbieter von Gesundheitsdienstleistungen über die Versorgung von dessen Patienten abzuschließen, obwohl die angebotene Gegenleistung marktüblich war, als wettbewerbswidrig ein.[514] Falls die Gegenleistung den Marktkonditionen entspricht, können marktstarke Unternehmen demzufolge aus wettbewerbsrechtlichen Gründen zum Abschluss von Verträgen gezwungen sein, so dass in bestimmten Fällen ein Kontrahierungszwang bestehen kann.

cc) Mögliche Rechtfertigung durch Handelsbräuche oder im Rahmen des wirtschaftlichen Allgemeininteresses

Gemäß Artikel 2 l) des Gesetzes ist eine Lieferverweigerung nur wettbewerbswidrig, wenn sie nicht dem Handelsbrauch entspricht. Hierbei ist wiederum auf die Handelsbräuche in dem jeweiligen relevanten Markt abzustellen. Dabei stellen alle von der überwiegenden Mehrheit der Marktteilnehmer akzeptierten und angewandten Verhaltensweisen einen Handelsbrauch dar.[515] Dem Handelsbrauch entspricht beispielsweise die Lieferungsverweigerung bei nicht erfolgter Vorkasse oder bei Ausständen des Bestellers.[516] Auch *selektive Vertriebssysteme* können zu Lieferverweigerungen führen, wenn der Händler nicht den Anforderungen des Lieferanten entspricht. Insofern gelten die im Rahmen der vertikalen Wettbewerbsbeschränkungen aufgestellten Überlegungen entsprechend.[517] Danach stehen qualitativ selektive Vertriebssysteme grundsätzlich im Einklang mit dem Handelsbrauch, während quantitativ selektive Vertriebssysteme nur bei Luxusgütern marktüblich und somit zulässig sind.

---

[513] Gutachten der Comisión Nacional de Defensa de la Competencia vom 22. September 1982, VI. „Staff Médico c/ Federación Médica de la Provincia de Buenos Aires"; ebenso im Gutachten der Comisión Nacional de Defensa de la Competencia vom 18. August 1999, RN 30 „Mariano Ernesto Morgan c/ José Maria Ubici".

[514] Gutachten der Comisión Nacional de Defensa de la Competencia vom 22. September 1982, VI. „Staff Médico c/ Federación Médica de la Provincia de Buenos Aires".

[515] *Cabanellas de las Cuevas*, Derecho antimonopólico y de defensa de la competencia, S. 530.

[516] Gutachten der Comisión Nacional de Defensa de la Competencia vom 18. August 1999, RN 34 „Mariano Ernesto Morgan c/ José Maria Ubici"; Gutachten der Comisión Nacional de Defensa de la Competencia vom 10. Mai 1982, VII. „Unión General de Tamberos c/ Cooperativa Popular de Santa Rosa".

[517] Siehe oben V. 3. e) bb).

f) Verkauf unterhalb des Kostenpreises

Gemäß Artikel 2 m) des Gesetzes 25.156 ist die Veräußerung von Waren oder das Angebot von Dienstleistungen zu Preisen unterhalb des Kostenpreises mit dem Ziel, den Wettbewerb auf dem Markt zu verlagern, oder dem Bild, dem Vermögen oder dem Wert der geschützten Warenzeichen seiner Waren- oder Dienstleistungslieferanten einen Schaden zuzufügen, wettbewerbswidrig, sofern dies nicht dem Handelsbrauch entspricht. Diese Vorschrift wurde neu in das argentinische Wettbewerbsgesetz eingeführt.[518] Bis zum Inkrafttreten des Gesetzes 25.156 behandelte die CNDC den Verkauf unter Kostenpreis als wichtigsten Unterfall der Behinderung des Marktzutritts.[519] Mit der Aufnahme des Verkaufs unter Kostenpreis in den Beispielskatalog von Artikel 2 hat der argentinische Gesetzgeber im wesentlichen die Regelung von Artikel 6 XII WSP in das argentinische Wettbewerbsgesetz übernommen. Danach ist der nicht durch Handelsbräuche gerechtfertigte Verkauf unterhalb der Kosten wettbewerbswidrig. Diese Vorschrift ist wiederum auf Artikel 21 Abs. XVIII des brasilianischen Gesetzes 8.884/94 zurückzuführen, der ebenfalls den Verkauf unterhalb der Kosten als Beispiel für eine wettbewerbswidrige Verhaltensweise aufzählt. Im Gegensatz zu den Wettbewerbsordnungen im MERCOSUR gibt es im europäischen Wettbewerbsrecht keine ausdrückliche Regelung bezüglich des Verkaufs unter Kosten- bzw. Einstandspreis. Im deutschen Wettbewerbsrecht hingegen ist gemäß § 20 Abs. 4 GWB der sachlich nicht gerechtfertigte systematische Verkauf unter Einstandspreis verboten.[520]

aa) Kostenpreis

Artikel 2 m) des Gesetzes 25.156 spricht vom Verkauf unter Kostenpreis, während in der deutschen und europäischen wettbewerbsrechtlichen Literatur der Begriff Verkauf unter Einstandspreis verwendet wird. Unter dem Einstandspreis wird dabei der Listenpreis abzüglich von Rabatten, Skonti und sonstigen Vergünstigungen verstanden.[521] Der im argentinischen Wettbewerbsrecht verwendete Begriff *Kosten* ist hingegen weiter zu verstehen und umfasst neben dem

---

[518] Die Aufnahme dieser Vorschrift in das Wettbewerbsgesetz wurde in der wirtschaftswissenschaftlichen Literatur als unnötig und kontraproduktiv kritisiert, siehe Fundación de Investigaciones Económicas Latinoamericanas (FIEL), Documento de Trabajo Nr. 44, Defensa de la Competencia, S. 16.

[519] Zur Einordnung des Verkaufs unterhalb des Kostenpreises in das Gesetz 22.262 siehe *Cabanellas de las Cuevas*, Derecho antimonopólico y de defensa de la comptencia, S. 486.

[520] Die Einführung dieser Vorschrift in das GWB wurde allerdings stark kritisiert, siehe *Emmerich*, Kartellrecht, S. 203.

[521] Zum Begriff des Einstandspreises siehe *Immenga/Mestmäcker*, GWB-Kommentar, zu § 22 GWB, RN 123.

Einstandspreis weitere Kostenfaktoren wie Transport- und Personalkosten.[522] Somit entspricht das argentinische Konzept eher der US-amerikanischen Rechtsfigur des *sale at loss* oder *predatory pricing*, denn auch dort werden alle anfallenden Kosten berücksichtigt.[523] Ein Verkauf unter Kostenpreis liegt danach vor, wenn der vom Abnehmer verlangte Preis geringer ist als alle dem Anbieter der Ware oder Dienstleistung entstandenen Kosten inklusive des Einkaufspreises.

bb) Wettbewerbswidrigkeit des Verkaufs unter Kostenpreis

Laut Artikel 2 m) des Gesetzes 25.156 ist der Verkauf unterhalb der anfallenden Kosten nur dann wettbewerbswidrig, wenn dadurch die Verlagerung des Wettbewerbs bezweckt wird. Der Begriff *Verlagerung* umfasst insbesondere die Behinderung oder Verhinderung des Markteintritts von neuen Wettbewerbern und den Marktausschluss etablierter Wettbewerber. Nach der gefestigten Rechtsprechung der argentinischen Wettbewerbsbehörde ist ein Verkauf unterhalb des Kostenpreises nur wettbewerbswidrig, wenn ein Unternehmen dadurch seine Wettbewerber vom Markt verdrängen will und somit langfristig höhere Preise verlangen kann, um seine vorausgehenden Verluste auszugleichen.[524] Damit effektiv die Möglichkeit einer Verdrängung oder eines Ausschlusses vom Markt vorliegt, müssen nach Auffassung der CNDC folgende drei Bedingungen erfüllt sein:[525]

1. das unter Preis verkaufende Unternehmen muss marktstark sein oder eine marktbeherrschende Stellung innehaben;

---

[522] Die CNDC spricht von den „variablen Durchschnittskosten", die neben dem Einkaufspreis auch den Transport und die Personalkosten umfassen, siehe Gutachten der Comisión Nacional de Defensa de la Competencia vom 31. Juli 1997, Serie Dictámenes Nr. 2, RN 40 „Cámara de Papelerías, Librerías y Afines c/ Supermercados Makro".

[523] *Sullivan*, The Handbook of the Law of Antitrust, S. 111, 112.

[524] Gutachten der Comisión Nacional de Defensa de la Competencia vom 27. Februar 1997, V. „Cooperativa de Energía Eléctrica Colonia San Bartolomé c/ Cable Visión San Bartolomé"; Gutachten der Comisión Nacional de Defensa de la Competencia vom 31. Juli 1997, Serie Dictámenes Nr. 2, RN 25 „Cámara de Papelerías, Librerías y Afines c/ Supermercados Makro"; Gutachten der Comisión Nacional de Defensa de la Competencia vom 21. Juli 1999, RN 17 „Cámara de la Industria del Calzado de Córdoba c/ Carrefour Argentina S.A."; Gutachten der Comisión Nacional de Defensa de la Competencia vom 2. August 1999, RN 10 „Mercado de Abasto de Villa Maria Sociedad de Economía mixta c/ Supermercados Americanos Disco".

[525] Gutachten der Comisión Nacional de Defensa de la Competencia vom 31. Juli 1997, Serie Dictámenes Nr. 2, RN 25 „Cámara de Papelerías, Librerías y Afines c/ Supermercados Makro"; Gutachten der Comisión Nacional de Defensa de la Competencia vom 21. Juli 1999, RN 17 „Cámara de la Industria del Calzado de Córdoba c/ Carrefour Argentina S.A."; Gutachten der Comisión Nacional de Defensa de la Competencia vom 2. August 1999, RN 10 „Mercado de Abasto de Villa Maria Sociedad de Economía mixta c/ Supermercados Americanos Disco".

2. das Unternehmen muss bezwecken, seine Wettbewerber vom Markt zu verdrängen;

3. es müssen Marktzutrittsschranken für potentielle Wettbewerber bestehen, die einem schnellen Markteintritt nach Beendigung des Verkaufs unter Kosten entgegenstehen, so dass das Unternehmen seine durch den Verkauf unterhalb des Kostenpreises entstandenen Verluste ausgleichen kann.

In ihren Entscheidungen bezog sich die argentinische Wettbewerbsbehörde ausdrücklich auf die Rechtsprechung des *US Supreme Court*,[526] was den starken Einfluss des US-amerikanischen Antitrust-Rechts auf die Figur des Verkaufs unter Kostenpreis im argentinischen Wettbewerbsrecht unterstreicht. Diese Entscheidungspraxis entspricht auch dem brasilianischen Wettbewerbsrecht. So hat die CADE klargestellt, dass der Verkauf unter Kostenpreis nur wettbewerbswidrig ist, wenn es sich um ein marktstarkes Unternehmen handelt, das Wettbewerber dauerhaft vom Markt verdrängen will.[527] Selbst wenn die von der CNDC aufgestellten Voraussetzungen nicht vollständig in Artikel 2 m) des Gesetzes 25.156 übernommen wurden, ist nicht davon auszugehen, dass die argentinische Wettbewerbsbehörde ihre Anwendungspraxis hinsichtlich des Verkaufs unterhalb des Kostenpreises zukünftig ändern wird. Insbesondere die Voraussetzung der Marktstärke ist wie bei anderen einseitigen Verhaltensweisen wesentlich für die Anwendbarkeit des Wettbewerbsgesetzes. Die von der CNDC aufgestellten Voraussetzungen stellen insgesamt einen gelungenen Ausgleich zwischen der Preisgestaltungsfreiheit marktstarker Unternehmen und dem Schutz der schwächeren Wettbewerber vor einem Verdrängungswettbewerb dar. Eine restriktivere Beurteilung des Verkaufs unterhalb des Kostenpreises würde die Gefahr in sich tragen, zu sehr in die Preisgestaltungsfreiheit der Unternehmen einzugreifen und sich langfristig negativ auf den Preiswettbewerb auszuüben.

---

[526] So zitierte die CNDC in ihrem Gutachten vom 31. Juli 1997, Serie Dictámenes Nr. 2, RN 29 ff. „Cámara de Papelerías, Librerías y Afines c/ Supermercados Makro" folgende Entscheidungen des US Supreme Court: „American Destilling" aus dem Jahre 1977; „Matsushita" aus dem Jahre 1986; und „Brooke vs. Brown and Williamson" aus dem Jahre 1993.

[527] CADE Proceso Administrativo Nr. 10/91 vom 27. Oktober 1993, DOU vom 5.November 1993 „Fogarex – Artefatos de Camping Ltda.", in: Franschescini, Introdução ao Direito da Concorrência, S. 321.

cc) Beschädigung von Marken und Warenzeichen

Nach Artikel 2 m) des Gesetzes 25.156 ist auch die Beschädigung des Bildes, Eigentums oder Werts einer Marke oder eines Warenzeichens durch den Verkauf einer Ware oder Dienstleistung unterhalb des Kostenpreises eine wettbewerbswidrige Verhaltensweise. Diese gesetzliche Regelung ist meines Erachtens verfehlt, weil es sich hier mangels Auswirkungen auf den Markt um ein markenrechtliches bzw. ein Problem des unlauteren Wettbewerbs handelt. Der Ansehensverlust einer Marke oder eines Warenzeichens in den Augen der Verbraucher durch den Verkauf unter Kostenpreis hat nur dann Auswirkungen auf den Wettbewerb, wenn der Inhaber der Schutzrechte oder andere Anbieter der geschützten Ware vom Markt verdrängt werden. In diesen Fällen ist aber bereits die erste Alternative von Artikel 2 m) einschlägig. Alle anderen Fälle sollten nach den speziellen Vorschriften und Grundsätzen der einschlägigen Schutzrechte bzw. durch spezielle Vorschriften zum Schutz des lauteren Wettbewerbs und nicht durch das Gesetz 25.156 geregelt werden. Entsprechend hat die CNDC in ihrem Gutachten zum Fall *Cámara de Papelerías, Librerías y Afines c/ Supermercados Makro* anerkannt, dass der Verkauf unterhalb der Kosten einer durch eine Marke geschützten Ware oder Dienstleistung zwar eine Beschädigung des Markenwerts zur Folge haben kann.[528] Die argentinische Wettbewerbsbehörde hat jedoch klargestellt, dass dieses Problem nicht in den Anwendungsbereich des Wettbewerbsgesetzes, sondern in den Anwendungsbereich des Markengesetzes fällt. Insgesamt ist Artikel 2 m) 2. Alternative des Gesetzes somit rechtlich unzutreffend als Wettbewerbsbeschränkung eingeordnet. Dieser gesetzestechnische Fehler sollte möglichst bald vom Gesetzgeber beseitigt werden.

dd) Mögliche Rechtfertigung durch Handelsbräuche oder im Rahmen des wirtschaftlichen Allgemeininteresses

Schließlich setzt Artikel 2 m) des Gesetzes 25.156 voraus, dass der Verkauf unterhalb des Kostenpreises nicht dem Handelsbrauch entspricht. Bei Handelsbräuchen handelt es sich um allgemeine, durch wirtschaftliche Überlegungen gerechtfertigte Gepflogenheiten in einem bestimmten Markt.[529] So ist der Verkauf unterhalb des Kostenpreises insbesondere bei leicht verderblicher Ware oder Saisonprodukten häufig die einzige Möglichkeit, die Produkte überhaupt noch zu veräußern. Auch der Verkauf unter Kostenpreis als Reaktion auf sinkende Preise der Konkurrenz kann dem Handelsbrauch entsprechen. Insgesamt

---

[528] Gutachten der Comisión Nacional de Defensa de la Competencia vom 31. Juli 1997, Serie Dictámenes Nr. 2, RN 38 „Cámara de Papelerías, Librerías y Afines c/ Supermercados Makro“.

[529] *Cabanellas de las Cuevas*, Derecho antimonopólico y de defensa de la competencia, S. 530.

ist die kurzfristige Absenkung von Preisen unter den Kostenpreis als Reaktion auf das Marktverhalten von Wettbewerbern als zulässige und durch den Handelsbrauch gerechtfertigte Wettbewerbsmethode einzustufen. Erst ein langfristiger und systematischer Verkauf unter Kostenpreis entspricht nicht mehr dem Handelsbrauch und ist aufgrund der angestrebten Verdrängung von Wettbewerbern auch nicht mit dem wirtschaftlichen Allgemeininteresse zu vereinbaren.

5. Der Missbrauch einer marktbeherrschenden Stellung

Nach Artikel 1 2. Hs. des Gesetzes 25.156 sind alle Verhaltensweisen und Handlungen, die einen Missbrauch einer marktbeherrschenden Stellung darstellen, verboten.

a) Hintergrund

Die Figur des Missbrauchs einer marktbeherrschenden Stellung wurde erstmals durch Artikel 1 des Gesetzes 22.262 in das argentinische Wettbewerbsrecht eingeführt. Das davor geltende Gesetz 12.906 kannte dieses Konzept nicht und richtete sich allgemein gegen jede Art von Monopolstellungen. Mit Inkrafttreten des Gesetzes 22.262 kam es somit zu einem grundsätzlichen Wandel bei der wettbewerbsrechtlichen Behandlung marktbeherrschender Unternehmen. War unter dem Gesetz 12.906 bereits das bloße Innehaben einer Monopol- bzw. marktbeherrschenden Stellung illegal, so war unter dem Gesetz 22.262 lediglich der Missbrauch einer solchen Stellung verboten.[530] Hintergrund für diesen wettbewerbspolitischen Paradigmenwechsel hin zum Missbrauchsprinzip war, dass sich das am US-amerikanischen *Sherman-Act* orientierte Gesetz 12.906 in der praktischen Anwendung als zu unflexibel erwiesen hatte. Monopolstellungen von Unternehmen waren aufgrund der Größe und der geringen Bevölkerungsdichte in vielen Teilen Argentiniens keine Seltenheit. Wie den Motiven des Gesetzes 22.262 entnommen werden kann, orientierte sich der argentinische Gesetzgeber hinsichtlich des Missbrauchs einer marktbeherrschenden Stellung an den zeitgenössischen modernen Wettbewerbsordnungen.[531] Insofern verwundert es nicht, dass der Wortlaut von Artikel 1 2. Hs. des argentinischen Wettbewerbsgesetzes stark an Artikel 82 EGV erinnert. Wie das europäische Wettbewerbsrecht folgt das argentinische Wettbewerbsrecht somit dem Ansatz, die mit

---

[530] So stellte der argentinische Gestzgeber in seiner Begründung zum Gesetz 22.262 ausdrücklich klar, dass die Innehabung einer Monopolstellung nicht strafbar sei, aber Anlass zum strafbarem Missbrauch geben könne, Ley 22.262 de Defensa de la Competencia – Exposición de motivos (Gesetzesmotive), Kapitel III., Ziffer 1.; ebenso CNDC, Breve Análisis Económico de la Ley Argentina de Defensa de la Competencia, Serie Documentos Nr. 1, August 1997, S. 12.

[531] Ley 22.262 de Defensa de la Competencia – Exposición de motivos (Gesetzesmotive), Kapitel III., Ziffer 1.

monopolistischen Marktstrukturen verbundenen wettbewerbsrechtlichen Probleme nicht durch ein Verbot dieser Strukturen, sondern durch die Kontrolle der Ausübung der mit der Marktstruktur verbundenen wirtschaftlichen Macht zu lösen.

Im Gegensatz zu den europäischen Wettbewerbsnormen wird der Missbrauch einer marktbeherrschenden Stellung jedoch nicht in einer eigenständigen Vorschrift geregelt, sondern zusammen mit allen anderen Wettbewerbsbeschränkungen in einer Generalnorm. Dies ist auf die Besonderheit des argentinischen Wettbewerbsrechts zurückzuführen, dass auch einseitige Wettbewerbsbeschränkungen ohne marktbeherrschende Stellung in den Anwendungsbereich von Artikel 1 des Gesetzes 25.156 fallen. Der Missbrauch einer marktbeherrschenden Stellung stellt daher im argentinischen Wettbewerbsrecht lediglich einen besonderen Unterfall einer einseitigen Wettbewerbsbeschränkung dar, während der Missbrauch einer marktbeherrschenden Stellung im europäischen Wettbewerbsrecht die einzige verbotene einseitige Wettbewerbsbeschränkung ist. Der argentinische Regelungsansatz findet sich auch in den anderen Wettbewerbsordnungen im MERCOSUR. So heißt es in Artikel 4 WSP, dass individuelle oder abgestimmte Verhaltensweisen, die einen Missbrauch einer marktbeherrschenden Stellung auf einem Waren- oder Dienstleistungsmarkt innerhalb des MERCOSUR darstellen, gegen die Bestimmungen des Protokolls verstoßen. Artikel 5 WSP stellt ausdrücklich klar, dass die auf dem natürlichen Prozess einer größeren Wirtschaftlichkeit des Wirtschaftsteilnehmers gegenüber seinen Mitbewerbern beruhende bloße Eroberung eines Marktes keinen Verstoß gegen den Wettbewerb darstellt. Danach ist nicht die wirtschaftliche Machtstellung als solche, sondern nur deren missbräuchliche Ausnutzung wettbewerbswidrig. Auch nach Artikel 20 IV des brasilianischen Gesetzes 8.884/94 sind Handlungen, die einen Missbrauch einer marktbeherrschenden Stellung darstellen, verboten. Die brasilianische Wettbewerbsbehörde CADE hat ebenfalls ausdrücklich hervorgehoben, dass nicht die Innehabung einer marktbeherrschenden Stellung, sondern nur die missbräuchliche Ausnutzung dieser Stellung unter den Anwendungsbereich der Vorschrift fällt.[532] Somit bestehen hinsichtlich des Konzepts des Missbrauchs einer marktbeherrschenden Stellung keine Unterschiede zwischen den verschiedenen Wettbewerbsordnungen des MERCOSUR.

b) Vorliegen einer marktbeherrschenden Stellung

Die erste Voraussetzung von Artikel 1 2. Hs. des Gesetzes 25.156 ist das Vorliegen einer marktbeherrschenden Stellung. Das Konzept der marktbeherrschenden Stellung setzt sich wiederum aus zwei Bestandteilen zusammen: dem Markt

[532] CADE Ato de Concentação 12/94 vom 30. September 1994, DOU vom 17. Oktober 1994 „Rhodia S.A. e Sinasa S.A.", in: Franschescini, Introdução ao Direito da Concorrência, S. 55.

und der beherrschenden Stellung. Entsprechend bestimmt die CNDC in ihren Entscheidungen in einem ersten Schritt den relevanten Markt, bevor sie in einem zweiten Schritt untersucht, ob das jeweilige Unternehmen eine beherrschende Stellung auf diesem Markt hat.[533]

aa) Marktdefinition

Die argentinische Wettbewerbsbehörde unterteilt den relevanten Markt auch im Rahmen der Missbrauchsaufsicht in einen sachlich, einen geografisch und eventuell einen zeitlich relevanten Markt.[534] Das dem Gesetz 25.156 zugrundeliegende Marktkonzept und die von der argentinischen Wettbewerbsbehörde zur Bestimmung des relevanten Marktes angewandten Kriterien wurden bereits ausführlich dargestellt.[535]

bb) Marktbeherrschung im Sinne von Artikel 4 und 5 des Gesetzes 25.156

Nach der Bestimmung des relevanten Marktes wird in einem zweiten Schritt festgestellt, ob eine beherrschende Stellung auf diesem Markt besteht. Das argentinische Wettbewerbsgesetz enthält in Artikel 4 eine Legaldefinition der marktbeherrschenden Stellung. Danach liegt eine marktbeherrschende Stellung vor, wenn eine Person oder eine Gruppe von Personen für ein bestimmtes Produkt oder eine Dienstleistung im nationalen Markt oder in einem oder mehreren Teilen der Welt der einzige Anbieter oder Nachfrager ist, oder wenn sie – ohne die einzige zu sein – keinem wesentlichen Wettbewerb ausgesetzt ist, oder wenn

---

533 So im Gutachten der Comisión Nacional de Defensa de la Competencia vom 22. Mai 1991, VII. „Gas del Estado c/ Agip Argentina S.A. y otros"; im Gutachten der Comisión Nacional de Defensa de la Competencia vom 22. September 1999, Serie Dictámenes Nr. 8, RN 28 ff. „Cámara de Empresas de Asistencia Farmacéutica c/ Colegio de Farmacéuticos de la Provincia de Buenos Aires"; im Gutachten der Comisión Nacional de Defensa de la Competencia vom 19. März 1999, Serie Dictámenes Nr. 5, 4.1. „CNDC c/ YPF S.A.". Diese Praxis der CNDC wurde von der Literatur ausdrücklich anerkannt, siehe Cardenas, Caracteristicas de un Abuso de Posición Dominante, La Ley 1984, Band A, S. 28 ff.; Soldano/Lanosa, El Abuso de Posición Dominante en la Ley 22.262, El Derecho, Band 155, S. 520 f.

534 Gutachten der Comisión Nacional de Defensa de la Competencia vom 22. September 1999, Serie Dictámenes Nr. 8, RN 28 und 39 „Cámara de Empresas de Asistencia Farmacéutica c/ Colegio de Farmacéuticos de la Provincia de Buenos Aires"; Gutachten der Comisión Nacional de Defensa de la Competencia vom 19. März 1999, Serie Dictámenes Nr. 5, 4.1. „CNDC c/ YPF S.A."; Urteil der Cámara Nacional del Penal Económico vom 5. Juli 1983, El Derecho, Band 107, S. 460 „S.A. Industrias Welber Ltda."; Otamendi, Presupuestos básicos para la aplicación de la Ley de defensa de la competencia, La Ley 1981, Band B, S. 911; Cardenas, Caracteristicas de un Abuso de Posición Dominante, La Ley 1984, Band A, S. 28.

535 Siehe oben V. 1 c). Ausführlich zur Definition des relevanten Marktes im Rahmen der Missbrauchsaufsicht siehe Martinez Medrano, El abuso de posición dominante en la ley argentina de la defensa de la competencia, Boletín Latinoamericano de Competencia, Nr. 14, April 2002, S. 20 ff.

sie aufgrund des Grades an vertikaler oder horizontaler Integration in der Lage ist, über das wirtschaftliche Überleben eines Wettbewerbers oder Marktteilnehmers zu dessen Nachteil zu entscheiden. Artikel 5 enthält eine Aufzählung der bei der Untersuchung der marktbeherrschenden Stellung zu berücksichtigenden Umstände. Danach sind insbesondere die Substituierbarkeit der Ware oder Dienstleistung, die normativen Schranken, die den Marktzutritt für Produkte, Anbieter und Nachfrager behindern, sowie der Grad in dem der mutmaßlich Marktbeherrschende einseitig die Preisbildung, die Versorgung oder die Nachfrage auf dem Markt beeinflussen kann, zu berücksichtigen.

aaa) Hintergrund und Zweck

Die ausführliche Definition der marktbeherrschenden Stellung in Artikel 4 und die Aufzählung der dabei zu berücksichtigenden Umstände in Artikel 5 stellen eine Besonderheit des argentinischen Wettbewerbsgesetzes dar. Eine entsprechende gesetzliche Definition findet sich weder in Artikel 82 EGV noch in den Vorschriften des Protokolls zum Schutz des Wettbewerbs im MERCOSUR oder des brasilianischen Wettbewerbsgesetzes 8.884/94. Im argentinischen Wettbewerbsrecht wurde die positivrechtliche Definition der marktbeherrschenden Stellung durch Artikel 2 des Gesetzes 22.262 eingeführt. Der argentinische Gesetzgeber wollte dadurch eventuelle, mit der Einführung des bis dahin unbekannten wettbewerbsrechtlichen Konzepts des Missbrauchs einer marktbeherrschenden Stellung verbundene Rechtsunsicherheiten verhindern.[536] Eine solche gesetzliche Bestimmung des Begriffs der marktbeherrschenden Stellung findet sich auch in anderen Wettbewerbsordnungen, beispielsweise in § 19 Abs. 2 GWB und in Artikel 2 des spanischen Gesetzes gegen Wettbewerbsbeschränkungen vom 20. Juli 1963.[537] Im Zuge der Wettbewerbsrechtsnovelle hat der argentinische Gesetzgeber die marktbeherrschende Stellung in Artikel 4 des Gesetzes 25.156 noch ausführlicher definiert und in Artikel 5 erstmals eine Reihe von Umständen aufgezählt, die bei der Untersuchung der Frage, ob eine marktbeherrschende Stellung vorliegt, zu berücksichtigen sind. Diese gesetzliche Definition des Begriffs der marktbeherrschenden Stellung hat in der argentinischen Praxis von Anfang an zu einem begrüßenswerten Maß an Rechtssicherheit geführt. Insbesondere wurden so eine Vielzahl verschiedener, sich inhaltlich wi-

---

[536] Ley 22.262 de Defensa de la Competencia – Exposición de motivos (Gesetzesmotive), Kapitel III., Ziffer 2.

[537] Die Einflüsse dieser Vorschriften werden von der CNDC ausdrücklich in ihrer Analyse des Gesetzes 22.262 erwähnt, siehe Comisión Nacional de Defensa de la Competencia, Breve Análisis Económico de la Ley Argentina de Defensa de la Competencia, Serie Documentos Nr. 1, August 1997, S. 11. Dabei hat insbesondere das spanische Wettbewerbsgesetz einen großen Einfluss auf die Formulierung von Artikel 2 des argentinischen Gesetzes Nr. 22.262 gehabt, der Wortlaut beider Vorschriften ist weitgehend identisch, siehe oben I. 3. c) cc).

dersprechender Definitionen wie beim Begriff des wirtschaftlichen Allgemeininteresses vermieden.

In Artikel 4 und 5 des Gesetzes 25.156 manifestiert sich darüber hinaus die Entscheidung des argentinischen Gesetzgebers für das sogenannte *Marktmachtkonzept*. Diesem Konzept liegt die Vorstellung zugrunde, dass sich das Wettbewerbsrecht und insbesondere das Konzept des Missbrauchs einer marktbeherrschenden Stellung in erster Linie gegen die Ausübung von Marktmacht auf genau abzugrenzenden Märkten richtet.[538] Die CNDC hat bereits vor Inkrafttreten des Gesetzes 25.156 eine am Marktmachtkonzept orientierte Auslegung des Missbrauchs einer marktbeherrschenden Stellung praktiziert. Danach ist der Missbrauch einer marktbeherrschenden Stellung gleichzusetzen mit der einseitigen Ausübung von Marktmacht.[539] Das beispielsweise dem deutschen[540] und brasilianischen[541] Wettbewerbsrecht zugrunde liegende, an bestimmten Marktanteilen orientierte Konzept hat die argentinische Wettbewerbsbehörde ausdrücklich abgelehnt. Die CNDC vertritt die Auffassung, dass die Orientierung an Marktanteilen zu unflexibel ist und nicht in allen Fällen eine sachgerechte Lösung ermöglicht, insbesondere weil potentielle und internationale Wettbewerber nicht genügend berücksichtigt werden.[542] Der argentinische Gesetzgeber hat diese auf dem Marktmachtkonzept basierende Anwendungspraxis der Wettbewerbsbehörde nunmehr in Artikel 4 und 5 des Gesetzes 25.156 übernommen. Dies kommt insbesondere in Artikel 4 3. Alt. zum Ausdruck, wonach in der Macht eines Unternehmens, einseitig über das wirtschaftliche Überleben seiner Wettbewerber zu entscheiden, eine Marktbeherrschung zu sehen ist. Die Zugrundelegung des Marktmachtkonzepts entspricht der modernen internationalen Entwicklung des Wettbewerbsrechts[543], und ist aufgrund eines Höchstmaßes an Einzelfallgerechtigkeit sehr zu begrüßen.

---

[538] *Langen/Bunte*, Kommentar zum deutschen und europäischen Kartellrecht, zu Artikel 82 EGV, RN 12; *Emmerich*, Kartellrecht, S. 167.

[539] Comisión Nacional de Defensa de la Competencia, Breve Análisis Económico de la Ley Argentina de Defensa de la Competencia, Serie Documentos Nr. 1, August 1997, S. 12.

[540] Gemäß § 19 Abs. Nr. 1 GWB wird ab einem Marktanteil von einem Drittel eine marktbeherrschende Stellung vermutet.

[541] Gemäß Artikel 20 § 3 des Gesetzes 8.884/94 ist ein Marktanteil ab 20% „wesentlich". Ein wesentlicher Marktanteil ist gemäß Artikel 20 § 2 des Gesetzes 8.884/94 wiederum Voraussetzung für eine Marktbeherrschung.

[542] Comisión Nacional de Defensa de la Competencia, Breve Análisis Económico de la Ley Argentina de Defensa de la Competencia, Serie Documentos Nr. 1, August 1997, S. 15.

[543] So stellt die Europäische Kommission ebenfalls ausdrücklich auf das Marktmachtkonzept ab, siehe Verordnung (EG) Nr. 2790/99 vom 22. Dezember 1999 über die Anwendung von Artikel 81 Abs. 3 EGV auf Gruppen von vertikalen Vereinbarungen und aufeinander abgestimmter Verhaltensweisen, Erwägungsgrund Nr. 7, ABl. 1999, L 336/21. Danach hängen die wettbewerbsschädlichen Auswirkungen vertikaler Vereinbarungen von der Marktmacht der

bbb) Anwendungsbereich

Artikel 4 des Gesetzes 25.156 ist auf die marktbeherrschende Stellung von „einer oder mehreren Personen" anwendbar. Der Begriff *Personen* ist dabei weit auszulegen. Denn der persönliche Anwendungsbereich von Artikel 4 wird durch Artikel 3 bestimmt, dem ein sehr weitgefasster Personenbegriff zugrunde liegt.[544] Danach unterliegen alle natürlichen und juristischen Personen des öffentlichen und des privaten Rechts den Vorschriften zum Missbrauch einer marktbeherrschenden Stellung. Artikel 4 des Gesetzes 25.156 stellt darüber hinaus klar, dass auch mehrere Personen gemeinsam eine marktbeherrschende Stellung innehaben können. In der Wettbewerbstheorie wird dieser Zustand allgemein als *Oligopol* oder *kollektive Marktbeherrschung* bezeichnet.[545] Obwohl bereits unter Artikel 2 b) des Gesetzes 22.262 ausdrücklich anerkannt war, dass auch zwei oder mehr Personen eine marktbeherrschende Stellung innehaben konnten, spielten Oligopole in der Praxis der argentinischen Wettbewerbsbehörde bisher eine untergeordnete Rolle. Die bisherigen Fälle, die wettbewerbswidrige Handlungen mehrerer Unternehmen zum Gegenstand hatten, wurden in der Regel als wettbewerbswidrige Absprachen und nicht als Missbrauch einer gemeinsamen marktbeherrschenden Stellung gewertet.[546] Im Gegensatz zu Artikel 2 b) des Gesetzes 22.262 wird in Artikel 4 des Gesetzes 25.156 nicht mehr ausdrücklich vorausgesetzt, dass zwischen den Mitgliedern eines Oligopols kein effektiver Wettbewerb herrscht. Meines Erachtens kann trotz des veränderten Gesetzeswortlauts nicht davon ausgegangen werden, dass die Vorschriften des Missbrauchs einer marktbeherrschenden Stellung nunmehr auch auf Unternehmen anwendbar sind, die effektiv miteinander konkurrieren. Vielmehr muss weiterhin in einem ersten Schritt festgestellt werden, dass zwischen den verschiedenen Mitgliedern eines Oligopols kein effektiver Wettbewerb herrscht, bevor in einem zweiten Schritt geprüft werden kann, ob die Mitglieder gemeinsam eine marktbeherrschende Stellung innehaben. Entsprechend wurde das Fehlen eines effektiven Wettbewerbs von der CNDC als eine Voraussetzung für ein Oligopol angesehen.[547] Dies entspricht auch der internationalen Praxis. So ist im

---

beteiligten Unternehmen ab. Auch der Europäische Gerichtshof stellt auf die Marktmacht von Unternehmen ab. Danach liegt Marktmacht vor, wenn sich ein Unternehmen gegenüber Wettbewerbern, Abnehmern und Verbrauchern unabhängig verhalten kann, ohne dass ihm dies zu einem Schaden gereichen kann, siehe EuGHE 1978, 207 (286) „United Brands"; EuGHE 1979, 461 (520) „Hofmann-La Roche".

[544] Ausführlich zum persönlichen Anwendungsbereich des Gesetzes 25.156 siehe oben IV. 1.

[545] Siehe *Immenga/Mestmäcker*, EG-Wettbewerbsrecht, zu Artikel 86 EGV (82 EGV n.F.), B. RN 105; *Emmerich*, Kartellrecht, S. 193.

[546] So beispielsweise im Gutachten der Comisión Nacional de Defensa de la Competencia vom 22. Mai 1991, VII. „Gas del Estado c/ Agip Argentina S.A. y otros".

[547] Comisión Nacional de Defensa de la Competencia, Breve Análisis Económico de la Ley Argentina de Defensa de la Competencia, Serie Documentos Nr. 1, August 1997, S. 12.

schen und deutschen Wettbewerbsrecht anerkannt, dass eine gemeinsame marktbeherrschende Stellung mehrerer Unternehmen nur bestehen kann, wenn zwischen den einzelnen Unternehmen kein effektiver Wettbewerb herrscht.[548] Somit stellt das Fehlen effektiven Wettbewerbs zwischen den Mitgliedern eines Oligopols weiterhin eine ungeschriebene Voraussetzung für die Anwendbarkeit von Artikel 4 des Gesetzes 25.156 dar. Sind die übrigen Voraussetzungen dieser Vorschrift erfüllt, gilt jedes einzelne Oligopolmitglied als marktbeherrschend. Aufgrund des dem argentinischen Wettbewerbsrecht zugrundeliegenden Marktmachtkonzepts wird jedem einzelnen Mitglied die gebündelte Marktmacht der Unternehmensgruppe zugerechnet.

ccc) Formen der Marktbeherrschung

Artikel 4 des Gesetzes 25.156 zählt drei Formen der Marktbeherrschung auf. Der Reihenfolge nach sind das zuerst das Angebots- oder Nachfragemonopol, dann das Fehlen wesentlichen Wettbewerbs und schließlich eine so starke Marktmacht, dass über die wirtschaftliche Existenz anderer Marktteilnehmer entschieden werden kann. Das Verhältnis dieser drei Alternativen untereinander ist nicht geklärt. Meines Erachtens schließen sich das Monopol und das Fehlen wesentlichen Wettbewerbs gegenseitig aus. Bei diesen beiden Formen der Marktbeherrschung kann jedoch gleichzeitig eine besonders starke Marktmacht im Sinne der dritten Alternative bestehen. Die dritte Alternative hat jedoch einen weiteren Anwendungsbereich, weil eine besonders starke Marktmacht auch bei Bestehen wesentlichen Wettbewerbs vorliegen kann.[549] Auffallend ist die Ähnlichkeit von Artikel 4 des Gesetzes 25.156 mit § 19 Abs. 2 GWB, wo ebenfalls zwischen drei Formen der Marktbeherrschung unterschieden wird. Aufgrund der teilweise identischen Formulierung der Vorschriften können die zu § 19 GWB entwickelten Ansätze bei der Auslegung der Begriffe von Artikel 4 des Gesetzes 25.156 berücksichtigt werden.

---

[548] Im deutschen Wettbewerbsgesetz heisst es in § 19 Abs. 2 S. 2 GWB ausdrücklich, dass „zwei oder mehr Unternehmen marktbeherrschend sind, soweit zwischen ihnen [...] ein wesentlicher Wettbewerb nicht herrscht [...].“ Auch im europäischen Wettbewerbsrecht wird Artikel 82 EGV nur dann auf mehrere Unternehmen angewandt, wenn der Wettbewerb zwischen ihnen beseitigt ist, siehe *Groeben/Thiesing/Ehlermann*, Kommentar zum EG-/EU-Vertrag, zu Artikel 86 EGV (Artikel 81 EGV n.F.), RN 66; *Langen/Bunte*, Kommentar zum deutschen und europäischen Kartellrecht, zu Artikel 82 EGV, RN 63. Im Airtours Urteil hat das europäische Gericht erster Instanz die Voraussetzungen einer kolletkiven beherrschenden Stellung definiert. Diese setzt danach erhebliche Markttransparenz, das Bestehen eines Sanktionsmechanismus sowie das Nichtvorhandensein von sich abweichend verhaltenden Wettbewerbern voraus, vgl. Urteil vom 6.6. 2002, Rs. T-342 – Airtours.

[549] Dies entspricht der Meinung zum Verhältnis der drei in § 19 GWB erwähnten Formen der Marktbeherrschung, siehe *Immenga/Mestmäcker*, GWB-Kommentar, zu § 19 GWB, RN 44; *Emmerich*, Kartellrecht, S. 174.

(1) Monopolstellung

Nach Artikel 4 Alt. 1 des Gesetzes 25.156 liegt eine marktbeherrschende Stellung vor, wenn eine Person für eine bestimmte Ware oder Dienstleistung der einzige Anbieter oder Nachfrager ist. Mit anderen Worten ist der Nachfrage- oder Angebotsmonopolist grundsätzlich marktbeherrschend. Das Monopol kann dabei entweder rechtliche oder tatsächliche Gründe haben.[550] Beispiele für rechtliche Monopole sind die vom argentinischen Staat gewährten ausschließlichen Versorgungsbezirke im Bereich der Strom- und Wasserversorgung. Eine andere Form rechtlicher Monopole sind Schutzrechte wie Patente, Marken und Urheberrechte. Schließlich sind noch die natürlichen Monopole zu erwähnen, die auf natürlichen Gegebenheiten beruhen. Dem Wortlaut nach liegt eine marktbeherrschende Stellung im Sinne von Artikel 4 Alt. 1 auch vor, wenn die Person der einzige Anbieter oder Nachfrager „in einem oder mehreren Teilen der Welt" ist. Der Anwendungsbereich von Artikel 4 des Gesetzes 25.156 erscheint somit alle Angebots- oder Nachfragemonopolisten auf der gesamten Welt zu umfassen. Diese Erweiterung des Wortlauts ist neu durch das Gesetz 25.156 in das argentinische Wettbewerbsrecht eingeführt worden. Aufgrund des extraterritorialen Bezugs muss dieser Teil von Artikel 4 jedoch im Zusammenhang mit Artikel 3 des Gesetzes 25.156 gesehen werden. Danach unterliegen nur solche Wirtschaftsteilnehmer der Anwendung des argentinischen Wettbewerbsgesetzes, die auf dem argentinischen Markt wirtschaftliche Aktivitäten entfalten oder deren Handlungen sich auf den argentinischen Markt auswirken. Demzufolge muss ein Unternehmen zusätzlich zu der in einem Teil der Welt vorliegenden Monopol- oder Oligopolstellung auf dem argentinischen Markt wirtschaftlich aktiv sein bzw. seine Handlungen müssen sich auf den argentinischen Markt auswirken. Nur dann kann eine marktbeherrschende Stellung im Sinne von Artikel 4 Alt. 1 des Gesetzes 25.156 vorliegen. Die vom argentinischen Gesetzgeber vorgenommene Erweiterung des Anwendungsbereichs von Artikel 4 Alt. 1 auf im Ausland vorliegende Monopolstellungen ist im internationalen Vergleich unüblich. Diese Ausdehnung ist im Zusammenhang mit dem Bestreben des argentinischen Gesetzgebers zu sehen, möglichst alle sich auf den argentinischen Markt auswirkenden wirtschaftlichen Aktivitäten dem Anwendungsbereich des Gesetzes 25.156 zu unterstellen.

(2) Fehlen wesentlichen Wettbewerbs

Nach Artikel 4 Alt. 2 des Gesetzes 25.156 liegt eine marktbeherrschende Stellung auch vor, wenn eine Person keinem wesentlichen Wettbewerb ausgesetzt ist. Der Wettbewerb ist unwesentlich, wenn sich ein Marktteilnehmer weitge-

---

[550] Zur entsprechenden Vorschrift des § 19 Abs. 1 1. Alt. GWB siehe *Immenga/Mestmäcker*, GWB-Kommentar, zu § 19 GWB, RN 45.

hend unabhängig von seinen Konkurrenten verhalten und die Preise einseitig verändern kann, ohne dass andere Marktteilnehmer darauf effektiv reagieren können.[551] Die Unabhängigkeit von Konkurrenten im Marktverhalten ist auch im Rahmen von § 19 Abs. 2 Nr. 1 GWB als Hauptgesichtspunkt für das Fehlen wesentlichen Wettbewerbs anerkannt.[552] Ob ein Unternehmen unabhängig von seinen Konkurrenten auf dem Markt agieren kann, lässt sich anhand von bestimmten Marktverhaltens- und Marktstrukturkriterien bestimmen. Die argentinische Wettbewerbsbehörde hat zwar bisher keine Definition des Fehlens eines wesentlichen Wettbewerbs abgegeben. Ihren Entscheidungen können jedoch Marktstruktur- und Marktverhaltenskriterien entnommen werden, die sie bei der Beurteilung, ob im Einzelfall ein wesentlicher Wettbewerb besteht, berücksichtigt. Als *Marktstrukturkriterien* hat die CNDC insbesondere die Marktanteile, die Anzahl der Wettbewerber, bestehende Marktzutrittsschranken und die Möglichkeit eines Markteintritts von potentiellen und internationalen Wettbewerbern berücksichtigt.[553] So sind ein hoher Marktanteil bei gleichzeitigem Bestehen hoher Marktzutrittsschranken ein Indiz für die Möglichkeit eines unabhängigen Marktverhaltens. Als *Marktverhaltenskriterien* hat die CNDC auf die Möglichkeit des in Frage stehenden Unternehmens einseitig die Preise zu beeinflussen, einseitig die Lieferung zu verweigern oder einseitig Kopplungsgeschäfte durchzusetzen, abgestellt.[554] Liegt eine dieser Verhaltensweisen vor, ist dies ein starkes Indiz für Marktmacht, also die Möglichkeit des Unternehmens, sich unabhängig von seinen Wettbewerbern zu verhalten. Aufgrund der Besonderheit, dass im argentinischen Wettbewerbsrecht auch einseitige Wettbewerbsbeschränkungen von nicht marktbeherrschenden Marktteilnehmern unter den Anwendungsbereich von Artikel 1 fallen, hat die CNDC in einer Reihe von Ent-

---

[551] *Cabanellas de las Cuevas*, Derecho antimonopólico y de defensa de la competencia, S. 651; *Otamendi*, Presupuestos básicos para la aplicación de la Ley de defensa de la competencia, La Ley 1981, Band B, S. 915.

[552] *Langen/Bunte*, Kommentar zum deutschen und europäischen Kartellrecht, zu § 19 GWB, RN 36.

[553] Gutachten der Comisión Nacional de Defensa de la Competencia vom 22. September 1999, Serie Dictámenes Nr. 8, RN 44 ff. „Cámara de Empresas de Asistencia Farmacéutica c/ Colegio de Farmacéuticos de la Provincia de Buenos Aires"; Gutachten der Comisión Nacional de Defensa de la Competencia vom 19. August 1999, RN 28 ff. „Mariano Ernesto Morgan c/ José María Ubici"; Gutachten der Comisión Nacional de Defensa de la Competencia vom 18. Mai 1998, Serie Dictámenes Nr. 4, 5.2. „Editorial Amfin c/ AGEA S.A.". Dies entspricht der Praxis unter § 19 Abs. 2 Nr. 1 GWB, siehe *Langen/Bunte*, Kommentar zum deutschen und europäischen Kartellrecht, zu § 19 GWB, RN 35 ff.

[554] Gutachten der Comisión Nacional de Defensa de la Competencia vom 19. August 1999, RN 30 „Mariano Ernesto Morgan c/ José María Ubici"; Comisión Nacional de Defensa de la Competencia, Breve Análisis Económico de la Ley Argentina de Defensa de la Competencia, Serie Documentos Nr. 1, August 1997, S. 15. Diese Marktverhaltenskriterien werden auch im Rahmen von § 19 Abs. 2 Nr. 1 GWB berücksichtigt, siehe *Immenga/Mestmäcker*, GWB-Kommentar, zu § 19 GWB, RN 48 f.

scheidungen ausdrücklich offengelassen, ob die Voraussetzungen für das Fehlen wesentlichen Wettbewerbs erfüllt sind.[555] So führte sie im Gutachten *Editorial Amfin c/ AGEA S.A.* aus, dass ein Marktanteil von 58 % zwar für das Fehlen wesentlichen Wettbewerbs und somit für eine marktbeherrschende Stellung spreche, eine endgültige Entscheidung jedoch nicht getroffen werden müsse, weil die für die Anwendung von Artikel 1 auf einseitige Verhaltensweisen notwendige Marktmacht auf jeden Fall vorliege.[556] Aufgrund des weiten Anwendungsbereichs des argentinischen Wettbewerbsgesetzes in bezug auf einseitige Verhaltensweisen ist auch in Zukunft nicht davon auszugehen, dass in jedem Einzelfall ausführlich untersucht wird, ob eine marktbeherrschende Stellung vorliegt. Vielmehr wird auch unter dem neuen Wettbewerbsgesetz die Untersuchung des Vorliegens von Marktmacht weiterhin den Kern jeder Beurteilung einseitiger Wettbewerbsbeschränkungen darstellen.

(3) Besondere Marktmacht

Nach Artikel 4 Alt. 3 des Gesetzes 25.156 besteht eine marktbeherrschende Stellung, wenn eine Person aufgrund des Grades an vertikaler und horizontaler Integration in der Lage ist, über das wirtschaftliche Überleben von Wettbewerbern oder Marktteilnehmern zu deren Nachteil zu entscheiden. Diese Alternative ist neu durch das Gesetz 25.156 in das argentinische Wettbewerbsrecht eingefügt worden. In ihr kommt besonders klar zum Ausdruck, dass dem argentinischen Wettbewerbsgesetz das Marktmachtkonzept zugrunde liegt. Die Vorschrift erinnert stark an § 19 Abs. 2 Nr. 2 GWB, wonach ein Unternehmen marktbeherrschend ist, wenn es im Verhältnis zu seinen Wettbewerbern eine überragende Marktstellung innehat. Unter den Anwendungsbereich von § 19 Abs. 2 Nr. 2 GWB fallen Unternehmen, die aufgrund der Marktstruktur über eine so starke Marktstellung verfügen, dass sie über einen vom Wettbewerb nicht mehr kontrollierbaren Verhaltensspielraum verfügen und sich weitgehend unabhängig von ihren Wettbewerbern verhalten können.[557] Diese Definition entspricht im wesentlichen dem Wortlaut von Artikel 4 Alt. 3 des Gesetzes 25.156. Entscheidendes Kriterium in Artikel 4 Alt. 3 ist das Marktstrukturmerkmal der vertikalen und horizontalen Integration. Die bisherigen Stellungnahmen der argentinischen Wettbewerbsbehörde lassen darauf schließen, dass im Rahmen der *vertikalen Integration* eines Marktes alle rechtlichen, persönlichen und wirtschaftlichen

---

[555] Gutachten der Comisión Nacional de Defensa de la Competencia vom 18. Mai 1998, Serie Dictámenes Nr. 4, 8.3. „Editorial Amfin c/ AGEA S.A."; Gutachten der Comisión Nacional de Defensa de la Competencia vom 29. März 1983, VI. „Asociación Argentina de Anestisología".

[556] Gutachten der Comisión Nacional de Defensa de la Competencia vom 18. Mai 1998, Serie Dictámenes Nr. 4, 8.3. „Editorial Amfin c/ AGEA S.A.".

[557] BGHZ 67, 104 (113) „Vitamin B 12"; BGHZ 79, 62 (66 f.) „Klöckner/Becorit"; *Langen/Bunte*, Kommentar zum deutschen und europäischen Kartellrecht, zu § 19 GWB, RN 46.

Verflechtungen zwischen Unternehmen, die in unterschiedlichen Etappen des selben Produktionsprozesses tätig sind, untersucht werden. Im Rahmen der *horizontalen Integration* hingegen werden die Verflechtungen rechtlicher, persönlicher und wirtschaftlicher Art zwischen aktuellen oder potentiellen Wettbewerbern berücksichtigt.[558] Um den Grad an vertikaler und horizontaler Integration vollständig bestimmen zu können, muss die CNDC daneben jedoch auch weitere Marktstrukturkriterien wie Marktanteile, bestehende Marktzutrittsschranken und potentielle Wettbewerber berücksichtigen.

Als Folge der vertikalen und horizontalen Integration des Marktes muss das konkrete Unternehmen in der Lage sein, über das *wirtschaftliche Überleben von Wettbewerbern zu entscheiden*. Mit dieser Formulierung hat der argentinische Gesetzgeber klargestellt, dass ein Marktteilnehmer nur dann marktbeherrschend ist, wenn er über ein besonderes Maß an Marktmacht verfügt. Die argentinische Wettbewerbsbehörde hat Marktmacht als die Möglichkeit eines Marktteilnehmers definiert, seinen Willen einseitig und ohne Rücksicht auf seine Wettbewerber am Markt durchzusetzen.[559] Die Möglichkeit, einseitig über das wirtschaftliche Überleben von Wettbewerbern und Marktteilnehmern entscheiden zu können, ist demzufolge nur bei einem erheblichen Grad an Marktmacht möglich. Bei der Beurteilung dieser Voraussetzung spielen insbesondere Marktstrukturkriterien wie die Finanzkraft, der Marktanteil, Marktzutrittsschranken und potentielle Wettbewerber eine Rolle. So hat die argentinische Wettbewerbsbehörde beispielsweise anerkannt, dass Berufsorganisationen und Interessenverbände über eine marktbeherrschende Stellung verfügen, wenn sie mehr als 50% der jeweiligen Berufstätigen vertreten, weil dann die Nichtmitgliedschaft zu wirtschaftlichen Nachteilen führen kann.[560] Indizien für eine besondere Marktmacht können jedoch auch Marktverhaltenskriterien wie die einseitige Lieferverweigerung, die Durchsetzung von Kopplungsgeschäften oder auf eine lange Dauer angelegte Kampfpreise sein.[561]

ddd) Bei der Feststellung einer marktbeherrschenden Stellung zu berücksichtigende Umstände

Bei der Feststellung einer marktbeherrschenden Stellung i.S.v. Artikel 4 des Gesetzes 25.156 müssen gemäß Artikel 5 des Gesetzes 25.156 drei Umstände be-

---

[558] Comisión Nacional de Defensa de la Competencia, Breve Análisis Económico de la Ley Argentina de Defensa de la Competencia, Serie Documentos Nr. 1, August 1997, S. 20.

[559] Comisión Nacional de Defensa de la Competencia, Breve Análisis Económico de la Ley Argentina de Defensa de la Competencia, Serie Documentos Nr. 1, August 1997, S. 12.

[560] Gutachten der Comisión Nacional de Defensa de la Competencia vom 30. November 1998, 5.10. „Colegio Médico de Corrientes".

[561] Gutachten der Comisión Nacional de Defensa de la Competencia vom 19. August 1999, RN 30 „Mariano Ernesto Morgan c/ José María Ubici".

rücksichtigt werden: der Grad der Ersetzbarkeit des Produkts, der Grad der Behinderung des Marktzutritts und der Grad der einseitigen Einflussmöglichkeit auf das Marktgeschehen. Der argentinische Gesetzgeber strebt durch diese Aufstellung einheitlicher Kriterien für die Untersuchung marktbeherrschender Stellungen die Sicherstellung einer möglichst einheitlichen Rechtsanwendung an. Artikel 5 ist seinem Wortlaut nach nicht abschließend, so dass viel dafür spricht, dass auch weitere Kriterien berücksichtigt werden können. Die Vorschrift enthält jedoch einen Mindestkatalog an Kriterien, die bei jeder Entscheidung über das Vorliegen einer marktbeherrschenden Stellung kumulativ beachtet werden müssen. Dabei entspricht Artikel 5 den bisher von der CNDC im Rahmen der Bestimmung der marktbeherrschenden Stellung angewandten Entscheidungskriterien.[562]

(1) Ersetzbarkeit des Produkts

Nach Artikel 5 a) des Gesetzes 25.156 ist bei jeder Entscheidung über das Vorliegen einer marktbeherrschenden Stellung der Grad der Ersetzbarkeit der fraglichen Ware oder Dienstleistung durch andere in- oder ausländische Waren oder Dienstleistungen, sowie die Voraussetzungen und die Zeit für eine solche Ersetzung zu berücksichtigen. Die Ersetzbarkeit einer Ware oder Dienstleistung durch ein anderes Produkt ist auch der wesentliche Aspekt bei der Bestimmung des sachlich relevanten Marktes.[563] Nach gefestigter Anwendungspraxis der CNDC ist dabei sowohl die Nachfrage- als auch die Angebotssubstitution zu untersuchen.[564] Bemerkenswert ist die ausdrückliche Erwähnung der Ersetzbarkeit durch ausländische Produkte. Hierdurch hat der argentinische Gesetzgeber die Bedeutung potentieller ausländischer Wettbewerber unterstrichen, die auch von der argentinischen Wettbewerbsbehörde wiederholt herausgestellt wurde.[565] Gleichzeitig verdeutlicht sie die gestiegene Bedeutung des insbesondere im Rahmen des MERCOSUR liberalisierten Außenhandels. Einschränkend sind im Rahmen von Artikel 5 a) allerdings auch die Voraussetzungen und der Zeitraum

---

[562] Eine ausführliche Darstellung der von der CNDC zur Bestimmung der marktbeherrschenden Stellung angewandten Kriterien findet sich in: *Ministerio de Economía y de Obras Públicas*, Comparación de Defensa de la Competencia: Algunos Tópicos sobre la Aplicación de estas Regulaciones en Casos de Abuso de Posición Dominante, Temas de Comercio Interior Nr. 1, Juni-Juli 1997, S. 52 ff.

[563] Ausführlich zur Bestimmung des sachlich relevanten Markts, siehe oben V. 1. c) aa).

[564] Gutachten der Comisión Nacional de Defensa de la Competencia vom 12. November 1998, 5.4. „Axoft Argentina c/ Sistemas Bejerman S.A"; Gutachten der Comisión Nacional de Defensa de la Competencia vom 19. März 1999, Serie Dictámenes Nr. 5, 4.1. „CNDC c/ YPF S.A."; Gutachten der Comisión Nacional de Defensa de la Competencia vom 22. September 1999, Serie Dictámenes Nr. 8, RN 29 „Cámara de Empresas de Asistencia Farmacéutica c/ Colegio de Farmacéuticos de la Provincia de Buenos Aires".

[565] Comisión Nacional de Defensa de la Competencia, Breve Análisis Económico de la Ley Argentina de Defensa de la Competencia, Serie Documentos Nr. 1, August 1997, S. 15.

für eine Substituierung des Produkts zu berücksichtigen. Nach der Anwendungspraxis der CNDC können daher nur solche Waren oder Dienstleistungen berücksichtigt werden, die in der Lage sind, ein anderes Produkt schnell und ohne die Tätigung umfangreicher Investitionen zu ersetzen.[566] Insbesondere bei der Angebotssubstitution ist darauf zu achten, dass nur solche Unternehmen als potentielle Wettbewerber eingestuft werden können, denen ein schneller und effektiver Markteintritt möglich ist.

(2) Bestehen von Marktzutrittsschranken

Nach Artikel 5 b) des Gesetzes 25.156 ist der Grad zu berücksichtigen, in dem der Marktzutritt für Produkte, Anbieter und Nachfrager durch rechtliche Schranken behindert ist. Mit anderen Worten müssen die normativen Marktzutrittsschranken in die Beurteilung mit einbezogen werden. Mit dieser Vorschrift hat der Gesetzgeber ein in der bisherigen Praxis der argentinischen Wettbewerbsbehörde wesentliches Kriterium in das Wettbewerbsgesetz übernommen. Die CNDC hatte wiederholt die Bedeutung von Marktzutrittsschranken bei der Beurteilung von marktbeherrschenden Stellungen hervorgehoben.[567] Danach ist eine marktbeherrschende Stellung bei einem offenen Markt mit geringen Marktzutrittsschranken trotz eines hohen Marktanteils nur in Ausnahmefällen denkbar.[568] Ist der Markt hingegen durch eine Vielzahl von Marktzutrittsschranken rechtlicher oder tatsächlicher Art gekennzeichnet, so dass potentielle Wettbewerber sich nur unter Schwierigkeiten oder erheblichen Anlaufkosten auf dem Markt etablieren können, genügt ein hoher Marktanteil bereits als Indiz für das Bestehen einer marktbeherrschenden Stellung.[569] Im Gegensatz zur Entscheidungspraxis der CNDC bezieht sich Artikel 5 b) nur auf rechtliche Marktzutrittsschranken. Weil es sich bei den in Artikel 5 des Gesetzes 25.156 aufgezählten Kriterien jedoch lediglich um einen Mindestkatalog handelt, kann davon ausgegangen werden, dass die argentinische Wettbewerbsbehörde auch in Zu-

[566] Comisión Nacional de Defensa de la Competencia, Breve Análisis Económico de la Ley Argentina de Defensa de la Competencia, Serie Documentos Nr. 1, August 1997, S. 16.

[567] Gutachten der Comisión Nacional de Defensa de la Competencia vom 19. März 1999, Serie Dictámenes Nr. 5, 4.1. „CNDC c/ YPF S.A."; Gutachten der Comisión Nacional de Defensa de la Competencia vom 22. September 1999, Serie Dictámenes Nr. 8, RN 31 „Cámara de Empresas de Asistencia Farmacéutica c/ Colegio de Farmacéuticos de la Provincia de Buenos Aires"; Gutachten der Comisión Nacional de Defensa de la Competencia vom 18. Mai 1998, Serie Dictámenes Nr. 4, 8.4. „Editorial Amfin c/ AGEA S.A.".

[568] Comisión Nacional de Defensa de la Competencia, Breve Análisis Económico de la Ley Argentina de Defensa de la Competencia, Serie Documentos Nr. 1, August 1997, S. 15.

[569] Gutachten der Comisión Nacional de Defensa de la Competencia vom 22. September 1999, Serie Dictámenes Nr. 8, RN 68 und 69 „Cámara de Empresas de Asistencia Farmacéutica c/ Colegio de Farmacéuticos de la Provincia de Buenos Aires"; Gutachten der Comisión Nacional de Defensa de la Competencia vom 18. Mai 1998, Serie Dictámenes Nr. 4, 8.3. „Editorial Amfin c/ AGEA S.A.".

kunft andere Marktzutrittsschranken, beispielsweise solche technischer oder finanzieller Art, bei der Beurteilung des Vorliegens einer marktbeherrschenden Stellung berücksichtigen wird.

(3) Bestehen von Marktmacht

Nach Artikel 5 c) des Gesetzes 25.156 sind im Rahmen der marktbeherrschenden Stellung der Umfang, in dem der mutmaßlich Verantwortliche einseitig die Preisbildung, die Versorgung oder die Nachfrage am Markt beeinflussen kann sowie der Umfang, in dem die Wettbewerber Gegenmaßnahmen gegen diese Macht ergreifen können, zu berücksichtigen. Die Formulierung dieser Vorschrift entspricht der Definition des Begriffs *Marktmacht* durch die argentinische Wettbewerbsbehörde. Danach ist Marktmacht die Fähigkeit eines Wirtschaftsteilnehmers, ohne Rücksicht auf seine Wettbewerber einseitig die Preise zu beeinflussen.[570] Im Rahmen von Artikel 5 c) ist somit zwischen dem Grad an Marktmacht des mutmaßlich marktbeherrschenden Unternehmens und dem Grad an Gegenmacht seiner Wettbewerber abzuwägen. Eine marktbeherrschende Stellung kann nur vorliegen, wenn das untersuchte Unternehmen den Preisbildungsprozess einseitig beeinflussen kann, ohne dass die Wettbewerber wirkungsvolle Gegenmaßnahmen treffen können. Letztendlich muss das Unternehmen somit in der Lage sein, einseitig auf das Gesetz von Angebot und Nachfrage einzuwirken. Von den drei in Artikel 5 des Gesetzes 25.156 genannten Kriterien ist das Kriterium der Marktmacht in Artikel 5 c) das wichtigste, weil sowohl die Produktersetzbarkeit in Artikel 5 a) als auch das Bestehen normativer Marktzutrittsschranken in Artikel 5 b) wichtige Teilaspekte sind, die bei der Beurteilung des Umfangs von Marktmacht eines Unternehmens i.S.d. Art. 5 c) zu berücksichtigen sind.

c) Missbrauch

Anders als der Begriff der marktbeherrschenden Stellung ist der Missbrauchsbegriff im argentinischen Wettbewerbsrecht nicht definiert.

aa) Allgemeines zum Missbrauchsbegriff im argentinischen Wettbewerbsrecht

Im Gegensatz zum Europäischen Wettbewerbsrecht findet sich in der bisherigen Rechtsprechung der argentinischen Wettbewerbsbehörde noch keine allgemeine Definition des Missbrauchsbegriffs.[571] Dennoch lassen sich aus der bisherigen

[570] Comisión Nacional de Defensa de la Competencia, Breve Análisis Económico de la Ley Argentina de Defensa de la Competencia, Serie Documentos Nr. 1, August 1997, S. 12.

[571] Der Europäische Gerichtshof hat den Missbrauch definiert als „Verhaltensweisen eines Unternehmens in beherrschender Stellung, die die Struktur eines Marktes beeinflussen können, auf dem der Wettbewerb gerade wegen der Anwesenheit des fraglichen Unternehmens bereits geschwächt ist, und die die Aufrechterhaltung des auf dem Markt noch bestehenden

Anwendungspraxis der CNDC und den Stellungnahmen in der Literatur wichtige Rückschlüsse auf das Missbrauchskonzept im argentinischen Wettbewerbsrecht ziehen. Im europäischen und im deutschen Wettbewerbsrecht ist anerkannt, dass der Missbrauchsbegriff sowohl den Behinderungs- als auch den Ausbeutungsmissbrauch umfasst.[572] Der *Behinderungsmissbrauch* erfasst marktstrategische Verhaltensweisen, mit denen ein marktbeherrschendes Unternehmen seine Marktstellung gegenüber Konkurrenten absichert und verteidigt oder seinen Einfluss auf Drittmärkte und auf vor- oder nachgelagerte Wirtschaftsstufen zu erstrecken versucht und dabei Wettbewerber in einer als Missbrauch zu bewertenden Weise behindert.[573] Der *Ausbeutungsmissbrauch* umfasst alle Fälle, in denen ein marktbeherrschendes Unternehmen seine Markmacht dazu benutzt, bei der Festlegung der Preise und Konditionen seinen Gewinn missbräuchlich zu maximieren.[574] Anknüpfend an diese allgemein gebräuchliche Unterscheidung wurde in der argentinischen Literatur vorgeschlagen, nur Fälle des Ausbeutungsmissbrauchs im Rahmen des Missbrauchs einer marktbeherrschenden Stellung nach Artikel 1 2. Hs. des argentinischen Wettbewerbsgesetzes zu berück-sichtigen, während alle Fälle von Behinderungsmissbrauch unabhängig vom Vorliegen einer marktbeherrschenden Stellung unter das allgemeine Verbot wettbewerbswidriger Verhaltensweisen nach Artikel 1 1. Hs. fallen sollten.[575] Der Vorteil einer solchen Auslegung wäre, dass dem allgemeinen Verbot wettbewerbswidriger Verhaltensweisen einerseits und dem spezielleren Verbot des Missbrauchs einer marktbeherrschenden Stellung andererseits klar voneinander abgegrenzte Anwendungsbereiche zugewiesen würden, ohne dass es zu inhaltlichen Überschneidungen käme. Die argentinische Wettbewerbsbehörde hat diesen konstruktiven Vorschlag jedoch bisher nicht übernommen. Ihren Entschei-

---

Wettbewerbs oder dessen Entwicklung durch die Verwendung von Mitteln behindern, die von den Mitteln eines normalen Produkt- oder Dienstleistungswettbewerbs auf der Grundlage der Leistungen der Marktbürger abweichen", siehe EuGHE 1979, 461 (539 ff.) „Hoffmann La Roche"; EuGHE 1983, 3439 (3512 ff.) „Michelin".

[572] Zum Missbrauchsbegriff im europäischen Kartellrecht siehe *Grabitz/Hilf*, Das Recht der Europäischen Union, Artikel 82 EGV, RN 137; *Gleiss/Hirsch*, Kommentar zum EG-Kartellrecht, zu Artikel 86 EGV (Artikel 82 EGV n.F.), RN 52; *Langen/Bunte*, Kommentar zum deutschen und europäischen Kartellrecht, zu Artikel Artikel 82 EGV, RN 76.
Ausführlich zur Unterscheidung zwischen dem Behinderungsmissbrauch und dem Ausbeutungsmissbrauch im deutschen Kartellrecht siehe *Baur*, Der Mißbrauch im deutschen Kartellrecht, S. 196 ff.

[573] *Baur*, Der Mißbrauch im deutschen Kartellrecht, S. 196.

[574] *Baur*, Der Mißbrauch im deutschen Kartellrecht, S. 196.

[575] So *Cabanellas de las Cuevas*, Derecho antimonopólico y de defensa de la competencia, S. 669. Der Autor weist zurecht darauf hin, dass der Missbrauchsbegriff im europäischen Wettbewerbsrecht insbesondere deswegen so weit gefasst ist, weil einseitige Verhaltensweisen nur im Rahmen von Artikel 82 EGV berücksichtigt werden können. Im argentinischen Wettbewerbsrecht besteht aufgrund des weiten Anwendungsbereichs von Artikel 1 des Gesetzes 25.156 jedoch kein Anlass für eine solch weite Auslegung des Missbrauchsgegriffs.

dungen liegt ein Missbrauchsbegriff zugrunde, der sowohl den Behinderungsmissbrauch als auch den Ausbeutungsmissbrauch umfasst. So hat die argentinische Wettbewerbsbehörde klassische Behinderungsmissbräuche wie Ausschließlichkeitsklauseln[576] und Reimportverbote[577] eindeutig als Missbrauch einer marktbeherrschenden Stellung eingestuft. In ihrem Gutachten *Editorial Amfin c/ AGEA S.A.* stellte die CNDC ausdrücklich klar, dass eine Verhaltensweise im argentinischen Wettbewerbsrecht gleichzeitig als einseitige Wettbewerbsbeschränkung nach Artikel 1 1. Hs. und als Missbrauch einer marktbeherrschenden Stellung nach Artikel 1 2. Hs. eingeordnet werden kann.[578] Die Trennung der Anwendungsbereiche des allgemeinen Verbots wettbewerbsbeschränkender Verhaltensweisen und des Verbots des Missbrauchs einer marktbeherrschenden Stellung hat sich in der argentinischen Praxis nicht durchgesetzt, so dass es zu Überschneidungen zwischen diesen beiden Konzepten kommen kann.

bb) Beispiele anerkannter missbräuchlicher Verhaltensweisen

Im Gegensatz zu Artikel 82 S. 2 EGV und § 19 Abs. 4 GWB findet sich in Artikel 4 und 5 des Gesetzes 25.156 keine beispielhafte Aufzählung missbräuchlicher Verhaltensweisen. Aufgrund der Anwendbarkeit von Artikel 1 des Gesetzes 25.156 auf alle einseitigen Wettbewerbsbeschränkungen gilt der Beispielskatalog wettbewerbswidriger Verhaltensweisen in Artikel 2 jedoch auch im Rahmen des Missbrauchs einer marktbeherrschenden Stellung. Aus diesem Grund stellen alle im Rahmen von Artikel 1 1. Hs. dargestellten einseitigen Wettbewerbsbeschränkungen[579], wenn sie von einem marktbeherrschenden Unternehmen ausgeführt werden, einen Missbrauch einer marktbeherrschenden Stellung im Sinne von Artikel 1 2. Hs. des Gesetzes 25.156 dar. Insofern gelten die zu den einzelnen Verhaltensweisen gemachten Ausführungen entsprechend.[580] Darüber hinaus hat die argentinische Wettbewerbsbehörde im Laufe ihrer langjährigen Entscheidungspraxis folgende, in die Kategorien Ausbeutungs- und Behinderungsmissbrauch unterteilte, missbräuchlichen Verhaltensweisen anerkannt.

---

576 Gutachten der Comisión Nacional de Defensa de la Competencia vom 18. Mai 1998, Serie Dictámenes Nr. 4, 8.2. „Editorial Amfin c/ AGEA S.A.“; Gutachten der Comisión Nacional de Defensa de la Competencia vom 22. September 1999, Serie Dictámenes Nr. 8, RN 84 „Cámara de Empresas de Asistencia Farmacéutica c/ Colegio de Farmacéuticos de la Provincia de Buenos Aires“.

577 Gutachten der Comisión Nacional de Defensa de la Competencia vom 19. März 1999, Serie Dictámenes Nr. 5, 6.3. „CNDC c/ YPF S.A.“.

578 Gutachten der Comisión Nacional de Defensa de la Competencia vom 18. Mai 1998, Serie Dictámenes Nr. 4, 8.2. „Editorial Amfin c/ AGEA S.A.“.

579 Siehe oben V. 4.

580 Siehe oben V. 4.

aaa) Ausbeutungsmissbrauch

Der Ausbeutungsmissbrauch umfasst alle Fälle, in denen das marktbeherrschende Unternehmen seine Marktposition zum eigenen Vorteil auf Kosten der Verbraucher ausbeutet. Die drei wichtigsten Formen des Ausbeutungsmissbrauchs sind der Preismissbrauch, der Konditionenmissbrauch und die Preis- bzw. Konditionenspaltung.[581]

(1) Preismissbrauch

Der Preismissbrauch ist im argentinischen Wettbewerbsrecht der in der Praxis wichtigste Unterfall des Ausbeutungsmissbrauchs. In ihrem Gutachten *CNDC c/ YPF S.A* hat die argentinische Wettbewerbsbehörde die zentrale Bedeutung des Wettbewerbsgesetzes zur Verhinderung von Preismissbräuchen hervorgehoben und in einer eingehenden Untersuchung allgemeingültige Kriterien für die Beurteilung eines Preismissbrauchs aufgestellt.[582] Im konkreten Fall ging es um den marktbeherrschenden argentinischen Gasproduzenten, der innerhalb Argentiniens wesentlich höhere Preise verlangte als in den Nachbarstaaten, wo ein intensiver Wettbewerb herrschte. Dieses System erhöhter Preise auf dem argentinischen Markt wurde durch Reimportverbote für die ausländischen Abnehmer abgesichert. Die CNDC sah die Wettbewerbswidrigkeit eines Preismissbrauchs darin begründet, dass der vom marktbeherrschenden Unternehmen verlangte Preis den Preis überstieg, der bei Bestehen eines Wettbewerbgleichgewichts hätte verlangt werden können.[583] Dies entspricht der Rechtsprechung des Europäischen Gerichtshofs. Danach ist ein Missbrauch i.S.d. Art. 82 EGV in der Erzwingung unangemessener Entgelte zu sehen, die im Falle eines wirksamen Wettbewerbs nicht zu erzielen wären.[584] Der Schwerpunkt der Untersuchung eines Preismissbrauchs liegt somit in der Beantwortung der Frage, ob der vom marktbeherrschenden Unternehmen verlangte Preis von dem Preis abweicht, den das Unternehmen bei Bestehen eines effektiven Wettbewerbs erzielen würde. Die Feststellung des angemessenen Preises auf einem Markt mit wesentlichem Wettbewerb bereitet dabei in der Praxis große Schwierigkeiten, weil ihr hypothetische Annahmen zugrundegelegt werden müssen. Im europäischen Wettbewerbsrecht wird dieses Problem gelöst, indem die Preise auf dem Markt des marktbeherrschenden Unternehmens mit den Preisen vergleichbarer Märkte mit

---

[581] So *Grabitz/Hilf*, Das Recht der Europäischen Union, Artikel 82 EGV, RN 143.

[582] Gutachten der Comisión Nacional de Defensa de la Competencia vom 19. März 1999, Serie Dictámenes Nr. 5, 6.2. „CNDC c/ YPF S.A.". Siehe hierzu *D'Amore*, Abuso explotativo de posición dominante: El caso YPF en Argentina, Boletín Latinoamericano de Competencia, Nr. 11, Dezember 2000, S. 7 ff.

[583] Gutachten der Comisión Nacional de Defensa de la Competencia vom 19. März 1999, Serie Dictámenes Nr. 5, 6.2. „CNDC c/ YPF S.A.".

[584] EuGHE 1978, 207 (305) „United Brands"; EuGHE 1994 I, 5077 (5097) „La Crespelle".

wesentlichem Wettbewerb verglichen werden.[585] Diese Vorgehensweise wird als Vergleichsmarktkonzept bezeichnet.[586] Auch die argentinische Wettbewerbsbehörde greift im Rahmen des Preismissbrauchs auf das Vergleichsmarktkonzept zurück. So verglich sie im Gutachten *CNDC c/ YPF S.A.* die Preisentwicklung für Flüssigerdgas auf dem argentinischen Markt, in dem YPF über eine marktbeherrschende Stellung verfügte, mit der Preisentwicklung auf dem brasilianischen Markt, auf dem intensiver Wettbewerb herrschte.[587] Dabei stellte die CNDC fest, dass die Preise des von YPF in Argentinien verkauften Erdgases bei weitem die Preise des für den Export nach Brasilien bestimmten Erdgases überstiegen, obwohl in Argentinien mehr Erdgas produziert als verbraucht wurde und das Angebot von Erdgas in Argentinien stärker stieg als die Nachfrage. Aus diesem Vergleich schloss die CNDC, dass YPF allein aufgrund seiner marktbeherrschenden Stellung in der Lage war, auf dem argentinischen Markt erheblich höhere Preise zu verlangen als auf dem wettbewerbsintensiven brasilianischen Markt. Dieser Preismissbrauch wurde darüber hinaus durch eine Vertragsklausel untermauert, in der YPF seinen brasilianischen Abnehmern verbot, Erdgas nach Argentinien zurückzuverkaufen. Die Entscheidung der CNDC wurde im Berufungsverfahren ausdrücklich bestätigt.[588]

Ein Preismissbrauch kann neben in übermäßig hohen auch in übermäßig niedrigen Preisen zu sehen sein.[589] Dies ist insbesondere der Fall, wenn dadurch Wettbewerber vom Markt verdrängt werden sollen. Die argentinische Wettbewerbsbehörde hat darüber hinaus anerkannt, dass ein Preismissbrauch nicht nur von einem Unternehmen mit marktbeherrschender Stellung auf der Angebotsseite, sondern auch von einem Unternehmen mit einer marktbeherrschenden Stellung auf der Nachfrageseite begangen werden kann. So prüfte die CNDC beim Zusammenschluss der Supermarktketten *Carrefour S.A.* und *Promodes S.A.*, ob das Unternehmen nach dem Zusammenschluss aufgrund seiner Nachfragemacht die

---

[585] So verglich der Europäische Gerichtshof beispielsweise im Fall *United Brands* die Preise für Bananen in Irland mit den Preisen für Bananen auf dem wettbewerbsintensiveren deutschen Markt, siehe EuGHE 1978, 207 (307 ff) „United Brands". Ebenso EuGHE 1988, 2479 (2516) „Bodson"; EuGHE 1989, 2811 (2838 ff.) „Lucazeau/SACEM".

[586] Ausführlich zum Vergleichsmarktkonzept siehe *Grabitz/Hilf*, Das Recht der Europäischen Union, Artikel 82 EGV, RN 147; *Langen/Bunte*, Kommentar zum deutschen und europäischen Kartellrecht, zu Artikel Artikel 82 EGV, RN 98.

[587] Gutachten der Comisión Nacional de Defensa de la Competencia vom 19. März 1999, Serie Dictámenes Nr. 5, 6.2. „CNDC c/ YPF S.A.".

[588] Cámara Nacional de Apelaciones en lo Penal Económico, Urteil vom 24. November 2000 „YPF/CNDC", zitiert in *D'Amore*, Abuso explotativo de posición dominante: El caso YPF en Argentina, Boletín Latinoamericano de Competencia, Nr. 11, Dezember 2000, S. 7 ff.

[589] *Cabanellas de las Cuevas*, Derecho antimonopólico y de defensa de la competencia, S. 678.

Einkaufspreise missbräuchlich absenken konnte.[590] Ein Preismissbrauch ist im argentinischen Wettbewerbsrecht nur verboten, wenn neben dem Abweichen vom Preisniveau eines Marktes mit wesentlichem Wettbewerb auch ein Schaden für das wirtschaftliche Allgemeininteresse droht. Im Gutachten *CNDC c/ YPF S.A.* führte die argentinische Wettbewerbsbehörde aus, dass sich der Preis in einem Markt mit wesentlichem Wettbewerb auf dem Punkt des Gleichgewichts zwischen Angebot und Nachfrage stabilisiert, was zu einer Maximierung des wirtschaftlichen Gesamtüberschusses und des sozialen Gemeinwohls führt.[591] Durch das Abweichen von diesem Idealpreis reduziere das marktbeherrschende Unternehmen den wirtschaftlichen Gesamtüberschuss, was einem Schaden für das wirtschaftliche Allgemeininteresse gleichstehe. Dieser Ausführung kann entnommen werden, dass ein Preismissbrauch grundsätzlich zu einem Schaden für das wirtschaftliche Allgemeininteresse führt und nicht aufgrund von Effizienzgewinnen gerechtfertigt werden kann.

(2) Konditionenmissbrauch

Der zweite wichtige Unterfall des Ausbeutungsmissbrauchs ist der Konditionenmissbrauch. Darunter ist die Durchsetzung missbräuchlicher Vertragsbedingungen zum Nachteil der Marktgegenseite durch ein marktbeherrschendes Unternehmen zu verstehen.[592] Der Konditionenmissbrauch ist ausdrücklich in Artikel 82 a) EGV und § 19 Abs. 4 Nr. 2 GWB als missbräuchliche Verhaltensweise aufgezählt. Auch die argentinische Wettbewerbsbehörde hat in ihrer bisherigen Entscheidungspraxis anerkannt, dass in der Festsetzung bestimmter Vertragsbedingen ein Missbrauch einer marktbeherrschenden Stellung zu sehen ist.[593] Im Gutachten *Cámara de Empresas de Asistencia Farmacéutica c/ Colegio de Farmacéuticos de la Provincia de Buenos Aires* stufte sie eine Ausschließlichkeitsvereinbarung in einem Vertrag als missbräuchlich ein, weil diese den Wett-

[590] Gutachten der Comisión Nacional de Defensa de la Competencia zum Zusammenschluss von Promodes S.A. und Carrefour S.A. vom 28. April 2000, S. 42 ff. Aufgrund der großen Anzahl internationaler Wettbewerber in Argentinien wurden keine Anzeichen für einen möglichen Missbrauch der Nachfragemacht von Carrefour/Promodes festgestellt.

[591] Gutachten der Comisión Nacional de Defensa de la Competencia vom 19. März 1999, Serie Dictámenes Nr. 5, 6.2. „CNDC c/ YPF S.A.“.

[592] *Grabitz/Hilf*, Das Recht der Europäischen Union, Artikel 82 EGV, RN 147; *Emmerich*, Kartellrecht, S. 198.

[593] Gutachten der Comisión Nacional de Defensa de la Competencia vom 18. Mai 1998, Serie Dictámenes Nr. 4, 8.10. „Editorial Amfin c/ AGEA S.A.“; Gutachten der Comisión Nacional de Defensa de la Competencia vom 22. September 1999, Serie Dictámenes Nr. 8, RN 95 ff. „Cámara de Empresas de Asistencia Farmacéutica c/ Colegio de Farmacéuticos de la Provincia de Buenos Aires“.

bewerb zum Nachteil der Patienten beschränkte.[594] Die CNDC stellte ausdrücklich heraus, dass der Berufsverband die missbräuchliche Vertragsklausel nur aufgrund seiner Marktstärke durchsetzen konnte. Wie beim Preismissbrauch legt die argentinische Wettbewerbsbehörde bei der Bewertung von Vertragsbedingungen das Vergleichsmarktkonzept zugrunde. Danach sind solche Vertragsbedingungen als missbräuchlich einzustufen, die das marktbeherrschende Unternehmen auf einem vergleichbaren Markt, auf dem wirksamer Wettbewerb herrscht, nicht durchsetzen könnte.[595]

(3) Preis- und Konditionenspaltung

Als letzter wichtiger Unterfall des Ausbeutungsmissbrauchs ist die Preis- und Konditionenspaltung anerkannt. Darunter ist die Anwendung unterschiedlicher Preise oder Konditionen seitens marktbeherrschender Unternehmen gegenüber gleichartigen Abnehmern auf vergleichbaren Märkten ohne sachliche Rechtfertigung zu verstehen.[596] Im europäischen und deutschen Wettbewerbsrecht ist die Anwendung unterschiedlicher Entgelte oder Geschäftsbedingungen bei gleichwertigen Leistungen durch das marktbeherrschende Unternehmen gemäß Artikel 82 c) EGV und § 19 Abs. 4 Nr. 3 GWB jeweils ein Regelbeispiel für eine missbräuchliche Verhaltensweise. Auch die CNDC hat die Verwendung diskriminierender Lieferungsbedingen bereits 1982 in ihrem Gutachten *Unión General de Tamberos c/ Cooperativa Popular de Electricidad de Santa Rosa* als Unterfall des Missbrauchs einer marktbeherrschenden Stellung anerkannt.[597] Nunmehr sind ungerechtfertigte diskriminierende Bezugs- oder Veräußerungsbedingungen in Artikel 2 k) des argentinischen Wettbewerbsgesetzes als Regelbeispiel einer wettbewerbswidrigen Verhaltensweise aufgezählt. Gemäß Artikel 1 2. Hs. i.V.m. Artikel 4 des Gesetzes 25.156 gilt Artikel 2 k) auch im Rahmen des Missbrauchs einer marktbeherrschenden Stellung. Neben einer marktbeherrschenden Stellung müssen somit die Voraussetzungen einer einseitigen Diskriminierung vorliegen. Diesbezüglich kann auf die Ausführungen im Rahmen der

---

[594] Gutachten der Comisión Nacional de Defensa de la Competencia vom 22. September 1999, Serie Dictámenes Nr. 8, RN 98 „Cámara de Empresas de Asistencia Farmacéutica c/ Colegio de Farmacéuticos de la Provincia de Buenos Aires".

[595] Gutachten der Comisión Nacional de Defensa de la Competencia vom 22. September 1999, Serie Dictámenes Nr. 8, RN 98 „Cámara de Empresas de Asistencia Farmacéutica c/ Colegio de Farmacéuticos de la Provincia de Buenos Aires". Dies entspricht § 19 Abs. 4 Nr. 2 GWB, wonach Geschäftsbedingungen missbräuchlich sind, wenn sie von denjenigen abweichen, die sich bei wirksamem Wettbewerb mit hoher Wahrscheinlichkeit ergeben würden. Nach dem Wortlaut der Vorschrift sind dabei insbesondere die Verhaltensweise von Unternehmen auf vergleichbaren Märkten mit wirksamem Wettbewerb zu berücksichtigen.

[596] *Grabitz/Hilf*, Das Recht der Europäischen Union, Artikel 82 EGV, RN 161; *Emmerich*, Kartellrecht, S. 199.

[597] Gutachten der Comisión Nacional de Defensa de la Competencia vom 10. Mai 1982, VI. „Unión General de Tamberos c/ Cooperativa Popular de Electricidad de Santa Rosa".

einseitigen Wettbewerbsbeschränkungen verwiesen werden.[598] Angesichts der Orientierung der argentinischen Wettbewerbsbehörde am Vergleichsmarktkonzept ist davon auszugehen, dass die Beurteilung der Missbräuchlichkeit im Fall der Preis- und Konditionenspaltung ebenfalls auf dieser Grundlage erfolgt. Danach sind Preise oder Geschäftsbedingungen missbräuchlich, wenn sie das marktbeherrschende Unternehmen in vergleichbaren Märkten mit wirksamem Wettbewerb nicht hätte durchsetzen können.

bbb) Behinderungsmissbrauch

Der Behinderungsmissbrauch umfasst alle Fälle, in denen ein marktbeherrschendes Unternehmen die Wettbewerbsmöglichkeiten anderer Unternehmen in einer für den Wettbewerb erheblichen Weise ohne sachlich gerechtfertigten Grund beeinträchtigt. Fälle des Behinderungsmissbrauchs stellen den bisherigen Schwerpunkt der Praxis der argentinischen Wettbewerbsbehörde im Rahmen der Missbrauchskontrolle dar. In ihren bisherigen Entscheidungen hat die CNDC klar zu erkennen gegeben, dass sie jede Verhaltensweise eines marktbeherrschenden Unternehmens als Missbrauch einstuft, das zu einer Behinderung oder einem Marktausschluss von Wettbewerbern führt.[599] Im einzelnen sind folgende Verhaltensweisen von der argentinischen Wettbewerbsbehörde als Behinderungsmissbrauch eingestuft worden.

(1) Preisunterbietung (predatory pricing)

Die Preisunterbietung oder *predatory pricing* ist ein Fall des Behinderungsmissbrauchs, bei dem ein marktbeherrschendes Unternehmen die Preise seiner Wettbewerber mit dem Ziel unterbietet, diese vom Markt zu verdrängen.[600] Nach Artikel 2 m) des Gesetzes 25.156 ist der Verkauf unter Kostenpreis wettbewerbswidrig und somit im Falle einer marktbeherrschenden Stellung missbräuchlich. Die argentinische Wettbewerbsbehörde hat in ihren Gutachten

---

[598] Zur einseitigen Diskriminierung gemäß Artikel 2 k) des Gesetzes 25.156 siehe oben V. 4. d).

[599] Gutachten der Comisión Nacional de Defensa de la Competencia vom 18. Mai 1998, Serie Dictámenes Nr. 4, 8.10. „Editorial Amfin c/ AGEA S.A."; Gutachten der Comisión Nacional de Defensa de la Competencia vom 22. September 1999, Serie Dictámenes Nr. 8, RN 99 „Cámara de Empresas de Asistencia Farmacéutica c/ Colegio de Farmacéuticos de la Provincia de Buenos Aires"; Gutachten der Comisión Nacional de Defensa de la Competencia vom 30. Juni 1999, 2.7. „Decoteve c/ Pramer S.C.A."; Gutachten der Comisión Nacional de Defensa de la Competencia vom 25. November 1999, Serie Dictámenes Nr. 9, RN 216 ff. „Procter&Gamble c/ Unilever".

[600] So die Definition bei *Emmerich*, Kartellrecht, S. 189. Ausführlich zur Kampfpreisunterbietung im europäischen Wettbewerbsrecht siehe *Immenga/Mestmäcker*, EG-Wettbewerbsrecht, zu Artikel 86 EGV (82 EGV n.F.), RN 165; Ausführlich zur Kampfpreisunterbietung nach deutschem Kartellrecht siehe *Baur*, Der Mißbrauch im deutschen Kartellrecht, S. 221 ff.

Cámara de Papelerías, Librerías y Afines c/ Supermercados Makro und *Cámara de la Industria del Calzado de Córdoba c/ Carrefour Argentina S.A.* klare Richtlinien für die Beurteilung von Preisunterbietungen aufgestellt und in späteren Fällen angewandt.[601] Aufgrund der Besonderheiten des argentinischen Wettbewerbsgesetzes konnte sie in den Fällen dahingestellt lassen, ob eine marktbeherrschende Stellung vorlag, weil die Unternehmen zumindest über Marktmacht verfügten. Nach diesen Entscheidungen ist eine Preisunterbietung nur dann als Missbrauch einzustufen, wenn das marktbeherrschende Unternehmen dadurch seine Wettbewerber vom Markt verdrängen will, um langfristig höhere Preise verlangen zu können.[602]

(2) Lieferverweigerung

Die Lieferverweigerung eines marktbeherrschenden Unternehmens stellt gemäß Artikel 1 2. Hs. i.V.m. Artikel 2 l) des Gesetzes 25.156 einen Missbrauch einer marktbeherrschenden Stellung dar.[603] Die argentinische Wettbewerbsbehörde hat die ungerechtfertigte Weigerung eines marktbeherrschenden Unternehmens, Ware zu liefern oder eine Dienstleistung zu erbringen, ebenfalls ausdrücklich als Missbrauch anerkannt.[604] Im Gutachten *Mariano Ernesto Morgan c/ José Maria Ubici* ging es um die Weigerung eines marktbeherrschenden Zwischenhändlers, Zeitungen an einen Kioskbesitzer zu liefern. In diesem Zusammenhang führte die CNDC aus, dass die Lieferverweigerung eines Wirtschaftsteilnehmers mit

---

[601] Gutachten der Comisión Nacional de Defensa de la Competencia vom 31. Juli 1997, Serie Dictámenes Nr. 2, RN 25 „Cámara de Papelerías, Librerías y Afines c/ Supermercados Makro"; Gutachten der Comisión Nacional de Defensa de la Competencia vom 21. Juli 1999, RN 17 „Cámara de la Industria del Calzado de Córdoba c/ Carrefour Argentina S.A."; Gutachten der Comisión Nacional de Defensa de la Competencia vom 2. August 1999, RN 10 „Mercado de Abasto de Villa Maria Sociedad de Economía mixta c/ Supermercados Americanos Disco".

[602] Siehe ausführlich zum Verkauf unter Kostenpreis oben, V. 4. f).

[603] Ausführlich zu den Voraussetzungen einer einseitigen Lieferverweigerung gemäß Artikel 2 l) des Gesetzes 25.156 siehe oben V. 4. e). Diese Voraussetzungen gelten entsprechend im Rahmen des Missbrauchs einer marktbeherrschenden Stellung.

[604] Gutachten der Comisión Nacional de Defensa de la Competencia vom 10. Mai 1982, VII. „Unión General de Tamberos c/ Cooperativa Popular de Electricidad de Santa Rosa"; Gutachten der Comisión Nacional de Defensa de la Competencia vom 22. September 1982, VI. „Staff Médico c/ Federación Médica de la Provincia de Buenos Aires"; Gutachten der Comisión Nacional de Defensa de la Competencia vom 24. August 1982, VI. „Asociación de Empresas de Servicios Funebres y Afines de Villa Maria"; Gutachten der Comisión Nacional de Defensa de la Competencia vom 8. Februar 1982, IV. „Humberto Savant c/ Matadero Vera". Auch im europäischen Wettbewerbsrecht fällt die ungerechtfertigte Lieferungsverweigerung im Fall der marktbeherrschenden Stellung eines Unternehmens unter Artikel 82 EGV, siehe *Groeben/Thiesing/Ehlermann*, EU-/EG-Vertrag Kommentar, zu Artikel 86 EGV (Artikel 82 EGV n.F.), RN 181; *Immenga/Mestmäcker*, EG-Wettbewerbsrecht, zu Artikel 86 EGV (82 EGV n.F.), RN 229.

einer marktbeherrschenden Stellung immer dann einen Missbrauch darstellt, wenn sie nicht durch legitime Handelsgründe gerechtfertigt ist.[605] Ein die Lieferverweigerung rechtfertigender Grund sei beispielsweise in der unterlassenen Bezahlung bereits gelieferter Waren oder einer angeschlagenen Finanzsituation des Bestellers zu sehen. Sollte die Lieferungsverweigerung nicht gerechtfertigt sein, kann für das marktbeherrschende Unternehmen daher im Einzelfall ein Kontrahierungs- und Lieferzwang bestehen.[606] Dies ist nach einem Urteil des Berufungsgerichts Buenos Aires jedoch nur der Fall, wenn die Lieferverweigerung willkürlich oder diskriminierend ist.[607] Die Wettbewerbswidrigkeit einer Lieferverweigerung durch ein marktbeherrschendes Unternehmen liegt nach Auffassung der CNDC insbesondere in der Gefahr begründet, dass Unternehmen von nachgeordneten Märkten ausgeschlossen werden und das marktbeherrschende Unternehmen seine Marktmacht auf diese nachgeordneten Märkte ausdehnt.[608]

Ein besonderer Fall der Lieferverweigerung durch einen marktbeherrschenden Wirtschaftsteilnehmer ist in Artikel 2 ll) des Gesetzes 25.156 geregelt. Danach stellt das Unterlassen der Versorgung eines öffentlichen Dienstleisters oder eines Dienstleisters von öffentlichem Interesse durch ein marktbeherrschendes Unternehmen einen Missbrauch der marktbeherrschenden Stellung dar. Insofern besteht also ein Lieferzwang. Diese Vorschrift ist neu in das Wettbewerbsgesetz aufgenommen worden und soll die Versorgung der Öffentlichkeit mit Dienstleistungen von allgemeinem Interesse wie Telefon, Elektrizität und Wasser auch nach der Privatisierung der ehemals staatlichen Versorgungsunternehmen sicherstellen.

(3) Ausschließlichkeitsbindungen

Den Schwerpunkt der bisherigen Anwendungspraxis der argentinischen Wettbewerbsbehörde im Bereich des Missbrauchs einer marktbeherrschenden Stellung bildet die Beurteilung von Ausschließlichkeitsklauseln.[609] Unter einer Aus-

---

[605] Gutachten der Comisión Nacional de Defensa de la Competencia vom 18. August 1999, RN 34 „Mariano Ernesto Morgan c/ José Maria Ubici".

[606] So auch *Garcia Cuerva*, La ley de defensa de la competencia y la obligación de vender, La Ley 1985, Band E, S. 869.

[607] Urteil der Cámara Nacional Penal Económico vom 26. Dezember 1990, La Ley 1992, Band C, S. 472 „Tejeduría del Chubut S.A.". Zustimmend *Litvack*, La obligación de vender y la ley de defensa de la competencia, La Ley 1992, Band C, S. 470.

[608] Gutachten der Comisión Nacional de Defensa de la Competencia vom 22. September 1982, VI. „Staff Médico c/ Federación Médica de la Provincia de Buenos Aires"; Gutachten der Comisión Nacional de Defensa de la Competencia vom 18. August 1999, RN 34 „Mariano Ernesto Morgan c/ José Maria Ubici".

[609] Gutachten der Comisión Nacional de Defensa de la Competencia vom 22. September 1982, VI. „Staff Médico c/ Federación Médica de la Provincia de Buenos Aires"; Gutachten der Comisión Nacional de Defensa de la Competencia vom 22. Mai 1984, VI. „Cámara Ar-

schließlichkeitsklausel versteht die CNDC jede Bedingung, durch die einem der Beteiligten die Pflicht auferlegt wird, keine Waren oder Dienstleistungen von Dritten zu benutzen, oder mit diesen zu handeln.[610] Diese Definition ist nunmehr durch Artikel 2 j) in das argentinische Wettbewerbsgesetz übernommen worden. Im Fall *Cámara de Empresas de Asistencia Farmacéutica c/ Colegio de Farmacéuticos de la Provincia de Buenos Aires* musste die CNDC beispielsweise eine von der Apothekerkammer Buenos Aires gegenüber den angeschlossenen Apothekern verwandte Klausel beurteilen, wonach die Apotheker ihre Medikamente nur an die Mitglieder von Krankenkassen verkaufen durften, die vorher einen Vertrag mit der Apothekerkammer geschlossen hatten.[611] Solche Ausschließlichkeitsklauseln stellen nach Ansicht der argentinischen Wettbewerbsbehörde immer dann einen Missbrauch einer marktbeherrschenden Stellung dar, wenn der Großteil des Angebots in einem Unternehmen konzentriert ist, ohne dass die Nachfrager eine gleichwertige Alternative haben, die ihre Bedürfnisse ebenso befriedigen würde.[612] Im Fall *American Express c/ Visa y Mastercard* stufte die CNDC eine Vertragsklausel der Kreditkartenunternehmen Mastercard und Visa als missbräuchlich ein, durch das sie Banken, wenn diese Kreditkarten des Wettbewerbers American Express anboten, aus ihrem System ausgeschlossen.[613] Die Verwendung solcher Ausschließlichkeitsklauseln ist nach Auffassung der CNDC insbesondere deshalb als Missbrauch einzustufen, weil sie eine erhebliche Marktzutrittsschranke darstellt, durch die der Einstieg neuer Wettbewerber in den relevanten Markt verhindert wird. Diese Rechtsprechung der CNDC entspricht im wesentlichen der Rechtsprechung des Europäischen Gerichtshofs un-

---

gentina de Farmacias c/ Colegio de Farmacéuticos de la Provincia de Buenos Aires“; Gutachten der Comisión Nacional de Defensa de la Competencia vom 22. September 1999, Serie Dictámenes Nr. 8, RN 84 ff. „Cámara de Empresas de Asistencia Farmacéutica c/ Colegio de Farmacéuticos de la Provincia de Buenos Aires“; Gutachten der Comisión Nacional de Defensa de la Competencia vom 18. Mai 1998, Serie Dictámenes Nr. 4, 8.7. ff. „Editorial Amfin c/ AGEA S.A.“. Der Missbrauch einer marktbeherrschenden Stellung durch Ausschließlichkeitsklauseln war insbesondere auf dem Markt für gesundheitliche Dienstleistungen weit verbreitet, siehe CNDC, La Ley de Defensa de la Competencia y los Mercados de Servicios para la Salud, Serie Pautas Nr. 1, S. 21 ff.

610 Comisión Nacional de Defensa de la Competencia, Breve Análisis Económico de la Ley Argentina de Defensa de la Competencia, Serie Documentos Nr. 1, August 1997, S. 23.

611 Gutachten der Comisión Nacional de Defensa de la Competencia vom 22. September 1999, Serie Dictámenes Nr. 8, RN 83 „Cámara de Empresas de Asistencia Farmacéutica c/ Colegio de Farmacéuticos de la Provincia de Buenos Aires“.

612 Gutachten der Comisión Nacional de Defensa de la Competencia vom 22. September 1999, Serie Dictámenes Nr. 8, RN 84 „Cámara de Empresas de Asistencia Farmacéutica c/ Colegio de Farmacéuticos de la Provincia de Buenos Aires“.

613 Gutachten der Comisión Nacional de Defensa de la Competencia vom 6. Mai 1997, Serie Dictámenes Nr. 1, 7.1. „American Express c/ Visa, Mastercard y Argencard“. Diese wettbewerbswidrige Verhaltensweise konnte Visa und Mastercard jedoch nicht nachgewiesen werden.

ter Artikel 82 EGV. Danach sind von marktbeherrschenden Unternehmen verwendete Ausschließlichkeitsklauseln regelmäßig missbräuchlich im Sinne von Artikel 82 EGV.[614] In ihrem Gutachten *Editorial Amfin c/ AGEA S.A.* hat die CNDC jedoch einschränkend klargestellt, dass Ausschließlichkeitsklauseln nicht als Missbrauch einer marktbeherrschenden Stellung einzustufen sind, wenn sie zu Effizienzgewinnen und einer Intensivierung des Wettbewerbs führen.[615] Aufgrund der bereits vorhandenen marktstarken Stellung des Unternehmens können Ausschließlichkeitsvereinbarungen marktbeherrschender Unternehmen nach Auffassung der argentinischen Wettbewerbsbehörde aber nur bei erheblichen Effizienzgewinnen und langfristigen Vorteilen für die Verbraucher gerechtfertigt werden. Eine Rechtfertigung ist ausgeschlossen, wenn die Vereinbarung eine erhebliche Marktzutrittsschranke für potentielle Wettbewerber darstellt oder die Gefahr besteht, dass aktuelle Wettbewerber vom Markt ausgeschlossen werden.[616] Insgesamt legt die CNDC also im Rahmen des wirtschaftlichen Allgemeininteresses einen wesentlich strengeren Prüfungsmaßstab an als bei der Verwendung von Ausschließlichkeitsklauseln durch nicht marktstarke Unternehmen. Eine Rechtfertigung von Ausschließlichkeitsklauseln durch überwiegende Gründe des wirtschaftlichen Allgemeininteresses ist bei Vorliegen einer marktbeherrschenden Stellung daher nur in Ausnahmefällen möglich.

(4) Rabattklauseln

In mehreren Fällen hat sich die CNDC mit Rabattklauseln in Verträgen marktbeherrschender Wirtschaftsteilnehmer befasst. Ein Missbrauch der marktbeherrschenden Stellung liegt dabei nach Ansicht der argentinischen Wettbewerbsbehörde insbesondere in der Kombination von Rabatten mit einem ausschließlichen Bezug.[617] So stufte sie im Fall *Editoral Amfin c/ AGEA S.A.* die Gewäh-

---

[614] EuGHE 1975, 1663 (2018 ff.) „Suiker Unie"; EuGHE 1979, 461 (539 ff.) „Hoffmann La Roche/Vitamine"; *Immenga/Mestmäcker*, EG-Wettbewerbsrecht, zu Artikel 86 EGV (82 EGV n.F.), RN 173.

[615] Gutachten der Comisión Nacional de Defensa de la Competencia vom 18. Mai 1998, Serie Dictámenes Nr. 4, 8.9. „Editorial Amfin c/ AGEA S.A.". In diesem Fall ging es um Ausschließlichkeitsvereinbarungen, in denen die marktbeherrschende Zeitung in Buenos Aires ihren Anzeigenkunden im Falle der Exklusivität Sonderrabatte einräumte. Diese Vereinbarung konnte nach Ansicht der CNDC aufgrund des zu befürchtenden Ausschlusses der Wettbewerber vom lukrativen Anzeigenmarkt nicht durch Effizienzgewinne gerechtfertigt werden.

[616] Gutachten der Comisión Nacional de Defensa de la Competencia vom 18. Mai 1998, Serie Dictámenes Nr. 4, 8.10. „Editorial Amfin c/ AGEA S.A."; Gutachten der Comisión Nacional de Defensa de la Competencia vom 22. September 1999, Serie Dictámenes Nr. 8, RN 95 „Cámara de Empresas de Asistencia Farmacéutica c/ Colegio de Farmacéuticos de la Provincia de Buenos Aires".

[617] Gutachten der Comisión Nacional de Defensa de la Competencia vom 25. November 1999, Serie Dictámenes Nr. 9, RN 231 „Procter&Gamble c/ Unilever"; Gutachten der Comisión Nacional de Defensa de la Competencia vom 18. Mai 1998, Serie Dictámenes Nr. 4,

rung erheblicher Preisnachlässe für exklusive Anzeigen durch die marktbeherrschende Tageszeitung in Buenos Aires als missbräuchlich ein.[618] Diese Rabattpolitik führte nach Auffassung der argentinischen Wettbewerbsbehörde zu einer Verdrängung der bestehenden und zu einer Erschwerung des Markteintritts für neue Wettbewerber, weil diese vom lukrativen Markt für Zeitungswerbung ausgeschlossen wurden. Auch im Gutachten *Procter&Gamble c/ Unilever* stufte die CNDC das Rabattsystem eines marktbeherrschenden Unternehmens als Missbrauch einer marktbeherrschenden Stellung ein, weil es eine erhebliche Marktzutrittsschranke für neu in den Markt eintretende Wettbewerber darstellte.[619] Im Rahmen des wirtschaftlichen Allgemeininteresses ist dabei zu berücksichtigen, dass sich die Rabattklausel auf den Markt auswirken und eine Behinderung für aktuelle oder potentielle Wettbewerber darstellen muss. Andernfalls sind Rabattklauseln marktbeherrschender Unternehmen mangels Gefahr für das wirtschaftliche Allgemeininteresse zulässig.

(5) Kopplungsverträge

Im Rahmen des Missbrauchs einer marktbeherrschenden Stellung hat die CNDC in einer Reihe von Gutachten auch die Wettbewerbswidrigkeit von Kopplungsgeschäften marktbeherrschender Unternehmen untersucht.[620] Dabei stellte die argentinische Wettbewerbsbehörde heraus, dass eines der wichtigsten Ziele im Rahmen des Missbrauchs einer marktbeherrschenden Stellung die Verhinderung der Ausdehnung der Marktmacht eines marktbeherrschenden Unternehmens auf benachbarte Märkte ist.[621] Daher sind Kopplungsverträge marktbeherrschender

---

8.10. „Editorial Amfin c/ AGEA S.A.“. Auch im europäischen Wettbewerbsrecht ist die Gewährung von Rabatten durch ein marktbeherrschendes Unternehmen missbräuchlich, wenn der Rabatt nicht durch eine besondere wirtschaftliche Leistung des Abnehmers gerechtfertigt ist und zu einer Verfälschung des Wettbewerbs führt, EuGHE 1983, 3461 (3515) „Michelin“.

[618] Gutachten der Comisión Nacional de Defensa de la Competencia vom 18. Mai 1998, Serie Dictámenes Nr. 4, 8.10. „Editorial Amfin c/ AGEA S.A.“.

[619] Gutachten der Comisión Nacional de Defensa de la Competencia vom 25. November 1999, Serie Dictámenes Nr. 9, RN 231 „Procter&Gamble c/ Unilever“.

[620] Gutachten der Comisión Nacional de Defensa de la Competencia vom 24. August 1982 „Asociación de Empresas de Servicios Funebres y Afines de Villa Maria“; Gutachten der Comisión Nacional de Defensa de la Competencia vom 14. Juni 1982 „Asociación Sureña de Empresas de Pompas Funebres de la Provincia de Buenos Aires“; Gutachten der Comisión Nacional de Defensa de la Competencia vom 11. März 1982 „Ifrisa S.R.L. c/ YPF S.A.“; Gutachten der Comisión Nacional de Defensa de la Competencia vom 18. Mai 1998, Serie Dictámenes Nr. 4 „Editorial Amfin c/ AGEA S.A.“.

[621] Gutachten der Comisión Nacional de Defensa de la Competencia vom 24. August 1982, VI. „Asociación de Empresas de Servicios Funebres y Afines de Villa Maria“; Gutachten der Comisión Nacional de Defensa de la Competencia vom 14. Juni 1982, VI. „Asociación Sureña de Empresas de Pompas Funebres de la Provincia de Buenos Aires“; Comisión Nacional

Unternehmen, in denen der Erwerb einer Ware oder Dienstleistung vom Erwerb einer weiteren nicht zusammengehörenden Ware oder Dienstleistung abhängig gemacht wird, grundsätzlich missbräuchlich.[622] Diese Rechtsprechung entspricht der gesetzlichen Regelung von Artikel 2 i) des Gesetzes 25.156.[623] Im Fall *Editorial Amfin c/ AGEA S.A.* stellte die CNDC darüber hinaus klar, dass eine Ausdehnung von Marktmacht auf einen anderen Markt grundsätzlich nicht durch Effizienzgewinne im Rahmen des wirtschaftlichen Allgemeininteresses gerechtfertigt werden kann.[624] Insgesamt geht die argentinische Wettbewerbsbehörde somit besonders konsequent gegen jeden Versuch marktbeherrschender Unternehmen vor, ihre Marktmacht auf benachbarte Märkte auszuweiten.

(6) Abbruch bestehender Geschäftsbeziehungen

Der Missbrauch einer marktbeherrschenden Stellung kann auch im Abbruch bestehender Geschäftsbeziehungen liegen, insbesondere in einer einseitige Kündigung von Verträgen durch das marktbeherrschende Unternehmen. So hat die CNDC im Fall *Decoteve c/ Pramer S.A.* die einseitige Kündigung eines Lizenzvertrages, durch den sich der Inhaber exklusiver Senderechte an Fernsehprogrammen zur Überlassung dieser Rechte an einen Satellitensender verpflichtet hatte, als Missbrauch einer marktbeherrschenden Stellung eingestuft.[625] Denn die Kündigung des Vertrages hätte nach Ansicht der argentinischen Wettbewerbsbehörde dazu geführt, dass der betroffene Satellitensender vollständig vom Markt verdrängt worden wäre, wodurch der inzwischen zur Unternehmensgruppe des Rechteinhabers gehörende konkurrierende Satellitensender als einziger Anbieter auf dem Markt für Satellitenfernsehen übrig geblieben wäre. Im Zusammenhang mit der Kündigung von Lizenzverträgen ist zu beachten, dass die CNDC aufgrund der bei jedem Schutzrecht bestehenden gesetzlichen Mono-

---

de Defensa de la Competencia, Breve Análisis Económico de la Ley Argentina de Defensa de la Competencia, Serie Documentos Nr. 1, August 1997, S. 23.

622 Auch im europäischen Wettbewerbsrecht ist die Verwendung von Kopplungsverträgen durch marktbeherrschende Unternehmen aufgrund der damit verbundenen Ausdehnung der Marktmacht auf die Märkte der gekoppelten Ware grundsätzlich ein Missbrauch i.S.v. Artikel 82 EGV, siehe *Immenga/Mestmäcker*, EG-Wettbewerbsrecht, zu Artikel 86 EGV (82 EGV n.F.), RN 198.

623 Ausführlich zu wettbewerbswidrigen Kopplungsverträgen gemäß Artikel 2 i) des Gesetzes 25.156 siehe oben V. 3. c).

624 Gutachten der Comisión Nacional de Defensa de la Competencia vom 18. Mai 1998, Serie Dictámenes Nr. 4, 8.10. „Editorial Amfin c/ AGEA S.A.".

625 Gutachten der Comisión Nacional de Defensa de la Competencia vom 30. Juni 1999, 2.7. „Decoteve S.A. c/ Pramer S.C.A.". Auch im europäischen Wettbewerbsrecht ist der Abbruch bestehender Geschäftsbeziehungen durch ein marktbeherrschendes Unternehmen missbräuchlich, falls kein objektiver Rechtfertigungsgrund vorliegt und der Grundsatz der Verhältnismäßigkeit gewahrt bleibt, siehe *Immenga/Mestmäcker*, EG-Wettbewerbsrecht, zu Artikel 86 EGV (82 EGV n.F.), RN 217.

polstellung des Rechteinhabers die Ausübung des Schutzrechts im Rahmen des Missbrauchs einer marktbeherrschenden Stellung kontrollieren kann.[626] Aus der Entscheidung *Decoteve c/ Pramer S.A.* kann meiner Ansicht nach geschlossen werden, dass die argentinische Wettbewerbsbehörde in Einzelfällen die Inhaber exklusiver Schutzrechte dazu verpflichten kann, Wettbewerbern eine Zwangslizenz zu erteilen. Denn die Verweigerung eines Lizenzvertrages kann wie die Kündigung eines Lizenzvertrages einen Missbrauch einer marktbeherrschenden Stellung durch den Inhaber des Schutzrechtes darstellen. Dies entspricht der Rechtsprechung des Europäischen Gerichtshofs.[627] Auch im brasilianischen Wettbewerbsgesetz 8.884/94 ist in Artikel 24 IV a) die Erteilung einer Zwangslizenz ausdrücklich als Sanktion im Falle des Missbrauchs einer marktbeherrschenden Stellung vorgesehen. In diesen Fällen besteht für die Inhaber des Schutzrechts somit ein Kontrahierungszwang.

(7) Negative Werbung

Im Gutachten *Procter&Gamble c/ Unilever* hat die argentinische Wettbewerbsbehörde entschieden, dass eine gezielte negative Werbekampagne eines marktbeherrschenden Unternehmens, durch die der Markteintritt eines Wettbewerbers verhindert werden soll, einen Missbrauch darstellt.[628] Dem Fall lag eine von Unilever finanzierte aufwendige Werbekampagne für einen Hersteller von Toilettenbrillen mit der Firma „Ariel" zugrunde, die in unmittelbarem zeitlichen Zusammenhang mit der Markteinführung des gleichnamigen Waschmittels durch den Konkurrenten Procter&Gamble gestartet wurde. Im Gutachten *Cámara Argentina de Empresas de Servicios Jurídicos Prepagos c/ Colegio de Abogados de San Nicolas* stufte die CNDC die Anzeigenkampagne einer Rechtsanwaltskammer, in der diese vor der Inanspruchnahme von Diensten von Prozessfinanzierern warnte, als missbräuchlich ein, weil dadurch der Marktzugang der Prozessfinanzierer erheblich erschwert wurde.[629] Negative Werbung durch marktstarke oder marktbeherrschende Unternehmen ist somit insbeson-

---

[626] Gutachten der Comisión Nacional de Defensa de la Competencia vom 16. August 1981, VI. „Tiboni c/ Sorensen y Cia.". Ausführlich zur Anwendbarkeit des Wettbewerbsgesetzes auf Schutzrechte des geistigen Eigentums siehe *Bergel/Battioli*, En torno de Derechos de Propiedad Intelectual y la Competencia, Revista del Derecho Industrial Nr. 43, Januar – April 1993, S. 97 ff. und oben V. 3. e) aa).

[627] EuGHE 1995, 743 (765), „RTE v. Commission (Magill)". Danach war der Inhaber einer urheberrechtlich geschützten Information verpflichtet, einem Wettbewerber eine Lizenz zu erteilen, weil es sich um unabdingbare Grundinformationen für die Herstellung eines Konkurrenzprodukts handelte.

[628] Gutachten der Comisión Nacional de Defensa de la Competencia vom 25. November 1999, Serie Dictámenes Nr. 9, RN 216 „Procter&Gamble c/ Unilever".

[629] Gutachten der Comisión Nacional de Defensa de la Competencia vom 9. September 1998, 6.18. „Cámara Argentina de Servicios Jurídicos Prepagos c/ Colegio de Abogados de San Nicolas".

dere dann missbräuchlich, wenn sie eine erhebliche Marktzutrittsschranke für Wettbewerber darstellt. Voraussetzung ist allerdings, dass ein unmittelbarer sachlicher und zeitlicher Zusammenhang zwischen der negativen Werbekampagne und dem geplanten Markteintritt des Wettbewerbers besteht. Eine Rechtfertigung durch Effizienzgewinne im Rahmen des wirtschaftlichen Allgemeininteresses erscheint ausgeschlossen, weil negative Werbekampagnen nicht zur Realisierung von Effizienzgewinnen notwendig sind.

d) Das wirtschaftliche Allgemeininteresse im Rahmen der Missbrauchsaufsicht

Der Missbrauch einer marktbeherrschenden Stellung ist nach Artikel 1 2. Hs. des Gesetzes 25.156 nur verboten, wenn darin ein drohender Schaden für das wirtschaftliche Allgemeininteresse zu sehen ist. Nach dem Wortlaut von Artikel 1 2. Hs. handelt es sich beim Schaden für das wirtschaftliche Allgemeininteresse um eine zusätzliche Voraussetzung, die neben dem Missbrauch einer marktbeherrschenden Stellung vorliegen muss. Trotz des klaren Wortlauts der Vorschrift wird in der argentinischen Literatur teilweise die Meinung vertreten, dass jeder Missbrauch einer marktbeherrschenden Stellung bereits einen Schaden für das wirtschaftliche Allgemeininteresse mit umfasse.[630] Denn ein als Missbrauch einer marktbeherrschenden Stellung eingestuftes Verhalten könne bereits begrifflich nicht gleichzeitig vorteilhaft für das wirtschaftliche Allgemeininteresse sein. Die argentinische Wettbewerbsbehörde ist in ihrer Praxis jedoch nicht auf diesen naheliegenden Interpretationsansatz eingegangen. In ihren Entscheidungen hält sich die CNDC streng an den Wortlaut von Artikel 1 des Gesetzes 25.156, wonach es sich bei dem potentiellen Schaden für das wirtschaftliche Allgemeininteresse um eine zusätzliche Voraussetzung handelt, die sie prüft, wenn sie das konkrete Verhalten in einem ersten Schritt als Missbrauch einer marktbeherrschenden Stellung eingestuft hat.[631] Beispielhaft für die Auffassung der CNDC ist das Gutachten *Cámara de Empresas de Asistencia Farmacéutica c/ Colegio de Farmacéuticos de la Provincia de Buenos Aires*. Dort prüfte die argentinische Wettbewerbsbehörde, nachdem sie die Ausschließlichkeitsvereinbarungen einer Apothekerkammer als Missbrauch einer marktbeherrschenden Stellung bewertet

---

630 So *Cabanellas de las Cuevas*, Derecho antimonopólico y de defensa de la competencia, S. 671.

631 Siehe beispielsweise Gutachten der Comisión Nacional de Defensa de la Competencia vom 14. Juni 1982, VI. „Asociación Sureña de Empresas de Pompas Funebres de la Provincia de Buenos Aires“; Gutachten der Comisión Nacional de Defensa de la Competencia vom 25. November 1999, Serie Dictámenes Nr. 9, RN 230 „Procter&Gamble c/ Unilever“; Gutachten der Comisión Nacional de Defensa de la Competencia vom 9. September 1998, 6.20. „Cámara Argentina de Servicios Jurídicos Prepagos c/ Colegio de Abogados de San Nicolas“; Gutachten der Comisión Nacional de Defensa de la Competencia vom 22. September 1999, Serie Dictámenes Nr. 8, RN 83 ff. „Cámara de Empresas de Asistencia Farmacéutica c/ Colegio de Farmacéuticos de la Provincia de Buenos Aires“.

hatte, anschließend im Rahmen des wirtschaftlichen Allgemeininteresses ausführlich, ob dieser Missbrauch aufgrund von Effizienzgewinnen gerechtfertigt war.[632] Die Entscheidungspraxis der CNDC ist aufgrund des klaren Wortlauts von Artikel 1 des Gesetzes 25.156 zu begrüßen. Außerdem wird so die übereinstimmende Anwendung des Konzepts des wirtschaftlichen Allgemeininteresses gewährleistet, was zu mehr Rechtssicherheit führt. Die durch die Vermengung des europäischen Konzepts des Missbrauchs einer marktbeherrschenden Stellung mit dem US-amerikanischen *rule of reason*-Konzept des wirtschaftlichen Allgemeininteresses in einer Vorschrift verbundenen Widersprüche sind vom argentinischen Gesetzgeber bewusst in Kauf genommen worden und könnten nur durch eine Neufassung der Gesetzesvorschrift beseitigt werden.

---

[632] Gutachten der Comisión Nacional de Defensa de la Competencia vom 22. September 1999, Serie Dictámenes Nr. 8, RN 95 „Cámara de Empresas de Asistencia Farmacéutica c/ Colegio de Farmacéuticos de la Provincia de Buenos Aires".

VI. Verfahren, Behörde, Sanktionen und Rechtsmittel

Das Gesetz 25.156 enthält in den Kapiteln IV. bis VIII. ausführliche Regelungen über die zuständige Behörde, das Verfahren, die möglichen Sanktionen und die Rechtsmittel. Diese Gesetzesvorschriften wurden durch das Präsidialdekret 89/2001 ergänzt.[633]

1. Wettbewerbsbehörde

Für die Anwendung und Überwachung der Einhaltung des Gesetzes 25.156 ist gemäß Artikel 17 das neu zu gründende *Tribunal Nacional de Defensa de la Competencia* (TNDC) zuständig. Bis zur Gründung dieser Behörde ist jedoch gemäß Artikel 58 weiterhin die *Comisión Nacional de Defensa de la Competencia* (CNDC) zuständig. Zusätzlich wurde durch das Präsidialdekret die *Secretaria de Defensa de la Competencia y del Consumidor* (SDCC) in den institutionellen Rahmen des Gesetzes 25.156 mit einbezogen.

a) Die *Comisión Nacional de Defensa de la Competencia*

Die nach Artikel 58 bis zur Gründung des TNDC für die Anwendung des Gesetzes 25.156 zuständige CNDC wurde durch das Gesetz 22.262 gegründet. Bei der CNDC handelt es sich um eine Unterabteilung des neu gegründeten Sekretariats für Wettbewerbs- und Verbraucherschutz, das wiederum Teil des Wirtschaftsministeriums ist.[634] Die CNDC ist somit wie beispielsweise auch das Bundeskartellamt Teil der Exekutive.[635] Die CNDC setzt sich aus einem Präsidenten und vier stimmberechtigten Beisitzern zusammen, die jeweils vom Wirtschaftsminister ernannt werden.[636] Bei den stimmberechtigten Beisitzern handelt es sich um je zwei Wirtschaftswissenschaftler und Juristen.[637] Die CNDC muss die jeweiligen Verhaltensweisen in einem Gutachten auf ihre Wettbewerbswidrigkeit hin untersuchen und dem Staatssekretär für Wettbewerbs- und Verbraucherschutz mit der einfachen Mehrheit ihrer Mitglieder die zu von diesem zu treffende Entscheidung vorschlagen.[638] Der Staatssekretär entscheidet dann auf

[633] Präsidialdekret 89/2001 vom 25. Januar 2001, Boletín Oficial vom 30. Januar 2001, Nr. 29577, S. 1.

[634] Artikel 2 des Präsidialdekrets 89/2001. Vorher war die CNDC gemäß Artikel 6 des Gesetzes 22.262 eine Unterabteilung des Sekretariats für Industrie, Handel und Bergbau, das ebenfalls Teil des Wirtschaftsministeriums war.

[635] Siehe § 50 Abs. 1 S. 2 GWB, wonach das Bundeskartellamt zum Geschäftsbereich des Bundesministeriums für Wirtschaft zählt. Ausführlicher zu den Parallelen zwischen CNDC und Bundeskartellamt siehe *Weinberg*, Ley de defensa de la competencia. Comparación con la ley y practicas de Alemania Federal, El Derecho – Legislación Argentina 1981, S. 1254.

[636] Artikel 7 des Gesetzes 22.262.

[637] Artikel 8 des Gesetzes 22.262.

[638] Artikel 23, 28, 29 des Gesetzes 22.262.

der Grundlage des Gutachtens über den jeweiligen Fall. Dabei hat der Staatssekretär bisher immer die im Gutachten vorgeschlagene Entscheidung übernommen.

b) Das *Tribunal Nacional de Defensa de la Competencia*

In Artikel 17 sieht das Gesetz 25.156 die Gründung des *Tribunal Nacional de Defensa de la Comptencia* vor. Dabei handelt es sich um ein unabhängiges Organ innerhalb des Zuständigkeitsbereichs des Wirtschaftsministeriums.[639] Im Gegensatz zur CNDC ist das TNDC also unabhängig, so dass nach dem Wortlaut des Gesetzes keine Weisungsgebundenheit gegenüber dem Wirtschaftsministerium mehr besteht. Das TNDC wird sich aus sieben Mitgliedern zusammensetzen, die im Anschluss an eine öffentliche Stellenausschreibung durch ein Gremium aus hohen Richtern, Wissenschaftlern und politischen Beamten ausgewählt werden.[640] Die Unabhängigkeit des TNDC wird dadurch unterstrichen, dass es im Gegensatz zur CNDC selbst die abschließende Entscheidung trifft und nicht mehr der Staatssekretär für Wettbewerbs- und Verbraucherschutz. Jedoch wurden mangels politischem Willen bis Mitte 2003 die Mitglieder des TNDC entgegen der Verpflichtung in Artikel 17 des Gesetzes 25.156 noch nicht ernannt. Lediglich das Verfahren für die Ernennung der Mitglieder ist bisher veröffentlicht worden.[641] Meines Erachtens verstößt die schleppende Umsetzung der Verpflichtung zur Gründung des TNDC gegen Sinn und Zweck des Gesetzes 25.156, das gerade die schnelle Schaffung eines unabhängigen Anwendungsorgans vorsieht.

c) Die *Secretaria de Defensa de la Competencia y del Consumidor*

Zusätzlich zu den beiden im Wettbewerbsgesetz ausdrücklich genannten Behörden wurden auch der *Secretaria de Defensa de la Competencia y del Consumidor* (SDCC)[642] durch das Präsidialdekret 89/2001 Kompetenzen im Rahmen der Anwendung des Gesetzes 25.156 übertragen. Die SDCC ist Teil des Wirtschaftsministeriums und im Gegensatz zum TNDC damit weisungsgebunden. Der SDCC obliegt in erster Linie die Wahrung des „öffentlichen Interesses" im Verfahren vor dem TNDC.[643] Die Einsetzung einer zweiten Wettbewerbsbe-

[639] Artikel 17 S. 1 des Gesetzes 25.156.

[640] Artikel 18 und 19 des Gesetzes 25.156. Mitglieder des Auswahlgremiums sind der Staatssektretär für Wettbewerbs- und Verbraucherschutz, der Präsident der Handelsausschüsse beider Kammern des Parlaments, der Präsident des Berufungsgerichts in Handelssachen und die Präsidenten der nationalen Akademien der Rechtswissenschaften und der Wirtschaftswissenschaften.

[641] Resolución No. 29/2002 del Ministro de la Producción, Boletín Oficial vom 18. November 2002, Nr. 30028.

[642] Dies kann mit „Sekretariat für Wettbewerb und Verbraucherschutz" übersetzt werden.

[643] Siehe insbesondere Präsidialdekret 89/2001, Arikel 26 von Annex I des Dekrets.

hörde durch das Präsidialdekret 89/2001, die in erster Linie einer politischen Kontrolle des unabhängigen TNDC dient, ist meines Erachtens nicht mit dem höherrangigen Gesetz 25.156 vereinbar und verstößt damit gegen die Normenhierarchie im argentinischen Verfassungsrecht. Auch in der argentinischen Literatur sind Zweifel an der Rechtmäßigkeit der Kompetenzübertragung auf die nicht im Gesetz 25.156 vorgesehene SDCC laut geworden.[644] Insofern bleibt abzuwarten, ob die SDCC auch nach der endgültigen Einsetzung des TNDC in den Entscheidungsprozess einbezogen bleibt oder ob das TNDC, den Vorschriften des Gesetzes 25.156 entsprechend, ausschließlich für die Anwendung des Wettbewerbsgesetzes zuständig ist und die Kompetenzübertragung auf die SDCC entweder vom Gesetzgeber rückgängig gemacht oder von Gerichten als verfassungswidrig eingestuft wird.

2. Auskunfts- und Untersuchungsbefugnisse

Die umfassenden Auskunfts- und Untersuchungsbefugnisse des TNDC ergeben sich unmittelbar aus Artikel 24 des Gesetzes 25.156. Dem Wortlaut von Artikel 24 kann dabei nicht entnommen werden, ob die argentinische Wettbewerbsbehörde wie die Europäische Kommission über ein allgemeines Enquêterecht verfügt,[645] oder ob für ein Tätigwerden ein konkreter Anfangsverdacht bestehen muss.[646] Zwar fehlt im argentinischen Wettbewerbsgesetz eine Artikel 12 der Verordnung Nr. 17 entsprechende ausdrückliche Enquêteermächtigung. Gemäß Artikel 24 a) des Gesetzes 25.156 kann die argentinische Wettbewerbsbehörde jedoch diejenigen Marktstudien und Nachforschungen durchführen, die sie für erforderlich hält. Die CNDC hat bereits in ihrer bisherigen Praxis mehrere ausführliche Marktstudien durchgeführt, in denen sie bestimmte Märkte auf mögliche Verstöße gegen das Wettbewerbsgesetz hin untersuchte.[647] Diese allgemeinen Studien waren teilweise der Ausgangspunkt für konkrete Verfahren gegen

---

[644] Siehe *Abdala*, La independencia del nuevo TNDC muy comprometida, El Cronista Comercial, Februar 2001.

[645] Das Enquêterecht der Europäischen Kommission ergibt sich aus Artikel 12 der Europäischen Kartellverordnung; Verordnung Nr. 17 des Rates, Erste Durchführungsverordnung zu den Artikeln 85 und 85 des EG-Vertrags (Artikel 81 und 82 n.F.) vom 6. Februar 1962, ABl. 1962, S. 204.

[646] Das Bundeskartellamt kann beispielsweise nur bei Vorliegen eines konkreten Anfangsverdachts tätig werden, siehe *Emmerich*, Kartellrecht, S. 363.

[647] Comisión Nacional de Defensa de la Competencia, La ley de Defensa de la Competencia y los Mercados de Servicios para la Salud, Serie Pautas Nr. 1, September 1997 zum Markt für Gesundheitsdienstleistungen; Comisión Nacional de Defensa de la Competencia, Evasión y competitividad en el mercado de la carne, Serie Documentos Nr. 3, Juli 1998 zum Fleischmarkt; Comisión Nacional de Defensa de la Competencia, Combustibles líquidos, Serie Documentos Nr. 4, August 1998 zum Markt für Flüssigkraftstoffe.

einzelne Unternehmen.[648] Somit geht die argentinische Wettbewerbsbehörde in ihrer Anwendungspraxis vom Vorliegen eines allgemeinen Enquêterechts aus. Es ist nicht ersichtlich, dass der Gesetzgeber diese Vorgehensweise unterbinden wollte, so dass das TNDC bzw. bis zu dessen Gründung die CNDC weiterhin einzelne Wirtschaftszweige auch ohne konkreten Anfangsverdacht untersuchen dürfen.

Folgende Auskunfts- und Untersuchungsbefugnisse der argentinischen Wettbewerbsbehörde sind in der Praxis von besonderer Bedeutung:

- Alle aus Sicht der Wettbewerbsbehörde notwendigen Marktstudien und Nachforschungen. Dafür kann sie bei Privatleuten, Behörden und Verbraucherverbänden die Herausgabe aller Unterlagen verlangen, die sie für erforderlich hält;[649]

- Die Anhörung aller Beteiligten und die Entgegennahme ihrer Aussage. Darüber hinaus die Durchführung von Gegenüberstellungen, wobei sie eine Unterstützung durch Polizeikräfte beantragen kann;[650]

- Die Anfertigung von Gutachten und die Überprüfung aller für die Untersuchung sachdienlichen Beweismittel;[651]

- Die Durchsuchung von Räumlichkeiten mit der Zustimmung der Bewohner oder mittels einer richterlichen Durchsuchungsanordnung. Letztere muss die Wettbewerbsbehörde beim zuständigen Richter beantragen, der innerhalb von 24 Stunden über den Antrag entscheiden muss;[652] sowie

- Die Beantragung einstweiliger Anordnungen beim zuständigen Richter, der über die Anträge innerhalb von 24 Stunden entscheiden muss.[653]

3. Verfahren

Das Verfahren vor der argentinischen Wettbewerbsbehörde ist ausführlich in den Artikeln 26 bis 45 in Kapitel VI. des Gesetzes 25.156 sowie dem Präsidialdekret 89/2001 geregelt. Artikel 34 S. 2 stellt klar, dass es sich bei dem Verfah-

---

[648] So ist beispielsweise der Fall *CNDC c/ YPF S.A.* auf die Untersuchungen des Markts für Flüssigkraftstoffe zurückzuführen, siehe Gutachten der Comisión Nacional de Defensa de la Competencia vom 19. März 1999, Serie Dictámenes Nr. 5, 4.1. „CNDC c/ YPF S.A." und Comisión Nacional de Defensa de la Competencia, Combustibles líquidos, Serie Documentos Nr. 4, August 1998.

[649] Artikel 24 a) des Gesetzes 25.156.

[650] Artikel 24 b) des Gesetzes 25.156.

[651] Artikel 24 c) des Gesetzes 25.156.

[652] Artikel 24 ll) des Gesetzes 25.156.

[653] Artikel 24 m) des Gesetzes 25.156.

ren um ein Verwaltungsverfahren handelt.[654] Gleichzeitig finden sich jedoch Elemente aus dem Strafverfahren. So sind gemäß Artikel 56 in allen nicht vom Gesetz 25.156 ausdrücklich behandelten Fällen die Vorschriften der Strafprozessordnung entsprechend anwendbar. Auch in der Terminologie der Verfahrensvorschriften schlägt sich der Einfluss des Strafprozessordnung nieder. So trägt das Verfahren bis zum Abschluss der Untersuchungen durch die Wettbewerbsbehörde die Bezeichnung *Ermittlungsverfahren.*[655] Das Verfahren vor der argentinischen Wettbewerbsbehörde kann deshalb als Verwaltungsverfahren mit strafprozessualen Elementen bezeichnet werden.

a) Beginn des Ermittlungsverfahrens

Gemäß Artikel 26 des Gesetzes 25.156 beginnt das Ermittlungsverfahren von Amts wegen oder durch die Anzeige einer natürlichen oder juristischen Person, des öffentlichen oder des privaten Rechts. Die Formulierung von dieser Vorschrift erinnert stark an die Regelung der Eröffnung eines strafrechtlichen Ermittlungsverfahrens durch die Staatsanwaltschaft.[656] In der Praxis gehen die Mehrzahl der Entscheidungen zu wettbewerbswidrigen Verhaltensweisen auf Anzeigen von Wettbewerbern, Verbraucherverbänden oder Privatpersonen zurück. Nach dem Präsidialdekret 89/2001 steht das Initiativrecht auch der SDCC zu. Die SDCC kann also Anzeige vor dem TNDC erstatten und ist während des gesamten Verfahrens beteiligte Partei.[657] Zur Erfüllung ihrer Aufgaben stehen der SDCC die in Art. 24 a), c), ll) und m) aufgezählten Untersuchungsbefugnisse (also die Durchführung von Marktstudien, die Begutachtung von Beweismitteln, die Durchsuchung von Räumlichkeiten und die Beantragung einstweiliger Anordnungen) zu.[658] Darüber hinaus ist das TNDC verpflichtet, der SDCC Abschriften jeder bei der Wettbewerbsbehörde eingereichten Anzeige weiterzuleiten.[659] Insgesamt ist die parallele Zuständigkeit von TNDC und SDCC im Rahmen der Eröffnung eines Ermittlungsverfahrens aufgrund der damit verbundenen Unübersichtlichkeit des Verfahrens kritisch zu beurteilen.

---

654 Artikel 34 S. 2 des Gesetzes 25.156 lautet: „Mit der Entscheidung [des TNDC] ist der Verwaltungsweg beendet."

655 Artikel 30 des Gesetzes 25.156.

656 So hat die Staatsanwaltschaft in Deutschland beispielsweise gemäß § 160 StPO einen Sachverhalt zu erforschen, wenn sie durch eine Anzeige oder auf anderem Wege vom Verdacht einer Straftat Kenntnis erlangt.

657 Artikel 1 des Präsidialdekrets 89/2001 vom 25. Januar 2001 i.V.m. Artikel 26 von Annex I des Dekrets, Boletín Oficial vom 30. Januar 2001, Nr. 29577, S. 7.

658 Artikel 1 des Präsidialdekrets 89/2001 vom 25. Januar 2001 i.V.m. Artikel 26 von Annex I des Dekrets, Boletín Oficial vom 30. Januar 2001, Nr. 29577, S. 7.

659 Artikel 1 des Präsidialdekrets 89/2001 vom 25. Januar 2001 i.V.m. Artikel 26 von Annex I des Dekrets, Boletín Oficial vom 30. Januar 2001, Nr. 29577, S. 7.

b) Abschluss des Ermittlungsverfahrens

Nachdem der vermutlich für die untersuchte Wettbewerbswidrigkeit Verantwortliche eine Gelegenheit zur Stellungnahme erhalten hat[660], entscheidet die Wettbewerbsbehörde gemäß Artikel 30 des Gesetzes 25.156 über die Zulässigkeit des Ermittlungsverfahrens. Die Durchführung eines Ermittlungsverfahrens ist insbesondere dann unzulässig, wenn die angezeigte Verhaltensweise nicht in den Anwendungsbereich des Wettbewerbsgesetzes fällt.[661] Ist das Ermittlungsverfahren zulässig, führt die Wettbewerbsbehörde die notwendigen Ermittlungen und Beweisaufnahmen durch.[662] Dabei hat die Wettbewerbsbehörde für den Abschluss der Untersuchung eine Frist von 180 Arbeitstagen.[663] Kommt die Wettbewerbsbehörde dabei zu dem Ergebnis, dass kein Verstoß gegen das Gesetz 25.156 vorliegt, wird der Vorgang gemäß Artikel 31 archiviert. Andernfalls hat der Beschuldigte eine Frist von 90 Tagen, um Beweise zu seiner Entlastung vorbzuringen.[664] Nach Ablauf dieser Frist muss die Wettbewerbsbehörde gemäß Artikel 34 S. 1 i.V.m. Artikel 27 des Gesetzes 25.156 innerhalb einer Frist von 60 Arbeitstagen eine Entscheidung erlassen. Mit Erlass der Entscheidung ist nach Artikel 34 S. 2 des Gesetzes 25.156 das Verwaltungsverfahren beendet.

c) Besondere Befugnisse im Rahmen des Ermittlungsverfahrens

Neben den in Artikel 24 des Gesetzes 25.156 aufgezählten Auskunfts- und Ermittlungsbefugnissen verfügt die argentinische Wettbewerbsbehörde im Rahmen des Ermittlungsverfahrens über zusätzliche Kompetenzen. So kann sie gemäß Artikel 35 des Gesetzes 25.156 zu jedem Zeitpunkt des Verfahrens die Einstellung oder das Unterlassen der rechtsverletzenden Handlung sowie alle weiteren zur Abwendung eines erheblichen Schadens erforderlichen Maßnahmen anordnen. Die argentinische Wettbewerbsbehörde verfügt also über eine umfassende Befugnis zum Erlass von einstweiligen Anordnungen noch vor Abschluss des Ermittlungsverfahrens. Gegen eine solche einstweilige Anordnung kann gemäß Artikel 35 S. 3 i.V.m. Artikel 52 und 53 des Gesetzes 25.156 Beschwerde eingelegt werden. Die Befugnisse der argentinischen Wettbewerbsbehörde zum Erlass einstweiliger Anordnungen ist im internationalen Vergleich weit gefasst. So existiert im europäischen Wettbewerbsrecht keine vergleichbare Regelung. Das Bundeskartellamt kann gemäß § 60 GWB lediglich einstweilige Anordnungen bezüglich Freistellungen, Ministererlaubnissen und im Rahmen der Miss-

---

[660] Artikel 29 des Gesetzes 25.156.

[661] So ausdrücklich Artikel 19 S. 1 des Gesetzes 22.262.

[662] Artikel 31 und 34 des Gesetzes 25.156.

[663] Artikel 1 des Präsidialdekrets 89/2001 vom 25. Januar 2001 i.V.m. Artikel 30 von Annex I des Dekrets, Boletín Oficial vom 30. Januar 2001, Nr. 29577, S. 7.

[664] Artikel 1 des Präsidialdekrets 89/2001 vom 25. Januar 2001 i.V.m. Artikel 34 des Annexes zum Dekret, Boletín Oficial vom 30. Januar 2001, Nr. 29577, S. 8.

brauchsaufsicht erlassen. Hingegen ist die brasilianische Wettbewerbsbehörde CADE nach Artikel 52 und 53 des brasilianischen Wettbewerbsgesetzes 8.884/94 ebenfalls mit vergleichbar weitreichenden Befugnissen zum Erlass von einstweiligen Anordnungen ausgestattet. Danach kann die CADE alle zum Schutz des Wettbewerbs auf dem Markt erforderlichen Maßnahmen anordnen, insbesondere das Unterlassen und die Einstellung der wettbewerbswidrigen Verhaltensweise. Eine weitere besondere Kompetenz der argentinischen Wettbewerbsbehörde im Rahmen des Ermittlungsverfahrens ist die Befugnis zur Anberaumung einer öffentlichen Anhörung gemäß den Artikeln 38 ff. des Gesetzes 25.156. Eine solche öffentliche Anhörung hat den Charakter einer öffentlichen Gerichtsverhandlung in Strafsachen. Die Anhörung muss detailliert im Gesetzesblatt sowie in zwei Zeitungen mit nationaler Reichweite veröffentlicht werden.[665] Alle beteiligten Parteien sowie Verbraucher- und Wirtschaftsverbände können als Nebenintervenienten oder Streithelfer teilnehmen.[666] Aufgrund des aufwendigen Verfahrens und der ausreichenden allgemeinen Untersuchungsbefugnissen der argentinischen Wettbewerbsbehörde ist es in der Praxis bisher jedoch noch nicht zu einer öffentlichen Anhörung gekommen.

4. Sanktionen

Eine effektive Durchsetzung des Wettbewerbsrechts ist nur denkbar, wenn die zuständige Wettbewerbsbehörde über entsprechend wirkungsvolle Sanktionsmöglichkeiten gegen Wettbewerbsverstöße verfügt. Die argentinische Wettbewerbsbehörde kann bei Verstößen gegen das Wettbewerbsgesetz eine Reihe verschiedener Sanktionen aussprechen. Die Einzelheiten ergeben sich aus den Artikeln 46 bis 51 des Gesetzes 25.156.

a) Unterlassungsanordnung

Gemäß Artikel 46 a) des Gesetzes 25.156 kann die Wettbewerbsbehörde gegenüber der juristischen oder natürlichen Person, die eine wettbewerbsbeschränkende Praktik oder den Missbrauch einer marktbeherrschenden Stellung zu vertreten hat, die Unterlassung der wettbewerbsbeschränkenden oder missbräuchlichen Verhaltensweise anordnen. Aufgrund der verwaltungsrechtlichen Natur des Verfahrens handelt es sich bei der Anordnung nach Artikel 46 a) des Gesetzes 25.156 um eine verwaltungsrechtliche Unterlassungsanordnung.

b) Bußgeld

Gemäß Artikel 46 b) des Gesetzes 25.156 hat die argentinische Wettbewerbsbehörde die Möglichkeit, ein Bußgeld zu verhängen. Voraussetzung für die Ver-

---

[665] Artikel 39, 40 und 41 des Gesetzes 25.156.
[666] Artikel 42 des Gesetzes 25.156.

hängung eines Bußgelds ist, dass eine durch Kapitel I, II oder Artikel 13 des Gesetzes 25.156 verbotene Handlung begangen wurde. Mit anderen Worten muss eine wettbewerbswidrige Verhaltensweise, der Missbrauch einer marktbeherrschenden Stellung oder ein gegen das wirtschaftliche Allgemeininteresse verstoßender Zusammenschluss vorliegen. Das Bußgeld kann zwischen 10.000 und 150 Millionen Pesos betragen. Bei der Berechnung der Höhe des Bußgelds werden gemäß Artikel 46 b) S. 2 des Gesetzes 25.156 die durch die verbotene Tätigkeit bei anderen Personen verursachten Schäden, der durch die verbotene Tätigkeit erzielte Gewinn und der Wert der an der verbotenen Tätigkeit beteiligten Vermögensgegenstände berücksichtigt. Das Bußgeld umfasst also der Höhe nach sowohl den Schaden der von der wettbewerbswidrigen Verhaltensweise Betroffenen als auch die Mehrerlösabschöpfung, durch die die ungerechtfertigte Gewinnerzielung aufgrund der wettbewerbswidrigen Praktik ausgeglichen wird. Durch das Bußgeld soll also primär der *ex-ante* Status wiederhergestellt werden, der vor Begehung der wettbewerbswidrigen Verhaltensweise bestand. Darüber hinaus kann die argentinische Wettbewerbsbehörde bei der Bemessung des Bußgelds jedoch auch punitive Motive und die Schwere des jeweiligen Verstoßes gegen das Gesetz 25.156 berücksichtigen. Dies folgt aus Artikel 46 b) S. 3, wonach sich das Bußgeld im Fall einer Wiederholung verdoppelt, sowie aus Artikel 49, wonach die Wettbewerbsbehörde bei der Festsetzung der Höhe des Bußgeldes unter anderem die Schwere der Rechtsverletzung, Anzeichen von Absicht, die Dauer der Verhaltensweise und eventuelle Vorstrafen des Verantwortlichen zu berücksichtigen hat. In der Praxis werden die meisten Geldbußen gegen juristische Personen verhängt. Für diese haften die Vorstandsmitglieder, Geschäftsführer, Verwalter, Aufsichtsratsmitglieder und sonstigen Bevollmächtigten gemäß Artikel 48 des Gesetzes 25.156 als Gesamtschuldner.

c) Auflösung, Liquidierung oder Aufteilung des Unternehmens

Im Falle des Missbrauchs einer marktbeherrschenden Stellung oder der Erlangung einer Monopol- oder Oligopolstellung unter Verstoß gegen die Vorschriften des Gesetzes 25.156 kann die argentinische Wettbewerbsbehörde gemäß Artikel 46 c) Bedingungen anordnen, die zur Aufhebung der Wettbewerbsbeschränkung führen. Darüber hinaus kann sie beim zuständigen Richter die Auflösung, Liquidierung, Entflechtung oder Aufteilung der rechtswidrig handelnden Unternehmen beantragen. Diese Vorschrift räumt der argentinischen Wettbewerbsbehörde somit die Befugnis zur strukturellen Beseitigung der marktbeherrschenden Stellung ein. Hinsichtlich der dafür notwendigen Maßnahmen verfügt sie über einen weiten Ermessensspielraum. Die argentinischen Wettbewerbsbehörde kann danach sogar die Auflösung des marktbeherrschenden Unternehmens anordnen. Diese Befugnisse sind somit sehr weit gefasst und gehen weit über die Sanktionsmöglichkeiten beispielsweise der Europäischen Kommission[667] und des Bundeskartellamtes[668] hinaus. Über entsprechende Sanktionsmöglichkeiten verfügt allerdings die brasilianische Wettbewerbsbehörde CADE, die neben Geldbußen auch den Kontrollübergang, die Abspaltung von Unternehmensteilen und den Verkauf von Gesellschaftsanteilen anordnen kann.[669] Der Wortlaut von Artikel 46 Buchstabe c) des Gesetzes 25.156, wonach die zur Beendigung der Wettbewerbsverzerrung *notwendigen* Bedingungen auferlegt werden können, legt nahe, dass die argentinische Wettbewerbsbehörde bei der Auswahl der Sanktionen das Verhältnismäßigkeitsprinzip zu berücksichtigen hat. Eine Auflösung oder Liquidation sich wettbewerbswidrig verhaltendener marktbeherrschender Unternehmen kommt meiner Ansicht nach daher nur als ultima ratio bei wiederholten und schweren Verstößen gegen die Wettbewerbsordnung durch ein marktbeherrschendes Unternehmen in Betracht.

d) Zwangsgeld

Natürliche oder juristische Personen, die einen gemäß Artikel 8 des Gesetzes 25.156 anmeldepflichtigen Zusammenschluss nicht anmelden, gegen eine einstweilige Anordnung der Wettbewerbsbehörde i.S.v. Artikel 35 oder eine Vereinbarung i.S.v. Artikel 36 verstoßen, können gemäß Artikel 46 d) des Gesetzes 25.156 mit einem Zwangsgeld belegt werden. Das Zwangsgeld beträgt bis zu einer Million Pesos pro Kalendertag ab dem Ablauf der Anmeldefrist für den wirtschaftlichen Zusammenschluss oder ab dem Zeitpunkt, ab dem die einstweilige Anordnung oder die Vereinbarung nicht beachtet wird. Bei den dem Zwangsgeld zugrundeliegenden Verstößen handelt es sich um Verstöße gegen verwaltungsrechtliche Ordnungsvorschriften, so dass Artikel 46 d) des Gesetzes 25.156 der Sanktionierung von Ordnungswidrigkeiten dient. Eine weitere Ermächtigungsgrundlage zur Verhängung von Zwangsgeld enthält Artikel 50 des Gesetzes 25.156. Danach können Personen, die Untersuchungen der argentinischen Wettbewerbsbehörde behindern oder deren Aufforderungen nicht nachkommen, mit einem Zwangsgeld von bis zu 500 Pesos pro Kalendertag belegt werden.

---

[667] Die Sanktionsmöglichkeiten der Europäischen Kommission sind in den Artikeln 15 und 16 der EWG-Kartellverordnung Nr. 17 geregelt. Danach kann die Europäische Kommission insbesondere Geldbußen verhängen (Artikel 15 VO Nr.17) und Zwangsgelder festsetzen (Artikel 16 VO Nr. 17).

[668] Die Sanktionsmöglichkeiten des Bundeskartellamts sind in §§ 32 bis 34 GWB geregelt. Danach kann das Bundeskartellamt verbotenes Verhalten untersagen (§ 32 GWB) und den durch das verbotene Verhalten erzielten Mehrerlös einziehen (§ 34 GWB). Außerdem besteht ein Schadensersatz- und Unterlassungsanspruch Dritter (§ 33 GWB).

[669] Artikel 23 und 24 des brasilianischen Gesetzes 8.884/94.

e) Zivilrechtliche Schadensersatzklage und Nichtigkeit

Gemäß Artikel 51 des Gesetzes 25.156 können natürliche und juristische Personen, die durch eine wettbewerbswidrige Verhaltensweise einen Schaden erlitten haben, eine Schadensersatzklage über alle direkten und indirekten Schäden nach den Regeln des allgemeinen Zivilrechts vor dem für diese Materie zuständigen Richter erheben. Diese Schadensersatzklage kann unabhängig von der Verhängung eines Bußgelds durch die Wettbewerbsbehörde von allen durch das wettbewerbswidrige Verhalten geschädigten Personen anhängig gemacht werden. Darüber hinaus ist eine durch das Gesetz 25.156 verbotene Handlung oder Verhaltensweise zivilrechtlich nichtig.[670] Dies ergibt sich im Gegensatz zu Artikel 81 Abs. 2 EGV nicht direkt aus dem Wettbewerbsgesetz, sondern aus Artikel 18 des argentinischen Zivilgesetzbuches (Código Civil), wonach durch Gesetze verbotene Handlungen nichtig sind.

5. Rechtsmittel

Gegen Entscheidungen der argentinischen Wettbewerbsbehörde kann gemäß Artikel 52 des Gesetzes 25.156 das Rechtsmittel der Beschwerde[671] eingelegt werden.

a) Einlegung des Rechtsmittels

Das Rechtsmittel der Beschwerde kann gemäß Artikel 52 S. 1 des Gesetzes 25.156 gegen alle Entscheidungen der argentinischen Wettbewerbsbehörde eingelegt werden, durch die diese Sanktionen verhängt, die Beendigung oder die Unterlassung einer Handlung anordnet, einen Zusammenschluss untersagt oder nur unter Auflagen genehmigt, oder die Anzeige einer mutmaßlich wettbewerbswidrigen Verhaltensweise zurückweist. Alle Beschwerden haben gemäß Artikel 52 S. 2 Devolutiveffekt, aber nur die Beschwerde gegen die Verhängung von Sanktionen hat auch eine aufschiebende Wirkung. Rechtsmittelbefugt sind alle an dem Verfahren beteiligten Parteien. Dies sind nach dem Präsidialdekret 89/2001 neben dem Anzeigensteller und dem durch die Entscheidung beschwerten Unternehmen auch die SCDD.[672]

---

[670] *Fargosi/Stiglitz*, La ley de defensa de la competencia y la responsabilidad civil, La Ley 1990, Band D, S. 922.

[671] Das spanische Wort „apelación" kann mit „Berufung" oder „Beschwerde" übersetzt werden. Weil es sich bei der Entscheidung der argentinischen Wettbewerbsbehörde nicht um ein Gerichtsurteil, sondern um einen Verwaltungsakt handelt, ist die Übersetzung „Beschwerde" zutreffender.

[672] Artikel 1 des Präsidialdekrets 89/2001 vom 25. Januar 2001 i.V.m. Artikel 26 von Annex I des Dekrets, Boletín Oficial vom 30. Januar 2001, Nr. 29577, S. 7.

b) Rechtsmittelfrist und zuständiges Gericht

Das Rechtsmittel der Beschwerde muss gemäß Artikel 53 S. 1 des Gesetzes 25.156 innerhalb einer Frist von 15 Tagen ab Bekanntgabe der Entscheidung bei der Wettbewerbsbehörde eingelegt und begründet werden. Die Wettbewerbsbehörde muss den Vorgang innerhalb einer Frist von 5 Tagen ab Einlegung des Rechtsmittels an das zuständige Gericht übersenden. Die Frist von 15 Arbeitstagen erscheint bei Entscheidungen im Bereich des Wettbewerbsrechts, denen oft sehr komplexe Sachverhalte zugrundeliegen, kurz bemessen. Sachlich zuständig für das Beschwerdeverfahren gegen Entscheidungen der Wettbewerbsbehörde sind nunmehr die Berufungskammern für Zivil- und Handelssachen. Dies entspricht der ursprünglich in Artikel 53 des Gesetzes 25.156 vorgesehenen Zuständigkeit. Diese wurde jedoch durch das Präsidialdekret 1019/99 geändert. Danach waren die Berufungskammern für Wirtschaftsstrafsachen für Beschwerden gegen Entscheidungen der Wettbewerbsbehörde zuständig.[673] Das Präsidialdekret 1019/99 wurde wiederum durch das Präsidialdekret 89/2001 aufgehoben, das die ursprüngliche Zuständigkeit der Berufungskammern für Zivil- und Handelssachen wiederhergestellt hat.[674] Dies ist aufgrund der größeren Sachnähe der Berufungskammern für Zivil- und Handelssachen für Sachverhalte im Bereich des Wettbewerbsrechts zu begrüßen. Die örtliche Zuständigkeit des Gerichts richtet sich nach dem Sitz oder der Niederlassung der juristischen bzw. dem Wohnsitz der natürlichen Person, die das Rechtsmittel der Beschwerde gegen die Entscheidung der argentinischen Wettbewerbsbehörde eingelegt hat. Um eine einheitliche Anwendung des Wettbewerbsgesetzes durch die argentinischen Gerichte zu garantieren, wäre meines Erachtens die Bestimmung eines spezialisierten und zentral für alle Berufungsverfahren gegen Entscheidungen der Wettbewerbsbehörde zuständigen Gerichts vorteilhafter gewesen.

---

[673] Artikel 8 des Präsidialdekrets 1019/99 vom 16. September 1999, Boletín Official vom 20. September 1999, Legislación Argentina, Boletín Nr. 36 vom 8. Oktober 1999, S. 25.

[674] Artikel 1 des Präsidialdekrets 89/2001 vom 25. Januar 2001 i.V.m. Artikel 34 von Annex I des Dekrets, Boletín Oficial vom 30. Januar 2001, Nr. 29577, S. 9.

VII. Zusammenschlusskontrolle

Die wichtigste Neuerung des argentinischen Wettbewerbsrechts durch das Gesetz 25.156 besteht in der Einführung einer Zusammenschlusskontrolle. Die Zusammenschlusskontrolle ist in den Artikeln 6 bis 16 in Kapitel III. des Gesetzes 25.156 geregelt.

1. Hintergrund

Vor Inkrafttreten des Gesetzes 25.156 gab es im argentinischen Wettbewerbsrecht praktisch keine strukturelle Marktkontrolle. Die einzigen Vorschriften, die sich ausdrücklich gegen strukturell bedingte Wettbewerbsbeschränkungen richteten, waren Artikel 2 l) und m) des Gesetzes 12.906. Danach war die Mitgliedschaft einer Person in den Entscheidungsgremien von Wettbewerbern sowie der Erwerb von Gesellschaftsanteilen von Wettbewerbern verboten, wenn dies zu einer Beschränkung oder Behinderung des Wettbewerbs führte. In der Praxis wurden diese Vorschriften jedoch nicht angewandt. Im Rahmen der Beratungen zum Gesetz 22.262 wurde die Einführung einer an die Modelle der USA, Deutschlands und Großbritanniens angelehnten Fusionskontrolle noch abgelehnt. Der Grund für diese Ablehnung war einerseits in der starken Orientierung an den wettbewerbsrechtlichen Vorschriften der Europäischen Union zu sehen, deren Fusionskontrollverordnung erst am 21. Dezember 1990 in Kraft trat.[675] Andererseits war der argentinische Gesetzgeber davon überzeugt, dass es in den meisten industriellen Sektoren Argentiniens im Zuge der wirtschaftlichen Liberalisierung zu einem Konzentrationsprozess kommen müsse, damit überhaupt national und international wettbewerbsfähige Unternehmen entstehen konnten.[676] Um diesen nach Ansicht des Gesetzgebers notwendigen Konzentrationsprozess nicht zu behindern, wurde zunächst auf die Einführung einer Fusionskontrolle verzichtet. In der argentinischen Literatur war jedoch anerkannt, dass Zusammenschlüsse in den Anwendungsbereich des Verbots des Missbrauchs einer marktbeherrschenden Stellung gemäß Artikel 1 des Gesetzes 22.262 fallen konnten.[677] In der Praxis hat die CNDC von dieser Möglichkeit – im Gegensatz

---

[675] Artikel 25 Abs. 1 der Verordnung (EG) Nr. 4064/89 über die Kontrolle von Unternehmenszusammenschlüssen vom 21. Dezember 1989, ABl. 1990, L 257/13.

[676] *Christensen*, Nuevas reflexiones sobre el monopolio y las formas modernas de concentración empresaria, El Derecho, Band 41, S. 968. Allgemein zur Bedeutung des Wettbewerbsrechts und von Zusammenschlusskontrollen für die Wirtschaftsordnungen in Entwicklungsländern siehe *Dhanjee*, Política sobre la competencia y otras políticas de los países en desarrollo relacionadas con las fusiones, Revista del Derecho Industrial Nr. 43, Januar – April 1993, S. 113 ff.

[677] Ausführlich zur Anwendbarkeit von Artikel 1 des Gesetzes 22.262 auf Unternehmenszusammenschlüsse *Cabanellas de las Cuevas*, Derecho antimonopólico y de defensa de la competencia, S. 602 ff.

zur Europäischen Kommission unter Art. 82 EGV[678] – keinen Gebrauch gemacht.

Im Laufe der Neunziger Jahre verschärfte sich in Argentinien die Forderung nach Einführung einer Fusionskontrolle. Es gab eine Reihe von Gesetzesentwürfen zur Reform des Wettbewerbsrechts, die alle eine *ex-ante* Kontrolle von Unternehmenszusammenschlüssen vorsahen.[679] Hintergrund für diese Entwicklung war die Einführung von Zusammenschlusskontrollen in der Europäischen Union[680] und Brasilien[681] sowie die Diskussion über die Einführung einer Fusionskontrolle auf der Ebene des MERCOSUR im Rahmen der Verhandlungen des Protokolls zum Schutz des Wettbewerbs im MERCOSUR [682]. Weil die Mitgliedstaaten des MERCOSUR sich nicht auf eine gemeinsame Fusionskontrolle einigen konnten, begann das argentinische Parlament mit konkreten Initiativen zur Ausarbeitung einer nationalen Zusammenschlusskontrolle. Diese anfangs etwas zögerlichen Initiativen wurden nach einer Reihe von in der Öffentlichkeit äußerst umstrittenen Übernahmen argentinischer Unternehmen durch internationale Konzerne, namentlich der Übernahme des größten argentinischen Unternehmens, des Erdöl- und Erdgasproduzenten *YPF* durch den spanischen Konkurrenten *Repsol*, intensiviert.[683] Diese Übernahmen führten nach Auffassung des argentinischen Gesetzgebers zu einer zunehmenden Konzentration auf dem argentinischen Markt, so dass die durch die Liberalisierung des Wirtschaftssystems gerade erst gewachsene Wettbewerbskultur ernsthaft Schaden zu

---

[678] EUGHE 1973, 315 f. „Continental Can“.

[679] Aufgrund dieser Gesetzesentwürfe nahm die argentinische Wettbewerbsbehörde ausdrücklich zu ihrer zukünftigen Politik hinsichtlich der Beurteilung wirtschaftlicher Zusammenschlüsse Stellung, siehe Comisión Nacional de Defensa de la Competencia, El control Previo de las Concentraciones y Fusiones y la Defensa de la Competencia en los Mercados, Serie Documentos Nr. 2, S. 2.

[680] Verordnung (EG) Nr. 4064/89 über die Kontrolle von Unternehmenszusammenschlüssen vom 21. Dezember 1989, ABl. 1990, L 257/13.

[681] Die erste Fusionskontrolle im brasilianischen Wettbewerbsgesetz fand sich im Gesetz 8.137/91 vom 27. Dezember 1990. Dessen Vorschriften sind im wesentlichen in das Gesetz 8.884/94 vom 11. Juni 1994 übernommen worden. Die Fusionskontrolle ist in den Artikeln 54 ff. des Gesetzes 8.884/94 geregelt.

[682] Protocolo de Defensa de la competencia del MERCOSUR, Mercosur/CMC/Dec. Nr. 18/96, Boletín Oficial del Mercosur I/2 (1997), S. 15. Die Vertragsstaaten des MERCOSUR haben sich in Artikel 7 WSP nur darauf einigen können, innerhalb von zwei Jahren gemeinsame Vorschriften für die Kontrolle von Zusammenschlüssen zu erlassen. Diese gemeinsamen Vorschriften sind bisher nicht erlassen worden.

[683] Nach einer Untersuchung der argentinischen Wettbewerbsbehörde gab es zwischen 1990 und 1997 mindestens 37 Unternehmenszusammenschlüsse, bei denen eine Überprüfung im Rahmen einer Zusammenschlusskontrolle wünschenswert gewesen wäre, siehe Comisión Nacional de Defensa de la Competencia, El control Previo de las Concentraciones y Fusiones y la Defensa de la Competencia en los Mercados, Serie Documentos Nr. 2, S. 22-24.

nehmen drohte.[684] Die wesentlichen Gründe für die Einführung der Zusammenschlusskontrolle durch das Gesetz 25.156 waren somit das Bestreben, Anschluss an die modernen Wettbewerbsordnungen zu halten sowie die Offenhaltung der Märkte und den Schutz der Wettbewerbskultur zu garantieren.

2. Bisherige Erfahrungen im Rahmen der Zusammenschlusskontrolle

Die argentinische Wettbewerbsbehörde hat bereits im Jahre 1997 erstmals Stellung zu Zweck und Inhalt einer präventiven Kontrolle von Zusammenschlüssen und Fusionen genommen.[685] Dabei stellte die CNDC heraus, dass ein gesetzliches Kontrollverfahren angesichts der begrenzten Anzahl von Mitarbeitern möglichst einfach, schnell und effizient sein müsse. Die CNDC favorisierte daher ein System, wonach Zusammenschlüsse, die bestimmte Voraussetzungen erfüllten, automatisch freigegeben würden und eine umfangreiche Untersuchung erst bei einer eventuellen Nichterfüllung dieser Kriterien notwendig wäre.[686] Den wesentlichen Aspekt bei der materiellen Beurteilung von Zusammenschlüssen sah die argentinische Wettbewerbsbehörde in der Abwägung zwischen den negativen Effekten in Form einer Erhöhung der Marktmacht mit den posititven Effekten in Form der Steigerung der wirtschaftlichen Effizienz.[687] Seit Inkrafttreten des Gesetzes 25.156 am 29. September 1999 ist die CNDC ganz überwiegend mit der Bearbeitung von Fusionskontrollverfahren beschäftigt. Aufgrund der kurzen Frist von fünfundvierzig Arbeitstagen, in denen gemäß Artikel 13 des Gesetzes 25.156 eine abschließende Beurteilung der Zusammenschlüsse erfolgen muss, sind die ohnehin knappen personellen und technischen Ressourcen der argentinischen Wettbewerbsbehörde erheblich strapaziert. Diese Arbeitsbelastung nahm erst mit der Reform der Aufgreifkriterien durch das Dekret 396/2001[688] spürbar ab. Zu Beginn ihrer Tätigkeit im Rahmen der Fusionskontrolle hat die CNDC allgemeingültige Richtlinien für die Beurteilung von Zusammenschlüssen und Fusionen, die sogenannten *Lineamientos para el Control*

---

[684] So der Berichterstatter des Abgeordnetenhauses *Gabrielli* in der Debatte des argentinischen Abgeordnetenhauses über den Entwurf des Gesetzes 25.156, siehe Antecedentes Parlamentarios 1999, Nr. 9, S. 102, Abschnitt 3.

[685] Comisión Nacional de Defensa de la Competencia, El control Previo de las Concentraciones y Fusiones y la Defensa de la Competencia en los Mercados, Serie Documentos Nr. 2.

[686] Comisión Nacional de Defensa de la Competencia, El control Previo de las Concentraciones y Fusiones y la Defensa de la Competencia en los Mercados, Serie Documentos Nr. 2, S. 25 - 28.

[687] Comisión Nacional de Defensa de la Competencia, El control Previo de las Concentraciones y Fusiones y la Defensa de la Competencia en los Mercados, Serie Documentos Nr. 2, S. 9.

[688] Poder Ejecutivo Nacional (PEN), Decreto 396/2001, Modificación de la Ley 25.156, Boletín Oficial vom 4. April 2001, Nr. 29623.

de las Concentraciones Económicas aufgestellt.[689] Zwar wurden diese Richtlinien durch Artikel 2 des Präsidialdekrets 89/2001 aufgehoben. Mit der Entscheidung 164/2001 hat der Sekretär für Wettbewerb und Verbraucherschutz jedoch im wesentlichen inhaltsgleiche Richtlinien verabschiedet.[690] Diese Richtlinien sollen den beteiligten Unternehmen und der Öffentlichkeit den für das argentinische Wettbewerbsrecht neuen Bereich der Fusionskontrolle verständlich machen und dienen den Mitarbeitern der Wettbewerbsbehörde als Leitfaden für die Beurteilung von Zusammenschlüssen. In den Richtlinien werden unter anderem die Bestimmung des relevanten Marktes und die bei der Beurteilung eines Zusammenschlusses relevanten materiellen Entscheidungskriterien erläutert. Darüber hinaus nimmt die argentinische Wettbewerbsbehörde gemäß Art. 24 Buchstabe f) in rechtlich unverbindlichen Stellungnahmen zu informellen Anfragen über die Auslegung der Vorschriften des Wettbewerbsgesetzes Stellung. In ihrer Anwendungspraxis folgt die CNDC im Rahmen der Zusammenschlusskontrolle den von ihr aufgestellten Richtlinien.[691] Dabei sind bisher bis auf die Fusion der beiden größten argentinischen Postunternehmen *Correo Argentino* und *Sociedad Anónima Organización Coordinadora Argentina (OCA)*[692] alle bei der argentinischen Wettbewerbsbehörde angemeldeten Zusammenschlüsse genehmigt worden. Einige Zusammenschlüsse wurden allerdings nur unter Aufla-

---

[689] Comisión Nacional de Defensa de la Competencia, Lineamientos para el Control de las Concentraciones Económicas, Resolución Nr. 726/99 Secretaría de industría, comercio y minería vom 28. September 1999, Boletín Oficial vom 29. September 1999, Nr. 29240, S. 32.

[690] Lineamientos para el Control de Concentraciones Económicas, Resolución Nr. 164/2001 Secretario de la Competencia, la Desregulación y la Defensa del Consumidor, Boletín Oficial vom 30. November 2001, Nr. 29786, S. 20.

[691] Dabei sind die Entscheidungen der CNDC in der Regel wie folgt aufgebaut: 1. Beschreibung der beteiligten Parteien und deren wirtschaftlicher Aktivitäten, 2. Erfüllung der Eingriffskriterien, 3. Stellungnahmen der Parteien, 4. Auswirkungen des Zusammenschlusses auf den Markt, 5. abschließende Entscheidung. Siehe Gutachten der Comisión Nacional de Defensa de la Competencia zum Zusammenschluss von Companía Inmobiliaria Dominium S.A. und VIG Capital S.A. vom 3. November 1999; Gutachten der Comisión Nacional de Defensa de la Competencia zum Zusammenschluss von Metropolitan Life Seguros de Retiro S.A. und Proyección Seguros de Retiro S.A. vom 11. November 1999; Gutachten der Comisión Nacional de Defensa de la Competencia zum Zusammenschluss von Cervecería y Maltería Quilmes und Buenos Aires Embotelladora vom 25. November 1999; Gutachten der Comisión Nacional de Defensa de la Competencia zum Zusammenschluss von L'Oreal S.A. und Laboratorios Ylang S.A. vom 6. November 2000.
Hinweis zur Zitierweise: Die Gutachten der CNDC zu Zusammenschlüssen sind einheitlich mit Seitenzahlen versehen. Sie sind gemäß Artikel 23 des Gesetzes 25.156 im Nationalen Wettbewerbsregister aufbewahrt, das der Öffentlichkeit in den Räumlichkeiten der CNDC zugänglich ist.

[692] Gutachten der Comisión Nacional de Defensa de la Competencia zum Zusammenschluss von Correo Argentino S.A. und Sociedad Anónima Organización Coordinadora Argentina (OCA) vom 9. März 2001.

gen freigegeben.[693] Aufgrund der relativen Neuheit der Materie standen in einer Vielzahl von Entscheidungen grundlegende Fragen wie die Abgrenzung des relevanten Marktes, die Bestimmung der Marktposition sowie die Kriterien für eine mögliche Untersagung eines Zusammenschlusses im Vordergrund.

3. Vorliegen eines Zusammenschlusses

Gemäß Artikel 7 des Gesetzes 25.156 ist ein Zusammenschluss verboten, wenn er tatsächlich oder potentiell eine Verminderung, Einschränkung oder Störung des Wettbewerbs bezweckt oder bewirkt, so dass ein Schaden für das wirtschaftliche Allgemeininteresse entstehen kann. In allen Fällen ist somit zuerst zu prüfen, ob ein Zusammenschluss im Sinne des Gesetzes 25.156 vorliegt. Wann ein wirtschaftlicher Zusammenschluss vorliegt, ist in Artikel 6 legaldefiniert. Nach Artikel 6 Hs. 1 des Gesetzes 25.156 ist unter einem Zusammenschluss die Übernahme der Kontrolle eines oder mehrerer Unternehmen zu verstehen. In Artikel 6 2. Hs. des Gesetzes 25.156 werden eine Reihe von Handlungen aufgezählt, in denen ein Kontrollerwerb zu sehen ist.

a) Kontrollerwerb

Der zentrale Begriff von Artikel 6 ist nach dem Wortlaut der Vorschrift der *Kontrollerwerb*.[694] Die CNDC hat in einer Reihe von Stellungnahmen zum neuen Wettbewerbsgesetz immer wieder auf die hervorgehobene Bedeutung des Konzepts des Kontrollerwerbs in Artikel 6 des Gesetzes 25.156 hingewiesen.[695] So hat sie wiederholt klargestellt, dass ein Zusammenschluss nur vorliegt, wenn es zu einem Wechsel der Kontrolle über ein Unternehmen kommt.[696] Ein Kontrollerwerb ist daher beispielsweise immer dann ausgeschlossen, wenn die sich

---

[693] Siehe beispielsweise Gutachten der Comisión Nacional de Defensa de la Competencia zum Zusammenschluss von Fresenius Medical Care AG und Renal Treatment Centers Inc. vom 7. Juni 2000; Gutachten der Comisión Nacional de Defensa de la Competencia zum Zusammenschluss von Carrefour S.A. und Promodes S.A. vom 28. April 2000; Gutachten der Comisión Nacional de Defensa de la Competencia zum Zusammenschluss von Origenes und Previnter vom 31. Oktober 2001 und Gutachten der Comisión Nacional de Defensa de la Competencia zum Zusammenschluss von Siembra und Generar vom 7. Dezember 2001.

[694] So auch *Cionfrini*, Elementos de Análisis del Control de Concentraciones Económicas, S. 1.

[695] Comisión Nacional de Defensa de la Competencia, Opinión Consultativa Nr. 6 vom 25. November 1999, S. 1; Comisión Nacional de Defensa de la Competencia, Opinión Consultativa Nr. 7 vom 29. November 1999, S. 1; Comisión Nacional de Defensa de la Competencia, Opinión Consultativa Nr. 15 vom 18. Januar 2000, S. 1.

[696] Comisión Nacional de Defensa de la Competencia, Opinión Consultativa Nr. 6 vom 25. November 1999, S. 1; Comisión Nacional de Defensa de la Competencia, Opinión Consultativa Nr. 7 vom 29. November 1999, S. 1; Comisión Nacional de Defensa de la Competencia, Opinión Consultativa Nr. 15 vom 18. Januar 2000, S. 1.

zusammenschließenden Unternehmen bereits vorher von einem dritten Unternehmen gemeinsam kontrolliert wurden[697], es sich um interne Umstrukturierungen von Gesellschaftsbeteiligungen innerhalb eines Unternehmens handelt[698], oder lediglich Minderheitsbeteiligungen ohne Einflussmöglichkeiten auf die Geschäftspolitik erworben werden[699]. Artikel 6 des argentinischen Wettbewerbsrechts entspricht vom Wortlaut her im wesentlichen Artikel 3 Abs. 1 und Abs. 3 der europäischen Fusionskontrollverordnung VO 4064/89. Insofern verwundert es nicht, dass die argentinische Wettbewerbsbehörde entschieden hat, dass die von der Europäischen Kommission in der *Mitteilung über den Begriff des Zusammenschlusses*[700] aufgestellten Richtlinien zur Bestimmung des Kontrollerwerbs analog auch im Rahmen von Art. 6 des Gesetzes 25.156 zu berücksichtigen sind.[701] Danach ist auch im argentinischen Wettbewerbsrecht zwischen folgenden Arten eines Kontrollerwerbs zu unterscheiden:

aa) Alleinige Kontrolle

Wie im europäischen Wettbewerbsrecht[702] entsteht eine alleinige Kontrolle in der Regel dann, wenn ein Unternehmen die Stimmrechtsmehrheit eines anderen Unternehmens erwirbt.[703] Alleinige Kontrolle kann danach auch mit einer sog. „qualifizierten Minderheit" erworben werden. Dies kann wie im europäischen Wettbewerbsrecht entweder rechtlich (beispielsweise durch die Einräumung bestimmter Rechte oder Vorzugsaktien) oder faktisch (beispielsweise wenn der Minderheitsgesellschafter aufgrund eines weiten Streubesitzes der Aktien in der Hauptversammlung die Mehrheit stellt) geschehen. Wie im Rahmen der Fusionskontrollverordnung VO 4064/89[704] ist Artikel 6 des Gesetzes 25.156 über die

---

[697] Comisión Nacional de Defensa de la Competencia, Opinión Consultativa Nr. 6 vom 25. November 1999, S. 1.

[698] Comisión Nacional de Defensa de la Competencia, Opinión Consultativa Nr. 15 vom 18. Januar 2000, S. 1.

[699] Comisión Nacional de Defensa de la Competencia, Opinión Consultativa Nr. 120 vom 5. Juni 2001, S. 2.

[700] Mitteilung der Europäischen Kommission über den Begriff des Zusammenschlusses der Verordnung (EWG) Nr. 4064/94 des Rates über die Kontrolle von Unternehmenszusammenschlüssen, ABl. 1998, C 66/5.

[701] Comisión Nacional de Defensa de la Competencia, Opinión Consultativa Nr. 124 vom 6. Juli 2001.

[702] Mitteilung der Europäischen Kommission über den Begriff des Zusammenschlusses der Verordnung (EWG) Nr. 4064/94 des Rates über die Kontrolle von Unternehmenszusammenschlüssen, Teilziffern 13 ff., ABl. 1998, C 66/5.

[703] Comisión Nacional de Defensa de la Competencia, Opinión Consultativa Nr. 124 vom 6. Juli 2001.

[704] Mitteilung der Europäischen Kommission über den Begriff des Zusammenschlusses der Verordnung (EWG) Nr. 4064/94 des Rates über die Kontrolle von Unternehmenszusammenschlüssen, Teilziffer 16, ABl. 1998, C 66/5.

Fälle des Erwerbs der alleinigen Kontrolle hinaus auch auf Fälle des Übergangs von gemeinsamer zu alleiniger Kontrolle anwendbar.[705] Im Übergang von gemeinsamer zu alleiniger Kontrolle ist ebenfalls ein Kontrollerwerb zu sehen, weil sich der alleinige bestimmende Einfluss wesentlich vom gemeinsamen bestimmenden Einfluss unterscheidet und die Beziehungen zwischen den beteiligten Parteien dauerhaft verändert werden.[706]

bb) Gemeinsame Kontrolle

Ein Kontrollerwerb i.S.d. Artikels 6 des Gesetzes 25.156 kann sich auch in Form des Erwerbs gemeinsamer Kontrolle vollziehen.[707] Zur Auslegung des Begriffs gemeinsame Kontrolle greift die CNDC wiederum wortwörtlich auf die *Mitteilung der Kommission über den Begriff des Zusammenschlusses*[708] zurück. Danach kann der Erwerb der gemeinsamen Kontrolle entweder rechtlich oder faktisch begründet werden. Eine gemeinsame Kontrolle ist danach gegeben, wenn zwei oder mehr Unternehen oder Personen die Möglichkeit haben, einen bestimmenden Einfluss in einem anderen Unternehmen auszuüben. Bestimmender Einfluss bedeutet dabei in der Regel die Möglichkeit, strategische Entscheidungen blockieren zu können.[709] Im Unterschied zur alleinigen Kontrolle, die einem einzelnen Aktionär das Recht gibt, die strategischen Entscheidungen des Unternehmens zu bestimmen, müssen die Anteilshabe bei einer gemeinsamen Kontrolle die Geschäftspolitik einvernehmlich festlegen.[710] In direkter Anlehnung an die Entscheidungspraxis der europäischen Kommission zählt die argentinische Wettbewerbsbehörde folgende Fälle einer gemeinsamen Kontrolle auf[711]:

---

[705] Comisión Nacional de Defensa de la Competencia, Opinión Consultativa Nr. 124 vom 6. Juli 2001.

[706] Comisión Nacional de Defensa de la Competencia, Opinión Consultativa Nr. 124 vom 6. Juli 2001, unter Hinweis auf Mitteilung der Kommission der Europäischen Gemeinschaften über den Begriff der beteiligten Unternehmen im Sinne der Verordnung (EWG) Nr. 4064/89 des Rates über die Kontrolle von Unternehmenszusammenschlüssen, Teilziffer 32, ABl. 1998, C 66/14.

[707] Comisión Nacional de Defensa de la Competencia, Opinión Consultativa Nr. 124 vom 6. Juli 2001.

[708] Mitteilung der Europäischen Kommission über den Begriff des Zusammenschlusses der Verordnung (EWG) Nr. 4064/94 des Rates über die Kontrolle von Unternehmenszusammenschlüssen, ABl. 1998, C 66/5.

[709] Comisión Nacional de Defensa de la Competencia, Opinión Consultativa Nr. 124 vom 6. Juli 2001.

[710] Comisión Nacional de Defensa de la Competencia, Opinión Consultativa Nr. 124 vom 6. Juli 2001. Vgl. auch Mitteilung der Europäischen Kommission über den Begriff des Zusammenschlusses der Verordnung (EWG) Nr. 4064/94 des Rates über die Kontrolle von Unternehmenszusammenschlüssen, Teilziffer 19, ABl. 1998, C 66/5.

[711] Comisión Nacional de Defensa de la Competencia, Opinión Consultativa Nr. 124 vom 6. Juli 2001. Vgl. auch Mitteilung der Europäischen Kommission über den Begriff des Zu-

- die gleiche Anzahl von Stimmrechten oder die paritätische Besetzung der Entscheidungsgremien;

- das Bestehen von Vetorechten bezüglich wesentlicher strategischer Entscheidungen, die über den üblichen Schutz von Minderheitsgesellschaftern hinausgehen. Insbesondere Vetorechte hinsichtlich der Besetzung der Unternehmensleitung, der Finanzplanung, des Geschäftsplans und Investitionen sowie marktspezifischer Rechte;

- die gemeinsame Ausübung der Stimmrechte (sog. Pooling-Vereinbarungen).

cc) Einfluss anderer Wettbewerbsordnungen

Der starke Einfluss der europäischen Fusionskontrollverordnung VO 4064/89 auf das argentinische Gesetz 25.156 wird bereits durch die Übernahme des Begriffs des Zusammenschlusses und dem Entscheidungskriterium des Kontrollerwerbs in Artikel 6 des Gesetzes 25.156 deutlich. Dieser Einfluss wird noch durch die dargestellte wortwörltiche Übernahme der in der *Mitteilung zum Begriff des Zusammenschlusses* zusammengefassten Entscheidungspraxis der Europäischen Kommission durch die CNDC hervorgehoben. Aufgrund dieses starken Einflusses können bei der Auslegung der in Artikel 6 Hs. 2 des argentinischen Wettbewerbsgesetzes aufgezählten Handlungen, die regelmäßig einen Zusammenschluss darstellen, Parallelen zu der entsprechenden Entscheidungspraxis zu Artikel 3 Abs. 1 und Abs. 3 VO 4064/89 gezogen werden. Auch im brasilianischen Wettbewerbsrecht unterliegen Unternehmenszusammenschlüsse bzw. Fusionen gemäß Artikel 54 § 3 des Gesetzes 8.884/94 der Kontrolle durch die Wettbewerbsbehörde. Im Gegensatz zum argentinischen und europäischen Wettbewerbsrecht wird der Begriff *wirtschaftliche Konzentration* verwendet, jedoch nicht näher definiert. In ihrer Praxis stellt die brasilianische Wettbewerbsbehörde CADE aber ebenfalls auf das Kriterium des tatsächlichen Kontrollerwerbs ab.[712] Entsprechend stellen interne Umstrukturierungen innerhalb einer Unternehmensgruppe und Zusammenschlüsse von bereits vorher unter gemeinsamer Kontrolle stehenden Unternehmen keine wirtschaftliche Konzentration im Sinne des brasilianischen Wettbewerbsgesetzes dar.[713]

---

sammenschlusses der Verordnung (EWG) Nr. 4064/94 des Rates über die Kontrolle von Unternehmenszusammenschlüssen, Teilziffern 20 ff., ABl. 1998, C 66/5.

712 CADE Voto no Ato de Concentração No. 29/94 vom 22. Februar 1995, DOU vom 3. März 1995 „CBV Indústria Mecanica S.A", in: *Franschescini*, Introdução ao Direito da Concorrência, S. 109; CADE Voto no Ato de Concentração No. 12/94 vom 30. September 1994, DOU vom 17. Oktober 1994 „Rhodia S.A. e Sinasa S.A.", in: *Franschescini*, Introdução ao Direito da Concorrência, S. 76 ff.

713 CADE Voto no Ato de Concentração No. 29/94 vom 22. Februar 1995, DOU vom 3. März 1995 „CBV Indústria Mecanica S.A.", in: *Franschescini*, Introdução ao Direito da Concor-

b) Fusion von Unternehmen

Gemäß Artikel 6 a) des Gesetzes 25.156 ist in der *Fusion*[714] von Unternehmen ein Zusammenschluss zu sehen. Im argentinischen Gesellschaftsrecht sind Fusionen bzw. Verschmelzungen in Artikel 82 des Gesetzes 19.550[715] geregelt. Danach ist eine Fusion die Auflösung ohne Liquidierung von zwei oder mehr Gesellschaften mit anschließender Neugründung einer Gesellschaft. Eine Fusion liegt nach dieser Vorschrift auch vor, wenn eine bestehende Gesellschaft eine oder mehrere andere Gesellschaften aufnimmt, wobei sich die aufgenommene Gesellschaft, ohne liquidiert zu werden, auflöst. Somit fallen alle Verschmelzungen mehrerer Unternehmen durch Aufnahme oder durch Neugründung unter den Fusionsbegriff von Artikel 6 a) des Gesetzes 25.156.[716] Die argentinische Wettbewerbsbehörde hat in ihrer Entscheidungspraxis jedoch immer wieder klargestellt, dass nicht jede Fusion von Gesellschaften unter den Anwendungsbereich des Gesetzes 25.156 fällt, sondern nur, wenn es dabei zu einem Wechsel in der Kontrollstruktur eines Unternehmens kommt[717]. Artikel 6 a) des Gesetzes 25.156 entspricht Artikel 3 Abs. 1 a) VO 4064/89, wonach ein Zusammenschluss dadurch bewirkt wird, dass zwei oder mehr bisher voneinander unabhängige Unternehmen fusionieren. Im europäischen Wettbewerbsrecht ist unter einer Fusion im Sinne von Artikel 3 Abs. 1 a) VO 4064/89 dabei der Zusammenschluss zweier oder mehrerer Unternehmen zu einer neuen rechtlichen oder wirtschaftlichen Einheit zu verstehen.[718]

---

rência, S. 109; CADE Voto no Ato de Concentração No. 7, 8, 9 e 10/94 vom 15. März 1995, DOU vom 23. März 1995 „Grupo Hansen", in: *Franschescini*, Introdução ao Direito da Concorrência, S. 111.

[714] Das spanische Wort „fusion" kann sowohl mit „Verschmelzung", als auch mit „Fusion" übersetzt werden. Aufgrund der Anlehnung der argentinischen Fusionskontrolle an die europäische Fusionskontrollverordnung wird hier der Artikel 3 Abs. 1 a) der Verordnung 4064/89 entsprechende Begriff „Fusion" verwendet.

[715] Ley 19.550- Ley de Sociedades Comerciales, Codigo de Comercio (Handelsgesetzbuch).

[716] Gutachten der Comisión Nacional de Defensa de la Competencia zum Zusammenschluss von Rhône Poulenc SA und Hoechst AG vom 8. Juni 2000, S. 3; Gutachten der Comisión Nacional de Defensa de la Competencia zum Zusammenschluss von Vivendi und Seagram vom 3. Januar 2001, S. 4.

[717] Comisión Nacional de Defensa de la Competencia, Opinión Consultativa Nr. 6 vom 25. November 1999, S. 2; Comisión Nacional de Defensa de la Competencia, Opinión Consultativa Nr. 15 vom 18. Januar 2001, S. 1 und Comisión Nacional de Defensa de la Competencia, Opinión Consultativa Nr. 154 vom 12. März 2002, S. 2.

[718] Mitteilung der Europäischen Kommission über den Begriff des Zusammenschlusses der Verordnung (EWG) Nr. 4064/94 des Rates über die Kontrolle von Unternehmenszusammenschlüssen, Teilziffer 7, ABl. 1998, C 66/5.

c) Übertragung des Betriebskapitals

Der Kontrollerwerb über ein anderes Unternehmen kann gemäß Artikel 6 b) des Gesetzes 25.156 auch mittels der Übertragung des Betriebskapitals geschehen (sog. asset-deal). Nach der Entscheidungspraxis der argentinischen Wettbewerbsbehörde fallen unter das Betriebskapital im Sinne von Artikel 6 b) des Gesetzes 25.156 alle Vermögensbestandteile und Aktiva eines Unternehmens, beispielsweise einzelne Geschäftsfelder, Marken, Know-How, der Kundenstamm sowie Inventar und Maschinenpark.[719] Der Unterschied zu einer Fusion der Unternehmen besteht darin, dass keine der beteiligten Gesellschaften aufgelöst wird, sondern nur das oder die Vermögensbestände oder Aktiva von einer Gesellschaft auf die andere übertragen wird. Artikel 6 b) des Gesetzes 25.156 entspricht Artikel 3 Abs. 3 a) VO 4064/89, wonach ein bestimmender Einfluss auf ein anderes Unternehmen insbesondere durch die Übertragung der Eigentums- und Nutzungsrechte an der Gesamtheit oder an Teilen des Vermögens des Unternehmens erlangt werden kann.

d) Erwerb des Eigentums an Gesellschaftsanteilen

Ein Zusammenschluss ist nach Artikel 6 c) des Gesetzes 25.156 auch im Erwerb des Eigentums oder der Rechte an Gesellschaftsanteilen[720] sowie an Kapitalbeteiligungen oder Schuldurkunden zu sehen, die in Gesellschaftsanteile oder Kapitalbeteiligungen umgewandelt werden können oder die die Möglichkeit geben, Einfluss auf die Entscheidungen der diese ausstellenden Person zu nehmen, wenn dem Erwerber die Kontrolle oder die wesentliche Einflussnahme verliehen wird. Der Anwendungsbereich dieser Vorschrift ist sehr weit gefasst. Entscheidendes Kriterium ist die Erlangung der Kontrolle oder des wesentlichen Einflusses auf die Entscheidungen des Unternehmens durch den Erwerb von Anteilen oder Kapitalbeteiligungen. Von den in Artikel 6 c) des Gesetzes 25.156 aufgezählten Handlungen, durch die die Kontrolle über oder der wesentliche Einfluss auf ein Unternehmen erlangt werden kann, ist der Erwerb von Gesellschaftsanteilen in der bisherigen Anwendungspraxis der CNDC das am weitesten verbreitete Mittel des Kontrollerwerbs.[721] Der Erwerb der Gesellschaftsanteile kann

---

[719] Gutachten der Comisión Nacional de Defensa de la Competencia zum Zusammenschluss von Sealed Air und Catyc vom 22. März 2000, S. 3; Gutachten der Comisión Nacional de Defensa de la Competencia zum Zusammenschluss von Novartis und Argos vom 28. April 2000, S. 3.

[720] Aufgrund der weiten Verbreitung der Aktiengesellschaft (Sociedad Anónima) im argentinischen Recht wird es sich bei den Gesellschaftsanteilen meist um Aktien handeln.

[721] So handelte es sich bei den bisherigen Entscheidungen der Comisión Nacional de Defensa de la Competencia im Bereich der Zusammenschlusskontrolle in der Mehrzahl um Fälle des Erwerbs von Gesellschaftsanteilen eines Unternehmens durch ein anderes Unternehmen, siehe beispielsweise das Gutachten der Comisión Nacional de Defensa de la Competencia zum Zu-

sich dabei mittels eines Vertrages mit dem übernommenen Unternehmen oder mittels eines öffentlichen Angebots an die Aktionäre vollziehen.

aa) Erwerb der Mehrheit

Ein Kontrollerwerb im Sinne von Artikel 6 c) des Gesetzes 25.156 liegt nach der Entscheidungspraxis der argentinischen Wettbewerbsbehörde unproblematisch beim Erwerb der gesamten Anteile an einem Unternehmen (100%) vor.[722] In diesem Zusammenhang hat die CNDC klargestellt, dass Art. 6 c) sowohl den Erwerb durch eine natürliche als auch durch eine juristische Person umfasst.[723] Darüber hinaus fällt auch der Erwerb von Anteilen an Gesellschaften im Rahmen der Privatisierung öffentlicher Unternehmen, insbesondere durch Ausschreibungen, unter den Anwendungsbereich von Art. 6 c) des Gesetzes 25.156.[724] Die CNDC hat jedoch ausdrücklich klargestellt, dass für einen Kontrollerwerb regelmäßig der Erwerb der absoluten Mehrheit der Gesellschaftsanteile (also mehr als 50%) ausreicht.[725] Schließlich hat die CNDC entschieden, dass für einen Kontrollerwerb im Sinne von Artikel 6 c) des Gesetzes

sammenschluss von Fresenius Medical Care AG und Renal Treatment Centers Inc. vom 7. Juni 2000, S. 1 f.; Gutachten der Comisión Nacional de Defensa de la Competencia zum Zusammenschluss von Carrefour S.A. y Promodes S.A. vom 28. April 2000, S. 1 f; Gutachten der Comisión Nacional de Defensa de la Competencia zum Zusammenschluss von Ingersoll Rand Company und Dresser Rand Company vom 24. Januar 2000, S. 1; Gutachten der Comisión Nacional de Defensa de la Competencia zum Zusammenschluss von Du Pont de Nemours and Company und Pioneer Hi-Bred International Inc. vom 23. November 1999, S. 1.

[722] Gutachten der Comisión Nacional de Defensa de la Competencia zum Zusammenschluss von Ingersoll Rand Company und Dresser Rand Company vom 24. Januar 2000, S. 1; Gutachten der Comisión Nacional de Defensa de la Competencia zum Zusammenschluss von Du Pont de Nemours and Company und Pioneer Hi-Bred International Inc. vom 23. November 1999, S. 1; Gutachten der Comisión Nacional de Defensa de la Competencia zum Zusammenschluss von Cervecería y Maltería Quilmes S.A.I.C. und Buenos Aires Embotelladora S.A. vom 25. November 1999, S. 1.

[723] Comisión Nacional de Defensa de la Competencia, Opinión Consultativa Nr. 3 vom 10. November 2001, S. 1.

[724] Comisión Nacional de Defensa de la Competencia, Opinión Consultativa Nr. 140 vom 20. September 2001, S. 1.

[725] Gutachten der Comisión Nacional de Defensa de la Competencia zum Zusammenschluss von Banco Santander und Patagon vom 1. August 2000; Gutachten der Comisión Nacional de Defensa de la Competencia zum Zusammenschluss von Clarín und La Razón vom 18. Mai 2001; Gutachten der Comisión Nacional de Defensa de la Competencia zum Zusammenschluss von Ingersoll Rand und Dresser Industries vom 27. Januar 2000 und Gutachten der Comisión Nacional de Defensa de la Competencia zum Zusammenschluss von Promodes S.A. und Carrefour S.A. vom 28. April 2000.

25.156 bereits eine *konkrete Option* auf den Erwerb der Mehrheit der Gesellschaftsanteile genügt.[726]

bb) Erwerb einer qualifizierten Minderheit

Nach Auffassung der argentinischen Wettbewerbsbehörde genügt bereits die Übernahme eines Gesellschaftsanteils, der dem übernehmenden Unternehmen einen bestimmenden Einfluss auf das übernommene Unternehmen sichert (sog. qualifizierte Minderheit).[727] Wann dies der Fall ist, richtet sich nach den gesellschaftsrechtlichen Besonderheiten des Einzelfalls. Ein bestimmender Einfluss liegt nach Ansicht der CNDC jedoch in der Regel vor, wenn das die Gesellschaftsanteile erwerbende Unternehmen die Vorstandsmitglieder bestimmen, das Gesellschaftsstatut verändern, neue Aktien ausgeben, eine Dividende ausschütten, wesentliche Teile des Gesellschaftsvermögens veräußern oder Schulden aufnehmen kann.[728] Artikel 6 c) des Gesetzes 25.156 entspricht somit Artikel 3 Abs. 1 b) der europäischen Fusionskontrollverordnung VO 4064/89. Die Europäische Kommission hat klargestellt, dass ein Kontrollerwerb im Sinne dieser Vorschrift unproblematisch in allen Fällen einer Mehrheitsbeteiligung zu bejahen ist.[729] In einer Minderheitsbeteiligung kann hingegen nur ein Kontrollerwerb gesehen werden, wenn weitere rechtliche oder faktische Umstände hinzukommen.[730] Eine qualifizierte Minderheit liegt danach vor, wenn das erwerbende Unternehmen trotz einer geringen Beteiligung einen wesentlichen Einfluss auf die strategischen Entscheidungen des Unternehmens hat.

---

[726] Gutachten der Comisión Nacional de Defensa de la Competencia zum Zusammenschluss von General Electric Equitiy Holdings B.V. und Telepuerto Internacional de Buenos Aires S.A. vom 3. März 2000, S. 2. Dies entspricht der Auffassung der Europäischen Kommission, wonach ein Kontrollerwerb im Sinne von Artikel 3 Abs. 1 b) VO 4064/89 vorliegt, wenn eine Option zum Kauf von Gesellschaftsanteilen aufgrund rechtlich verbindlicher Verpflichtungen in naher Zukunft ausgeübt werden wird, siehe Mitteilung der Europäischen Kommission über den Begriff des Zusammenschlusses der Verordnung (EWG) Nr. 4064/94 des Rates über die Kontrolle von Unternehmenszusammenschlüssen, Teilziffer 15, ABl. 1998, C 66/5.

[727] Comisión Nacional de Defensa de la Competencia, Opinión Consultativa Nr. 5 vom 25. November 1999, S. 1.

[728] Comisión Nacional de Defensa de la Competencia, Opinión Consultativa Nr. 5 vom 25. November 1999, S. 1.

[729] Mitteilung der Europäischen Kommission über den Begriff des Zusammenschlusses der Verordnung (EWG) Nr. 4064/94 des Rates über die Kontrolle von Unternehmenszusammenschlüssen, Teilziffer 13, ABl. 1998, C 66/5.

[730] Mitteilung der Europäischen Kommission über den Begriff des Zusammenschlusses der Verordnung (EWG) Nr. 4064/94 des Rates über die Kontrolle von Unternehmenszusammenschlüssen, Teilziffer 14, ABl. 1998, C 66/5.

e) Erwerb der Aktiva oder des bestimmenden Einflusses

Schließlich liegt gemäß Artikel 6 d) des Gesetzes 25.156 ein Kontrollerwerb und somit ein Zusammenschluss in jeder Vereinbarung oder Handlung, durch die einer Person oder Wirtschaftsgruppe tatsächlich oder rechtlich die Aktiva eines Unternehmens übertragen werden oder ihr ein bestimmender Einfluss auf die Entscheidungsfindung der ordentlichen oder außerordentlichen Geschäftsführung eines Unternehmens verliehen wird. Aufgrund seines weiten Anwendungsbereichs kommt Artikel 6 d) eine Auffangfunktion zu. Die Vorschrift stellt sicher, dass Artikel 6 des Gesetzes 25.156 jede Art des Kontrollerwerbs eines Unternehmens erfasst. Der Wortlaut von Artikel 6 d) des Gesetzes ist stark durch Artikel 3 Abs. 3 der europäischen Fusionskontrollverordnung VO 4064/89 beeinflusst. Danach liegt ein Kontrollerwerb vor, wenn ein Unternehmen oder eine andere Person durch Rechte, Verträge oder andere Mittel die Möglichkeit erhält, einen bestimmenden Einfluss auf die Tätigkeit eines anderen Unternehmens auszuüben.

aa) Erwerb der Aktiva eines Unternehmens

Nach Artikel 6 d) 1. Alt. des Gesetzes 25.156 kann die Kontrolle über ein Unternehmen durch den Erwerb von dessen Aktiva erlangt werden. Die CNDC versteht unter den *Aktiva* eines Unternehmens alle Vermögensgegenstände, welche die Entwicklung einer oder mehrerer wirtschaftlicher Aktivitäten ermöglichen und denen ein Umsatz zugeordnet werden kann.[731] Eine Übernahme der Aktiva im Sinne des Artikels 6 d) liegt daher insbesondere bei der Übernahme der wirtschaftlichen Aktivitäten oder Teilaktivitäten durch ein anderes Unternehmen vor.[732] Dabei muss es nach Auffassung der CNDC nicht zur Übertragung des Eigentums an den Aktiva kommen, die Übertragung der Nutzungsrechte, beispielsweise mittels eines Nießbrauchsvertrags, ist ausreichend.[733] Folgende Vertragsgestaltungen stellen nach der Entscheidungspraxis der argentinischen Wettbewerbsbehörde einen Unterfall des Erwerbs der Aktiva eines Unternehmens dar:

---

[731] Comisión Nacional de Defensa de la Competencia, Opinión Consultativa Nr. 18 vom 20. Januar 2000, S. 1; Opinión Consultativa Nr. 7 vom 29. November 1999, S. 1.

[732] Gutachten der Comisión Nacional de Defensa de la Competencia zum Zusammenschluss von Metropolitan Life Seguros de Retiro S.A. und Proyección Seguros de Retiro S.A. vom 11. November 1999, S. 1. In diesem Fall übernahm der Käufer die Lebensversicherungssparte des Verkäufers.

[733] Comisión Nacional de Defensa de la Competencia, Opinión Consultativa Nr. 7 vom 29. November 1999, S. 1.

aaa) Übertragung von Marken

Die Übertragung einer Marke ist nach Auffassung der CNDC als Kontrollerwerb i.S.d. Art. 6 d) des Gesetzes 25.156 einzustufen, wenn dem erwerbenden Unternehmen mit der Marke auch die gesamte Geschäftstätigkeit und der gesamte Kundenstamm übertragen wird.[734] Dies ist insbesondere der Fall, wenn das die Marke übertragende Unternehmen nach Abschluss der Transaktion nicht mehr auf dem Markt der übertragenden Marke tätig ist, so dass der Erwerber den vollständigen Wert der Marke in Form von Kundenbindung und Qualitätsassoziation erhält.[735]

bbb) Übertragung von Immobilien

In mehreren Fällen hat die CNDC in der Übertragung von Immobilien einen Zusammenschluss gem. Artikel 6 d) des Gesetzes 25.156 gesehen.[736] Dies ist insbesondere der Fall, wenn die Immobilie bzw. das Grundstück den einzigen Vermögensgegenstand einer Gesellschaft darstellt, was in Argentinien aufgrund steuerlicher Vorteile häufig der Fall ist. So stufte die argentinische Wettbewerbsbehörde beispielsweise den Erwerb einzelner Tankstellen[737] oder Supermärkte[738] als Kontrollerwerb i.S.d. Artikel 6 d) des Gesetzes 25.156 ein. Diese Anwendungspraxis führte dazu, dass viele Transaktionen bei der CNDC angemeldet werden mussten, obwohl sie keinerlei Auswirkungen auf den Markt hatten. Dieser Praxis hat der Gesetzgeber nunmehr durch Einführung einer *de minimis* Regel in Artikel 10 e)[739] entgegengewirkt.

---

[734] Comisión Nacional de Defensa de la Competencia, Opinión Consultativa Nr. 10 vom 20. November 1999, S. 1.

[735] Gutachten der Comisión Nacional de Defensa de la Competencia zum Zusammenschluss von Kraft Suchard und Arcor vom 28. August 2000; Gutachten der Comisión Nacional de Defensa de la Competencia zum Zusammenschluss von La Seguros La Porteña SA und Omega Cooperativa de Seguros Limitada vom 30. November 2000.

[736] Gutachten der Comisión Nacional de Defensa de la Competencia vom 31. Januar 2000 zum Zusammenschluss von EG 3 S.A. und Carlota Combustibles S.A.; Comisión Nacional de Defensa de la Competencia, Opinión Consultativa Nr. 7 vom 29. November 1999 zur Übernahme einer einzelnen Tankstelle durch Shell Argentina; Gutachten der Comisión Nacional de Defensa de la Competencia vom 5. März 2001 zum Zusammenschluss von La Anónima und Los Amigos Supermercados.

[737] Gutachten der Comisión Nacional de Defensa de la Competencia vom 31. Januar 2000 zum Zusammenschluss von EG 3 S.A. und Carlota Combustibles S.A.; Comisión Nacional de Defensa de la Competencia, Opinión Consultativa Nr. 7 vom 29. November 1999 zur Übernahme einer einzelnen Tankstelle durch Shell Argentina.

[738] Gutachten der Comisión Nacional de Defensa de la Competencia vom 5. März 2001 zum Zusammenschluss von La Anónima und Los Amigos Supermercados.

[739] Danach sind Zusammenschlüsse deren Wert 20 Millionen Pesos nicht überschreitet von der Anmeldepflicht des Artikel 8 des Gesetzes Nr. 25.156 ausgenommen.

ccc) Übertragung von Erschließungs- und Nutzungsrechten

Ein weiterer Unterfall des Kontrollerwerbs durch die Übertragung von Aktiva gem. Artikel 6 d) des Gesetzes 25.156 ist die Übertragung von Erschließungs- und Nutzungsrechten von Erdöl- bzw. Erdgasquellen. Ein Kontrollerwerb liegt nach der Entscheidungspraxis der CNDC regelmäßig vor, wenn der Erwerber die gesamten Erschließungs- und Nutzungsrechte an einer Energiequelle erwirbt.[740]

bb) Erwerb des bestimmenden Einflusses

Neben dem Erwerb der Aktiva kann die Kontrolle über ein Unternehmen gemäß Artikel 6 d) 2. Alt. des Gesetzes 25.156 auch durch den Erwerb des bestimmenden Einflusses erlangt werden. Das Konzept des *bestimmenden Einflusses* ist dabei von zentraler Bedeutung für die Feststellung, ob ein Zusammenschluss im Sinne von Artikel 6 des Gesetzes 25.156 vorliegt. Der argentinische Gesetzgeber hat den Begriff des bestimmenden Einflusses direkt Artikel 3 Abs. 3 der europäischen Fusionskontrollverordnung VO 4064/89 entnommen. Auch die CNDC hat sich bei der Auslegung dieses Begriffs stark an der Praxis der Europäischen Kommission orientiert und ausdrücklich auf die *Mitteilung der Europäischen Kommission über den Begriff des Zusammenschlusses* Bezug genommen.[741] Der bestimmende Einfluss muss sich nach Artikel 6 d) des Gesetzes 25.156 auf die Entscheidungsfindung der ordentlichen oder außerordentlichen Geschäftsführung eines Unternehmens beziehen. Ein bestimmender Einfluss im Sinne dieser Vorschrift ist daher nach Auffassung der CNDC in der Regel anzunehmen, wenn das erwerbende Unternehmen die Vorstandsmitglieder des erworbenen Unternehmens bestimmen, dessen Gesellschaftsstatut verändern, neue Aktien ausgeben, Dividenden ausschütten, wesentliche Teile des Gesellschaftsvermögens veräußern oder Schulden aufnehmen kann.[742] Hinsichtlich *Vetorechten* hat

---

[740] Gutachten der Comisión Nacional de Defensa de la Competencia vom 19. Juli 2000 zum Zusammenschluss von Chevron San Jorge SA und Alberta Energy Comany Argentina SA; Gutachten der Comisión Nacional de Defensa de la Competencia vom 7. Mai 2001 zum Zusammenschluss von Pecom Energía SA und YPF SA.

[741] So beispielsweise in der Opinión Consultativa Nr. 9 vom 21. Dezember 1999, S. 2 unter Hinweis auf die Mitteilung der Europäischen Kommission über den Begriff des Zusammenschlusses der Verordnung (EWG) Nr. 4064/94 des Rates über die Kontrolle von Unternehmenszusammenschlüssen, ABl. 1998, C 66/5.

[742] Comisión Nacional de Defensa de la Competencia, Opinión Consultativa Nr. 5 vom 25. November 1999, S. 1. Dies entspricht der Auffassung der Europäischen Kommission, wonach ein bestimmender Einfluss vorliegt, wenn die Möglichkeit besteht, das strategische Wirtschaftsverhalten eines Unternehmens zu bestimmen. Siehe Mitteilung der Europäischen Kommission über den Begriff des Zusammenschlusses der Verordnung (EWG) Nr. 4064/94 des Rates über die Kontrolle von Unternehmenszusammenschlüssen, Teilziffer 13, ABl. 1998, C 66/5.

die CNDC entschieden, dass darin erst dann ein bestimmender Einfluss auf ein Unternehmen zu sehen ist, wenn sich das Vetorecht auf die strategischen und wesentlichen Entscheidungen des Unternehmens bezieht.[743] Im Vetorecht eines Minderheitsbeteiligten, durch das lediglich dessen Investition in das Unternehmen geschützt werden sollen, kann daher grundsätzlich kein bestimmender Einfluss im Sinne von Artikel 6 d) gesehen werden.[744] Darüber hinaus hat die CNDC festgehalten, dass bereits *Optionen* im Einzelfall zu einem bestimmenden Einfluss führen, zumindest, wenn ihre Ausübung durch eine Beteiligung an der Geschäftsführung abgesichert ist.[745] Abschließend kann somit festgehalten werden, dass die Auslegung des Zusammenschlussbegriffs in Artikel 6 des Gesetzes 25.156 durch die argentinische Wettbewerbsbehörde in allen Aspekten mit der Auslegung des Zusammenschlussbegriffs in Artikel 3 VO 4064/89 durch die Europäische Kommission übereinstimmt. Die langjährige Entscheidungspraxis der Europäischen Kommission kann daher auch zur Lösung von Problemen im Rahmen von Artikel 6 des argentinischen Wettbewerbsgesetzes herangezogen werden.

f) Sonstige Formen des Kontrollerwerbs, insbesondere Gemeinschaftsunternehmen

Die Aufzählung der verschiedenen Formen des Kontrollerwerbs in Artikel 6 des Gesetzes 25.156 ist nicht abschließend. So hat die CNDC auch Nießbrauchverträge als Kontrollerwerb eingestuft, wenn der Gegenstand des Nießbrauchs den einzigen Vermögenswert eines Unternehmens darstellt.[746] Besonders wichtig ist in der Praxis die fusionskontrollrechtliche Beurteilung von Gemeinschaftsunternehmen.[747] Im Gegensatz zum europäischen Wettbewerbsrecht, wo die Gründung eines Gemeinschaftsunternehmens gemäß Art. 3 Abs. 2 VO 4064/89 einen Zusammenschluss darstellt, wenn es auf Dauer alle Funktionen einer selbständigen wirtschaftlichen Einheit erfüllt, hat der argentinische Gesetzgeber die An-

---

[743] Comisión Nacional de Defensa de la Competencia, Opinión Consultativa Nr. 9 vom 21. Dezember 1999, S. 3.

[744] Comisión Nacional de Defensa de la Competencia, Opinión Consultativa Nr. 9 vom 21. Dezember 1999, S. 3. Dies entspricht der Definition der Europäischen Kommission, wonach in Vetorechten nur dann ein bestimmender Einfluss zu sehen ist, wenn wesentliche Entscheidungen für das strategische Wirtschaftsverhalten eines Unternehmens blockiert werden können. Siehe Mitteilung der Europäischen Kommission über den Begriff des Zusammenschlusses der Verordnung (EWG) Nr. 4064/94 des Rates über die Kontrolle von Unternehmenszusammenschlüssen, Teilziffer 21, ABl. 1998, C 66/5.

[745] Comisión Nacional de Defensa de la Competencia, Opinión Consultativa Nr. 28 vom 4. Februar 2000.

[746] Comisión Nacional de Defensa de la Competencia, Opinión Consultativa Nr. 77 vom 29. November 2000.

[747] Vgl. auch *Biaggini /Asplindh*, Joint Venture y el control previo de fusiones y adquisiciones en el derecho argentino, Boletín Latinoamericano de Competencia, Nr. 14, April 2002, S. 3 ff.

wendbarkeit der fusionskontrollrechtlichen Vorschriften des Gesetzes 25.156 auf Gemeinschaftsunternehmen nicht ausdrücklich geregelt. Die CNDC hat jedoch in ihrer Entscheidungspraxis klargestellt, dass die Gründung von Gemeinschaftsunternehmen unter bestimmten Bedingungen unter den Anwendungsbereich der argentinischen Fusionskontrolle fällt und entsprechend angemeldet werden muss.[748] Ein Zusammenschluss i.S.d. Art. 6 d) des Gesetzes 25.156 liegt danach vor, wenn das Gemeinschaftsunternehmen über alle Vermögenswerte verfügt, die für eine eigenständige Entwicklung wirtschaftlicher Geschäfte notwendig sind. Hierunter fallen insbesondere eine von den jeweiligen Mutterunternehmen unabhängige Geschäftstätigkeit mit eigenen Kunden, die ein eigenes Geschäftsvolumen generiert.[749] Somit orientiert sich die CNDC bei der Frage, ob die Gründung eines Gemeinschaftsunternehmens zu einem Zusammenschluss führt, in Anlehnung an die Rechtslage unter der europäischen Fusionskontrollverordnung am Kriterium des Vorliegens einer selbständigen Wirtschaftseinheit. Diese übereinstimmende Auslegung des Zusammenschlussbegriffs ist mit dem Einfluss der VO 4064/89 auf das Gesetz 25.156 zu erklären.

4. Bestehen einer Anmeldepflicht

Nach Artikel 8 des Gesetzes 25.156 sind die unter Artikel 6 fallenden wirtschaftlichen Zusammenschlüsse bei der argentinischen Wettbewerbsbehörde anzumelden, wenn die Summe der Gesamtumsätze der beteiligten Unternehmen im Inland den Betrag von 200 Millionen Pesos überschreitet.

a) Gesamtumsatz von 200 Mio. Pesos in Argentinien

Alle Unternehmenszusammenschlüsse im Sinne von Artikel 6 des Gesetzes 25.156, die gemeinsam im Land einen Gesamtumsatz von 200 Millionen Pesos oder mehr haben, unterliegen gemäß Artikel 8 Abs. 1 1. Alt. des Gesetzes 25.156 der Anmeldepflicht bei der argentinischen Wettbewerbsbehörde. Angesichts der relativen Schwäche der argentinischen Volkswirtschaft erscheint der Schwellenwert von zum Zeitpunkt des Inkrafttretens des Gesetzes umgerechnet 200 Millionen US-Dollar im internationalen Vergleich hoch.[750] Die Höhe des

---

[748] Comisión Nacional de Defensa de la Competencia, Opinión Consultativa Nr. 60 vom 23. August 2000; Gutachten der Comisión Nacional de Defensa de la Competencia vom 19. März 2001 zum Zusammenschluss von Schlumberger und Baker Hughes.

[749] Comisión Nacional de Defensa de la Competencia, Opinión Consultativa Nr. 131 vom 30. Juli 2001.

[750] So muss in den USA ein Zusammenschluss bereits angemeldet werden, wenn das erwerbende Unternehmen einen Umsatz von 100 Mio. US Dollar und das erworbene Unternehmen einen Umsatz von 15 Mio. US Dollar hat. In Deutschland genügt gemäß § 35 Abs. 1 Nr. 2 GWB bereits ein Umsatz von 25 Mio. € von einem der beteiligten Unternehmen, solange der weltweite Gesamtumsatz aller beteiligten Unternehmen gemäß § 35 Abs. 1 Nr. 1 GWB mindestens 500 Mio. € beträgt. In Argentinien gab es im Jahre 1997 nur 272 Unternehmen, die

Betrages geht einerseits auf die Forderung der CNDC zurück, nur potentiell problematische Zusammenschlüsse einer *ex-ante* Kontrolle zu unterwerfen.[751] Andererseits hat sich der argentinische Gesetzgeber bei der Festsetzung der formellen Eingriffskriterien sehr stark an den Schwellenwerten der europäischen Fusionskontrollverordnung und des brasilianischen Wettbewerbsgesetzes orientiert. In der Europäischen Union müssen die beteiligten Unternehmen gemäß Artikel 1 Abs. 2 b) VO 4064/89 einen gemeinschaftsweiten Umsatz von mindestens 250 Millionen Euro erzielen. Nach Artikel 54 § 3 des brasilianischen Gesetzes 8.884/94 beträgt der Schwellenwert in der brasilianischen Fusionskontrolle 400 Millionen Real, was zum Zeitpunkt der Verabschiedung des Gesetzes 25.156 ebenfalls ungefähr 200 Millionen US Dollar entsprach. Nach Freigabe des Wechselkurses der argentinischen Währung ist der absolute Wert des Schwellenwertes der argentinischen Fusionskontrolle jedoch inzwischen im internationalen Vergleich deutlich gesunken. Neben dem absoluten Eingriffskriterium eines Gesamtumsatzes von mindestens 200 Millionen Pesos war im ursprünglichen Entwurf des argentinischen Wettbewerbsgesetzes 25.156 ein relatives Eingriffskriterium in Form eines Marktanteils von mindestens 25% vorgesehen. Dieser alternative Schwellenwert war auf den Einfluss von Artikel 54 § 3 des brasilianischen Gesetzes 8.884/94 zurückzuführen, wonach Zusammenschlüsse von Unternehmen mit einem Marktanteil von zusammen mindestens 20% unabhängig vom Gesamtumsatz der Zusammenschlusskontrolle unterliegen. Dieses relative Eingriffskriterium wurde jedoch durch das Präsidialdekret 1019/99 aus dem Gesetzestext entfernt, weil es aufgrund der praktischen Schwierigkeiten bei der Bestimmung des Marktes und der Marktanteile zu erheblicher Rechtsunsicherheit geführt hätte.[752] Diese Einschätzung ist zutreffend, so dass die Entfernung des relativen Eingriffskriteriums aus dem argentinischen Wettbewerbsgesetz zu begrüßen ist.

aa) Berechnung des Gesamtumsatzes

Die Berechnung des Gesamtumsatzes ist ausführlich in Artikel 8 Abs. 2 des Gesetzes 25.156 geregelt. Danach ist unter dem *Gesamtumsatz* der Betrag zu verstehen, den die beteiligten Unternehmen während des letzten Geschäftsjahres in ihrem ordentlichen Geschäftsbetrieb aus dem Verkauf von Produkten und der Erbringung von Dienstleistungen nach vorherigem Abzug von Preisnachlässen, der Mehrwertsteuer und anderer unmittelbar mit dem Umsatz verbundener Steu-

---

einen Umsatz von mehr als 100 Millionen Pesos hatten, siehe *García*, Acerca de la nueva ley de defensa de la competencia, Antecedentes Parlamentarios 1999, Nr. 9, S. 179.

[751] Comisión Nacional de Defensa de la Competencia, El control Previo de las Concentraciones y Fusiones y la Defensa de la Competencia en los Mercados, Serie Documentos Nr. 2, S. 26.

[752] Präsidialdekret 1019/99 vom 16. September 1999, Boletín Oficial vom 20. September 1999; Legislación Argentina 1999, Boletín 36 vom 8. Oktober 1999, S. 21.

ern, erzielt haben. Artikel 8 Abs. 2 des Gesetzes 25.156 entspricht dem Wortlaut von Artikel 5 Abs. 1 der europäischen Fusionskontrollverordnung VO 4064/89. Entsprechend hat sich die argentinische Wettbewerbsbehörde bei der Auslegung von Artikel 8 Abs. 2 des Gesetzes 25.156 an der Entscheidungspraxis der Europäischen Kommission orientiert, welche diese in ihrer *Mitteilung über die Berechnung des Umsatzes* zusammengesfasst hat.[753] Bei der Berechnung des Gesamtumsatzes ist nach Auffassung der CNDC entscheidend, dass der Umsatz aus dem normalen wirtschaftlichen Tätigkeitsbereich der Unternehmen stammt.[754] Einmalige und außergewöhnliche Einnahmen wie Veräußerungsgewinne werden daher bei der Berechnung des Gesamtumsatzes nicht berücksichtigt.[755] Bereits aus dem Wortlaut von Artikel 8 Abs. 2 des Gesetzes 25.156 ergibt sich, dass allein der Nettoumsatz zu berücksichtigen ist, so dass alle Rabatte, Steuern, Abgaben und konzerninternen Umsätze abzuziehen sind.[756] Die Berechnung des Gesamtumsatzes der an einem wirtschaftlichen Zusammenschluss beteiligten Unternehmen richtet sich somit unter dem Gesetz 25.156 nach den selben Grundsätzen wie in der europäischen Fusionskontrolle.

bb) Beteiligte Unternehmen

Bei der Berechnung des Gesamtumsatzes werden gemäß Artikel 8 Abs. 2 des Gesetzes 25.156 nur die an dem Zusammenschluss beteiligten Unternehmen berücksichtigt. Was unter dem Begriff „beteiligtes Unternehmen" zu verstehen ist, ergibt sich aus Artikel 8 des Annexes zum Präsidialdekret 89/2001, der Durchführungsverordnung zum Gesetz 25.156.[757] Danach ist unter den betroffenen Unternehmen i.S.v. Artikel 8 des Gesetzes 25.156 das Unternehmen, dessen Kontrolle übernommen wird, sowie das die Kontrolle übernehmende Unternehmen zu verstehen. Mit dieser Regelung hat der argentinische Gesetzgeber die Entscheidungspraxis der CNDC übernommen. Die argentinische Wettbewerbs-

[753] Mitteilung der Kommission der Europäischen Gemeinschaften über die Berechnung des Umsatzes im Sinne der Verordnung (EWG) Nr. 4064/89 des Rates über die Kontrolle von Unternehmenszusammenschlüssen, ABl. 1998, C 66/25.

[754] Comisión Nacional de Defensa de la Competencia, Opinión Consultativa Nr. 8 vom 2. Dezember 1999, S. 1.

[755] Mitteilung der Kommission der Europäischen Gemeinschaften über die Berechnung des Umsatzes im Sinne der Verordnung (EWG) Nr. 4064/89 des Rates über die Kontrolle von Unternehmenszusammenschlüssen, Teilziffern 9 und 16, ABl. 1998, C 66/25.

[756] Comisión Nacional de Defensa de la Competencia, Opinión Consultativa Nr. 8 vom 2. Dezember 1999, S. 1. Dies entspricht der Auffassung der Europäischen Kommission zu Artikel 5 Abs. 1 VO 4064/89, siehe Mitteilung der Kommission der Europäischen Gemeinschaften über die Berechnung des Umsatzes im Sinne der Verordnung (EWG) Nr. 4064/89 des Rates über die Kontrolle von Unternehmenszusammenschlüssen, Teilziffern 18 ff., ABl. 1998, C 66/25.

[757] Artikel 1 des Präsidialdekrets 89/2001 vom 25. Januar 2001 i.V.m. Artikel 8 des Annexes zum Dekret, Boletín Oficial vom 30. Januar 2001, Nr. 29577, S. 3.

behörde hat den Begriff „beteiligtes Unternehmen" aufgrund des Einflusses der europäischen Fusionskontrollverordnung VO 4069/89 konsequent unter Bezugnahme auf die *Mitteilung der Europäischen Kommission über den Begriff des beteiligten Unternehmens* ausgelegt.[758] So hat die CNDC entschieden, dass nur die materiell am Zusammenschluss beteiligten Unternehmen, also das erwerbende und das erworbene Unternehmen als beteiligte Unternehmen im Sinne von Artikel 6 und 8 Abs. 2 des Gesetzes 25.156 anzusehen sind.[759] Das veräußernde Unternehmen hingegen ist unter den Vorschriften der argentinischen Fusionskontrolle kein beteiligtes Unternehmen, weil sich der Veräußerer endgültig von seiner Beteiligung trennt und deshalb die Kontrolle über das veräußerte Unternehmen bzw. den Unternehmensteil verliert.[760] Entsprechend wird der Umsatz des Veräußerers bei der Berechnung des Gesamtumsatzes der am Zusammenschluss beteiligten Unternehmen nicht mit berücksichtigt. Auch Holdinggesellschaften, die ein kontrolliertes Unternehmen an ein anderes Unternehmen verkaufen, sind daher grundsätzlich nicht als beteiligtes Unternehmen einzustufen.[761] Bei der Beschaffenheit der beteiligten Unternehmen ist dabei auf den Zeitpunkt des die Pflicht zur Anmeldung des Zusammenschlusses auslösenden Ereignisses abzustellen.[762] Im Falle des Zusammenschlusses eines Gemeinschaftsunternehmens mit einem oder mehreren anderen Unternehmen hat die Europäische Kommission entschieden, dass grundsätzlich nur das Gemeinschaftsunternehmen und nicht darüber hinaus auch die Gründerunterneh-

---

[758] Comisión Nacional de Defensa de la Competencia, Opinión Consultativa Nr. 14 vom 18 Januar 2000, S. 2, unter Hinweis auf die Mitteilung der Kommission der Europäischen Gemeinschaften über den Begriff der beteiligten Unternehmen im Sinne der Verordnung (EWG) Nr. 4064/89 des Rates über die Kontrolle von Unternehmenszusammenschlüssen, ABl. 1998, C 66/14.

[759] Comisión Nacional de Defensa de la Competencia, Opinión Consultativa Nr. 26 vom 1. Februar 2000, S. 2. Dies entspricht der Auslegung von Artikel 5 Abs. 1 VO 4064/89 durch die Europäische Kommission, siehe Mitteilung der Kommission der Europäischen Gemeinschaften über den Begriff der beteiligten Unternehmen im Sinne der Verordnung (EWG) Nr. 4064/89 des Rates über die Kontrolle von Unternehmenszusammenschlüssen, Teilziffern 21 ff., ABl. 1998, C 66/14.

[760] Comisión Nacional de Defensa de la Competencia, Opinión Consultativa Nr. 14 vom 18 Januar 2000, S. 2. Dies entspricht der Auslegung der Europäischen Kommission, siehe Mitteilung der Kommission der Europäischen Gemeinschaften über den Begriff der beteiligten Unternehmen im Sinne der Verordnung (EWG) Nr. 4064/89 des Rates über die Kontrolle von Unternehmenszusammenschlüssen, Teilziffern 5 ff., ABl. 1998, C 66/14.

[761] Comisión Nacional de Defensa de la Competencia, Opinión Consultativa Nr. 26 vom 1. Februar 2000, S. 2.

[762] Mitteilung der Kommission der Europäischen Gemeinschaften über den Begriff der beteiligten Unternehmen im Sinne der Verordnung (EWG) Nr. 4064/89 des Rates über die Kontrolle von Unternehmenszusammenschlüssen, Teilziffer 17, ABl. 1998, C 66/14.

men an dem Zusammenschluss beteiligt sind.[763] Auch wenn die CNDC zu dieser Fallkonstellation noch keine ausdrückliche Entscheidung getroffen hat, ist aufgrund ihrer bisherigen Orientierung an der europäischen Entscheidungspraxis anzunehmen, dass sie auch in diesem Punkt die diese von der Europäischen Kommission aufgestellten Grundsätze übernimmt.

cc) Verbundsklausel für Konzerne

Die genaue Berechnung des Gesamtumsatzes der beteiligten Unternehmen richtet sich nach Artikel 8 Abs. 3 des Gesetzes 25.156. Danach setzt sich der Umsatz eines beteiligten Unternehmens zusammen aus den Umsätzen:

a. des beteiligten Unternehmens;

b. der Unternehmen, von denen das am Zusammenschluss beteiligte Unternehmen

   - mehr als die Hälfte des Vermögens oder Umlaufvermögens besitzt, oder
   - über mehr als die Hälfte der Stimmrechte verfügt, oder
   - mehr als die Hälfte der Aufsichtsratsmitglieder, der Geschäftsführung oder der zur gesetzlichen Vertretung berufenen Organe bestimmen kann, oder
   - das Recht der Geschäftsführung innehat;

c. der Unternehmen, die in dem beteiligten Unternehmen die unter Buchstabe b. aufgezählten Rechte oder Einflussmöglichkeiten haben;

d. der Unternehmen, in denen ein unter Buchstabe c. genanntes Unternehmen die unter Buchstabe b. genannten Rechte oder Einflussmöglichkeiten hat;

e. der Unternehmen, in denen mehrere der unter den Buchstaben a. bis c. genannten Unternehmen jeweils gemeinsam die unter Buchstabe b. aufgezählten Rechte oder Einflussmöglichkeiten haben.

---

[763] Mitteilung der Kommission der Europäischen Gemeinschaften über den Begriff der beteiligten Unternehmen im Sinne der Verordnung (EWG) Nr. 4064/89 des Rates über die Kontrolle von Unternehmenszusammenschlüssen, Teilziffer 27, ABl. 1998, C 66/14. Dies gilt nach Teilziffer 28 jedoch nicht, wenn das Gemeinschaftsunternehmen lediglich als Mittel für einen anderweitigen Erwerb durch die Muttergesellschaften anzusehen ist.

Artikel 8 Abs. 3 des Gesetzes 25.156 entspricht wortwörtlich Artikel 5 Abs. 4 der europäischen Fusionskontrollverordnung VO 4064/89. Durch diese sogenannte *Verbundsklausel* wird sichergestellt, dass Konzerne im Rahmen der Fusionskontrolle als eine wirtschaftliche Einheit behandelt werden. Durch die Verbundsklausel werden der Umsatz des unmittelbar an der Transaktion beteiligten Unternehmens, der Umsatz der Tochtergesellschaften, der Umsatz der Muttergesellschaften, der Umsatz der weiteren Tochtergesellschaften der Muttergesellschaften und der Umsatz aller anderen Unternehmen, die von zwei oder mehreren Konzernunternehmen kontrolliert werden, bei der Berechnung des Gesamtumsatzes der beteiligten Unternehmen mit berücksichtigt.[764] Bei der Umsatzberechnung gilt der Grundsatz der Vermeidung der doppelten Verbuchung, weshalb konzerninterne Umsätze nicht berücksichtigt werden.[765] Im Fall von Gemeinschaftsunternehmen und anderer Formen gemeinsamer Kontrolle werden daher Umsätze zwischen dem Gemeinschaftsunternehmen und den an diesem beteiligten sowie anderen verbundenen Unternehmen nicht mitgerechnet.[766] Aufgrund des identischen Wortlauts von Artikel 8 Abs. 3 des Gesetzes 25.156 und Artikel 5 Abs. 4 VO 4064/89 und der starken Ausrichtung der CNDC an der Entscheidungspraxis der Europäischen Kommission ist davon auszugehen, dass diese Grundsätze auch im Rahmen der argentinischen Fusionskontrolle gelten.

dd) Umsatz im Land

Nach Artikel 8 Abs. 1 1. Alt. des Gesetzes 25.156 muss der Gesamtumsatz der Unternehmen „im Land" den Betrag von 200 Millionen Pesos übersteigen. Aus dem Wortlaut der Vorschrift könnte darauf geschlossen werden, dass lediglich der innerhalb Argentiniens gemachte Umsatz bei der Berechnung des Gesamtumsatzes zu berücksichtigen ist. Die argentinische Wettbewerbsbehörde hat jedoch klargestellt, dass die Bezeichnung *im Land* grundsätzlich keine Unterscheidung zwischen dem in Argentinien und im Ausland erzielten Umsatz beinhaltet.[767] Bei der Berechnung des Gesamtumsatzes wird daher kein Unterschied zwischen internationalen und nationalen Verkäufen gemacht. Entscheidend ist allein, dass der Umsatz der gewöhnlichen Geschäftstätigkeit eines in

---

[764] Mitteilung der Kommission der Europäischen Gemeinschaften über die Berechnung des Umsatzes im Sinne der Verordnung (EWG) Nr. 4064/89 des Rates über die Kontrolle von Unternehmenszusammenschlüssen, Teilziffer 38, ABl. 1998, C 66/25.

[765] Mitteilung der Kommission der Europäischen Gemeinschaften über die Berechnung des Umsatzes im Sinne der Verordnung (EWG) Nr. 4064/89 des Rates über die Kontrolle von Unternehmenszusammenschlüssen, Teilziffern 39, ABl. 1998, C 66/25.

[766] Mitteilung der Kommission der Europäischen Gemeinschaften über die Berechnung des Umsatzes im Sinne der Verordnung (EWG) Nr. 4064/89 des Rates über die Kontrolle von Unternehmenszusammenschlüssen, Teilziffern 39, ABl. 1998, C 66/25.

[767] Comisión Nacional de Defensa de la Competencia, Opinión Consultativa Nr. 26 vom 1. Februar 2000, S. 1.

Argentinien niedergelassenen Unternehmens entspringt. Handelt es sich bei dem bzw. den am Zusammenschluss beteiligten Unternehmen um ein nicht in Argentinien niedergelassenes Unternehmen, das auch über keine argentinische Tochtergesellschaft verfügt, ist allerdings auf den in Argentinien erzielten Erlös abzustellen.

ee) De-minimis Regel

Bereits während der Beratungen zum Entwurf des Gesetzes 25.156 hatte die CNDC gefordert, nur solche Zusammenschlüsse einer Anmeldepflicht zu unterwerfen, bei denen der Wert der Transaktion 15 Millionen Pesos übersteigt.[768] Diese Forderung wurde vom Gesetzgeber jedoch nicht in das neue Wettbewerbsgesetz übernommen. Dies hatte zur Folge, dass nach dem klaren Wortlaut von Artikel 8 Abs. 1 des Gesetzes 25.156 jede unter Artikel 6 fallende Transaktion eines Unternehmens, das einen Gesamtumsatz von 200 Mio. Pesos in Argentinien erzielte, bei der argentinischen Wettbewerbsbehörde angemeldet werden musste. Angesichts der weiten Verbreitung von Kapitalgesellschaften in Argentinien führte dies zu einer erheblichen Belastung von Großunternehmen. Entsprechend musste die CNDC in einer Reihe von Fällen über den Erwerb einzelner Tankstellen durch große Mineralölgesellschaften entscheiden, weil jede dieser Tankstellen das Gesamtkapital einer eigenständigen Gesellschaft darstellte.[769] In diesen Fällen betrug der Kaufpreis für die Tankstelle immer weniger als 1 Million Pesos und keine der Transaktionen hatte irgendwelche Auswirkungen auf den Markt. Auch der Verkauf eines Gebäudes durch die *Royal Dutch Shell N.V.* an eine Immobiliengesellschaft musste bei der CNDC angemeldet werden, weil das Gebäude das gesamte Gesellschaftskapital einer Tochtergesellschaft der *Royal Dutch Shell N.V.* war.[770] Um dieser unsinnigen Belastung von Wettbewerbsbehörde und Großunternehmen ein Ende zu bereiten hat der argentinische Gesetzgeber durch das Präsidialdekret 396/2001 die von der CNDC geforderte *de minimis* Regel samt Umgehungsklausel in das Gesetz 2.156 einge-

---

[768] Comisión Nacional de Defensa de la Competencia, El control Previo de las Concentraciones y Fusiones y la Defensa de la Competencia en los Mercados, Serie Documentos Nr. 2, S. 26.

[769] Gutachten der Comisión Nacional de Defensa de la Competencia vom 31. Januar 2000 zum Zusammenschluss von EG 3 S.A. und Carlota Combustibles S.A.; Comisión Nacional de Defensa de la Competencia, Opinión Consultativa Nr. 7 vom 29. November 1999 zur Übernahme einer einzelnen Tankstelle durch Shell Argentina.

[770] Gutachten der Comisión Nacional de Defensa de la Competencia zum Zusammenschluss von Companía Inmobiliaria Dominium S.A. und VIG Capital S.A. vom 3. November 1999, S. 3.

fügt.[771] Nach der neuen Vorschrift des Art. 10 e) des Gesetzes 25.156 sind nunmehr Zusammenschlüsse von Unternehmen, welche einen gemeinsamen Umsatz von mehr als 200 Mio. Pesos in Argentinien erzielen von der Anmeldepflicht ausgenommen, wenn der Wert der Transaktion sowie der Vermögenswerte in Argentinien, die aufgenommen, übernommen, übertragen oder kontrolliert werden, 20 Mio. Pesos nicht überschreiten, es sei denn, die Parteien haben in den vergangenen 12 Monaten Transaktionen, welche diesen Betrag überschreiten, oder Transaktionen, mit einem Wert von mehr als 60 Mio. Pesos in den vergangenen 36 Monaten, durchgeführt, falls diese den selben Markt betreffen.

Eine entsprechende Vorschrift findet sich im Rahmen der europäischen Fusionskontrollverordnung nicht. Die Europäische Kommission hat in ihrer *Bekanntmachung über ein vereinfachtes Verfahren für bestimmte Zusammenschlüsse gemäß der Verordnung Nr. 4064/89* jedoch klargestellt, dass bestimmte Zusammenschlüsse keinen Anlass zu wettbewerbsrechtlichen Bedenken geben und daher in einem vereinfachten Verfahren genehmigt werden können.[772] Danach sind konglomerate und horizontale Zusammenschlüsse bei einem gemeinsamen Marktanteil bis zu 15% sowie vertikale Zusammenschlüsse bei einem gemeinsamen Marktanteil von bis zu 25% grundsätzlich wettbewerbsrechtlich unbedenklich. Die Einführung einer *de-minimis* Regel ist zur Vermeidung der Überlastung der argentinischen Wettbewerbsbehörde durch die Fusionskontrollverfahren ohne Martkauswirkung sowie der Verringerung der administrativen Belastungen für Großunternehmen sehr zu begrüßen. Interessant dabei ist, dass sich der argentinische Gesetzgeber entgegen der Praxis der Europäischen Kommission für die Aufnahme einer Legalausnahme in das Wettbewerbsgesetz entschieden hat, durch die Transaktionen unterhalb eines Wertes von 20 Millionen Pesos von vornherein von der Anmeldepflicht ausgenommen sind.

b) Auslandszusammenschlüsse

Gemäß Artikel 8 Abs 1 2. Alt. des Gesetzes 25.156 war ein Zusammenschluss ursprünglich auch unter der Bedingung bei der argentinischen Wettbewerbsbehörde anzumelden, dass die am Zusammenschluss beteiligten Unternehmen einen weltweiten Gesamtumsatz von mehr als 2,5 Milliarden Pesos erzielten. Dieses alternative Aufgreifkriterium führte im Zusammenspiel mit dem Fehlen einer *de-minimis* Regel in der Praxis zu einer Anmeldepflicht von Auslandszusammenschlüssen, die keinerlei Auswirkungen auf den argentinischen Markt

---

[771] Präsidialdekret 396/2001, Boletín Oficial vom 5. April 2001, Nr. 29623, S. 2. Hierzu auch *Pascar*, Modificaciones a la legislación sobre defensa de la competencia en la República Argentina, Boletín Latinoamericano de Competencia, Nr. 12, Juli 2001, S. 33 f.

[772] Bekanntmachung der Europäischen Kommission über ein vereinfachtes Verfahren für bestimmte Zusammenschlüsse gemäß der Verordnung (EG) Nr. 4064/89 des Rates vom 29. Juli 2000, ABl. 2000, C 217/32.

hatten. Aus diesem Grund wurde dieser Schwellenwert durch das Präsidialdekret 396/2001[773] aus dem Gesetz 25.156 gestrichen. Trotz dieser erheblichen Erleichterung für multinationale Unternehmen bleibt in der Praxis die Frage der Anwendbarkeit der Vorschriften der argentinischen Fusionskontrolle auf Zusammenschlüsse von nicht mit ihrem Hauptsitz in Argentinien niedergelassenen Unternehmen weiterhin aktuell, weil auch diese dem Schwellenwert von 200 Millionen Pesos Umsatz in Argentinien unterliegen.[774] Die Berechnung des Gesamtumsatzes, die Bestimmung der beteiligten Unternehmen und Beurteilung von Konzernen richtet sich dabei nach den bereits dargestellten Grundsätzen von Artikel 8 Abs. 2 und Abs. 3 des Gesetzes 25.156.[775] Die CNDC hat den internationalen Anwendungsbereich der argentinischen Zusammenschlusskontrolle in einer Reihe von Stellungnahmen konkretisiert.[776] Den Stellungnahmen zufolge ist dabei zwischen drei verschiedenen Arten von Zusammenschlüssen mit Beteiligung zumindest eines ausländischen Unternehmens zu unterscheiden.

aa) Zusammenschluss in Argentinien unter Beteiligung von Tochtergesellschaften ausländischer Unternehmen

Eine Auswertung der Entscheidungspraxis der argentinischen Wettbewerbsbehörde führt zu dem Ergebnis, dass in erster Linie Zusammenschlüsse innerhalb Argentiniens, an denen die argentinische(n) Tochtergesellschaft(en) eines oder mehrerer ausländischer Unternehmen beteiligt ist bzw. sind, unter den Anwendungsbereich der Fusionskontrollvorschriften des Gesetzes 25.156 fallen. Vor Inkrafttreten des Präsidialdekretes 396/2001 führte der unflexible Wortlaut des Gesetzes 25.156 sowie der Schwellenwert von einem weltweiten Umsatz von 2,5 Milliarden Pesos dabei zu einer Anmeldepflicht zahlreicher Transaktionen von ausländischen Großunternehmen, die sich nicht auf die Wettbewerbssituation auf den argentinischen Märkten auswirkten. So musste beispielsweise die *Royal Dutch Shell N.V.* aufgrund ihres weltweiten Gesamtumsatzes von mehr als 2,5 Milliarden Pesos eine Reihe von Transaktionen wie beispielsweise den Erwerb eines Gebäudes in Buenos Aires bei der argentinischen Wettbewerbsbe-

[773] Präsidialdekret 396/2001, Boletín Oficial vom 5. April 2001, Nr. 29623, S. 2.
[774] Siehe ausführlich *de Quevedo/Peña*, El control de concentraciones económicas entre empresas que exportan a la Argentina, El Derecho 2001, Nr. 10466, S. 1 ff.
[775] Siehe oben VII. 4. a) aa), bb) und cc).
[776] Comisión Nacional de Defensa de la Competencia, Opinión Consultativa Nr. 23 vom 24. Januar 2000; Comisión Nacional de Defensa de la Competencia, Opinión Consultativa Nr. 22 vom 24. Januar 2000; Comisión Nacional de Defensa de la Competencia, Opinión Consultativa Nr. 17 vom 20. Januar 2000; Comisión Nacional de Defensa de la Competencia, Opinión Consultativa Nr. 4 vom 15. November 1999.

hörde anmelden.[777] Diese mit dem Sinn und Zweck des Gesetzes 25.156 nicht zu vereinbarende Ausweitung des Anwendungsbereiches der argentinischen Fusionskontrolle auf sich nicht auf das Marktgeschehen auswirkende Wirtschaftsvorgänge ist begrüßenswerterweise durch die Streichung von Artikel 8 Abs. 1 2. Alt. und die Einführung einer *de-minimis* Regel in Art. 10 e) des Gesetzes 25.156 abgeschafft worden.

bb) Zusammenschluss außerhalb Argentiniens von Unternehmen mit Tochtergesellschaften oder Beteiligungen in Argentinien

Nach Auffassung der argentinischen Wettbewerbsbehörde unterliegen auch Zusammenschlüsse von Unternehmen außerhalb Argentiniens den Fusionskontrollvorschriften des Gesetzes 25.156, wenn die am Zusammenschluss beteiligten Unternehmen in Argentinien über Tochtergesellschaften verfügen oder argentinische Unternehmen kontrollieren sowie die relevanten Schwellenwerte erreichen.[778] Im Fall *Banco Bilbao Vizcaya* und *Argentaria* beispielsweise ging es um den Zusammenschluss zweier Großbanken in Spanien, die beide direkt oder indirekt argentinische Banken, Versicherungen und Pensionsfonds kontrollieren. Die CNDC begründete die Anwendbarkeit des argentinischen Wettbewerbsgesetzes mit dem Wortlaut von Artikel 3 des Gesetzes 25.156, wonach außerhalb Argentiniens tätige Unternehmen dann den Vorschriften des Wettbewerbsgesetzes unterliegen, wenn ihre Handlungen, Aktivitäten oder Vereinbarungen Auswirkungen auf den argentinischen Markt haben. Im Fall eines Zusammenschlusses von außerhalb Argentiniens niedergelassenen Unternehmen ist eine solche Auswirkung immer dann anzunehmen, wenn die beteiligten Unternehmen direkt oder indirekt argentinische Unternehmen kontrollierten. Eine Auswirkung auf den argentinischen Markt ist nach Auffassung der CNDC sogar dann anzunehmen, wenn sich der Zusammenschluss auf andere Aktivitäten der Muttergesellschaft beschränkt und die Tochtergesellschaft in Argentinien nur indirekt betroffen ist.[779]

---

[777] Gutachten der Comisión Nacional de Defensa de la Competencia zum Zusammenschluss der Companía Inmobiliaria Dominium S.A. und VIG Capital S.A. vom 3. November 1999, S. 1.

[778] Comisión Nacional de Defensa de la Competencia, Opinión Consultativa Nr. 17 vom 20. Januar 2000, S. 1; Comisión Nacional de Defensa de la Competencia, Opinión Consultativa Nr. 14 vom 18 Januar 2000, S. 1.

[779] Comisión Nacional de Defensa de la Competencia, Opinión Consultativa Nr. 23 vom 24. Januar 2000, S. 1.

cc) Zusammenschluss außerhalb Argentiniens von Unternehmen ohne Beteiligungen in Argentinien

Schwierigkeiten bei der Beurteilung bereiten Zusammenschlüsse von nicht in Argentinien niedergelassenen Unternehmen, die keine Tochtergesellschaften in Argentinien haben und ihrerseits keine argentinischen Unternehmen kontrollieren. Nach Artikel 3 i.V.m. Artikel 8 Abs. 1 des Gesetzes 25.156 ist ein Zusammenschluss außerhalb Argentiniens nur dann bei der argentinischen Wettbewerbsbehörde anzumelden, wenn der Zusammenschluss eine Auswirkung auf den argentinischen Markt hat und der in Argentinien erzielte Umsatz 200 Mio. Pesos übersteigt. Die CNDC hat klargestellt, dass eine Auswirkung auf den argentinischen Markt auch ohne eine feste wirtschaftliche Präsenz mittels einer Tochtergesellschaft oder eines kontrollierten Unternehmens in Argentinien vorliegen kann.[780] So sei beispielsweise denkbar, dass ein international tätiges Unternehmen einen hohen Marktanteil in Argentinien allein aufgrund des Exports seiner Produkte, eventuell mittels eines Exklusivvertriebs durch ein argentinisches Unternehmen, erreiche. Danach ist allein relevant, ob sich ein Zusammenschluss auf die Struktur des jeweils relevanten Marktes in Argentinien auswirkt. Nach Auffassung der argentinischen Wettbewerbsbehörde genügt dabei jedoch nicht jede Auswirkung, sondern diese muss unmittelbar, wesentlich und bestimmbar sein.[781] Ob dies der Fall ist, bestimmt sich nach den Umständen des Einzelfalls. Wenn die am Zusammenschluss beteiligten Unternehmen jedoch den erforderlichen Umsatzschwellenwert von 200 Mio. in Argentinien überschreiten, ist davon auszugehen, dass die Voraussetzung einer unmittelbaren, wesentlichen und bestimmbaren Auswirkung vorliegen und der exterritoriale Zusammenschluss bei der argentinischen Wettbewerbsbehörde anzumelden ist.[782] Diese extensive Auslegung des Anwendungsbereichs der argentinischen Zusammenschlusskontrolle kann kritisiert werden, weil sie zu widersprüchlichen Entscheidungen im Vergleich zu Entscheidungen von Wettbewerbsbehörden anderer Jurisdiktionen führen kann. Die Auffassung der argentinischen Wettbewerbsbehörde steht aber im Einklang mit der Auslegung des internationalen Anwendungsbereichs der Zusammenschlusskontrollen in anderen Wettbewerbsordnungen. So hat die Europäische Kommission in ihren Entscheidungen *Gencor/Lonrho* und *Boing/Mc Donell Douglas* klargestellt, dass Zusammenschlüsse außerhalb der Europäischen Union der europäischen Fusionskontrollverordnung

---

[780] Comisión Nacional de Defensa de la Competencia, Opinión Consultativa Nr. 23 vom 24. Januar 2000, S. 1.

[781] Comisión Nacional de Defensa de la Competencia, Opinión Consultativa Nr. 4 vom 15. November 1999, S. 5 unter Hinweis auf Abschnitt 7 des US-amerikanischen Foreign Antitrust Improvement Acts.

[782] Dies hat die Comisión Nacional de Defensa de la Competencia ausdrücklich klargestellt, siehe Opinión Consultativa Nr. 4 vom 15. November 1999, S. 4.

unterliegen, wenn diese eine Auswirkung auf den europäischen Markt haben.[783] Auch der Bundesgerichtshof und das Bundeskartellamt haben im Fall *Gilette/Wilkinson* hinsichtlich der Anwendbarkeit der Zusammenschlusskontrolle nach dem GWB auf die Auswirkungen des Zusammenschlusses auf den deutschen Markt abgestellt.[784] Einen besonderen Einfluss auf die Auslegung des argentinischen Wettbewerbsgesetzes bezüglich der Beurteilung von Auslandszusammenschlüssen durch die CNDC dürfte die brasilianische Anwendungspraxis gehabt haben. Wie bereits dargestellt, liegt sowohl dem Protokoll zum Schutz des Wettbewerbs im MERCOSUR als auch dem brasilianischen Wettbewerbsgesetz 8.884/89 das Auswirkungsprinzip zugrunde.[785] Entsprechend hat die brasilianische Wettbewerbsbehörde CADE in der Entscheidung *Siderúrgia Laisa S.A./Grupo Korf GmbH* klargestellt, dass Zusammenschlüsse ausländischer Unternehmen bei der CADE angemeldet werden müssen, wenn diese Auswirkungen auf den brasilianischen Markt haben.[786] Eine Lösung der durch die Anwendung des Auswirkungsprinzips verursachten Probleme in Form von möglicherweise divergierenden Entscheidungen und einer Vielzahl von Kontrollverfahren kann nur durch eine verstärkte internationale Kooperation und einen intensiven Informationsaustausch zwischen den zuständigen Wettbewerbsbehörden erreicht werden, wie sie kürzlich durch das „International Competition Network" (ICN) in Gang gesetzt wurde.[787]

dd) Verantwortliche Personen

Die Frage, wer für die Anmeldung von Auslandszusammenschlüssen und deren eventuelles Unterlassen verantwortlich ist, ist nicht abschließend entschieden. Drei der fünf Entscheidungsträger haben unter Hinweis auf die Artikel 121 und 122 des Gesetzes 19.550 über Gesellschaften die Auffassung vertreten, dass in allen Fällen die örtlichen Vertreter, Verwalter oder Bevollmächtigen gegenüber der argentinischen Wettbewerbsbehörde verantwortlich sind.[788] Zwei der Ent-

---

[783] Entscheidung der Europäischen Kommission vom 24. April 1996, ABl. 1996, L 11/30 „Gencor/Lonrho" und Entscheidung der Europäischen Kommission vom 30. Juli 1997, ABl. 1997, L 336/16 „Boeing/Mc Donnell Douglas".

[784] BGHZ 74, 322 (324) „Gilette/Wilkinson"; BKartA, Die AG 1992, S. 366 f. „Gillette/Wilkinson".

[785] Ausfürlich zum Auswirkungsprinzip siehe oben IV. 3.

[786] CADE, Voto do Acto de Concentração Nr. 16/94 vom 22. März 1995, DOU vom 31. März 1995, S. 459 „Siderurgía Laisa S.A. e Grupo Korf GmbH", in: *Franceschini*, Introdução ao Direito da Concorrência, S. 249.

[787] Informationen zum ICN finden sich auf der Homepage www.internationalcompetitionnetwork.org; Für eine Zusammenfassung des ersten Treffens des ICN siehe *Fox*, „A report on the first meeting of the International Competition Network", veröffentlicht auf der Homepage www.internationalcompetitionnetwork.org.

[788] Comisión Nacional de Defensa de la Competencia, Opinión Consultativa Nr. 4 vom 15. November 1999, S. 6.

scheidungsträger vertraten die Auffassung, dass in erster Linie die am Zusammenschluss beteiligten ausländischen Unternehmen für die Anmeldung und eventuelle Sanktionen verantwortlich sind, insbesondere wenn ihre argentinischen Vertreter oder Bevollmächtigten nicht oder nicht vollständig über den Zusammenschluss informiert werden.[789] Ist das ausländische Unternehmen jedoch dauerhaft in Argentinien mit einer Tochtergesellschaft niedergelassen, so ist diese aufgrund von Artikel 121 des Gesetzes 19.550 nach beiden Ansichten gegenüber der argentinischen Wettbewerbsbehörde verantwortlich. In der Praxis ist multinationalen Unternehmen zu raten, wenn vorhanden, ihre argentinischen Vertreter möglichst frühzeitig mit in den Anmeldungsprozess einzubeziehen.

c) Ausnahmen von der Anmeldepflicht

Artikel 10 des Gesetzes 25.156 normiert fünf Ausnahmetatbestände von der Anmeldepflicht des Artikels 8 Abs. 1. Im Gegensatz zu den anderen Vorschriften der Zusammenschlusskontrolle im Gesetz 25.156 hat sich der argentinische Gesetzgeber bei der Formulierung von Artikel 10 nicht an der europäischen Fusionskontrollverordnung orientiert, denn ein entsprechender Ausnahmekatalog findet sich in der Verordnung Nr. 4064/89 nicht. Die Einführung von Artikel 10 in das argentinische Wettbewerbsgesetz ist auf die Forderung der CNDC zurückzuführen, die im Rahmen der Beratungen über die Wettbewerbsrechtsnovelle für eine Befreiung von der Anmeldepflicht für Transaktionen plädierte, bei denen *ex-ante* keine negativen Auswirkungen auf den Markt zu erwarten sind.[790] Bei der Formulierung der einzelnen von der Anmeldepflicht ausgenommenen Transaktionen haben sich sowohl der argentinische Gesetzgeber als auch die argentinische Wettbewerbsbehörde stark an Sektion 7 A, Buchstabe c) des US-amerikanischen *Clayton Act* orientiert.[791] Im einzelnen sind gemäß Artikel 10 des Gesetzes 25.156 folgende Transaktionen von der Anmeldepflicht befreit:

aa) Erwerb von Unternehmen, an denen der Käufer bereits mehr als 50 % der Gesellschaftsanteile besaß

Nach Artikel 10 a) des Gesetzes 25.156 muss der Erwerb eines Unternehmens, an dem der Erwerber bereits mehr als die Hälfte der Gesellschaftsanteile besaß,

---

789 Comisión Nacional de Defensa de la Competencia, Opinión Consultativa Nr. 4 vom 15. November 1999, S. 7, Opinión en Disidencia de los Dres. Viviana Quevedo y Ernesto Cionfrini.

790 Comisión Nacional de Defensa de la Competencia, El control Previo de las Concentraciones y Fusiones y la Defensa de la Competencia en los Mercados, Serie Documentos Nr. 2, S. 26.

791 § 7 A c) Clayton Act, 15 U.S.C. §§ 12 – 27, in: *Morgan*, Modern Antitrust Law and its origins, S. 864.

nicht bei der argentinischen Wettbewerbsbehörde angemeldet werden.[792] In diesen Fällen fehlt es bereits an einem Kontrollerwerb im Sinne von Artikel 6 des Gesetzes 25.156. Denn das erworbene Unternehmen wurde bereits vor dem endgültigen Erwerb von dem erwerbenden Unternehmen kontrolliert.[793] Im Gegensatz zum Wortlaut von Artikel 10 a) des Gesetzes 25.156, der vom „Besitz" der Gesellschaftsanteile spricht, ist nach Auffassung der argentinischen Wettbewerbsbehörde auf die Kontrolle der Gesellschaftsanteile abzustellen.[794] Danach ist die Vorschrift bereits dann anzuwenden, wenn ein Unternehmen direkt oder mittels der Möglichkeit der Ausübung von Optionen mehr als 50% der Gesellschaftsanteile eines anderen Unternehmens kontrolliert. Über den Wortlaut von Artikel 10 a) des Gesetzes 25.156 hinaus ist der Erwerb eines Unternehmens nach Meinung der CNDC auch dann von der verbindlichen Anmeldung befreit, wenn das erwerbende Unternehmen zwar nicht die Hälfte der Gesellschaftsanteile, aber mehr als die Hälfte der Stimmrechte innehat.[795] Offengelassen wurde allerdings, ob Artikel 10 a) Gesetzes 25.156 in diesen Fällen direkt oder analog anzuwenden ist. Der Ausnahmetatbestand des Artikel 10 a) des Gesetzes 25.156 ist jedoch *nicht* anwendbar, wenn der Erwerb zusätzlicher Gesellschaftsanteile zu einem Übergang von gemeinsamer zu alleiniger Kontrolle führt.[796] Voraussetzung für die Anwendbarkeit von Art. 10 a) des Gesetzes 25.156 ist also das Bestehen alleiniger Kontrolle des erwerbenden Unternehmens.

bb) Erwerb von Gutscheinen, Schuldverschreibungen, Anteilen ohne Stimmrecht oder Schuldurkunden

Nach Artikel 10 b) des Gesetzes 25.156 ist der Erwerb von Gutscheinen, Schuldverschreibungen, Schuldurkunden und Anteilen ohne Stimmrecht von Unternehmen ausdrücklich von der Anmeldepflicht ausgenommen.[797] Diese Ausnahme ist ebenfalls damit zu erklären, dass in allen diesen Fällen kein Kontrollerwerb und somit kein Zusammenschluss im Sinne von Artikel 6 des Gesetzes 25.156 vorliegt. Insofern handelt es sich eher um eine Klarstellung als um eine Legalausnahme von der Anmeldepflicht nach Artikel 8 Abs. 1, die vom Vorliegen eines Zusammenschlusstatbestandes abhängig ist.

---

[792] Diese Vorschrift entspricht § 7 A c) Nr. 3 Clayton Act.
[793] Comisión Nacional de Defensa de la Competencia, Opinión Consultativa Nr. 13 vom 7. Januar 2000, S. 1.
[794] Comisión Nacional de Defensa de la Competencia, Opinión Consultativa Nr. 13 vom 7. Januar 2000, S. 1.
[795] Comisión Nacional de Defensa de la Competencia, Opinión Consultativa Nr. 21 vom 24. Januar 2000, S. 1.
[796] Comisión Nacional de Defensa de la Competencia, Opinión Consultativa Nr. 34 vom 10. März 2000.
[797] Diese Vorschrift entspricht § 7 A c) Nr. 2 Clayton Act.

cc) Erwerb eines einzelnen Unternehmens durch ein einzelnes ausländisches Unternehmen, das bisher keine Anteile oder Vermögenswerte anderer Unternehmen in Argentinien besaß

Der Erwerb eines einzelnen argentinischen Unternehmens durch ein ausländisches Unternehmen, das bis zu diesem Zeitpunkt keine Anteile oder Vermögenswerte anderer Unternehmen in Argentinien besaß, ist gemäß Artikel 10 c) des Gesetzes 25.156 von der Anmeldung bei der argentinischen Wettbewerbsbehörde ausgenommen. Zwar handelt es sich hierbei um einen Kontrollerwerb im Sinne von Artikel 6 des Gesetzes 25.156. Eine Ausnahme von der Anmeldepflicht ist jedoch gerechtfertigt, weil das erwerbende ausländische Unternehmen bisher keinerlei Beteiligungen oder Vermögenswerte in Argentinien besaß, so dass sich der Marktzutritt aufgrund der damit verbundenen Erhöhung des Wettbewerbs nur positiv auf den argentinischen Markt auswirken kann. Dieser Vorgang wird in der wettbewerbsrechtlichen Literatur als *first landing* bezeichnet.[798] Ausländische Unternehmen im Sinne von Artikel 10 c) des Gesetzes 25.156 sind alle Unternehmen, die ihren Gesellschaftssitz oder ihren Hauptgeschäftssitz außerhalb Argentiniens haben.[799] Die argentinische Wettbewerbsbehörde hat klargestellt, dass nur diejenigen ausländischen Unternehmen unter den Ausnahmetatbestand von Artikel 10 c) fallen, die ihre ersten wirtschaftlichen Aktivitäten im Land entfalten.[800] Diejenigen Unternehmen, die bereits über wirtschaftliche Aktivitäten, beispielsweise eine Tochtergesellschaft oder Niederlassung im Land verfügen, sind nicht von der Anmeldung befreit. Dabei ist nach Meinung der CNDC unbeachtlich, ob sich die bisherige Aktivität vom Gegenstand der potentiellen Transaktion unterscheidet oder nicht.[801] Entscheidend für die Anwendbarkeit von Artikel 10 c) des Gesetzes 25.156 ist somit allein, dass das ausländische Unternehmen vor dem Erwerb des argentinischen Unternehmens noch keinerlei direkte Beteiligungen an oder Vermögenswerte von argentinischen Unternehmen besitzt. Der Anwenbarkeit von Art. 10 c) steht nach der Entscheidungspraxis der CNDC nicht entgegen, dass sich der ausländische Erwerber bei der Transaktion eines Investitionsvehikels in Form einer argentinischen Gesellschaft bedient, sofern diese keinerlei wirtschaftliche Tätigkeit entfaltet.[802] Die Gründung eines Gemeinschaftsunternehmens ist nach Art. 10 c) des Gesetzes 25.156 von der Anmeldepflicht ausgenommen, wenn lediglich das

---

798 *Wish*, Competition Law, S. 385.

799 Artikel 1 des Präsidialdekrets 89/2001 vom 25. Januar 2001 i.V.m. Artikel 10 des Annexes zum Dekret, Boletín Oficial vom 30. Januar 2001, Nr. 29577, S. 3.

800 Comisión Nacional de Defensa de la Competencia, Opinión Consultativa Nr. 23 vom 24. Januar 2000, S. 1.

801 Comisión Nacional de Defensa de la Competencia, Opinión Consultativa Nr. 23 vom 24. Januar 2000, S. 1.

802 Comisión Nacional de Defensa de la Competencia, Opinión Consultativa Nr. 11 vom 30. Dezember 1999, S. 1.

mit einer Minderheit an dem Gemeinschaftsunternehmen beteiligte Mutterunternehmen über Aktivitäten in Argentinien verfügt.[803]

dd) Erwerb eines liquidierten Unternehmens

Gemäß Artikel 10 d) des Gesetzes 25.156 ist der Erwerb eines liquidierten Unternehmens von der Anmeldepflicht nach Artikel 8 Abs. 1 ausgeschlossen, wenn das liquidierte Unternehmen im vergangenen Jahr keine wirtschaftlichen Aktivitäten entfaltet hat. Zwar ist in dem Erwerb eines liquidierten Unternehmens ein Kontrollerwerb im Sinne von Artikel 6 des Gesetzes 25.156 zu sehen. Das übernommene Unternehmen hat jedoch während des letzten Jahres keine wirtschaftlichen Aktivitäten mehr entfaltet, so dass eine negative strukturelle Auswirkung auf den Markt ausgeschlossen ist. Denn der Erwerb kann mangels Marktpräsenz des liquidierten Unternehmens nicht zu einer Steigerung der Marktmacht des erwerbenden Unternehmens führen. Der Begriff „liquidiertes Unternehmen" i.S.d. Artikel 10 d) ist dabei im wirtschaftlichen und nicht im juristisch-technischen Sinn als Unternehmen, das im letzten Jahr keine wirtschaftlichen Aktivitäten entfaltet hat, zu verstehen.[804] Somit muss der Erwerb eines Unternehmens, das nie oder seit mindestens einem Jahr nicht mehr wirtschaftlich aktiv war, gemäß Artikel 10 d) des Gesetzes 25.156 nicht angemeldet werden.

ee) Transaktionen mit einem Wert von weniger als 20 Mio. Pesos

Wie bereits dargestellt ist durch das Präsidialdekret 396/2001[805] die Ausnahmevorschrift des Artikels 10 e) in das Gesetz 25.156 eingeführt worden. Danach müssen Zusammenschlüsse nicht angemeldet werden, wenn der Wert der Transaktion sowie der Vermögenswerte in Argentinien, die aufgenommen, übernommen, übertragen oder kontrolliert werden, 20 Mio. Pesos nicht überschreiten, es sei denn, die beteiligten Unternehmen haben in den vergangenen 12 Monaten Transaktionen, welche diesen Betrag überschreiten, oder Transaktionen, die 60 Mio. Pesos in den vergangenen 36 Monaten überschreiten, durchgeführt, falls diese den selben Markt betreffen. Diese *de-minimis* Regel ist in der Praxis die wichtigste der in Art. 10 des Gesetzes 25.156 aufgezählten Legalausnahmen.

---

[803] Comisión Nacional de Defensa de la Competencia, Opinión Consultativa Nr. 117 vom 18. Mai 2001.

[804] Comisión Nacional de Defensa de la Competencia, Opinión Consultativa Nr. 100 vom 1. März 2001.

[805] Präsidialdekret 396/2001, Boletín Oficial vom 5. April 2001, Nr. 29623, S. 2.

Die CNDC hat Artikel 10 e) in einer Reihe von konsultativen Stellungnahme insbesondere auf Auslandszusammenschlüsse angewandt.[806]

ff) Unentgeltliche Übertragungen von Gütern an den Staat und an Erben

Nach Artikel 1 des Präsidialdekrets 89/2001 i.V.m. Artikel 8 des Annexes zu diesem Dekret unterliegen Übertragungen von Gütern mittels eines unentgeltlichen Titels an den Nationalstaat, die Provinzen, die Gemeinden und die Stadt Buenos Aires sowie an gesetzliche Erben nicht der Anmeldepflicht von Artikel 8 Abs. 1 des Gesetzes 25.156.[807] Durch diese Vorschrift wird sichergestellt, dass unentgeltliche Übertragungen von Gütern und Gesellschaftsanteilen an den Staat sowie an Erben im Rahmen eines Erbgangs nicht bei der Wettbewerbsbehörde angemeldet werden müssen.

5. Die materielle Beurteilung von Zusammenschlüssen

Zusammenschlüsse sind nach Artikel 7 des Gesetzes 25.156 verboten, wenn sie zu einer Einschränkung oder Störung des Wettbewerbs führen, so dass ein Schaden für das wirtschaftliche Allgemeininteresse entstehen kann. Wie im Falle wettbewerbswidriger Handlungen und Verhaltenweisen nach Artikel 1 des Gesetzes 25.156 ist somit der mögliche Schaden für das wirtschaftliche Allgemeininteresse das für einen Zusammenschluss relevante materielle Beurteilungskriterium. Dabei müssen wie im Rahmen von Artikel 1 zwei Elemente kumulativ vorliegen:

1. Der Zusammenschluss muss zu einer Einschränkung oder Störung des Wettbewerbs, und

2. zu einem Schaden für das wirtschaftliche Allgemeininteresse führen.[808]

Aufgrund der präventiven Natur der Zusammenschlusskontrolle, in der die zukünftigen Auswirkungen eines Zusammenschlusses auf das Marktgeschehen beurteilt werden, genügt dem klaren Wortlaut von Artikel 7 des Gesetzes 25.156 nach bereits die potentielle Gefahr einer Wettbewerbsbeschränkung und einer

---

[806] Comisión Nacional de Defensa de la Competencia, Opinión Consultativa Nr. 126 vom 13. Juli 2001; Comisión Nacional de Defensa de la Competencia, Opinión Consultativa Nr. 131 vom 30. Juli 2001; Comisión Nacional de Defensa de la Competencia, Opinión Consultativa Nr. 142 vom 15. Oktober 2001.

[807] Artikel 1 des Präsidialdekrets 89/2001 vom 25. Januar 2001 i.V.m. Artikel 8 des Annexes zum Dekret, Boletín Oficial vom 30. Januar 2001, Nr. 29577, S. 3. Diese Vorschrift entspricht im wesentlichen § 7 A c) Nr. 4 Clayton Act, wonach Übertragungen an oder durch Bundesbehörden und den Staat nicht bei der Wettbewerbsbehörde angemeldet werden müssen.

[808] So auch *Ramos*, La nueva Ley de Defensa de la Competencia, La Ley vom 30. September 1999, Nr. 187, S. 2.

Beeinträchtigung des wirtschaftlichen Allgemeininteresses. Im Gegensatz zum Wortlaut von Artikel 7 und ihrer Praxis unter Artikel 1 prüft die argentinische Wettbewerbsbehörde jedoch nicht in zwei Stufen getrennt, ob der Zusammenschluss zu einer Einschränkung oder Störung des Wettbewerbs *und* zu einer Beeinträchtigung des wirtschaftlichen Allgemeininteresses führt. Vielmehr untersucht die argentinische Wettbewerbsbehörde in einem umfassenden Prüfungspunkt die Auswirkungen des Zusammenschlusses auf das Marktgeschehen, wobei alle Arten potentieller Wettbewerbseinschränkungen bzw. -störungen sowie Beeinträchtigungen des wirtschaftlichen Allgemeininteresses berücksichtigt werden.[809] Dabei sind im Rahmen des wirtschaftlichen Allgemeininteresses wie auch bei Artikel 1 des Gesetzes 25.156 die durch den Zusammenschluss verursachten wirtschaftlichen Effizienzgewinne von besonderer Bedeutung.

Die argentinische Wettbewerbsbehörde hat bereits im Jahre 1997 erste Grundsätze für die materielle Beurteilung von Zusammenschlüssen aufgestellt.[810] Kernpunkt der materiellen Beurteilung war danach die Abwägung zwischen den negativen Auswirkungen eines Zusammenschlusses in Form der Erhöhung der Marktmacht mit den positiven Effekten in Form von wirtschaftlichen Effizienzgewinnen. Gleichzeitig unterschied die argentinische Wettbewerbsbehörde zwischen horizontalen, vertikalen und konglomeraten Zusammenschlüssen, für die jeweils eigene materielle Erwägungen galten.[811] Nach Inkrafttreten des Gesetzes 25.156 hat die CNDC allgemeingültige Richtlinien für die Beurteilung wirtschaftlicher Zusammenschlüsse und Fusionen, die sogenannten *Lineamientos para el Control de las Concentraciones Económicas* erarbeitet, die am 29. September 1999 vom Sekretariat für Industrie, Handel und Bergbau durch die Ent-

---

[809] Dieser Prüfungspunkt ist mit der Überschrift *Auswirkungen des Zusammenschlusses auf den Wettbewerb* versehen, siehe Gutachten der Comisión Nacional de Defensa de la Competencia zum Zusammenschluss von Compania Inmobiliaria Dominium S.A. und VIG Capital S.A. vom 3. November 1999, S. 4; Gutachten der Comisión Nacional de Defensa de la Competencia zum Zusammenschluss von Metropolitan Life Seguros de Retiro S.A. und Proyección Seguros de Retiro S.A. vom 11. November 1999, S. 2 f.; Gutachten der Comisión Nacional de Defensa de la Competencia zum Zusammenschluss von Cervecería y Maltería Quilmes und Buenos Aires Embotelladora S.A. vom 25. November 1999, S. 4 ff.; Gutachten der Comisión Nacional de Defensa de la Competencia zum Zusammenschluss von L'Oreal S.A. und Laboratorios Ylang S.A. vom 6. November 2000, S. 4 ff.

[810] Comisión Nacional de Defensa de la Competencia, El control Previo de las Concentraciones y Fusiones y la Defensa de la Competencia en los Mercados, Serie Documentos Nr. 2, S. 9.

[811] Comisión Nacional de Defensa de la Competencia, El control Previo de las Concentraciones y Fusiones y la Defensa de la Competencia en los Mercados, Serie Documentos Nr. 2, S. 3.

scheidung Nr. 726/99 offiziell verabschiedet wurden.[812] Diese Richtlinien wurden 2001 im wesentlichen inhaltsgleich nochmals durch das neu geschaffene Sekretariat für Wettbewerbs- und Verbraucherschutz verabschiedet.[813] In diesen Richtlinien werden unter anderem die bei der Beurteilung eines Zusammenschlusses relevanten materiellen Beurteilungskriterien ausführlich erläutert. Wie bereits in der Stellungnahme der CNDC von 1997 werden Unterschiede in der materiellen Beurteilung von horizontalen, vertikalen und konglomeraten Zusammenschlüssen hervorgehoben. Diese Unterscheidung wurde auch in den bisherigen Entscheidungen der CNDC im Bereich der Fusionskontrolle berücksichtigt.[814] Aufgrund von deren erheblicher praktischer Relevanz erfolgt die nachfolgende Darstellung der materiellen Beurteilungskriterien für Zusammenschlüsse unter Zugrundelegung der von der argentinischen Wettbewerbsbehörde verabschiedeten Richtlinien.

a) Die materielle Beurteilung horizontaler Zusammenschlüsse

Ein Zusammenschluss ist horizontaler Art, wenn die beteiligten Unternehmen im gleichen relevanten Markt als Anbieter oder Nachfrager von austauschbaren Waren oder Dienstleistungen tätig sind.[815] Bei der Beurteilung horizontaler Zusammenschlüsse orientiert sich die argentinische Wettbewerbsbehörde wie auch im Rahmen des Missbrauchs einer marktbeherrschenden Stellung am Marktmachtkonzept. Ein Zusammenschluss führt danach zu einem Schaden für das wirtschaftliche Allgemeininteresse, wenn er ein Maß an Marktmacht begründet oder verstärkt, die es den beteiligten Unternehmen ermöglicht, das Angebot zu

---

[812] Comisión Nacional de Defensa de la Competencia, Lineamientos para el Control de las Concentraciones Económicas, Resolución Nr. 726/99 Secretaría de industría, comercio y minería vom 28. September 1999, Boletín Oficial 29. September 1999, Nr. 29240, S. 32.

[813] Lineamientos para el Control de Concentraciones Económicas, Resolución Nr. 164/2001 Secretario de la Competencia, la Desregulación y la Defensa del Consumidor, Boletín Oficial vom 30. November 2001, Nr. 29786, S. 20.

[814] Zur Beurteilung von horizontalen Zusammenschlüssen siehe Gutachten der Comisión Nacional de Defensa de la Competencia zum Zusammenschluss von Metropolitan Life Seguros de Retiro S.A. und Proyección Seguros de Retiro S.A. vom 11. November 1999; zur Beurteilung von vertikalen Zusammenschlüssen siehe Gutachten der Comisión Nacional de Defensa de la Competencia zum Zusammenschluss von Administración de Bancos Latinoamericanos Santander mit Provincia Previsional S.A. de Seguros de Vida vom 18. November 1999; zur Beurteilung von konglomeraten Zusammenschlüssen siehe Gutachten der Comisión Nacional de Defensa de la Competencia zum Zusammenschluss von Ingersoll Rand Company und Dresser Rand Company vom 24. Januar 2000.

[815] Lineamientos para el Control de Concentraciones Económicas, I., Resolución Nr. 164/2001 Secretario de la Competencia, la Desregulación y la Defensa del Consumidor, Boletín Oficial vom 30. November 2001, Nr. 29786, S. 20.

verringern und die Preise zu erhöhen.[816] Die Zugrundelegung des Marktmachtkonzepts ist konsequent und aufgrund des übereinstimmenden Wortlautes von Artikel 1 und Artikel 7 des Gesetzes 25.156 zu begrüßen. Bei der Beurteilung der Begründung oder Verstärkung von Marktmacht der beteiligten Unternehmen als Folge eines Zusammenschlusses orientiert sich die argentinische Wettbewerbsbehörde hauptsächlich am Preiswettbewerb.[817] Die CNDC versucht insbesondere festzustellen, ob die Preise als Folge des Zusammenschlusses steigen werden. Die Ausübung von Marktmacht zum Nachteil der Verbraucher ist nach Auffassung der argentinischen Wettbewerbsbehörde typischerweise in folgenden Situationen zu befürchten[818]:

1. wenn der Zusammenschluss eine einseitige Marktmacht der beteiligten Unternehmen begründet oder verstärkt, mit der Folge, dass diese auf die Preise und die im Markt angebotenen Mengen einwirken können;

2. wenn der Zusammenschluss Marktumstände zur Folge hat, die es den beteiligten Unternehmen zusammen mit den verbleibenden Wettbewerbern ermöglichen, gemeinsam Marktmacht auszuüben. Dies ist der Fall, wenn die mit dem Zusammenschluss verbundene Verringerung von auf dem relevanten Markt verbleibenden Wettbewerber Anreize für eine ausdrückliche oder stillschweigende Koordinierung des Wettbewerbsverhaltens schafft.

Neben der Steigerung der Marktmacht auf der Angebotsseite untersucht die CNDC regelmäßig auch eine Begründung oder Verstärkung von Marktmacht auf der Nachfrageseite, also ob die an einem Zusammenschluss beteiligten Unternehmen den Preis der von ihnen nachgefragten Produkte als Folge des Zu-

---

[816] Lineamientos para el Control de Concentraciones Económicas, I., Resolución Nr. 164/2001 Secretario de la Competencia, la Desregulación y la Defensa del Consumidor, Boletín Oficial vom 30. November 2001, Nr. 29786, S. 20.Die Bedeutung des Marktmachtkonzepts im Rahmen der materiellen Zusammenschlusskontrolle wird auch von der argentinischen Literatur anerkannt, siehe *Vergara del Carril*, Nuevo régimen de Defensa de la competencia, El Derecho Nr. 9937 vom 7. Februar 2000, S. 2.

[817] Gutachten der Comisión Nacional de Defensa de la Competencia zum Zusammenschluss von DuPont de Nemours and Company mit Pioneer Hi-Breed International vom 23. November 1999, S. 6 f.; Gutachten der Comisión Nacional de Defensa de la Competencia zum Zusammenschluss von Cervecería y Maltería Quilmes und Buenos Aires Embotelladora S.A. vom 25. November 1999, S. 5; Gutachten der Comisión Nacional de Defensa de la Competencia zum Zusammenschluss von L'Oreal S.A. und Laboratorios Ylang S.A. vom 6. November 2000, S. 7.

[818] Lineamientos para el Control de Concentraciones Económicas, I., Resolución Nr. 164/2001 Secretario de la Competencia, la Desregulación y la Defensa del Consumidor, Boletín Oficial vom 30. November 2001, Nr. 29786, S. 20.

sammenschlusses verringern können.[819] Nicht jede Entstehung oder Verstärkung von Marktmacht führt jedoch automatisch zu einem Verbot des Zusammenschlusses. Die argentinische Wettbewerbsbehörde hat klargestellt, dass sie einen Zusammenschluss nur untersagt, wenn der potentielle Schaden für das wirtschaftliche Allgemeininteresse in Form der Erhöhung der Marktmacht höher ist als die durch den Zusammenschluss generierten Vorteile in Form von Effizienzgewinnen für die Verbraucher.[820] Der Kern der materiellen Beurteilung im Rahmen des wirtschaftlichen Allgemeininteresses i.S.v. Artikel 7 des Gesetzes 25.156 besteht somit in der Abwägung der negativen Effekte eines Zusammenschlusses in Form der Begründung oder Steigerung von Marktmacht mit den positiven Effekten in Form von Effizienzgewinnen, die sich allerdings für den Verbraucher auszahlen müssen. Die bei dieser Abwägung von der CNDC berücksichtigten Umstände und Kriterien werden nachfolgend entsprechend der gängigen Entscheidungspraxis dargestellt.

aa) Definition des relevanten Marktes

Zu Beginn jeder Fusionskontrollentscheidung definiert die argentinische Wettbewerbsbehörde den relevanten Markt.[821] Die Bestimmung des relevanten Marktes ist die Grundvoraussetzung dafür, dass die Marktmacht der am Zusammenschluss beteiligten Unternehmen bestimmt werden kann, denn Marktmacht kann sich immer nur auf einen bestimmten relevanten Markt beziehen. Bei der Definition des relevanten Marktes wendet die CNDC die bereits dargestellten allgemeinen Grundsätze an.[822] Insbesondere wird der Markt in einen sachlich relevanten und einen geografisch relevanten Markt unterteilt. Im folgenden werden die im Rahmen der Zusammenschlusskontrolle relevanten Besonderheiten der Marktbestimmung herausgearbeitet.

---

[819] Gutachten der Comisión Nacional de Defensa de la Competencia zum Zusammenschluss von Carrefour S.A. y Promodes S.A. vom 28. April 2000, S. 56 ff.

[820] Lineamientos para el Control de Concentraciones Económicas, II., Resolución Nr. 164/2001 Secretario de la Competencia, la Desregulación y la Defensa del Consumidor, Boletín Oficial vom 30. November 2001, Nr. 29786, S. 20.

[821] So beispielsweise Gutachten der Comisión Nacional de Defensa de la Competencia zum Zusammenschluss von Metropolitan Life Seguros de Retiro S.A. und Proyección Seguros de Retiro S.A. vom 11. November 1999, S. 2; Gutachten der Comisión Nacional de Defensa de la Competencia zum Zusammenschluss von Mastellone Hermanos S.A. und Emexal S.A. vom 22. Februar 2000, S. 7 f.; Gutachten der Comisión Nacional de Defensa de la Competencia zum Zusammenschluss von Molinos Rio de la Plata S.A. und Fagnani S.A. vom 14. Februar 2000, S. 3 f.

[822] Ausführlich zum Marktkonzept im argentinischen Wettbewerbsrecht und zur Definition des sachlich und des geografisch relevanten Markts siehe oben V. 1. c).

aaa) Sachlich relevanter Markt

Den sachlich relevanten Markt hat die argentinische Wettbewerbsbehörde im Bereich der Zusammenschlusskontrolle als die Gruppe von Waren oder Dienstleistungen definiert, bezüglich derer es für einen hypothetischen Monopolisten rentabel wäre, die Preise geringfügig aber spürbar und dauerhaft zu erhöhen.[823] In der Praxis bedient sich die CNDC somit des sog. SNIP-Tests.[824] Die Bestimmung des sachlich relevanten Marktes erfolgt dabei anhand der Nachfrage- und Angebotsaustauschbarkeit des Produkts.[825] Hinsichtlich der materiellen Beurteilung von Zusammenschlüssen ist entscheidend, ob die Austauschbarkeit des Produkts zu einer Begrenzung der Marktmacht der beteiligten Unternehmen führt. Die genaue Definition des sachlich relevanten Marktes war in einer Reihe von Entscheidungen der CNDC von zentraler Bedeutung, um die Auswirkungen des Zusammenschlusses der beteiligten Unternehmen genau bestimmen zu können.[826] Dabei geht die argentinische Wettbewerbsbehörde zuerst von einer möglichst engen Definition des sachlich relevanten Marktes aus. Wenn bereits die Untersuchung der Auswirkungen des Zusammenschlusses auf diesem engen sachlichen Markt keine Bedenken gegen den Zusammenschluss ergeben, wird auf eine genauere Untersuchung des relevanten Marktes unter Einbeziehung von möglicherweise austauschbaren Produkten verzichtet.[827]

---

[823] Lineamientos para el Control de Concentraciones Económicas, II.1, Resolución Nr. 164/2001 Secretario de la Competencia, la Desregulación y la Defensa del Consumidor, Boletín Oficial vom 30. November 2001, Nr. 29786, S. 20. Siehe auch Gutachten der Comisión Nacional de Defensa de la Competencia zum Zusammenschluss von Fresenius Medical Care AG und Renal Treatment Centers Inc. vom 7. Juni 2000, S. 10.

[824] Zur Bedeutung des SNIP-Tests siehe oben V. 1. c). Dies entspricht der Praxis der Europäischen Kommission, siehe Bekanntmachung der Kommission über die Definition des relevanten Marktes, ABl. 1997, Nr. C-372/5, Rz. 15.

[825] Ausführlich zu den Konzepten der Angebots- und Nachfragesubstitution siehe oben V. 1. c).

[826] Die genaue Bestimmung des sachlich relevanten Marktes war insbesondere in folgenden Gutachten von zentraler Bedeutung: Gutachten der Comisión Nacional de Defensa de la Competencia zum Zusammenschluss von Molinos Rio de la Plata S.A. und Fagnani S.A. vom 14. Februar 2000, S. 3 f.; Gutachten der Comisión Nacional de Defensa de la Competencia zum Zusammenschluss von Mastellone Hermanos S.A. und Emexal S.A. vom 22. Februar 2000, S. 7 f.; Gutachten der Comisión Nacional de Defensa de la Competencia zum Zusammenschluss von Cervecería y Maltería Quilmes und Buenos Aires Embotelladora S.A. vom 25. November 1999, S. 6 f.; Gutachten der Comisión Nacional de Defensa de la Competencia zum Zusammenschluss von Peñaflor S.A. und Bodegas y Viñedos Santa Ana S.A. vom 18. November 1999, S. 6.

[827] So ließ die CNDC beispielsweise die Frage offen, ob Tafelwein durch Bier ersetzbar ist, siehe Gutachten der Comisión Nacional de Defensa de la Competencia zum Zusammenschluss von Peñaflor S.A. und Bodegas y Viñedos Santa Ana S.A. vom 18. November 1999, S. 8. Ebenso offen ließ die CNDC die Frage, ob Mineralwasser durch zuckerhaltige Erfri-

Erst wenn der Zusammenschluss bei einer engen Definition des sachlich relevanten Marktes zu wettbewerbsrechtlichen Bedenken führt, wird die Austauschbarkeit des Produkts von Angebots- und Nachfrageseite umfassend erörtert.[828]

bbb) Geografisch relevanter Markt

Die argentinische Wettbewerbsbehörde definiert den geografisch relevanten Markt im Rahmen der Zusammenschlusskontrolle als das Gebiet, in dem es für einen fiktiven Monopolisten rentabel wäre, die Preise gering, aber spürbar und dauerhaft zu erhöhen.[829] Dies entspricht der allgemeinen Definition des geografisch relevanten Markts.[830] Von besonderer praktischer Bedeutung bei der Bestimmung des räumlich relevanten Markts ist wiederum die Nachfrageaustauschbarkeit. Nach Auffassung der CNDC gehören zwei Gebiete zum selben Markt, wenn die Verbraucher des Gebiets, in dem die am Zusammenschluss beteiligten Unternehmen das Produkt anbieten, bei einer Preiserhöhung dasselbe Produkt in dem anderen Gebiet erwerben können.[831] In der Praxis greift die CNDC zur Bestimmung des räumlich relevanten Marktes auf eine zweistufige Prüfung zurück: zuerst stellt die Behörde fest, in welchen Gebieten die am Zusammenschluss beteiligten Unternehmen tätig sind, dann untersucht sie, ob zwischen diesen und anderen Gebieten eine Nachfrageaustauschbarkeit besteht.[832] Unter Anwendung dieses zweistufigen Prüfungsschemas hat die CNDC beispielsweise entschieden, dass der räumlich relevante Markt bei Tankstellen der Umkreis von mehreren Kilometern[833], bei Dialysezentren ein Umkreis von 30

---

schungsgetränke ersetzbar ist, siehe Gutachten der Comisión Nacional de Defensa de la Competencia zum Zusammenschluss von Cervecería y Maltería Quilmes und Buenos Aires Embotelladora S.A. vom 25. November 1999, S. 9 f.

[828] So beispielsweise die Frage, ob Hypermärkte und Supermärkte einen gemeinsamen sachlich relevanten Markt bilden, siehe Gutachten der Comisión Nacional de Defensa de la Competencia zum Zusammenschluss von Promodes S.A. und Carrefour S.A. vom 28. April 2000, S. 21 ff.

[829] Lineamientos para el Control de Concentraciones Económicas, II.1, Resolución Nr. 164/2001 Secretario de la Competencia, la Desregulación y la Defensa del Consumidor, Boletín Oficial vom 30. November 2001, Nr. 29786, S. 20.

[830] Ausführlich zu der Bestimmung des geografisch relevanten Markts im Rahmen des allgemeinen Marktkonzepts siehe oben V. 1. c).

[831] Gutachten der Comisión Nacional de Defensa de la Competencia zum Zusammenschluss von Fresenius Medical Care AG und Renal Treatment Centers Inc. vom 7. Juni 2000, S. 12.

[832] Gutachten der Comisión Nacional de Defensa de la Competencia zum Zusammenschluss von Eg3 S.A. und Carlota Combustibles S.A. vom 31. Januar 2000, S. 3; Gutachten der Comisión Nacional de Defensa de la Competencia zum Zusammenschluss von Mastellone S.A. und Emexal S.A. vom 22. Februar 2000, S. 8; Gutachten der Comisión Nacional de Defensa de la Competencia zum Zusammenschluss von Promodes S.A. und Carrefour S.A. vom 28. April 2000, S. 34.

[833] Gutachten der Comisión Nacional de Defensa de la Competencia zum Zusammenschluss von Eg3 S.A. und Carlota Combustibles S.A. vom 31. Januar 2000, S. 3.

bis 50 Kilometern[834], bei Super- und Hypermärkten die Stadtgebiete von Buenos Aires, Cordoba, Mendoza und Rosario[835] sowie bei Frischmilch der Großraum Buenos Aires[836] ist. Bei der überwiegenden Anzahl ihrer Entscheidungen im Rahmen der Zusammenschlusskontrolle ging die CNDC allerdings vom gesamten argentinischen Staatsgebiet als geografisch relevantem Markt aus.[837]

bb) Bestimmung der auf dem Markt tätigen Unternehmen

Nach der Definition des relevanten Markts bestimmt die argentinische Wettbewerbsbehörde in einem nächsten Abschnitt die auf diesem Markt tätigen Unternehmen. Dabei konzentriert sich die Untersuchung zuerst auf die Unternehmen, die im Moment des Zusammenschlusses ihre Produkte inländischer oder ausländischer Herkunft auf dem relevanten Markt anbieten.[838] In einem zweiten Schritt werden die potentiellen Wettbewerber bestimmt, zu denen alle Unternehmen zählen, die zwar noch nicht auf dem relevanten Markt tätig sind, die aber in unmittelbarer Zukunft und mit relativer Leichtigkeit dort tätig werden können.[839] Ein solcher Markteintritt kann sich dabei nach Ansicht der argentinischen Wettbewerbsbehörde insbesondere in zwei Fällen vollziehen: Erstens, wenn ein Produzent oder Händler eines anderen Produkts seine Einrichtungen schnell und ohne große Schwierigkeiten auf die Produktion oder die Verteilung des relevanten Produkts umstellen kann, und zweitens, wenn ein in einem anderen räumlichen Markt tätiger Produzent oder Händler seinen Tätigkeitsbereich schnell und ohne große Schwierigkeiten auf andere Gebiete ausdehnen kann.[840]

---

[834] Gutachten der Comisión Nacional de Defensa de la Competencia zum Zusammenschluss von Fresenius Medical Care AG und Renal Treatment Centers Inc. vom 7. Juni 2000, S. 12.

[835] Gutachten der Comisión Nacional de Defensa de la Competencia zum Zusammenschluss von Promodes S.A. und Carrefour S.A. vom 28. April 2000, S. 34.

[836] Gutachten der Comisión Nacional de Defensa de la Competencia zum Zusammenschluss von Mastellone S.A. und Emexal S.A. vom 22. Februar 2000, S. 8.

[837] So beispielsweise im Gutachten der Comisión Nacional de Defensa de la Competencia zum Zusammenschluss von Molinos Rio de la Plata S.A. und Fagnani S.A. vom 14. Februar 2000, S. 3; im Gutachten der Comisión Nacional de Defensa de la Competencia zum Zusammenschluss von Cabaña y Estancia Santa Rosa und Nestlé Argentina S.A. vom 2. Dezember 1999, S. 2.

[838] Gutachten der Comisión Nacional de Defensa de la Competencia zum Zusammenschluss von Molinos Rio de la Plata S.A. und Fagnani S.A. vom 14. Februar 2000, S. 4; Gutachten der Comisión Nacional de Defensa de la Competencia zum Zusammenschluss von Cabaña y Estancia Santa Rosa und Nestlé Argentina S.A. vom 2. Dezember 1999, S. 3.

[839] Gutachten der Comisión Nacional de Defensa de la Competencia zum Zusammenschluss von DuPont de Nemours and Company mit Pioneer Hi-Breed International vom 23. November 1999, S. 6 f.; Gutachten der Comisión Nacional de Defensa de la Competencia zum Zusammenschluss von Promodes S.A. und Carrefour S.A. vom 28. April 2000 , S. 51.

[840] Lineamientos para el Control de Concentraciones Económicas, II.2, Resolución Nr. 164/2001 Secretario de la Competencia, la Desregulación y la Defensa del Consumidor, Boletín Oficial vom 30. November 2001, Nr. 29786, S. 20.

Bei der Bestimmung der potentiellen Wettbewerber spielt insbesondere die Beurteilung der Marktzutrittsschranken eine wichtige Rolle. Bestehen erhebliche Marktzutrittsschranken, so ist ein schneller und unkomplizierter Markteintritt in der Regel nicht möglich. Entsprechend stuft die CNDC in ihrer Praxis solche Anbieter nicht als potentielle Wettbewerber ein, die bei einem Markteintritt auf erhebliche Schwierigkeite bei der Herstellung oder Verteilung ihrer Produkte stoßen würden, oder die erst erhebliche Investitionen in Form neuer Produktionsanlagen tätigen müssten.[841]

cc) Bestimmung des Konzentrationsgrades auf dem relevanten Markt

Nach der Bestimmung des relevanten Markts und der darauf tätigen Unternehmen beginnt die CNDC mit der eigentlichen materiellen Prüfung der Auswirkungen des geplanten Zusammenschlusses. Der wichtigste Aspekt bei jeder Untersuchung besteht dabei in der Bestimmung des Konzentrationsgrads auf dem relevanten Markt. Hierbei vergleicht die argentinische Wettbewerbsbehörde den Konzentrationsgrad auf dem relevanten Markt vor und nach dem Zusammenschluss miteinander.[842] Zwar ist die erhebliche Erhöhung des Konzentrationsgrades als Folge eines Zusammenschlusses für sich allein noch nicht ausreichend, um diesen zu verbieten.[843] Aber ein hoher Konzentrationsgrad auf dem relevanten Markt ist eine wesentliche Voraussetzung für ein solches Verbot.[844] Gleichzeitig impliziert ein niedriger Konzentrationsgrad, dass der bestehende Wettbewerb auch in Zukunft stark genug sein wird, um die Marktmacht der an dem Zusammenschluss beteiligten Unternehmen zu begrenzen. Bei der Bestim-

---

841 Lineamientos para el Control de Concentraciones Económicas, II.2, Resolución Nr. 164/2001 Secretario de la Competencia, la Desregulación y la Defensa del Consumidor, Boletín Oficial vom 30. November 2001, Nr. 29786, S. 20.

842 Gutachten der Comisión Nacional de Defensa de la Competencia zum Zusammenschluss von Peñaflor S.A. und Bodegas y Viñedos Santa Ana S.A. vom 18. November 1999, S. 5; Gutachten der Comisión Nacional de Defensa de la Competencia zum Zusammenschluss von Cervezería y Maltería Quilmes und Buenos Aires Embotelladora S.A. vom 25. November 1999, S. 8; Gutachten der Comisión Nacional de Defensa de la Competencia vom 9. März 2001 zum Zusammenschluss von Correo Argentino SA und Sociedad Anónima Organización Coordinadora Argentina (OCA), S. 46 ff.

843 Lineamientos para el Control de Concentraciones Económicas, II.3, Resolución Nr. 164/2001 Secretario de la Competencia, la Desregulación y la Defensa del Consumidor, Boletín Oficial vom 30. November 2001, Nr. 29786, S. 20.

844 Dies ergibt sich unmittelbar aus der bisher einzigen Untersagungsentscheidung der CNDC, in der die argentinische Wettbewerbsbehörde ausführlich die Auswirkung des Zusammenschlusses der zwei führenden Postdienstleister auf den Konzentrationsgrad auf den relevanten Märkten für Postdienstleistungen untersucht hat, vgl. Gutachten der Comisión Nacional de Defensa de la Competencia vom 9. März 2001 zum Zusammenschluss von Correo Argentino SA und Sociedad Anónima Organización Coordinadora Argentina (OCA).

mung des Konzentrationsgrads berücksichtigt die CNDC eine Reihe verschiedener Faktoren.

aaa) Marktanteile

Der wichtigste Aspekt bei der Bestimmung des Konzentrationsgrades ist der Marktanteil der aktuell und potentiell auf dem relevanten Markt tätigen Unternehmen. Der Marktanteil der aktuell auf dem relevanten Markt tätigen Unternehmen wird auf der Grundlage des Verkaufserlöses, der Produktion oder der Produktionskapazität berechnet.[845] Die Berechnung des fiktiven Marktanteils der potentiellen Wettbewerber erfolgt auf Grundlage von deren möglicher Produktionskapazität.[846] In zeitlicher Hinsicht werden die Marktanteile je nach Marktgegebenheiten entweder auf monatlicher, jährlicher oder sonst relevanter Grundlage berechnet, in der Regel handelt es sich jedoch um auf jährlicher Basis ermittelte Zahlen.[847] Auf der Grundlage dieser Marktanteile bestimmt die CNDC unter Anwendung des *Herfindahl-Hirschmann-Index* (HHI) den Konzentrationsgrad auf dem jeweils relevanten Markt. Diese Berechnungsformel findet sich in einer Vielzahl von Entscheidungen der argentinischen Wettbewerbsbehörde.[848] Danach ergibt sich der Konzentrationsgrad eines Marktes aus der

---

[845] Gutachten der Comisión Nacional de Defensa de la Competencia zum Zusammenschluss von DuPont de Nemours and Company mit Pioneer Hi-Breed International vom 23. November 1999, S. 7; Gutachten der Comisión Nacional de Defensa de la Competencia zum Zusammenschluss von Administración de Bancos Latinoamericanos Santander und Provincia Previsional Sociedad Anónima de Seguros de Vida vom 18. November 1999, S. 6 f.; Gutachten der Comisión Nacional de Defensa de la Competencia zum Zusammenschluss von New Holland N.V. und Case Corporation vom 6. Januar 2000, S. 5 f.; Gutachten der Comisión Nacional de Defensa de la Competencia zum Zusammenschluss von L´Oréal S.A. und Laboratorios Ylang S.A. vom 6. Januar 2000, S. 6 f. Welcher Wert die Grundlage für die Berechnung der Marktanteile bildet, richtet sich danach, durch welchen Wert die Wettbewerbsfähigkeit der Unternehmen in Zukunft besser wiedergespiegelt wird. Dabei wird der Verkaufserlös zugrunde gelegt, wenn sich die auf dem Markt tätigen Unternehmen hauptsächlich durch die von ihnen angebotenen Produkte unterscheiden. Die Anzahl der verkauften oder produzierten Produkte wird zugrunde gelegt, wenn die Produkte weitgehend homogen sind und sich die auf dem Markt tätigen Unternehmen hauptsächlich durch ihre Käufer oder Käufergruppen unterscheiden, Lineamientos para el Control de Concentraciones Económicas, II.3, Resolución Nr. 164/2001 Secretario de la Competencia, la Desregulación y la Defensa del Consumidor, Boletín Oficial vom 30. November 2001, Nr. 29786, S. 20.

[846] Lineamientos para el Control de Concentraciones Económicas, II.3, Resolución Nr. 164/2001 Secretario de la Competencia, la Desregulación y la Defensa del Consumidor, Boletín Oficial vom 30. November 2001, Nr. 29786, S. 20.

[847] Lineamientos para el Control de Concentraciones Económicas, II.3, Resolución Nr. 164/2001 Secretario de la Competencia, la Desregulación y la Defensa del Consumidor, Boletín Oficial vom 30. November 2001, Nr. 29786, S. 20

[848] Siehe beispielsweise Gutachten der Comisión Nacional de Defensa de la Competencia zum Zusammenschluss von Promodes S.A. und Carrefour S.A. vom 28. April 2000, S. 36; Gutach-

Summe der Quadratsummen der prozentualen Marktanteile der auf dem Markt tätigen Unternehmen.[849] Der dabei errechnete Wert zwischen 0 und 10.000 stellt den Konzentrationsgrad eines Marktes dar, wobei ersterer Wert bei einem durch vollständigen Wettbewerb gekennzeichneten Markt, letzterer bei einem rein monopolistischen Markt erreicht wird. Der Konzentrationsgrad eines Marktes ist damit in erster Linie von der Anzahl und dem Marktanteil der auf dem Markt tätigen Unternehmen abhängig. Aufgrund der besonderen Bedeutung der Marktanteile hat die argentinische Wettbewerbsbehörde in weniger problematischen Entscheidungen nicht auf die Berechnungsmethode des HHI zurückgegriffen, sondern ausschließlich auf die Marktanteile der am Zusammenschluss beteiligten Unternehmen und ihrer verbleibenden Wettbewerber abgesetellt.[850] Dabei vergleicht die CNDC sowohl bei Anwendung des HHI als auch bei Abstellen auf die prozentualen Marktanteile die Wettbewerbssituation auf dem Markt vor und nach dem Zusammenschluss miteinander. In ihren Richtlinien aus dem Jahre 1999 hat die argentinische Wettbewerbsbehörde absolute Grenzen aufgestellt, bei deren Vorliegen sie von der wettbewerbsrechtlichen Unbedenklichkeit des Zusammenschlusses ausging. Dies war der Fall, wenn der HHI nach dem Zusammenschluss 1800 Punkte nicht überschritt oder um nicht mehr als 180 Punkte anstieg.[851] Bei allen diese Werte übertreffenden Zusammenschlüssen bezog die CNDC neben der Marktkonzentration und den Marktanteilen weitere Kriterien wie beispielsweise das Bestehen von Marktzutrittsschranken in die Unter-

---

ten der Comisión Nacional de Defensa de la Competencia zum Zusammenschluss von Molinos de la Plata S.A. und Fagnani Hermanos S.A. vom 14. Februar 2000, S. 4; Gutachten der Comisión Nacional de Defensa de la Competencia zum Zusammenschluss von Cabaña y Estancia Santa Rosa und Nestlé Argentina S.A. vom 2. Dezember 1999, S. 7; Gutachten der Comisión Nacional de Defensa de la Competencia vom 9. März 2001 zum Zusammenschluss von Correo Argentino SA und Sociedad Anónima Organización Coordinadora Argentina (OCA), S. 51.

[849] Bei einem Markt mit vier Unternehmen, von denen jedes über einen Marktanteil von 25% verfügt ergibt sich zum Beispiel ein HHI von $(25)^2 + (25)^2 + (25)^2 + (25)^2 = 2500$, Comisión Nacional de Defensa de la Competencia, El control Previo de las Concentraciones y Fusiones y la Defensa de la Competencia en los Mercados, Serie Documentos Nr. 2, S. 29, FN 14; Lineamientos para el Control de Concentraciones Económicas, II.4, Resolución Nr. 164/2001 Secretario de la Competencia, la Desregulación y la Defensa del Consumidor, Boletín Oficial vom 30. November 2001, Nr. 29786, S. 20.

[850] Gutachten der Comisión Nacional de Defensa de la Competencia zum Zusammenschluss von Transalta Energy Argentina S.A. und Gener S.A. vom 17. Februar 2000, S. 7; Gutachten der Comisión Nacional de Defensa de la Competencia zum Zusammenschluss von Maersk Argentina S.A. und Sea Land Services Argentina S.A. vom 7. März 2000, S. 7; Gutachten der Comisión Nacional de Defensa de la Competencia zum Zusammenschluss von Cervezería y Maltería Quilmes und Buenos Aires Embotelladora S.A. vom 25. November 1999, S. 7.

[851] Comisión Nacional de Defensa de la Competencia, El control Previo de las Concentraciones y Fusiones y la Defensa de la Competencia en los Mercados, Serie Documentos Nr. 2, S. 29.

suchung mit ein. Aufgrund der Berücksichtigung weiterer Kriterien hat die argentinische Wettbewerbsbehörde beispielsweise den Zusammenschluss *Carrefour/Promodes* unter Auflagen freigegeben, obwohl der HHI um mehr als 861 Punkte auf einen Wert von über 2500 anstieg und die zusammengeschlossenen Unternehmen auf einen Marktanteil von 42,7% kamen.[852] Die CNDC begründete ihre Freigabe unter Auflagen damit, dass trotz der erheblichen Steigerung des Konzentrationsgrads genügend finanzkräftige Unternehmen auf dem relevanten Markt aktiv waren bzw. aufgrund der niedrigen Marktzutrittsschranken schnell und problemlos tätig werden konnten. Im Fall *New Holland/Case* entschied die CNDC, dass der Zusammenschluss trotz eines Marktanteils von ca. 30% positive Auswirkungen auf den Wettbewerbsprozess hatte, weil dadurch ein neuer starker Wettbewerber entstand, der dem alleinigen Marktführer wirksam Konkurrenz machen konnte.[853] In diesen Entscheidungen wird besonders deutlich, dass der Marktanteil der am Zusammenschluss beteiligten Unternehmen nur eines von mehreren materiellen Entscheidungskriterien der Fusionskontrolle nach Artikel 7 des Gesetzes 25.156 ist. In ihren Leitlinien aus dem Jahre 2001 hat die CNDC ganz auf die Nennung von Grenzwerten im Rahmen des HHI verzichtet.[854] Dies verdeutlicht, dass sich die argentinische Wettbewerbsbehörde nicht an starren prozentualen Vorgaben ausrichtet, sondern einzelfallorientiert und flexibel entscheidet.

bbb) Eigenschaften der verbleibenden Wettbewerber

Neben dem Marktanteil spielen im Rahmen der Bestimmung des Konzentrationsgrades die Eigenschaften der nach dem Zusammenschluss verbleibenden Wettbewerber eine wichtige Rolle. So untersuchte die argentinische Wettbewerbsbehörde im Fall *Carrefour/Promodes*, ob die im relevanten Markt verbleibenden Supermarktketten wirtschaftlich stark genug waren, um die Marktmacht des zusammengeschlossenen Unternehmens zu begrenzen und einseitigen Preiserhöhungen entgegenzuwirken.[855] Bei der Bewertung der Stärke der verbleibenden Unternehmen wird auf die bisherigen Wettbewerbspraktiken auf dem rele-

---

[852] Gutachten der Comisión Nacional de Defensa de la Competencia zum Zusammenschluss von Promodes S.A. und Carrefour S.A. vom 28. April 2000, S. 46.

[853] Gutachten der Comisión Nacional de Defensa de la Competencia zum Zusammenschluss von New Holland N.V. und Case Corporation vom 6. Januar 2000, S. 5.

[854] Lineamientos para el Control de Concentraciones Económicas, II.4, Resolución Nr. 164/2001 Secretario de la Competencia, la Desregulación y la Defensa del Consumidor, Boletín Oficial vom 30. November 2001, Nr. 29786, S. 20.

[855] Gutachten der Comisión Nacional de Defensa de la Competencia zum Zusammenschluss von Promodes S.A. und Carrefour S.A. vom 28. April 2000, S. 54. Eine solche Untersuchung findet sich auch im Gutachten der Comisión Nacional de Defensa de la Competencia zum Zusammenschluss von DuPont de Nemours and Company mit Pioneer Hi-Breed International vom 23. November 1999, S. 7.

vanten Markt, das Marketing, den technischen Fortschritt und die Finanzkraft der Unternehmen abgestellt.[856] Sind die verbleibenden Unternehmen beispielsweise bisher immer dem Marktführer gefolgt, ohne eigene Wettbewerbsstrategien zu entwickeln, werden die negativen Auswirkungen eines Zusammenschlusses erheblich verstärkt. War der Markt hingegen vor dem Zusammenschluss durch einen intensiven Wettbewerb geprägt und verbleiben genügend Wettbewerber, sind die vom Zusammenschluss für den Wettbewerb ausgehenden Gefahren nach Auffassung der CNDC wesentlich geringer.[857]

ccc) Wettbewerbsbeziehungen zwischen den beteiligten Unternehmen vor dem Zusammenschluss

Ein weiteres Kriterium zur Bestimmung des Konzentrationsgrades sind die zwischen den beteiligten Unternehmen vor ihrem Zusammenschluss bestehende Wettbewerbsbeziehungen. Wird durch den Zusammenschluss ein bisher starker und effektiver Wettbewerber vom relevanten Markt eleminiert, führt dies nach Auffassung der argentinischen Wettbewerbsbehörde zu einer Verstärkung der negativen Auswirkungen des Zusammenschlusses auf den Wettbewerb.[858] Die Eleminierung des einzigen effektiven und die Gesamtpalette von Postdienstleistungen anbietenden Wettbewerbers war auch der Hauptgrund, weshalb die CNDC im Fall *Correo Argentino/OCA* die geplante Übernahme der argentinischen Post durch den Wettbewerber OCA untersagte.[859] Ob es sich um einen starken und effektiven Wettbewerber handelt beurteilt die argentinische Wettbewerbsbehörde dabei nach folgenden in ihren Leitlinien aufgezählten Kriterien[860]:

- Innovationsfähigkeit und -geschwindigkeit;
- Agressivität, insbesondere im Preiswettbewerb;

---

[856] Lineamientos para el Control de Concentraciones Económicas, II.3, Resolución Nr. 164/2001 Secretario de la Competencia, la Desregulación y la Defensa del Consumidor, Boletín Oficial vom 30. November 2001, Nr. 29786, S. 20.

[857] Lineamientos para el Control de Concentraciones Económicas, III. a), Resolución Nr. 164/2001 Secretario de la Competencia, la Desregulación y la Defensa del Consumidor, Boletín Oficial vom 30. November 2001, Nr. 29786, S. 20.

[858] Lineamientos para el Control de Concentraciones Económicas, III. b), Resolución Nr. 164/2001 Secretario de la Competencia, la Desregulación y la Defensa del Consumidor, Boletín Oficial vom 30. November 2001, Nr. 29786, S. 20.

[859] Gutachten der Comisión Nacional de Defensa de la Competencia vom 9. März 2001 zum Zusammenschluss von Correo Argentino SA und Sociedad Anónima Organización Coordinadora Argentina (OCA), S. 100.

[860] Lineamientos para el Control de Concentraciones Económicas, III. b), Resolución Nr. 164/2001 Secretario de la Competencia, la Desregulación y la Defensa del Consumidor, Boletín Oficial vom 30. November 2001, Nr. 29786, S. 20.

- Unabhängigkeit im Marktverhalten; und
- Marktführerschaft hinsichtlich Preis oder Serviceleistungen.

ddd) Informationsfluss auf dem relevanten Markt

Schließlich berücksichtigt die CNDC bei der Bestimmung des Konzentrationsgrades den Informationsfluss auf dem relevanten Markt. Dies ist insbesondere ein wichtiges Kriterium zur Beurteilung der Frage, ob der Zusammenschluss zukünftige abgestimmte Verhaltensweisen der verbleibenden Marktteilnehmer begünstigt.[861] Unter Informationsfluss sind dabei die sich auf den Wettbewerb beziehenden Informationen zu verstehen, auf die jeder Marktteilnehmer leicht zurückgreifen kann.[862] Der Informationsfluss in einem Markt wird beispielsweise durch Preisbildungsschemata, die öffentliche Verfügbarkeit von Preisen, eine große Homogenität des relevanten Produktes sowie jeglichen Austausch von preisrelevanten Informationen erhöht. Grundsätzlich geht die CNDC davon aus, dass Parallelverhalten zwischen Wettbewerbern in einem Markt mit einem niedrigen Informationsfluss schwieriger ist als in einem Markt mit einem hohen Informationsfluss. Führt der Zusammenschluss zu einer Reduzierung der Wettbewerbsintensität auf einem Markt, der durch einen hohen Informationsfluss und Transparenz gekennzeichnet ist, so sind nach Auffassung der argentinischen Wettbewerbsbehörde zukünftige abgestimmte Verhaltensweisen der verbleibenden Wettbewerber zu befürchten.[863] Aufgrund der mit dem zu befürchtenden Parallelverhalten verbundenen Beeinträchtigung des wirtschaftlichen Allgemeininteresses sind solche Zusammenschlüsse gemäß Artikel 7 des Gesetzes 25.156 grundsätzlich verboten.

---

[861] Lineamientos para el Control de Concentraciones Económicas, III. c), Resolución Nr. 164/2001 Secretario de la Competencia, la Desregulación y la Defensa del Consumidor, Boletín Oficial vom 30. November 2001, Nr. 29786, S. 20.

[862] Lineamientos para el Control de Concentraciones Económicas, III. c), Resolución Nr. 164/2001 Secretario de la Competencia, la Desregulación y la Defensa del Consumidor, Boletín Oficial vom 30. November 2001, Nr. 29786, S. 20.

[863] Diese Überlegung erinnert stark an die kollektive Marktbeherrschung oder *collective dominance* im europäischen Wettbewerbsrecht. Danach begründet ein Zusammenschluss eine kollektive marktbeherrschende Stellung im Sinne von Artikel 2 Abs. 3 VO 4064/89, wenn der Zusammenschluss zu einer Markt- und Unternehmensstruktur führt eines Markts, die erhebliche Anreize für ein gleichförmiges Verhalten im Oligopol schaffen, vgl. Entscheidung der Europäischen Kommission, ABl. 1992, L 361/1, „Nestlé/Perrier“; EuGHE 1998, I-1453 „Frankreich/Kommission“; EuGE 1999, II-753 „Gencor/Kommission“. Das Gericht erster Instanz hat in seiner Entscheidung *Airtours* die Anforderungen an den Nachweis einer kollektiven marktbeherrschenden Stellung definiert und die Entscheidung der Kommission vom 22. September 1999 (ABl. 1999, L 93/1 „Airtours/First Choice“) aufgehoben, vgl. EuGE, II-2002, (2585). Ausführlich zum Begriff der *collective dominance* siehe *Wish*, Competition Law, S. 459 ff.

eee) Kapazitätsauslastung

Ein weiterer Aspekt, den die argentinische Wettbewerbsbehörde bei der materiellen Beurteilung von Zusammenschlüssen berücksichtigt, ist die Kapazitätsauslastung auf dem relevanten Markt.[864] Märkte, die durch erhebliche Überkapazitäten gekennzeichnet sind, sind nach Auffassung der CNDC weniger anfällig für abgestimmte Verhaltensweisen, insbesondere wenn kleinere Wettbewerber über zusätzliche Kapazitäten verfügen und eventuellen Preiserhöhungen effektiv und schnell entgegenwirken können. Andererseits können bestehende Überkapazitäten unter bestimmten Umständen auch horizontale Abstimmungen begünstigen, weil sie als sog. „punishment mechanism" zur Bestrafung von sich abweichend verhaltenden Unternehmen dienen können. Die CNDC kann daher eine Entscheidung nur unter Berücksichtigung der Besonderheiten des Einzelfalls treffen.

fff) Relative Größe der Unternehmen

Schließlich bezieht die argentinische Wettbewerbsbehörde die Größe der auf dem relevanten Markt aktiven Unternehmen bei der Beurteilung der Auswirkungen eines Zusammenschlusses mit in Betracht.[865] Eine Marktsituation, die durch einen großen Marktführer und eine Vielzahl kleinerer Wettbewerber gekennzeichnet ist, erleichtert beispielsweise in der Regel die direkte oder indirekte Koordination des Wettbewerbsverhaltens. Andererseits kann ein Zusammenschluss von mehreren kleineren Wettbewerbern zu einer Intensivierung des Wettbewerbs führen, weil sie nur so über die notwendigen finanziellen Ressourcen bzw. Mengenvorteile verfügen, um effektiv mit dem Martkführer zu konkurrieren.[866]

dd) Marktzutrittsschranken und potentielle Wettbewerber

Nach der Bestimmung des Konzentrationsgrades auf dem relevanten Markt ist in der Praxis der argentinischen Wettbewerbsbehörde die Beurteilung der Marktzutrittsschranken das zweitwichtigste Kriterium im Rahmen der materiellen Fusionskontrolle. In der Entscheidung *Carrefour/Promodes* hat die CNDC klargestellt, dass selbst ein Zusammenschluss, durch den der Konzentrationsgrad auf dem relevanten Markt wesentlich erhöht wird nicht gegen das wirtschaftliche

[864] Lineamientos para el Control de Concentraciones Económicas, III d), Resolución Nr. 164/2001 Secretario de la Competencia, la Desregulación y la Defensa del Consumidor, Boletín Oficial vom 30. November 2001, Nr. 29786, S. 20.

[865] Lineamientos para el Control de Concentraciones Económicas, III e), Resolución Nr. 164/2001 Secretario de la Competencia, la Desregulación y la Defensa del Consumidor, Boletín Oficial vom 30. November 2001, Nr. 29786, S. 20.

[866] Vgl. Gutachten der Comisión Nacional de Defensa de la Competencia zum Zusammenschluss von New Holland N.V. und Case Corporation vom 6. Januar 2000, S. 5.

Allgemeininteresse verstößt, falls keine oder nur geringe Marktzutrittsschranken bestehen.[867] Das Fehlen erheblicher Marktzutrittsschranken allein genügt jedoch nicht. Vielmehr werden die auf dem Markt tätigen Unternehmen nach Auffassung der CNDC nur dann wirkungsvoll von der Erhöhung ihrer Preise abgehalten, wenn konkreter Druck in Form eines schnellen, wahrscheinlichen und bedeutenden Zutritts neuer Wettbewerber besteht.[868] In ihrer Praxis bestimmt die CNDC zuerst Unternehmen, die als potentielle Wettbewerber in Betracht kommen. Dabei handelt es sich insbesondere um Unternehmen, die:[869]

- in anderen geografischen Märkten dasselbe Produkt vertreiben;
- über eine Technik verfügen, mit der das relevante Produkt hergestellt werden kann,
- dieselben Vertriebskanäle benutzen, oder
- auf einem mit dem relevanten Markt vor- oder nachgelagerten Markt tätig sind.

Nach der Identifizierung dieser potentiellen Wettbewerber werden in einem zweiten Schritt die bestehenden Marktzutrittsschranken sowie die für deren Überwinden notwendigen Investitionen und Aufwendungen bestimmt. Unter Bezugnahme auf die Bedingung eines schnellen, wahrscheinlichen und bedeutenden Markteintritts untersucht die CNDC folgende Aspekte:

aaa) Zeit für einen Markteintritt

An erster Stelle untersucht die CNDC die Zeitspanne, die ein potentieller Wettbewerber braucht, um in den relevanten Markt einzutreten. Ein Marktzutritt ist dabei nach Auffassung der argentinischen Wettbewerbsbehörde schnell, wenn der Zeitraum zwischen der Entscheidung in den Markt einzutreten und der tatsächlichen Vermarktung des Produkts den Zeitraum nicht übersteigt, den die

---

[867] Gutachten der Comisión Nacional de Defensa de la Competencia zum Zusammenschluss von Promodes S.A. und Carrefour S.A. vom 28. April 2000, S. 55. Kritisch hierzu *Bogo*, La fusión Carrefour-Norte: Un análisis critico del dictamen de la Comisión Nacional de Defensa de la Competencia, Boletín Latinoamericano de Competencia, Nr. 12, Juli 2001, S. 32.

[868] Gutachten der Comisión Nacional de Defensa de la Competencia zum Zusammenschluss von Fresenius Medical Care AG und Renal Treatment Centers Inc. vom 7. Juni 2000, S. 31 ff.; Gutachten der Comisión Nacional de Defensa de la Competencia zum Zusammenschluss von Eurest International und P&O Catering y Servicios Argentina vom 31. Januar 2000, S. 5; Gutachten der Comisión Nacional de Defensa de la Competencia zum Zusammenschluss von Peñaflor S.A. und Bodegas y Viñedos Santa Ana S.A. vom 18. November 1999, S. 7 f.

[869] Vgl. Lineamientos para el Control de Concentraciones Económicas, IV, Resolución Nr. 164/2001 Secretario de la Competencia, la Desregulación y la Defensa del Consumidor, Boletín Oficial vom 30. November 2001, Nr. 29786, S. 20.

bereits auf dem Markt tätigen Unternehmen brauchen, um ihr Marktverhalten auf den neuen Wettbewerber umzustellen.[870] Die zeitliche Dimension eines Markteintritts ist dabei von der Natur des Produkts und den sonstigen Umständen des konkreten Einzelfalles abhängig.

bbb) Wahrscheinlichkeit eines Markteintritts

Als zweiten Aspekt analysiert die argentinische Wettbewerbsbehörde die Wahrscheinlichkeit, mit der neue Wettbewerber nach dem Zusammenschluss genügend Gewinn erwirtschaften, so dass sich ein Markteintritt rechnet. Dabei ist ein Markteintritt grundsätzlich wahrscheinlich, wenn der potentielle Wettbewerber bei Zugrundelegung des Preisniveaus vor dem Zusammenschluss einen profitablen Anteil am relevanten Markt erreichen kann.[871] In diesem Zusammenhang untersucht die argentinische Wettbewerbsbehörde den bei einem Markteintritt wahrscheinlichen Preis, wobei dieser aufgrund der mit dem Marktzutritt eines neuen Wettbewerbers verbundenen Erhöhung der Produktion grundsätzlich niedriger ist als der aktuelle Marktpreis.[872] Ein Markteintritt ist daher nur wahrscheinlich, wenn er trotz sinkender Preise rentabel ist.

ccc) Bedeutsamkeit eines Markteintritts

Schließlich muss der Markteintritt des potentiellen Wettbewerbers nach Auffassung der argentinischen Wettbewerbsbehörde so bedeutend sein, dass er einen Einfluss auf die Preise im relevanten Markt hat.[873] Ein Marktzutritt ist danach bedeutend, wenn er ein Gegengewicht zur Marktmacht der zusammengeschlossenen Unternehmen bilden kann.[874] Die Bedeutsamkeit des Marktzutritts steht also in einem direkten Verhältnis zu dem durch den Zusammenschluss erreichten Grad an Marktmacht. Dabei werden insbesondere die Finanzkraft des potentiellen Wettbewerbers, das Vorhandensein der zur Versorgung der Nachfrage erforderlichen Aktiva und Rohstoffe sowie die Geeignetheit der Produkte des

---

[870] Lineamientos para el Control de Concentraciones Económicas, IV a), Resolución Nr. 164/2001 Secretario de la Competencia, la Desregulación y la Defensa del Consumidor, Boletín Oficial vom 30. November 2001, Nr. 29786, S. 20.

[871] Gutachten der Comisión Nacional de Defensa de la Competencia zum Zusammenschluss von Promodes S.A. und Carrefour S.A. vom 28. April 2000, S. 56.

[872] Lineamientos para el Control de Concentraciones Económicas, IV b), Resolución Nr. 164/2001 Secretario de la Competencia, la Desregulación y la Defensa del Consumidor, Boletín Oficial vom 30. November 2001, Nr. 29786, S. 20.

[873] Lineamientos para el Control de Concentraciones Económicas, IV c), Resolución Nr. 164/2001 Secretario de la Competencia, la Desregulación y la Defensa del Consumidor, Boletín Oficial vom 30. November 2001, Nr. 29786, S. 20.

[874] Gutachten der Comisión Nacional de Defensa de la Competencia zum Zusammenschluss von Fresenius Medical Care AG und Renal Treatment Centers Inc. vom 7. Juni 2000, S. 31.

potentiellen Wettbewerbers zur Befriedigung der Ansprüche der Verbraucher berücksichtigt.

ddd) Faktoren, die einem Markteintritt entgegenstehen

In ihren Richtlinien zur Beurteilung von horizontalen wirtschaftlichen Zusammenschlüssen hat die CNDC auch eine Reihe von Faktoren aufgezählt, die einem schnellen, wahrscheinlichen und bedeutenden Marktzutritt von potentiellen Wettbewerbern entgegenstehen.[875] An erster Stelle nennt die argentinische Wettbewerbsbehörde Marktzutrittsschranken in Form von *rechtlichen Beschränkungen*. Als Beispiele erwähnt sie Neueinsteigern Kosten auferlegende Auflagen sowie die Erforderlichkeit von Lizenzen oder Genehmigungen für die Vermarktung eines Produkts. Auch erhebliche mit dem Marktzutritt verbundene Investitionskosten (sogenannte „*sunk costs*") stehen nach Auffassung der CNDC einem schnellen, wahrscheinlichen und bedeutenden Marktzutritt eines potentiellen Wettbewerbers entgegen.[876] Zu den Investitionskosten zählen insbesondere die für den erstmaligen Marktzutritt notwendigen Ausgaben für die Entwicklung des Produkts, die Einstellung von Personal, der Aufbau eines Vertriebssystems und die Entwicklung einer eigenständigen Marke. Außerdem werden die Kosten berücksichtigt, die zum Ausgleich der durch den späteren Marktzutritt entstandenen Nachteile notwendig sind. Schließlich können nach Meinung der CNDC auch durch den Zusammenschluss selbst errichtete Marktzutrittsschranken einem Markteintritt potentieller Wettbewerber entgegenstehen.[877] Eine solche Marktzutrittsschranke ist beispielsweise in dem durch den Zusammenschluss verursachten Verlust einer notwendigen Versorgungsquelle oder eines unersetzlichen Vertriebskanals zu sehen.

ee) Wettbewerb durch importierte Waren oder Dienstleistungen

Nach der Untersuchung des Konzentrationsgrads und der Marktzutrittsschranken untersucht die CNDC aufgrund der weitgehenden Öffnung der argentinischen Märkte, ob importierte Waren oder Dienstleistungen ein Gegengewicht zur durch den Zusammenschluss verursachten Marktmacht der beteiligten Un-

---

[875] Lineamientos para el Control de Concentraciones Económicas, IV d), Resolución Nr. 164/2001 Secretario de la Competencia, la Desregulación y la Defensa del Consumidor, Boletín Oficial vom 30. November 2001, Nr. 29786, S. 20.

[876] So standen die hohen Investitionskosten beispielsweise dem Markteintritt potentieller Wettbewerber in den Markt für Dialysezentren entgegen, siehe Gutachten der Comisión Nacional de Defensa de la Competencia zum Zusammenschluss von Fresenius Medical Care AG und Renal Treatment Centers Inc. vom 7. Juni 2000, S. 31.

[877] Lineamientos para el Control de Concentraciones Económicas, IV d), Resolución Nr. 164/2001 Secretario de la Competencia, la Desregulación y la Defensa del Consumidor, Boletín Oficial vom 30. November 2001, Nr. 29786, S. 20.

ternehmen bilden können.[878] Dieser Aspekt spielt insbesondere im Rahmen der Untersuchung des Marktzutritts potentieller Wettbewerber eine wichtige Rolle. Hauptuntersuchungsgegenstand sind dabei die auf das relevante Produkt erhobenen Zollabgaben. Hierbei berücksichtigt die CNDC insbesondere die Zollvereinbarungen im Rahmen des MERCOSUR, der ALCA[879] und des geplanten Freihandelsabkommens zwischen den Staaten des MERCOSUR und der EU[880]. Neben den Zollabgaben werden darüber hinaus alle weiteren mit dem Import der Produkte verbundenen Marktzutrittsschranken wie Transportkosten, rechtliche Beschränkungen, Qualitätsprüfungen, die mögliche politische Bevorzugung nationaler Produkte und Wechselkursrisiken berücksichtigt.[881] Importierte Produkte können die durch einen Zusammenschluss verursachte Beeinträchtigung des wirtschaftlichen Allgemeininteresses nach Meinung der CNDC nur ausgleichen, wenn sie trotz Zollabgaben und sonstiger Marktzutrittsschranken zu einem wettbewerbsfähigen Preis angeboten werden können. Entsprechend hat die argentinische Wettbewerbsbehörde anerkannt, dass es auf den Märkten für

[878] Gutachten der Comisión Nacional de Defensa de la Competencia zum Zusammenschluss von Peñaflor S.A. und Bodegas y Viñedos Santa Ana S.A. vom 18. November 1999, S. 8; Gutachten der Comisión Nacional de Defensa de la Competencia zum Zusammenschluss von Hidroneuquén S.A. und Gener S.A. vom 17. Februar 2000; Lineamientos para el Control de Concentraciones Económicas, VI., Resolución Nr. 164/2001 Secretario de la Competencia, la Desregulación y la Defensa del Consumidor, Boletín Oficial vom 30. November 2001, Nr. 29786, S. 20.

[879] ALCA bedeutet Acuerdo de Libre Comercio de las Americas und bezeichnet das momentan zwischen den Staaten Nord- und Südamerikas verhandelte Freihandelsabkommen. Konkrete Vereinbarungen sind bisher jedoch noch nicht getroffen worden, weshalb die CNDC ausdrücklich klarstellt, dass sie einzelne Zollvereinbarungen nur beim Zustandekommen des Abkommens berücksichtigen wird. Ausführlich zu den Verhandlungen im Rahmen der ALCA siehe *Diaz Labrano*, Mercosur, Integración y Derecho, S. 589 ff.

[880] Die Beziehungen zwischen dem MERCOSUR und der EU sind auf der Grundlage des Interregionalen Rahmenübereinkommens über die Zusammenarbeit zwischen der EU und dem MERCOSUR geregelt, ABl. 1995, C 270/112. Momentan wird über den Abschluss eines Freihandelsabkommens verhandelt, die bis zum Ende des Jahres 2003 abgeschlossen sein sollen. Eine Übersicht über den aktuellen Stand der Verhandlungen findet sich auf der Homepage http://europa.eu.int/comm/external_relations/mercosur/intro/index.htm. Ausführlich zu den Wirtschaftsbeziehungen zwischen der EU und dem MERCOSUR siehe *Diaz Labrano*, Mercosur, Integración y Derecho, S. 563 ff.

[881] Gutachten der Comisión Nacional de Defensa de la Competencia zum Zusammenschluss von Peñaflor S.A. und Bodegas y Viñedos Santa Ana S.A. vom 18. November 1999, S. 8; Gutachten der Comisión Nacional de Defensa de la Competencia zum Zusammenschluss von Hidroneuquén S.A. und Gener S.A. vom 17. Februar 2000, S. 7; Lineamientos para el Control de Concentraciones Económicas, VI., Resolución Nr. 164/2001 Secretario de la Competencia, la Desregulación y la Defensa del Consumidor, Boletín Oficial vom 30. November 2001, Nr. 29786, S. 20.

Wein[882] und Strom[883] für argentinische Produzenten einen erheblichen Wettbewerb durch chilenische Anbieter gibt. Sind die Preise der nationalen Produkte dagegen wesentlich niedriger, können Importe die negativen Auswirkungen eines Zusammenschluss nicht verhindern.

ff) Effizienzgewinne

Kommt die argentinische Wettbewerbsbehörde zu dem Ergebnis, dass ein Zusammenschluss zu einer erheblichen Steigerung der Marktmacht der beteiligten Unternehmen führt, die nicht durch aktuelle oder potentielle Wettbewerber ausgeglichen werden kann, untersucht sie in einem letzten Prüfungspunkt die durch den Zusammenschluss verursachten wirtschaftlichen Effizienzgewinne.[884] Dabei geht die CNDC in ihren Leitlinien aus dem Jahre 2001 davon aus, dass Zusammenschlüsse, die zu einer Erhöhung der Marktmacht führen, grundsätzlich gegen das wirtschaftliche Allgemeininteresse i.S.d. Artikel 7 des Gesetzes 25.156 verstoßen, weil sie die Wahrscheinlichkeit einer Verringerung des Angebots und einer Erhöhung der Preise mit sich bringen.[885] In bestimmten Fällen können nach Auffassung der CNDC jedoch auch Zusammenschlüsse, die eine Erhöhung der Marktmacht zur Folge haben, durch Effizienzgewinne zum Vorteil der argentinischen Verbraucher gerechtfertigt sein. Die Effizienzgewinne können sich dabei in niedrigeren Kosten und Preisen, einer besseren Produktqualität, einem verbesserten Service, der Entwicklung neuer Produkte und der Stärkung des Wettbewerbs durch die Stärkung eines Marktteilnehmers niederschlagen.[886] Die

[882] Gutachten der Comisión Nacional de Defensa de la Competencia zum Zusammenschluss von Peñaflor S.A. und Bodegas y Viñedos Santa Ana S.A. vom 18. November 1999, S. 8.
[883] Gutachten der Comisión Nacional de Defensa de la Competencia zum Zusammenschluss von Hidroneuquén S.A. und Gener S.A. vom 17. Februar 2000, S. 7.
[884] Vgl. beispielsweise Gutachten der Comisión Nacional de Defensa de la Competencia zum Zusammenschluss von New Holland N.V. und Case Corporation vom 6. Januar 2000, S. 5 ff.; Gutachten der Comisión Nacional de Defensa de la Competencia zum Zusammenschluss von Fresenius Medical Care AG und Renal Treatment Centers Inc. vom 7. Juni 2000, S. 36 ff.; Gutachten der Comisión Nacional de Defensa de la Competencia zum Zusammenschluss von Promodes S.A. und Carrefour S.A. vom 28. April 2000, S. 55 ff.
[885] Lineamientos para el Control de Concentraciones Económicas, VI., Resolución Nr. 164/2001 Secretario de la Competencia, la Desregulación y la Defensa del Consumidor, Boletín Oficial vom 30. November 2001, Nr. 29786, S. 20.
[886] Gutachten der Comisión Nacional de Defensa de la Competencia zum Zusammenschluss von New Holland N.V. und Case Corporation vom 6. Januar 2000, S. 5.; Gutachten der Comisión Nacional de Defensa de la Competencia zum Zusammenschluss von Fresenius Medical Care AG und Renal Treatment Centers Inc. vom 7. Juni 2000, S. 37; Comisión Nacional de Defensa de la Competencia, Lineamientos para el Control de Concentraciones Económicas, VI., Resolución Nr. 164/2001 Secretario de la Competencia, la Desregulación y la Defensa del Consumidor, Boletín Oficial vom 30. November 2001, Nr. 29786, S. 20.

CNDC hat jedoch klargestellt, dass nicht jede Art von Effizienzgewinnen berücksichtigt wird. Folgende Voraussetzungen müssen erfüllt sein:

- Die argentinische Wettbewerbsbehörde berücksichtigt nur solche Effizienzgewinne, die unmittelbar aus dem Zusammenschluss resultieren. Insofern besteht also ein Kausalitätserfordernis zwischen dem Zusammenschlusstatbestand und den erzielten Effizienzgewinnen. Dabei berücksichtigt die CNDC insbesondere, ob die Effizienzgewinne nur mittels des Zusammenschlusses erzielt werden können, oder ob diese auch bei einer weiteren Eigenständigkeit der Unternehmen erreicht werden könnten. Der Zusammenschluss muss also eine notwendige Bedingung für die Realisierung der Effizienzgewinne darstellen. Aus diesem Grund ist es auch möglich, einzelne Aspekte des Zusammenschlusses zu untersagen, weil diese für die Steigerung der Effizienz nicht notwendig sind, aber zu einer Steigerung der Marktmacht führen.

- Darüber hinaus berücksichtigt die CNDC nur solche Effizienzgewinne, die sich für die Verbraucher spürbar auswirken. Insofern können die am Zusammenschluss beteiligten Unternehmen nicht Effizienzgewinne ins Feld führen, die allein ihnen zugute kommen und nicht an die Verbraucher weitergegeben werden. Hierzu zählen beispielsweise alle Kostenersparnisse, die nicht auf eine tatsächliche verbesserte Nutzung der Ressourcen, sondern auf die durch den Zusammenschluss verstärkte Verhandlungsposition, beispielsweise gegenüber Lieferanten zurückzuführen sind.

Führt ein Zusammenschluss nachweisbar zu solchen Effizienzgewinnen, werden diese mit dem durch den Zusammenschluss verursachten potentiellen Schaden für das wirtschaftliche Allgemeininteresse in Form der Verstärkung der Marktmacht abgewogen.[887] In der Praxis hat sich dabei insbesondere die genaue Bestimmung und Vorhersage der mit dem Zusammenschluss verbundenen Effizienzgewinne als schwierig erwiesen. Daher hat die CNDC die Grundregel aufgestellt, dass Effizienzgewinne nur berücksichtigt werden, wenn sie von den beteiligten Unternehmen so umfassend begründet werden, dass sie nachgeprüft werden können und im Ergebnis als wahrscheinlich beurteilt werden.[888] Die Beweislast für die durch den Zusammenschluss entstehenden Effizienzgewinne liegt somit bei den beteiligten Unternehmen. Diese müssen der argentinischen

---

887 Gutachten der Comisión Nacional de Defensa de la Competencia zum Zusammenschluss von New Holland N.V. und Case Corporation vom 6. Januar 2000, S. 7.; Gutachten der Comisión Nacional de Defensa de la Competencia zum Zusammenschluss von Fresenius Medical Care AG und Renal Treatment Centers Inc. vom 7. Juni 2000, S. 37 und 38.

888 Lineamientos para el Control de Concentraciones Económicas, VI., Resolución Nr. 164/2001 Secretario de la Competencia, la Desregulación y la Defensa del Consumidor, Boletín Oficial vom 30. November 2001, Nr. 29786, S. 20.

Wettbewerbsbehörde alle für den Nachweis von Effizienzgewinnen notwendigen Unterlagen zukommen lassen.

b) Die materielle Beurteilung vertikaler Zusammenschlüsse

Unter vertikalen Zusammenschlüssen versteht die argentinische Wettbewerbsbehörde Zusammenschlüsse von Unternehmen, die in verschiedenen relevanten Märkten tätig sind, zwischen denen eine vertikale Beziehung besteht.[889] Der bisherigen Praxis der CNDC kann entnommen werden, dass vertikale im Vergleich zu horizontalen Zusammenschlüssen weniger streng beurteilt werden.[890] Dies liegt insbesondere daran, dass die Anzahl der Wettbewerber in jedem der betroffenen relevanten Märkte gleich bleibt und Effizienzgewinne leichter begründet werden können. Grundsätzlich richtet sich die materielle Beurteilung der Auswirkung vertikaler Zusammenschlüsse nach den von der CNCD für horizontale Zusammenschlüsse aufgestellten Kriterien. Darüber hinaus werfen vertikale Zusammenschlüsse jedoch spezifische Problemstellungen, insbesondere auf vor- oder nachgelagerten Märkten auf. Diese Besonderheiten hat die CNDC ausführlich in ihren Richtlinien zur Beurteilung von Zusammenschlüsse aus dem Jahre 1999[891] dargestellt, welche sie auch in ihrer Praxis berücksichtigt.

aa) Errichtung von Marktzutrittsschranken

Das besondere Augenmerk der argentinischen Wettbewerbsbehörde bei der Beurteilung vertikaler Zusammenschlüsse gilt der möglichen Errichtung von Marktzutrittsschranken für aktuelle und potentielle Wettbewerber durch den Zusammenschluss.[892] Eine Beeinträchtigung des wirtschaftlichen Allgemeininteresses durch die Errichtung von Marktzutrittsschranken ist danach insbesondere

---

[889] Lineamientos para el Control de Concentraciones Económicas, VII., Resolución Nr. 164/2001 Secretario de la Competencia, la Desregulación y la Defensa del Consumidor, Boletín Oficial vom 30. November 2001, Nr. 29786, S. 20.

[890] Gutachten der Comisión Nacional de Defensa de la Competencia zum Zusammenschluss von Administración de Bancos Latinoamericanos Santander mit Provincia Previsional S.A. de Seguros de Vida vom 18. November 1999, S. 4; Gutachten der Comisión Nacional de Defensa de la Competencia zum Zusammenschluss von DuPont de Nemours and Company mit Pioneer Hi-Bred International Inc. vom 23. November 1999, S. 6; Gutachten der Comisión Nacional de Defensa de la Competencia zum Zusammenschluss von Liberty Media, Unitedglobalcom, Hicks, Cablevisión u.a. vom 12. Februar 2002, S. 65.

[891] Comisión Nacional de Defensa de la Competencia, Lineamientos para el Control de las Concentraciones Económicas, Resolución Nr. 726/99 Secretaría de industría, comercio y minería vom 28. September 1999.

[892] Gutachten der Comisión Nacional de Defensa de la Competencia zum Zusammenschluss von Administración de Bancos Latinoamericanos Santander und Provincia Previsional S.A. de Seguros de Vida vom 18. November 1999, S. 4; Gutachten der Comisión Nacional de Defensa de la Competencia zum Zusammenschluss von DuPont de Nemours and Company mit Pioneer Hi-Bred International Inc. vom 23. November 1999, S. 6.

zu befürchten, wenn ein neuer Wettbewerber, der in einen der vertikal verbundenen Märkte eintreten will, aufgrund des Zusammenschlusses in mehrere Märkte gleichzeitig eintreten müsste und dies eine erhebliche Erhöhung der Anlaufkosten zur Folge hätte. Ein vertikaler Zusammenschluss kann auch zu einer entsprechenden Erhöhung der Kosten für aktuelle Wettbewerber führen, insbesondere wenn diese sich als Folge des Zusammenschlusses neue Vertriebskanäle aufbauen müssen.

bb) Ausweitung von Marktmacht

Ein weiteres wichtiges Kriterium bei der Beurteilung der Auswirkungen eines vertikalen Zusammenschlusses stellt in der Praxis der CNDC die Möglichkeit der Ausweitung von Marktmacht auf einen vertikal verbundenen Markt dar.[893] Die CNDC hat klar zu erkennen gegeben, dass sie eine solche Ausweitung von Marktmacht als Beeinträchtigung des wirtschaftlichen Allgemeininteresses einstuft.[894] Im Verfahren *Liberty Media/Unitedglobalcom* sah sie beispielsweise die Gefahr, dass die am Zusammenschluss beteiligten Unternehmen, die sowohl Fernsehsender betrieben als auch die wichtigsten Kabelnetze besaßen und damit vertikal integriert waren, ihre Marktstellung auf dem Kabelmarkt zum Nachteil von anderen Betreibern von Fernsehsendern ausnutzten.[895] Der Zusammenschluss wurde nur unter Auflagen genehmigt. Unter anderem mussten die beteiligten Unternehmen allen Betreibern von Fernsehsendern und Pay-TV-Unternehmen diskriminierungsfreien Zugang zu ihren Kabelnetzen gewähren. Grundsätzlich ist davon auszugehen, dass vertikale Zusammenschlüsse, die zu einer Ausweitung der Marktmacht eines der beteiligten Unternehmen auf einen benachbarten Markt führen, nur in Ausnahmefällen mit Artikel 7 des Gesetzes 25.156 vereinbar sind.

cc) Verschwinden eines potentiellen Wettbewerbers

Schließlich beeinträchtigt ein vertikaler Zusammenschluss nach Auffassung der CNDC das wirtschaftliche Allgemeininteresse, wenn dadurch ein potentieller

---

[893] Comisión Nacional de Defensa de la Competencia, Lineamientos para el Control de las Concentraciones Económicas, Resolución Nr. 726/99 Secretaría de industría, comercio y minería vom 28. September 1999, S. 29.

[894] Gutachten der Comisión Nacional de Defensa de la Competencia zum Zusammenschluss von Liberty Media, Unitedglobalcom, Hicks, Cablevisión u.a. vom 12. Februar 2002, S. 65; Gutachten der Comisión Nacional de Defensa de la Competencia zum Zusammenschluss von Administración de Bancos Latinoamericanos Santander mit Provincia Previsional S.A. de Seguros de Vida vom 18. November 1999, S. 4.

[895] Gutachten der Comisión Nacional de Defensa de la Competencia zum Zusammenschluss von Liberty Media, Unitedglobalcom, Hicks, Cablevisión u.a. vom 12. Februar 2002, S. 65.

Wettbewerber vom Markt verschwindet.[896] Voraussetzung hierfür ist, dass eines der beteiligten Unternehmen die Möglichkeit eines schnellen, wahrscheinlichen und bedeutenden Zutritts in den Markt des anderen beteiligten Unternehmens hatte,[897] und dieser Markteintritt durch den Zusammenschluss verhindert wurde.

c) Die materielle Beurteilung konglomerater Zusammenschlüsse

Unter konglomeraten Zusammenschlüssen versteht die CNDC Zusammenschlüsse zwischen Unternehmen, die weder auf dem selben relevanten Markt noch in vertikal miteinander verbundenen Märkten tätig sind.[898] Gegen diese Art von Zusammenschlüssen bestehen nach Ansicht der argentinischen Wettbewerbsbehörde die geringsten wettbewerbsrechtlichen Bedenken.[899] So entschied die CNDC im Fall *Ingersoll Rand Company/Dresser Rand Company*, dass von dieser Art von Zusammenschlüssen grundsätzlich keine negativen Auswirkungen auf den Wettbewerb und die Struktur der betroffenen relevanten Märkte ausgehen.[900] Ein Verbot eines konglomeraten Zusammenschlusses erscheint im argentinischen Wettbewerbsrecht somit nur in Ausnahmefällen möglich. Ein solcher Ausnahmefall kann nach den Richtlinien zur Beurteilung von wirtschaftlichen Zusammenschlüssen aus dem Jahre 1999 beispielsweise vorliegen, wenn eines der beteiligten Unternehmen ohne den Zusammenschluss in den Markt eingestiegen wäre, auf dem eines der anderen beteiligten Unternehmen tätig ist.[901] Der Schaden für das wirtschaftliche Allgemeininteresse ist dabei in der durch den Zusammenschluss verhinderten Intensivierung des Wettbewerbs zu sehen. Die Auswirkungen des Zusammenschlusses werden in diesen Fällen nach den für horizontale Zusammenschlüsse geltenden Grundsätzen beurteilt.

---

[896] Comisión Nacional de Defensa de la Competencia, El control Previo de las Concentraciones y Fusiones y la Defensa de la Competencia en los Mercados, Serie Documentos Nr. 2, S. 5.

[897] Zu den Voraussetzungen siehe oben VII. 5. a) dd).

[898] Lineamientos para el Control de Concentraciones Económicas, VIII., Resolución Nr. 164/2001 Secretario de la Competencia, la Desregulación y la Defensa del Consumidor, Boletín Oficial vom 30. November 2001, Nr. 29786, S. 20.

[899] Gutachten der Comisión Nacional de Defensa de la Competencia zum Zusammenschluss von Ingersoll Rand Company und Dresser Rand Company vom 24. Januar 2000, S. 5; Gutachten der Comisión Nacional de Defensa de la Competencia zum Zusammenschluss von General Electric Equity Holdings B.V. mit Telepuerto Internacional de Buenos Aires S.A. vom 3. März 2000, S. 7.

[900] Gutachten der Comisión Nacional de Defensa de la Competencia zum Zusammenschluss von Ingersoll Rand Company und Dresser Rand Company vom 24. Januar 2000, S. 5.

[901] Comisión Nacional de Defensa de la Competencia, Lineamientos para el Control de las Concentraciones Económicas, Resolución Nr. 726/99 Secretaría de industría, comercio y minería vom 28. September 1999, S. 29.

d) Die materielle Beurteilung wettbewerbsbeschränkender Nebenabreden

Eine wichtige Rolle im Rahmen der Zusammenschlusskontrolle spielt in der Anwendungspraxis der CNDC die Beurteilung von in Zusammenschlussverträgen enthaltenen wettbewerbsbeschränkenden Nebenabreden.[902] Unter Nebenkabreden sind dabei nach Auffassung der argentinischen Wettbewerbsbehörde alle Vertragsklauseln zu verstehen, die zwar inhaltlich direkt mit dem Zusammenschluss zusammenhängen, aber von ihrer Wichtigkeit her dem Hauptbestandteil der Operation untergeordnet sind und eher in den Bereich der Wettbewerbsbeschränkungen fallen.[903] Solche Klauseln werden jedoch nur dann im Rahmen der Zusammenschlusskontrolle mitgeprüft, wenn sie lediglich die Handlungsfreiheit der beteiligten Unternehmen beschränken und keine Nachteile für Dritte verursachen.[904] Ist die Handlungsfreiheit von Dritten betroffen, richtet sich die wettbewerbsrechtliche Beurteilung der Klausel nach Artikel 1 des Gesetzes 25.156. Die CNDC hat in einer Reihe von Entscheidungen klargestellt, dass restriktive Nebenabreden nur zulässig sind, wenn sie für den Zusammenschluss *notwendig* sind.[905] Notwendig ist eine wettbewerbsbeschränkende Ne-

---

[902] Gutachten der Comisión Nacional de Defensa de la Competencia zum Zusammenschluss von Fresenius Medical Care AG und Renal Treatment Centers Inc. vom 7. Juni 2000, S. 38 ff.; Gutachten der Comisión Nacional de Defensa de la Competencia zum Zusammenschluss von Molinos Rio de La Plata S.A. und Fagnani Hermanos S.A. vom 14. Februar 2000, S. 6 f.; Gutachten der Comisión Nacional de Defensa de la Competencia zum Zusammenschluss von Cabaña y Estancia Santa Rosa S.A. und Nestlé Argentina S.A. vom 2. Dezember 1999, S. 7 f.; Gutachten der Comisión Nacional de Defensa de la Competencia zum Zusammenschluss von Cervecería y Maltería Quilmes mit Buenos Aires Embotelladora S.A. vom 25. November 1999, S. 10; Gutachten der Comisión Nacional de Defensa de la Competencia zum Zusammenschluss von AC Inversora SA, Atlantida Comunicaciones SA und Telefónica Media SA vom 19. April 2000, S. 36 ff.

[903] Gutachten der Comisión Nacional de Defensa de la Competencia zum Zusammenschluss von AC Inversora SA, Atlantida Comunicaciones SA und Telefónica Media SA vom 19. April 2000, S. 36 ff.; Gutachten der Comisión Nacional de Defensa de la Competencia zum Zusammenschluss von Fresenius Medical Care AG und Renal Treatment Centers Inc. vom 7. Juni 2000, S. 39; Gutachten der Comisión Nacional de Defensa de la Competencia zum Zusammenschluss von Molinos Rio de La Plata S.A. und Fagnani Hermanos S.A. vom 14. Februar 2000, S. 7.

[904] Gutachten der Comisión Nacional de Defensa de la Competencia zum Zusammenschluss von Fresenius Medical Care AG und Renal Treatment Centers Inc. vom 7. Juni 2000, S. 39; Gutachten der Comisión Nacional de Defensa de la Competencia zum Zusammenschluss von Molinos Rio de La Plata S.A. und Fagnani Hermanos S.A. vom 14. Februar 2000, S. 7.

[905] Gutachten der Comisión Nacional de Defensa de la Competencia zum Zusammenschluss von Fresenius Medical Care AG und Renal Treatment Centers Inc. vom 7. Juni 2000, S. 40; Gutachten der Comisión Nacional de Defensa de la Competencia zum Zusammenschluss von Molinos Rio de La Plata S.A. und Fagnani Hermanos S.A. vom 14. Februar 2000, S. 7; Gutachten der Comisión Nacional de Defensa de la Competencia zum Zusammenschluss von

benabrede dabei, wenn der Zusammenschluss ohne sie überhaupt nicht, oder nur unter großen Schwierigkeiten erfolgreich durchgeführt werden könnte. Die abschließende Beurteilung der Nebenabrede richtet sich somit nach den konkreten Umständen des Einzelfalls.

aa) Wettbewerbsverbote

Der Schwerpunkt in der bisherigen Praxis der CNDC zu Nebenabreden liegt in der Beurteilung der Rechtmäßigkeit von *Wettbewerbsverboten*.[906] Die Zulässigkeit solcher Nebenabreden liegt darin begründet, dass sie es dem übernehmenden Unternehmen ermöglichen, den gesamten Vermögenswert des übernommenen Unternehmens oder Unternehmensteils zu erhalten. Wettbewerbsverbote sind jedoch nach der Entscheidungepraxis der argentinischen Wettbewerbsbehörde nur dann unbedenklich, wenn sie gewisse zeitliche, geografische und inhaltliche Grenzen einhalten.[907] Die zulässige Dauer hängt dabei von den Umständen des Einzelfalls ab. So sah die CNDC im Fall *Molinos Rio de la Plata S.A. / Fagnani Hermanos S.A.*, einem Zusammenschluss zweier Nudelhersteller, eine Wettbewerbsklausel von zehn Jahren als zulässig an.[908] Diese relativ lange Frist wurde nach eingehender Untersuchung durch die CNDC akzeptiert, weil der lange Zeitraum notwendig erschien, um dem Käufer die gesamten Vorteile in Form des Erwerbs des Kundenstammes und der Reputation des Unternehmens samt dessen sehr bekannten Marken zu sichern. In den Fällen *Cabaña y Estancia Santa Rosa/Nestlé Argentina* und *Fresenius MedicalCare/Renal Treatment Centers* hingegen wurden Wettbewerbsklauseln zwischen den beteiligten Unternehmen nur bis zu einem Zeitraum von fünf Jahren als für den Zusammenschluss notwendig angesehen.[909] In diesen Gutachten hat die CNDC

Cervecería y Maltería Quilmes mit Buenos Aires Embotelladora S.A. vom 25. November 1999, S. 10.

906 Gutachten der Comisión Nacional de Defensa de la Competencia zum Zusammenschluss von AC Inversora SA, Atlantida Comunicaciones SA und Telefónica Media SA vom 19. April 2000, S. 36 ff.; Gutachten der Comisión Nacional de Defensa de la Competencia zum Zusammenschluss von Fresenius Medical Care AG und Renal Treatment Centers Inc. vom 7. Juni 2000, S. 39; Gutachten der Comisión Nacional de Defensa de la Competencia zum Zusammenschluss von Molinos Rio de La Plata S.A. und Fagnani Hermanos S.A. vom 14. Februar 2000, S. 7.

907 Gutachten der Comisión Nacional de Defensa de la Competencia zum Zusammenschluss von AC Inversora SA, Atlantida Comunicaciones SA und Telefónica Media SA vom 19. April 2000, S. 38.

908 Gutachten der Comisión Nacional de Defensa de la Competencia zum Zusammenschluss von Molinos Rio de La Plata S.A. und Fagnani Hermanos S.A. vom 14. Februar 2000, S. 8.

909 Gutachten der Comisión Nacional de Defensa de la Competencia zum Zusammenschluss von Cabaña y Estancia Santa Rosa S.A. und Nestlé Argentina S.A. vom 2. Dezember 1999, S. 8; Gutachten der Comisión Nacional de Defensa de la Competencia zum Zusammenschluss von Fresenius Medical Care AG und Renal Treatment Centers Inc. vom 7. Juni 2000, S. 41.

auch klargestellt, dass Wettbewerbsklauseln zwischen den beteiligten Unternehmen im Fall des Transfers von Know-How grundsätzlich nur bis zu einem Zeitraum von fünf Jahren mit dem wirtschaftlichen Allgemeininteresse zu vereinbaren sind. Entsprechend wurden Zusammenschlüsse mit längerfristigen Wettbewerbsklauseln nur unter der Bedingung genehmigt, dass diese Klauseln auf eine eine Dauer von fünf Jahren gekürzt wurden.[910] Hinsichtlich des zulässigen geografischen Geltungsbereichs von Wettbewerbsklauseln hat die CNDC entschieden, dass dieser auf den Bereich beschränkt sein muss, in dem der Verkäufer seine Produkte vor dem Zusammenschluss vermarktet hat.[911] Inhaltlich sind die Wettbewerbsklauseln auf die wirtschaftlichen Aktivitäten zu beschränken, die den Gegenstand des übertragenen Unternehmens bzw. Unternehmensteils bilden.[912]

bb) Lieferverpflichtungen

Wettbewerbsbeschränkende Nebenabreden sind nach Auffassung der CNDC auch in *Liefer- und Bezugspflichten* zwischen den am Zusammenschluss beteiligten Unternehmen zu sehen. So wurde der Zusammenschluss *Cervecería y Maltería Quilmes/Buenos Aires Embotelladora* nur unter der Auflage genehmigt, dass die größte Brauerei des Landes bestehende Bezugsverpflichtungen aufkündigte und eine verbindliche Erklärung abgab, wonach sie den Bezug von Bier in ihren Bierlieferungsverträgen nicht an den Bezug der ebenfalls von der Brauereigruppe hergestellten alkoholfreien Erfrischungsgetränke koppeln wird.[913]

e) Einfluss anderer Wettbewerbsordnungen

Bei der Zusammenschlusskontrolle handelt es sich um eine für die argentinische Wettbewerbsbehörde neue Rechtsmaterie. Insofern verwundert es nicht, dass sich die CNDC in ihrer Praxis hinsichtlich der materiellen Beurteilung von Unternehmenszusammenschlüssen stark an der Entscheidungspraxis von Wettbewerbsbehörden anderer Rechtsordnungen orientiert.

---

[910] Gutachten der Comisión Nacional de Defensa de la Competencia zum Zusammenschluss von Fresenius Medical Care AG und Renal Treatment Centers Inc. vom 7. Juni 2000, S. 43.

[911] Gutachten der Comisión Nacional de Defensa de la Competencia zum Zusammenschluss von AC Inversora SA, Atlantida Comunicaciones SA und Telefónica Media SA vom 19. April 2000, S. 38.

[912] Gutachten der Comisión Nacional de Defensa de la Competencia zum Zusammenschluss von AC Inversora SA, Atlantida Comunicaciones SA und Telefónica Media SA vom 19. April 2000, S. 38.

[913] Gutachten der Comisión Nacional de Defensa de la Competencia zum Zusammenschluss von Cervecería y Maltería Quilmes mit Buenos Aires Embotelladora S.A. vom 25. November 1999, S. 10.

Den größten Einfluss auf die CNDC hat unzweifelhaft die Anwendungspraxis der US-amerikanischen Wettbewerbsbehörden *Federal Trade Commission* (FTC) und *Department of Justice* (DoJ) gehabt.[914] Die von der CNDC aufgestellten Richtlinien für die Beurteilung von Zusammenschlüssen und Fusionen aus den Jahren 1999 und 2001, die *Lineamientos para el Control de las Concentraciones Económicas*, entsprechen inhaltlich im wesentlichen den *Horizontal Merger Guidelines* der US-Behörden[915]. Der Einfluss der US-amerikanischen Anwendungspraxis wird besonders deutlich in der von der CNDC übernommenen Unterscheidung zwischen horizontalen, vertikalen und konglomeraten Zusammenschlüssen im Rahmen der materiellen Beurteilung nach Artikel 7 des Gesetzes 25.156.[916] Auch das Abstellen auf das Marktmachtkonzept geht auf die Praxis der US-amerikanischen Wettbewerbsbehörden zurück.[917] Insofern verwundert es nicht, dass die von der CNDC zur Messung der Marktmacht verwendeten Kriterien und Berechnungsmethoden wie der in einer Vielzahl von Gutachten angewandte *Herfindahl-Hirschmann-Index* (HHI)[918] sich auch in der Praxis von FTC und DoJ finden.[919] Darüber hinaus hat die

[914] Die CNDC hat in ihrer Stellungnahme aus dem Jahr 1997 mehrfach die Horizontal Merger Guidelines der FTC zitiert, siehe Comisión Nacional de Defensa de la Competencia, El control Previo de las Concentraciones y Fusiones y la Defensa de la Competencia en los Mercados, Serie Documentos Nr. 2, S. 12 ff. und 29. Die inhaltliche Übereinstimmung der Leitlinien der CNDC mit denen der FTC betonen auch *Cionfrini*, Elementos de Análisis del Control de Concentraciones Económicas, S. 3 und *Bomchil/van den Toon*, New Competition Act in Argentina, International Business Lawyer, Mai 2000, S. 205.

[915] Horizontal Merger Guidelines, Department of Justice (DoJ) and Federal Trade Commission (FTC), Washington D.C. 1992, in: *Morgan*, Modern Antitrust Law and its origins, S. 885 ff.

[916] Die US-Wettbewerbsbehörden unterscheiden in ihrer Praxis konsequent zwischen horizontalen sowie vertikalen und konglomeraten Zusammenschlüssen, siehe *Sullivan*, Handbook of the Law of Antitrust, S. 605 ff.

[917] So heisst es zum Zweck der Horizontal Merger Guidelines, dass sich diese gegen die einzige im Rahmen von Zusammenschlüssen zu wettbewerbsrechtlichen Befürchtungen Anlass gebende Folge richten: die Stärkung der Marktmacht. Siehe Horizontal Merger Guidelines, Ziffer 0.1., Department of Justice (DoJ) and Federal Trade Commission (FTC), Washington D.C. 1992, in: *Morgan*, Modern Antitrust Law and its origins, S. 886.

[918] Vgl. Gutachten der Comisión Nacional de Defensa de la Competencia zum Zusammenschluss von Promodes S.A. und Carrefour S.A. vom 28. April 2000, S. 36; Gutachten der Comisión Nacional de Defensa de la Competencia zum Zusammenschluss von Molinos de la Plata S.A. und Fagnani Hermanos S.A. vom 14. Februar 2000, S. 4; Gutachten der Comisión Nacional de Defensa de la Competencia zum Zusammenschluss von Cabaña y Estancia Santa Rosa und Nestlé Argentina S.A. vom 2. Dezember 1999, S. 7.

[919] Die von der CNDC in den Lineamientos para el Control des las Concentraciones Económicas zur Berechnung des Konzentrationsgrades auf den Märkten dargestellten Kriterien finden sich in der gleichen Reihenfolge in den Ziffern 1.4 und 1.5 der Horizontal Merger Guidelines, Department of Justice (DoJ) and Federal Trade Commission (FTC), Washington D.C. 1992, in: *Morgan*, Modern Antitrust Law and its origins, S. 894 ff.

CNDC die von den US-amerikanischen Wettbewerbsbehörden entwickelte Analyse zur Bestimmung potentieller Wettbewerber übernommen.[920] Schließlich ist auch die starke Berücksichtigung von Effizienzgewinnen im Rahmen der Frage, ob durch den Zusammenschluss das wirtschaftliche Allgemeininteresse beeinträchtigt wird, auf die Orientierung an der US-amerikanischen Zusammenschlusskontrolle zurückzuführen.[921] Aufgrund des starken Einflusses des US-Wettbewerbsrechts auf das Konzept des wirtschaftlichen Allgemeininteresses[922] erscheint die Orientierung der CNDC an den materiellen Entscheidungskriterien der US-Wettbewerbsbehörden im Rahmen der Zusammenschlusskontrolle konsequent.

Der Einfluss des europäischen Wettbewerbsrechts und der Entscheidungen der Europäischen Kommission auf die Anwendungspraxis der CNDC beschränkt sich hauptsächlich auf formelle Kriterien. So geht die Auslegung des Zusammenschlussbegriffs, des Begriffs der beteiligten Unternehmen und die Berechnung des Umsatzes auf die Entscheidungspraxis der Europäischen Kommission zurück. Dies ist damit zu erklären, dass der argentinische Gesetzgeber sich bei der Formulierung der formellen Vorschriften des Gesetzes 25.156 sehr eng an der europäischen Fusionskontrollverordnung VO 4064/89 angelehnt und diese teilweise wortwörtlich übernommen hat.[923] Im Rahmen der materiellen Beurteilung von Unternehmenszusammenschlüssen ist der Einfluss des europäischen Wettbewerbsrechts allerdings viel geringer. Dies liegt insbesondere daran, dass der argentinische Gesetzgeber als materielles Entscheidungskriterium in Artikel 7 des Gesetzes 25.156 auf die Verringerung des Wettbewerbs und einen damit verbundenen drohenden Schaden für das wirtschaftliche Allgemeininteresse abstellt und sich dabei am US-amerikanischen „Substantial Lessening of Competition-Test“ (SLC-Test) orientiert, während das entscheidende Merkmal im Rahmen der europäischen Zusammenschlusskontrolle nach Artikel 2 Abs. 2 und 3 VO 4064/89 die Begründung oder Verstärkung einer marktbeherrschenden Stellung ist. Im Vergleich mit der Entscheidungspraxis der Europäischen Kommission spielt daher insbesondere bei horizontalen Zusammenschlüssen der Markt-

[920] Zur Analyse der potentiellen Wettbewerber in der Praxis der US-amerikanischen Wettbewerbsbehörden siehe Ziffer 3 der Horizontal Merger Guidelines, Department of Justice (DoJ) and Federal Trade Commission (FTC), Washington D.C. 1992, in: *Morgan*, Modern Antitrust Law and its origins, S. 902 ff.

[921] Zu Effizienzgewinnen im Rahmen der Beurteilung horizontaler Zusammenschlüsse in der Praxis der US-amerikanischen Wettbewerbsbehörden siehe Ziffer 4 der Horizontal Merger Guidelines, Department of Justice (DoJ) and Federal Trade Commission (FTC), Washington D.C. 1992, in: *Morgan*, Modern Antitrust Law and its origins, S. 905 ff.

[922] Siehe oben V. 1. d) dd) aaa).

[923] Ausführlich zum Einfluss der Vorschriften der VO 4064/89 auf die formellen Eingriffskriterien und die Verfahrensvorschriften des Gesetzes 25.156 oben VII. 4. und unten VII. 6.

anteil der beteiligten Unternehmen keine übergeordnete Rolle.[924] Im übrigen finden sich die weiteren von der Europäischen Kommission bei der Beurteilung horizontaler Zusammenschlüsse berücksichtigten Entscheidungskriterien wie das Bestehen potentieller Wettbewerber, die Stärke der verbleibenden Wettbewerber und das Bestehen von Marktzutrittsschranken auch in der Praxis der CNDC.[925] Eine weitergehende Übereinstimmung bei der materiellen Beurteilung von Zusammenschlüssen ist zu erwarten, wenn die bisher lediglich im Entwurf vorliegende *Mitteilung über die Kontrolle horizontaler Zusammenschlüsse* in Kraft gesetzt wird, in der die Kommission entsprechend der internationalen und insbesondere der US-amerikanischen Praxis verstärkt auf den Konzentrationsgrad auf dem relevanten Markt unter Anwendung des Herfindahl-Hirschmann-Index abstellt.[926] Ein höheres Grad an Übereinstimmung gibt es bereits bei der Beurteilung von vertikalen Zusammenschlüssen. Sowohl die Europäische Kommission als auch die CNDC stellen dabei in erster Linie auf die mit dem Zusammenschluss verbundenen Ausschlusseffekte auf benachbarten Märkten ab.[927] Auch die Praxis der argentinischen Wettbewerbsbehörde hinsichtlich der Beurteilung von wettbewerbsbeschränkenden Nebenabreden entspricht den von der Europäischen Kommission aufgestellten Grundsätzen.[928] Danach sind wett-

---

[924] Der Marktanteil der beteiligten Unternehmen ist in der Praxis das eindeutig wichtigste Kriterium der Europäischen Kommission bei der Prüfung, ob durch den Zusammenschluss eine beherrschende Stellung begründet oder verstärkt wird, siehe beispielsweise Entscheidung der Europäischen Kommission vom 2. Oktober 1991 ABl. 1991, L 334/42 „Aérospatiale-Alenia/de Havilland"; Entscheidung der Europäischen Kommission vom 22. Juli 1992, ABl. 1992, L 356/1, „Nestlé/Perrier"; Entscheidung der Europäischen Kommission vom 14. Dezember 1993, ABl. 1994, L 186/38 „Kali & Salz"; Entscheidung der Europäischen Kommission vom 12. November 1992, ABl. 1993, L 134/34, „Mannesmann/Hoesch".

[925] Die in Artikel 2 Abs. 1 b) VO 4064/89 genannten Marktstrukturkriterien wie die Finanzkraft und die Marktstellung der Unternehmen, die Marktzutrittsschranken, die Wahlmöglichkeiten der Abnehmer und die Entwicklung des technischen Fortschritts werden von der Europäischen Kommission bei der materiellen Beurteilung von Zusammenschlüssen ebenfalls berücksichtigt. Siehe Entscheidung der Europäischen Kommission vom 21. Dezember 1994, ABl. 1995, L 251/18 „Krupp/Thyssen/Riva/AST"; Entscheidung der Europäischen Kommission vom 12. November 1992, ABl. 1993, L 134/34 „Mannesmann/Hoesch". Darüber hinaus sind die Stellung der Wettbewerber und das Bestehen potentieller Wettbewerber wichtige Faktoren bei der Beurteilung der Marktmacht durch die Europäische Komission, siehe Entscheidung der Europäischen Kommission vom 29. April 1993, WuW/E EV 2053 „Harrisons & Crosfield/AKZO"; Entscheidung der Europäischen Kommission vom 14. Februar 1995, ABl. 1995, L 211/1 „Mercedes-Benz/Kässbohrer".

[926] Entwurf einer Mitteilung der Kommission über die Kontrolle horizontaler Zusammenschlüsse gemäß der Fusionskontollverordnung, ABl. 2002, C 331/18.

[927] Europäische Kommission, 21. Bericht über die Wettbewerbspolitik (1991), S. 414; *Groeben/Thiesing/Ehlermann*, Kommentar zum EG-/EU-Vertrag, zu Artikel 2 Fusionskontrollverordnung, RN 356. Zur Entscheidungspraxis der CNDC siehe oben VII. 5. b).

[928] Die Europäische Kommission hat die von ihr angewandten Entscheidungskriterien hinsichtlich Nebenabreden veröffentlicht, siehe Bekanntmachung der Europäischen Kommission

bewerbsbeschränkende Nebenabreden nur dann als notwendig einzustufen, wenn der Zusammenschluss ohne sie gar nicht, nur unter unsichereren Bedingungen oder zu erheblich höheren Kosten vollzogen werden könnte. Bei Wettbewerbsklauseln wird im Falle des Transfers von Know-how eine Frist von drei Jahren als notwendig akzeptiert, in anderen Fällen eine Dauer von zwei Jahren.[929] Liefer- und Bezugspflichten sieht die Kommission ebenfalls für eine Übergangszeit von drei Jahren als gerechtfertigt an.[930] Lizenzverträge werden grundsätzlich auch ohne Zeitbegrenzung als notwendig für den Zusammenschluss angesehen, falls diese Verträge keine weitergehenden Beschränkungen enthalten.[931]

Einen Einfluss auf die von der CNDC zur materiellen Beurteilung von Zusammenschlüssen angewandten Entscheidungskriterien hatte schließlich auch das brasilianische Wettbewerbsgesetz und die Anwendungspraxis der brasilianischen Wettbewerbsbehörde CADE. Nach Artikel 54 § 3 i.V.m. Artikel 54 § 1 und § 2 des brasilianischen Wettbewerbsgesetzes 8.884/94 müssen Zusammenschlüsse folgende Voraussetzungen erfüllen, um genehmigt zu werden:[932]

1. Sie müssen kumulativ oder alternativ bezwecken

   a) die Produktivität zu steigern;

   b) die Qualität der Waren oder Dienstleistungen zu verbessern;

   c) die Effizienz und die technische oder wirtschaftliche Entwicklung zu fördern;

2. Der Nutzen des Zusammenschlusses muss angemessen zwischen den Beteiligten einerseits und den Verbrauchern andererseits verteilt werden;

über Einschränkungen, die mit der Durchführung von Unternehmenszusammenschlüssen unmittelbar verbunden sind, ABl. 2001, C 188/5.

[929] Bekanntmachung der Europäischen Kommission über Einschränkungen, die mit der Durchführung von Unternehmenszusammenschlüssen unmittelbar verbunden sind, Rz. 15, ABl. 2001, C 188/5.

[930] Bekanntmachung der Europäischen Kommission über Einschränkungen, die mit der Durchführung von Unternehmenszusammenschlüssen unmittelbar verbunden sind, Rz. 30, ABl. 2001, C 188/5.

[931] Bekanntmachung der Europäischen Kommission über Einschränkungen, die mit der Durchführung von Unternehmenszusammenschlüssen unmittelbar verbunden sind, Rz. 22, ABl. 2001, C 188/5.

[932] Diese Auslegung von Artikel 54 des Gesetzes 8.884/94 wurde von der CADE ausdrücklich anerkannt, siehe CADE, Ato de Concentração Nr. 12/94 vom 30.September 1994, „Rhodia S.A. e Sinasa S.A.“, in: *Franceschini*, Introdução ao Direito da Concorrência, S. 83.

3. Der Zusammenschluss darf nicht zu einem Ausschalten des Wettbewerbs in einem wesentlichen Teil des Marktes führen;

4. Der Zusammenschluss darf nicht über das zur Verwirklichung der bezweckten Ziele notwendige hinausgehen.

In ihrer Praxis zur Zusammenschlusskontrolle nach Artikel 54 § 3 des Gesetzes 8.884/94 bestimmt die CADE in einem ersten Prüfungspunkt den Konzentrationsgrad auf dem relevanten Markt.[933] Dabei greift auch die brasilianische Wettbewerbsbehörde auf die Berechnungsmethode des HHI zurück.[934] Nach der Bestimmung des Konzentrationsgrades auf dem relevanten Markt prüft die brasilianische Wettbewerbsbehörde mögliche auf den Zusammenschluss zurückführende Effizienzgewinne.[935] Im Rahmen dieser Prüfung stellt die CADE insbesondere auf eine unmittelbar durch den Zusammenschluss verursachte Senkung der Preise für die Verbraucher ab.[936] Darüber hinaus hat die CADE auch Produktionssteigerungen, technische und kommerzielle Synergieeffekte, Neuinvestitionen und die Schaffung neuer Arbeitsplätze als mögliche Effizienzgewinne anerkannt.[937] Ein Zusammenschluss, der zwar zur Steigerung der Wettbewerbsfähigkeit des Unternehmens im Exportgeschäft führt, aber gleichzeitig höhere Preise im Binnenmarkt verursacht, kann nach Ansicht der CADE jedoch nicht aufgrund von Effizienzgewinnen genehmigt werden.[938] Dieser Überblick zeigt, dass zwischen der Entscheidungspraxis der argentinischen und der brasilianischen Wettbewerbsbehörde hinsichtlich der materiellen Beurteilung von Zusammenschlüssen große Übereinstimmungen bestehen. Diese sind insbesondere darauf zurückzuführen, dass sich beide Behörden stark an der US-amerikani-

---

[933] CADE, Ato de Concentração Nr. 6/94 vom 1. Dezember 1994, „Rockwell do Brasil S.A. e Albarus S.A.", in: *Franceschini*, Introdução ao Direito da Concorrência, S. 87; CADE, Ato de Concentração Nr. 6/94 vom 25. November 1994, DOU vom 14. Dezember 1994, „Eternit S.A. e Brasilit S.A.", in: *Franceschini*, Introdução ao Direito da Concorrência, S. 91.

[934] CADE, Ato de Concentração Nr. 6/94 vom 25. November 1994, DOU vom 14. Dezember 1994, „Eternit S.A. e Brasilit S.A.", in: *Franceschini*, Introdução ao Direito da Concorrência, S. 98; CADE, Ato de Concentração Nr. 11/94 vom 23. November 1994, DOU vom 5. Dezember 1994, „Yolat e CILPE", in: *Franceschini*, Introdução ao Direito da Concorrência, S. 103.

[935] CADE, Ato de Concentração Nr. 6/94 vom 1. Dezember 1994, „Rockwell do Brasil S.A. e Albarus S.A.", in: *Franceschini*, Introdução ao Direito da Concorrência, S. 87; CADE, Ato de Concentração Nr. 12/94 vom 30. September 1994, „Rhodia S.A. e Sinasa S.A.", in: *Franceschini*, Introdução ao Direito da Concorrência, S. 80.

[936] CADE, Ato de Concentração Nr. 12/94 vom 30. September 1994, „Rhodia S.A. e Sinasa S.A.", in: *Franceschini*, Introdução ao Direito da Concorrência, S. 77.

[937] CADE, Ato de Concentração Nr. 12/94 vom 30. September 1994, „Rhodia S.A. e Sinasa S.A.", in: *Franceschini*, Introdução ao Direito da Concorrência, S. 78.

[938] CADE, Ato de Concentração Nr. 16/94 vom 22. März 1995, „Siderúrgica Laisa S.A. e Grupo Korf GmbH", in: *Franceschini*, Introdução ao Direito da Concorrência, S. 107.

schen Praxis orientieren, was insbesondere in der Anwendung des HHI sowie der umfangreichen Berücksichtigung von Effizienzgewinnen deutlich wird. Insgesamt haben sich die Wettbewerbsordnungen Argentiniens und Brasiliens einander in diesem äußerst wichtigen Bereich so weit aneinander angeglichen, dass die Voraussetzungen für eine erfolgreiche Einführung der in Artikel 7 WSP angelegten MERCOSUR-weiten Zusammenschlusskontrolle vorliegen.

6. Verfahren

Das Verfahren der Zusammenschlusskontrolle ist in den Artikeln 8 bis 16 des Gesetzes 25.156 geregelt. Für die Zusammenschlusskontrolle gelten somit über die allgemeinen Regelungen der Artikel 26 bis 45 hinaus eine Reihe spezieller Verfahrensvorschriften. Die Verfahrensvorschriften im Rahmen der Zusammenschlusskontrolle des Gesetzes 25.156 sind stark durch die europäische Fusionskontrollverordnung VO 4064/89 beeinflusst, so dass in vielen Bereichen Parallelen zum europäischen Wettbewerbsrecht bestehen.

a) Anmeldung

Nach Artikel 8 Abs. 1 S. 1 des Gesetzes 25.156 muss jeder Zusammenschluss im Sinne von Artikel 6 bei der argentinischen Wettbewerbsbehörde angemeldet werden, der die formalen Aufgreifkriterien erfüllt.[939] Über die gesetzlichen Bestimmungen hinaus ist das Verfahren der Anmeldung eines Zusammenschlusses ausführlich vom Sekretariat für Industrie, Handel und Bergbau durch die Verfahrensvorschriften für Anmeldungen von wirtschaftlichen Zusammenschlüssen, den sog. *Normas de procedimiento para el Trámite de Notificaciones Obligatorias de Concentraciones Económicas previstas en el Capítulo III de la Ley 25.156*, geregelt.[940] Diese Verfahrensvorschriften wurden wiederum durch das Präsidialdekret 89/2001[941] und die Entscheidung 40/2001[942] der inzwischen in Sekretariat für Wettbewerbs- und Verbraucherschutz umbenannten Abteilung des Wirtschaftsministeriums übernommen und teilweise ergänzt. Danach sind bei der Anmeldung eines Zusammenschlusses folgende formelle Voraussetzungen zu erfüllen:

---

[939] Nach Artikel 8 Abs. 1 des Gesetzes 25.156 muss der Gesamtumsatz der beteiligten Unternehmen im Land den Betrag von 200 Millionen Pesos oder weltweit den Betrag von 2,5 Milliarden Pesos übersteigen. Ausführlich zu den formellen Eingriffskriterien siehe oben VII. 4.

[940] Normas de Procedimiento para el Trámite de Notificaciones Obligatorias de Concentraciones Económicas previstas en el Capítulo III de la Ley 25.156, Resolución 788/99 de la Secretaría de Industria, Commercio y Minería vom 28. Dezember 1999.

[941] Präsidialdekret 89/2001 vom 25. Januar 2001, Boletín Oficial vom 30. Januar 2001, Nr. 29577, S. 1 ff.

[942] Entscheidung 40/2001 des Sekretariats für Wettbewerbs- und Verbraucherschutz vom 22. Februar 2001, Boletín Oficial vom 26. Februar 2001, Nr. 29596, S. 12 ff.

aa) Anmeldefrist

Gemäß Artikel 8 Abs. 1 S. 2 des Gesetzes 25.156 muss der Zusammenschluss entweder vor, oder innerhalb einer Woche nach dem Zeitpunkt des Abschlusses der Vereinbarung, der Veröffentlichung des Kauf- oder Umtauschangebotes o-der des Erwerbs einer die Kontrolle begründenden Beteiligung angemeldet werden. Die Einwochenfrist beginnt dabei mit der ersten der vorgenannten Handlungen. Diese Vorschrift entspricht beinahe wortwörtlich der Einwochenfrist von Artikel 4 Abs. 1 der europäischen Fusionskontrollverordnung VO 4064/94. Die beteiligten Unternehmen haben somit die Möglichkeit den Zusammenschluss entweder präventiv oder nachträglich, innerhalb einer Woche nach Abschluss des den Zusammenschluss begründenden Rechtsaktes, anzumelden. Der Zeitpunkt des Beginns der Wochenfrist in Artikel 8 Abs. 1 des Gesetzes 25.156 wird im Präsidialdekret 89/2001 für die verschiedenen in Artikel 6 des Gesetzes 25.156 genannten Arten des Kontrollerwerbs präzisiert:[943]

- Im Falle einer *Fusion* im Sinne von Artikel 6 a) des Gesetzes 25.156 beginnt die Frist mit der Unterzeichnung des abschließenden Fusionsvertrages durch die Bevollmächtigten der beteiligten Unternehmen in Übereinstimmung mit Artikel 83 Abs. 4 des Gesetzes 19.550.[944]

- Im Falle des *Erwerbs des Betriebskapitals* gemäß Artikel 6 b) des Gesetzes 25.156 beginnt die Frist mit der Eintragung in das Öffentliche Handelsregister in Übereinstimmung mit Artikel 7 des Gesetzes 11.867.

- Bei einem *Aktienerwerb* im Sinne von Artikel 6 c) des Gesetzes 25.156 beginnt die Wochenfrist mit der Erlangung des Eigentums an den Anteilsscheinen in Übereinstimmung mit den jeweiligen Bestimmungen des Akquisitionsvertrages.

- Bei anderen Vereinbarungen oder Handlungen im Sinne von Artikel 6 d) des Gesetzes 25.156, in denen der *Erwerb eines entscheidenden Einflusses* auf ein Unternehmen zu sehen ist, ist die tatsächliche Ausführung der Vereinbarung in Übereinstimmung mit den jeweiligen Gesetzen für den Fristbeginn ausschlaggebend.

- Darüber hinaus hat die CNDC die Vorschrift des Artikels 8 Abs. 1 S. 2 dahingehend präzisiert, dass es sich bei dem in dieser Vorschrift genannten Kauf- oder Tauschangebot um eine den Voraussetzungen des zweiten Ab-

---

[943] Artikel 1 des Präsidialdekrets 89/2001 vom 25. Januar 2001 i.V.m. Artikel 8 des Annexes, Boletín Oficial vom 30. Januar 2001, Nr. 29577, S. 2, 3.

[944] Ab diesem Zeitpunkt gilt eine Fusion gemäß Artikel 83 Abs. 4 des Gesetzes 19.550 als vollzogen.

schnitts des Gesetzes 17.811[945] über öffentliche Angebote für Wertpapiere entsprechende Veröffentlichung handeln muss.[946] Insofern ist das in Artikel 13 des Gesetzes 25.156 verankerte Vollzugsverbot für öffentliche Übernahmeangebote teilweise außer Kraft gesetzt, mit der Gefahr, dass ein Zusammenschluss im Falle einer Untersagung rückabgewickelt werden muss.

Zum Zeitpunkt des Inkrafttretens des Gesetzes 25.156 stellte sich die Frage, ob und inwiefern Zusammenschlüsse von Unternehmen, die vor Inkrafttreten des Gesetzes 25.156 am 29. September 1999 vereinbart wurden, unter den Anwendungsbereich von Artikel 8 Abs. 1 fielen und somit bei der argentinischen Wettbewerbsbehörde angemeldet werden mussten. Die CNDC hat klargestellt, dass Zusammenschlüsse im Sinne von Artikel 6 des Gesetzes 25.156, die vor Inkrafttreten des Gesetzes vereinbart und vollzogen wurden, nicht der Anmeldepflicht des Artikels 8 Abs. 1 unterlagen.[947] Problematisch waren jedoch diejenigen Fälle, in denen ein Zusammenschluss vor Inkrafttreten des Gesetzes 25.156 vertraglich vereinbart, jedoch erst nach dem 29. September 1999 durch den tatsächlichen Erwerb der Gesellschaftsanteile, die Zustimmung der Aktionärsversammlung oder eine vergleichbare Handlung vollzogen wurde. Zwar legt der Wortlaut von Artikel 8 Abs. 1 es meiner Ansicht nach nahe, auf die erste der relevanten Handlungen, also den Abschluss der Vereinbarung abzustellen mit dem Ergebnis, dass solche Zusammenschlüsse aufgrund des zu diesem Zeitpunkt noch nicht in Kraft getretenen Gesetzes 25.156 nicht der Anmeldepflicht unterlagen. Die CNDC hat in ihrem Gutachten *DuPont de Nemours and Company/Pioneer Hi-Breed International* jedoch die Auffassung vertreten, dass es für die Anwendbarkeit der Vorschriften der Zusammenschlusskontrolle auf die erste relevante Handlung nach Inkrafttreten des Gesetzes ankomme.[948] Diese Auslegung der argentinischen Wettbewerbsbehörde kann damit erklärt werden, dass sie eine Umgehung der Vorschriften der neu eingeführten Fusionskontrolle mittels einer Rückdatierung von Zusammenschlussvereinbarungen verhindern wollte.

---

945 Ley 17.811 – Regulación de ofertas públicas (Regelung von öffentlichen Übernahmeangeboten), Boletín Oficial vom 22. Juli 1968.

946 Comisión Nacional de Defensa de la Competencia, Opinión Consultativa Nr. 27 vom 3. Februar 2000, S. 1.

947 Comisión Nacional de Defensa de la Competencia, Opinión Consultativa Nr. 22 vom 24. Januar 2000, S. 1.

948 Gutachten der Comisión Nacional de Defensa de la Competencia zum Zusammenschluss von DuPont de Nemours and Company mit Pioneer Hi-Breed International Inc. vom 23. November 1999, S. 6 f. Ebenso Comisión Nacional de Defensa de la Competencia, Opinión Consultativa Nr. 22 vom 24. Januar 2000, S. 1.

bb) Form

Die weiteren formellen Voraussetzungen einer Anmeldung ergeben sich aus Artikel 8 des Annexes des Präsidialdekrets 89/2001.[949] Danach hat die Anmeldung durch alle an dem Zusammenschluss beteiligten natürlichen oder juristischen Personen zu erfolgen. Diese können sich dabei durch notariell bevollmächtigte Personen oder Rechtsanwälte vertreten lassen, die auch im Namen mehrerer Beteiligter handeln können. Bei der Anmeldung müssen die von der CNDC entworfenen Formulare *F1*, *F2* und *F3* verwendet werden. Diese Formulare hat die argentinische Wettbewerbsbehörde in Ausübung ihrer Ermächtigung in Artikel 11 des Gesetzes 25.156 erstellt. Die von der CNDC ausgearbeiteten Formulare wurden durch die Entscheidung 40/2001 des Sekretariats für Wettbewerbs- und Verbraucherschutz offiziell verabschiedet.[950] Das standardisierte Formular *F1* müssen alle am Zusammenschluss beteiligten Unternehmen ausfüllen. In ihm wird eine Vielzahl allgemeiner Informationen abgefragt, auf deren Grundlage die CNDC die Auswirkungen des Zusammenschlusses auf den jeweils relevanten Markt beurteilt. Danach müssen die beteiligten Unternehmen unter anderem Auskunft über Sitz, gesellschaftsrechtliche Struktur, Besitzverhältnisse, den relevanten Markt, den Produktionsprozess, die Umsätze sowie frühere und aktuelle Verfahren vor Wettbewerbsbehörden erteilen. Mit dem Verschicken des Formulars *F2* eröffnet die CNDC die zweite Untersuchungsphase, falls der Zusammenschluss wettbewerbsrechtliche Bedenken aufwirft und die auf der Grundlage des Formulars *F1* erhaltenen Informationen nicht für eine abschließende Beurteilung des Zusammenschlussvorhabens ausreichen. Es enthält standardisierte Detailfragen zum relevanten Markt, zu aktuellen und potentiellen Wettbewerbern sowie zu möglichen Effizienzgewinnen. Das Formular *F3* eröffnet die dritte Untersuchungsphase. Die darin enthaltenen Fragen werden von der CNDC auf den spezifischen Einzelfall zugeschnitten, um zusätzliche Informationen zu erhalten. Solche zusätzlichen Informationen darf die Wettbewrbsbehörde jedoch nur anfordern, falls die Angaben in den Formularen *F1* und *F2* zur Beurteilung der Auswirkungen des Zusammenschlusses nicht ausreichen.

cc) Freiwilliges Konsultationsverfahren

Nach Artikel 8 des Annexes zum Präsidialdekret 89/2001 ist die argentinische Wettbewerbsbehörde verpflichtet, in einem schriftlichen Konsultationsverfahren Auskunft darüber zu erteilen, ob eine Transaktion unter den Anwendungsbereich von Artikel 8 Abs. 1 des Gesetzes 25.156 fällt und somit bei der Behörde ange-

---

[949] Artikel 1 des Präsidialdekrets 89/2001 vom 25. Januar 2001 i.V.m. Artikel 8 des Annexes, Boletín Oficial vom 30. Januar 2001, Nr. 29577, S. 3.

[950] Entscheidung 40/2001 des Sekretariats für Wettbewerbs- und Verbraucherschutz vom 22. Februar 2001, Boletín Oficial vom 26. Februar 2001, Nr. 29596, S. 12 ff.

meldet werden muss.[951] Das Konsultationsverfahren beginnt mit der freiwilligen Anfrage der interessierten Partei. Die argentinische Wettbewerbsbehörde muss dann innerhalb einer Frist von 10 Tagen eine Stellungnahme abgeben, ob die in dem Konsultationsverfahren beschriebene Transaktion der Anmeldepflicht des Artikels 8 Abs. 1 des Gesetzes 25.156 unterliegt. Gleichzeig wird die Wochenfrist für eine Anmeldung nach Artikel 8 Abs. 1 S. 2 des Gesetzes 25.156 ab dem Zeitpunkt des Begehrens der Stellungnahme gehemmt. Die Durchführung eines freiwilligen Konsultationsverfahrens kann also nicht nur in Zweifelsfällen, sondern auch aus Zeitgesichtspunkten ratsam sein.

dd) Sanktionen im Fall der unterlassenen oder verspäteten Anmeldung

Kommen die beteiligten Unternehmen eines unter Artikel 8 Abs. 1 des Gesetzes 25.156 fallenden Zusammenschlusses ihrer Anmeldepflicht nicht nach, so unterliegen sie gemäß Artikel 9 den Sanktionen von Artikel 46 d) des Gesetzes 25.156. Danach können die beteiligten Unternehmen nach Ablauf der Anmeldefrist mit Geldstrafen von bis zu einer Million Pesos pro Kalendertag belegt werden. Aus dem Zusammenspiel von Artikel 9 und Artikel 46 d) ergibt sich, dass die Sanktionsmöglichkeit auch im Falle einer verspäteten Anmeldung besteht.[952] Im Gegensatz zu Artikel 14 Abs. 1 b) der europäischen Fusionskontrollverordnung VO 4064/89 kann die argentinische Wettbewerbsbehörde allerdings keine Geldbuße für die Abgabe unrichtiger oder entstellender Angaben verhängen. In Fällen falscher Angaben durch die beteiligten Unternehmen kann die argentinische Wettbewerbsbehörde ihre Entscheidung jedoch nach Artikel 15 des Gesetzes 25.156 anfechten und neu erlassen.[953] In Fällen unvollständiger Informationen kann die argentinische Wettbewerbsbehörde ihre Entscheidung nur insofern revidieren, als eine abweichende Entscheidung auf der Basis der vollständigen Information gerechtfertigt ist.[954] Darüber hinaus hat das Sekretariat für Wettbewerbs- und Verbraucherschutz durch die Entscheidung 40/2001 klargestellt, dass die im Rahmen der Anmeldung eines Zusammenschlusses abgegebenen Erklärungen die Rechtsnatur einer eidesstattlichen Versicherung haben, so dass sich die Unternehmen im Falle falscher Angaben strafbar machen.[955]

---

[951] Artikel 1 des Präsidialdekrets 89/2001 vom 25. Januar 2001 i.V.m. Artikel 8 des Annexes, Boletín Oficial vom 30. Januar 2001, Nr. 29577, S. 3.

[952] So auch *Bomchil/van den Toon*, New Competition Act in Argentina, International Business Lawyer, Mai 2000, S. 204.

[953] Artikel 1 des Präsidialdekrets 89/2001 vom 25. Januar 2001 i.V.m. Artikel 15 des Annexes, Boletín Oficial vom 30. Januar 2001, Nr. 29577, S. 4.

[954] Artikel 1 des Präsidialdekrets 89/2001 vom 25. Januar 2001 i.V.m. Artikel 15 des Annexes, Boletín Oficial vom 30. Januar 2001, Nr. 29577, S. 4.

[955] Entscheidung 40/2001 des Sekretariats für Wettbewerbs- und Verbraucherschutz vom 22. Februar 2001, Boletín Oficial vom 26. Februar 2001, Nr. 29596, S. 12 ff., B. a).

b) Prüfungsverfahren

Nach Erhalt des vollständigen Antrags und aller erforderlichen Unterlagen hat die argentinische Wettbewerbsbehörde gemäß Artikel 13 des Gesetzes 25.156 innerhalb einer Frist von 45 Arbeitstagen die Prüfung des Zusammenschlusses abzuschließen.

aa) Untersuchungsbefugnisse

Die der argentinischen Wettbewerbsbehörde bei der Prüfung des Zusammenschlusses zustehenden Untersuchungsbefugnisse sind ausführlich in Artikel 24 des Gesetzes 25.156 geregelt. Dabei sind insbesondere folgende Befugnisse von Bedeutung:

- die Erstellung von Gutachten und Marktstudien sowie die Anforderung aller marktrelevanten Informationen gemäß Artikel 24 a);
- die Vernehmung von Beteiligten, Zeugen und Gutachtern unter Hinzuziehung der Polizei gemäß Artikel 24 b), und
- die Erwirkung einstweiliger Anordnungen beim zuständigen Richter gemäß Artikel 24 m).

In ihrer Praxis macht die CNDC insbesondere häufig Gebrauch von ihrem Recht, Stellungnahmen von Kunden und Wettbewerbern der an dem Zusammenschluss beteiligten Unternehmen anzufordern.[956] Dadurch erhofft sich die argentinische Wettbewerbsbehörde einen besseren Einblick in die vom Zusammenschluss betroffenen Märkte und Hinweise auf mögliche mit dem Zusammenschluss verbundene Wettbewerbsbeschränkungen.

bb) Vertraulichkeit

Nach Artikel 12 des Annexes zum Präsidialdekret 89/2001 kann der einen Zusammenschluss Anmeldende die teilweise oder vollständige Vertraulichkeit für alle Informationen, Daten und Dokumente beantragen, die der argentinischen Wettbewerbsbehörde übergeben werden.[957] Der Antrag muss begründet werden und den Gegenstand, für den Vertraulichkeit vereinbart werden soll, genau be-

---

[956] So wurden beim Zusammenschluss von Carrefour S.A. und Promodes S.A. insgesamt 23 Stellungnahmen von Kunden und Wettbewerbern der an dem Zusammenschluss beteiligten Supermarktketten angefragt, siehe Gutachten der Comisión Nacional de Defensa de la Competencia zum Zusammenschluss von Promodes S.A. und Carrefour S.A. vom 28. April 2000, S. 8.

[957] Artikel 1 des Präsidialdekrets 89/2001 vom 25. Januar 2001 i.V.m. Artikel 12 des Annexes, Boletín Oficial vom 30. Januar 2001, Nr. 29577, S. 3.

zeichnen. Die argentinische Wettbewerbsbehörde fällt innerhalb einer Frist von 5 Arbeitstagen eine formelle Entscheidung darüber, ob und welche Informationen und Daten vertraulich behandelt werden müssen. Wird die Vertraulichkeit gewährt, haben nur noch die unmittelbar am Zusammenschluss beteiligten Parteien, die CNDC sowie der Staatssekretär für Wettbewerbs- und Verbraucherschutz und seine Vertreter Zugang zu den vertraulichen Informationen und Daten. Wird die Vertraulichkeit verweigert, kann die Anmeldung des Zusammenschlusses innerhalb einer Frist von 5 Tagen zurückgezogen werden. In diesen Fällen gilt die Anmeldung als nicht erfolgt, was möglicherweise eine Sanktion gemäß Artikel 9 i.V.m. Artikel 46 d) des Gesetzes 25.156 zur Folge haben kann.

cc) Stellungnahmen von staatlichen Regulierungsbehörden

Wenn der Zusammenschluss Unternehmen oder Personen betrifft, deren wirtschaftliche Tätigkeit vom Staat mittels einer speziellen Kontroll- oder Regulierungsbehörde geregelt wird, muss die argentinische Wettbewerbsbehörde gemäß Artikel 16 des Gesetzes 25.156 vor Erlass ihrer Entscheidung einen Bericht mitsamt einer begründeten Stellungnahme dieser Behörde anfordern. In der Stellungnahme muss die staatliche Kontroll- oder Regulierungsbehörde innerhalb einer Frist von 20 Arbeitstagen Auskunft über den Zusammenschluss, dessen Auswirkung auf den Wettbewerb und den jeweiligen Markt sowie die Einhaltung des Rechtsrahmens erteilen.[958] Gibt die Behörde innerhalb der Frist keine Stellungnahme ab, so wird davon ausgegangen, dass sie keine Bedenken gegen den jeweiligen Zusammenschluss hat. Die Entscheidungsfrist für die CNDC nach Artikel 13 des Gesetzes 25.156 ist vom Zeitpunkt der Anforderung der Stellungnahme durch die Wettbewerbsbehörde bis zur Abgabe der Stellungnahme durch die Regulierungsbehörde bzw. bis zum Ablauf der 20-tägigen Frist in Artikel 16 gehemmt.[959] Artikel 16 des Gesetzes 25.156 ist Teil einer umfassenden Reform der Zuständigkeitsverteilung zwischen der argentinischen Wettbewerbsbehörde und den in verschiedenen Wirtschaftsbereichen bestehenden staatlichen Kontroll- und Regulierungsbehörden. Vor Inkrafttreten des Gesetzes 25.156 waren neben der CNDC auf bestimmten Märkten zusätzlich besondere Kontroll- und Regulierungsbehörden für die Überwachung wettbewerbswidriger Verhaltensweisen zuständig.[960] Diese sich überschneidenden Zuständigkeiten

---

[958] Artikel 1 des Präsidialdekrets 89/2001 vom 25. Januar 2001 i.V.m. Artikel 16 des Annexes, Boletín Oficial vom 30. Januar 2001, Nr. 29577, S. 4.

[959] Artikel 1 des Präsidialdekrets 89/2001 vom 25. Januar 2001 i.V.m. Artikel 16 des Annexes, Boletín Oficial vom 30. Januar 2001, Nr. 29577, S. 5.

[960] So hatte die nationale Regulierungsbehörde für den Gasmarkt, die *Ente Nacional Regulador de Gas*, gemäß Artikel 52 d) des Gesetzes 24.074 die Aufgabe, wettbewerbswidrige Verhaltensweisen auf dem Gasmarkt präventiv zu unterbinden. Die nationale Kommission für Telekommunikation, die *Comisión Nacional de Comunicaciones*, war gemäß Artikel 6 des

verschiedener Behörden im Bereich des Wettbewerbsschutzes führte zu erheblicher Rechtsunsicherheit und behinderte die praktische Arbeit der Kontrollorgane.[961] Die CNDC durfte unter dem Gesetz 22.262 in den besonders geregelten Wirtschaftszweigen häufig nur unverbindliche Stellungnahmen zu wettbewerbsrechtlichen Problemen abgeben.[962] Der argentinische Gesetzgeber hat diese unvorteilhafte Situation erkannt und im Rahmen des neu in Kraft getretenden Wettbewerbsgesetzes abgeschafft. Gemäß Artikel 59 des Gesetzes 25.156 wurden alle Zuständigkeitsübertragungen auf andere Behörden und staatliche Einrichtungen, die im Zusammenhang mit Regelungsgegenstand und Zweck des Gesetzes stehen, aufgehoben. Somit ist nunmehr ausschließlich die argentinische Wettbewerbsbehörde zur Beurteilung wettbewerbsrechtlicher Sachverhalte zuständig. Dies gilt auch in den durch besondere staatliche Kontroll- und Aufsichtsbehörden geregelten Wirtschaftszweigen. Die einzige diesen Behörden im Bereich des Wettbewerbsrechts verbleibende Zuständigkeit ist die Abgabe einer begründeten Stellungnahme nach Artikel 16 des Gesetzes 25.156. Im Rahmen dieser Vorschrift sind folgende Kontroll- und Regulierungsbehörden für die Erstellung von Stellungnahmen zu wirtschaftlichen Zusammenschlüssen zuständig:

- die *Comisión Nacional de Comunicaciones*[963] für den Telekommunikations- und Postmarkt;
- die *Ente Nacional Regulador de Electricidad*[964] für den Elektrizitäts- und Strommarkt, und

---

Präsidialdekrets 1185/90 für die Verhinderung wettbewerbsbeschränkender Verhaltensweisen auf dem Telekommunikationsmarkt zuständig. Die Nationale Regulierungsbehörde für den Strommarkt, die *Ente Nacional Regulador de Electricidad*, hatte nach Artikel 19 und 56 c) des Gesetzes 24.065 weite Kompetenzen im Bereich des Wettbewerbsrechts auf dem Elektrizitätsmarkt.

[961] So musste die CNDC mehrere Fälle an die zuständigen Regulierungsbehörden verweisen, so beispielsweise Gutachten vom 9. März 1999, 3. „Edesur S.A.“. Eine ausführliche Darstellung und Kritik der vor Inkrafttreten des Gesetzes 25.156 bestehenden Situation findet sich bei *Petrecolla*, La defensa de la Competencia en Argentina, 1999, S. 6 ff. und bei *Soldano/Lanosa*, Estudio de mercados, La Ley 1995, Band D, S. 1482 ff.

[962] CNDC, Opinión Consutativa Nr. 1/98 sobre modelos de contratos de telefonía celular, vom 1. Oktober 1998. In diesem Gutachten untersuchte die CNDC Verträge von Mobilfunkanbietern im Auftrag der Comisión Nacional de Comunicaciones.

[963] Gegründet durch den Zusammenschluss der *Comisión Nacional de Telecomunicaciones* (gegründet durch Präsidialdekret 1185/90) und der *Comisión Nacional de Correos y Telégrafos* (gegründet durch das Präsidialdekret 214/92) mittels Präsidialdekret 660/96 vom 24. Juni 1996. Eine Stellungnahme der Comisión Nacional de Comunicaciones im Sinne von Artikel 16 des Gesetzes 25.156 findet sich im Gutachten der Comisión Nacional de Defensa de la Competencia zum Zusammenschluss von General Electric Equity Holdings B.V. und Telepuerto Internacional de Buenos Aires S.A. vom 3. März 2000, S. 4.

- die *Ente Nacional Regulador de Gas*[965] für den Gasmarkt.

Die Stellungnahmen dieser Kontroll- und Regulierungsbehörden entfalten keinerlei Bindungswirkung für die Entscheidung der argentinischen Wettbewerbsbehörde. In der bisherigen Praxis ist es jedoch noch zu keiner inhaltlichen Abweichung einer Entscheidung der CNDC von der Stellungnahme einer Regulierungsbehörde gekommen.[966] Das System der obligatorischen Konsultation der Kontroll- und Regulierungsbehörden ist zu begrüßen. Denn die spezialisierten Behörden verfügen über eine detaillierte Kenntnis der häufig unübersichtlichen und technisch komplizierten Märkte, von der die Wettbewerbsbehörde bei ihrer Entscheidungsfindung sehr profitieren kann.

c) Entscheidung

Gemäß Artikel 13 des Gesetzes 25.156 hat die argentinische Wettbewerbsbehörde innerhalb einer Frist von fünfundvierzig Tagen eine begründete Entscheidung über Zusammenschlüsse zu erlassen, die den geltenden Vorschriften gemäß angemeldet wurden. Inhaltlich verfügt die argentinische Wettbewerbsbehörde dabei nach Artikel 13 des Gesetzes 25.156 über drei Entscheidungsalternativen: Sie kann den Zusammenschluss genehmigen, bestimmten Auflagen unterwerfen oder untersagen.

aa) Frist

Die Entscheidungsfrist beträgt gemäß Artikel 13 des Gesetzes 25.156 fünfundvierzig Tage. Dabei handelt es sich gemäß Artikel 27 des Gesetzes 25.156 um Arbeitstage, so dass die argentinische Wettbewerbsbehörde im Regelfall insgesamt neun Wochen Zeit hat, um über einen vollständig angemeldeten Zusammenschluss zu entscheiden.[967] Die Frist beginnt nach Artikel 14 des Annexes

---

[964] Gegründet durch die Artikel 54 ff. des Gesetzes 24.065. Eine Stellungnahme der Ente Nacional Regulador de la Electricidad im Sinne von Artikel 16 des Gesetzes 25.156 findet sich im Gutachten der Comisión Nacional de Defensa de la Competencia zum Zusammenschluss von Transalta Energy S.A. und Gener S.A. vom 17. Februar 2000, S. 4.

[965] Gegründet durch die Artikel 50 ff. des Gesetzes 24.076.

[966] Gutachten der Comisión Nacional de Defensa de la Competencia zum Zusammenschluss von General Electric Equity Holdings B.V. und Telepuerto Internacional de Buenos Aires S.A. vom 3. März 2000, S. 4; Gutachten der Comisión Nacional de Defensa de la Competencia zum Zusammenschluss von Transalta Energy S.A. und Gener S.A. vom 17. Februar 2000, S. 4.

[967] So die ständige Praxis der CNDC, siehe Gutachten der Comisión Nacional de Defensa de la Competencia zum Zusammenschluss von Maersk Argentina S.A. und Sea Land Services S.A. vom 7. März 2000, S. 5; Gutachten der Comisión Nacional de Defensa de la Competencia zum Zusammenschluss von Transalta Energy S.A. und Gener S.A. vom 17. Februar 2000, S. 4; Gutachten der Comisión Nacional de Defensa de la Competencia zum Zusammenschluss von Molinos Rio de la Plata S.A. und Fagnani Hermanos S.A. vom 14. Februar 2000, S. 3.

zum Präsidialdekret 89/2001 mit der vollständigen Einreichung des Antrags und aller angeforderten Unterlagen.[968] Nach der Anmeldung mittels des Formulars *F1* hat die argentinische Wettbewerbsbehörde 15 Arbeitstage Zeit, um den Zusammenschluss zu genehmigen oder die in Formular *F2* enthaltenen Informationen anzufordern und so die zweite Untersuchungsphase zu eröffnen. Im Fall der Eröffnung der zweiten Untersuchungsphase muss die Wettbewerbsbehörde innerhalb einer Frist von 35 Arbeitstagen ab erfolgter Anmeldung den Zusammenschluss genehmigen oder untersagen oder durch das Formular *F3* die dritte Untersuchungsphase eröffnen. Eröffnet die Wettbewerbsbehörde die dritte Untersuchungsetappe, hat die Wettbewerbsbehörde innerhalb einer Frist von 45 Tagen ab erfolgter Anmeldung endgültig über den Zusammenschluss zu entscheiden.[969] Der Ablauf der Entscheidungsfrist in Artikel 13 des Gesetzes 25.156 wird dabei durch jeden Beschluss der argentinischen Wettbewerbsbehörde, mit der sie zusätzliche Informationen von den beteiligten Unternehmen anfordert, bis zur vollständigen Zusendung aller angeforderten Information gehemmt.[970] Sollte die argentinische Wettbewerbsbehörde nicht in der Lage sein, ihre Entscheidung innerhalb der Entscheidungsfrist von 45 Arbeitstagen zu treffen, kann sie diese Frist mittels einer begründeten Entscheidung gemäß Artikel 24 l) des Gesetzes 25.156 hemmen. So wurde der Ablauf der Frist von Artikel 13 beispielsweise im Fall des Zusammenschlusses von *Promodes S.A.* und *Carrefour S.A.* durch eine Entscheidung der CNDC für 30 Tage unterbrochen.[971] Die argentinische Wettbewerbsbehörde begründete ihre Entscheidung mit den aufgrund der Komplexität des Zusammenschlusses erforderlichen umfangreichen Untersuchungen. Somit darf die argentinische Wettbewerbsbehörde die Entscheidungsfrist von Artikel 13 des Gesetzes 25.156 in Ausnahmefällen und mit besonderer Begründung hemmen (sog. „stop the clock"-Möglichkeit).

bb) Vollzugsverbot

Nach Artikel 8 i.V.m. Artikel 13 des Gesetzes 25.156 entfalten anmeldepflichtige Zusammenschlüsse so lange keine rechtliche Wirkung zwischen den beteiligten Parteien und Dritten, bis der jeweilige Vorgang nicht ausdrücklich oder stillschweigend von der argentinischen Wettbewerbsbehörde genehmigt wur-

---

[968] Artikel 1 des Präsidialdekrets 89/2001 vom 25. Januar 2001 i.V.m. Artikel 14 des Annexes, Boletín Oficial vom 30. Januar 2001, Nr. 29577, S. 4.

[969] Die verschiedenen Fristen für die unterschiedlichen Untersuchungsetappen ergeben sich aus der Entscheidung 40/2001 des Sekretariats für Wettbewerbs- und Verbraucherschutz vom 22. Februar 2001, Boletín Oficial vom 26. Februar 2001, Nr. 29596, S. 12 ff., E. I. - III.

[970] Entscheidung 40/2001 des Sekretariats für Wettbewerbs- und Verbraucherschutz vom 22. Februar 2001, Boletín Oficial vom 26. Februar 2001, Nr. 29596, S. 12 ff., E. IV. a).

[971] Gutachten der Comisión Nacional de Defensa de la Competencia zum Zusammenschluss von Promodes S.A. und Carrefour S.A. vom 28. April 2000, S. 10.

de.[972] Somit besteht im argentinischen Wettbewerbsrecht ein Vollzugsverbot mit der Wirkung, dass ein Zusammenschluss bis zur endgültigen oder stillschweigenden Freigabe durch die Wettbewerbsbehörde nicht vollzogen werden darf. Diese Wirkung entspricht dem Vollzugsverbot nach Artikel 7 Abs. 1 der europäischen Fusionskontrollverordnung VO 4064/89. Vollzugsverbote können insbesondere bei internationalen Transaktionen, die häufig in einer Vielzahl von Jurisdiktionen angemeldet werden müssen, zu erheblichen Zeitverzögerungen führen. Die argentinische Wettbewerbsbehörde hat die Wirkung des Vollzugsverbotes in ihrer Praxis jedoch erheblich abgemildert. Sie hat entschieden, dass die beteiligten Parteien auf eigenes Risiko angemeldete Zusammenschlüsse vollziehen können, den Vollzug aber im Falle einer Untersagung rückgängig machen müssen.[973] Diese Praxis ist als Erleichterung für die anmeldenden Parteien zu begrüßen, die so insbesondere Zusammenschlüsse, die keine wesentlichen Wettbewerbsprobleme in Argentinien aufwerfen, schneller vollziehen können. Allerdings wäre unter dem Gesichtspunkt der Rechtssicherheit eine Regelung im Rahmen des Gesetzes 25.156 wünschenswert.

cc) Freigabe

Kommt die argentinische Wettbewerbsbehörde zu dem Ergebnis, dass durch den Zusammenschluss keine Beeinträchtigung des wirtschaftlichen Allgemeininteresses zu befürchten ist, muss sie den Zusammenschluss gemäß Artikel 13 a) des Gesetzes 25.156 freigeben. Bei der Freigabe durch die CNDC handelt es sich um eine formelle Entscheidung. Darin stellt die Wettbewerbsbehörde zuerst fest, dass der Zusammenschluss nicht gegen Artikel 7 des Gesetzes 25.156 verstößt, anschließend gibt sie den Zusammenschluss frei.[974] Eine Besonderheit des argentinischen Wettbewerbsrechts ist die in Artikel 14 des Gesetzes 25.156 vorgesehene Möglichkeit einer stillschweigenden Genehmigung des angemeldeten Zusammenschlusses. Nach dieser Vorschrift gilt ein angemeldeter Zusammenschluss als freigegeben, wenn die argentinische Wettbewerbsbehörde über ihn

---

[972] So auch *Bomchil/van den Toon*, New Competition Act in Argentina, International Business Lawyer, Mai 2000, S. 204; *Peña*, El control de concentraciones económicas a partir de la reglamentación de la ley 25.156, El Derecho vom 16 April 2001, Nr. 10234, S.1.

[973] Comisión Nacional de Defensa de la Competencia, Opinión Consultativa Nr. 45 vom 26. Mai 2000 und Opinión Consultativa Nr. 62 vom 29. August 2000.

[974] So die ständige Praxis der CNDC, siehe Gutachten der Comisión Nacional de Defensa de la Competencia zum Zusammenschluss von Molinos Rio de la Plata S.A. und Fagnani S.A. vom 14. Februar 2000, S. 9; Gutachten der Comisión Nacional de Defensa de la Competencia zum Zusammenschluss von Mastellone Hermanos S.A. und Emexal S.A. vom 22. Februar 2000, S. 10; Gutachten der Comisión Nacional de Defensa de la Competencia zum Zusammenschluss von Maersk Argentina S.A. und Sea Land Services S.A. vom 7. März 2000, S. 8; Gutachten der Comisión Nacional de Defensa de la Competencia zum Zusammenschluss von Transalta Energy S.A. und Gener S.A. vom 17. Februar 2000, S. 8.

nicht innerhalb der Frist des Artikels 13 (45 Arbeitstagen) abschließend entschieden hat. Eine solche stillschweigende Freigabe hat gemäß Artikel 14 S. 2 des Gesetzes 25.156 die selbe rechtliche Wirkung wie eine ausdrückliche Freigabeentscheidung. Diese Vorschrift ermöglicht es der argentinischen Wettbewerbsbehörde, unproblematische Zusammenschlüsse ohne Inanspruchnahme personeller und zeitlicher Ressourcen durch Untätigbleiben zum gewünschten Abschluss zu bringen. Die ausdrückliche oder stillschweigende Freigabe eines Zusammenschlusses durch die Wettbewerbsbehörde entfällt allerdings, wenn die beteiligten Unternehmen den Zusammenschluss nicht innerhalb eines Jahres vollziehen.[975] Die Freigabe bezieht sich dabei nur auf den Zusammenschluss in der konkret angemeldeten Form, so dass Änderungen in der Transaktionsstruktur zu einer neuen Anmeldepflicht führen.

dd) Freigabe unter Auflagen

Die zweite Entscheidungsalternative besteht nach Artikel 13 b) des Gesetzes 25.156 in einer Freigabe des Zusammenschlusses unter gleichzeitiger Auferlegung bestimmter Auflagen. Diese Alternative wird insbesondere angewandt, wenn die argentinische Wettbewerbsbehörde nach der Untersuchung eines Zusammenschlusses zu dem Ergebnis kommt, dass der Zusammenschluss zwar teilweise wettbewerbsbeschränkende Auswirkungen und eine Beeinträchtigung des wirtschaftlichen Allgemeininteresses zur Folge hat, aber nicht grundsätzlich gegen Artikel 7 des Gesetzes 25.156 verstößt.[976] In diesen Fällen kann die Genehmigung von der Erfüllung bestimmter Auflagen durch die beteiligten Unternehmen abhängig gemacht werden, die der Ausräumung der wettbewerbsrechtlichen Bedenken dienen. Die Auflagen sind dabei in der Regel als aufschiebende Bedingen für den Vollzug des Zusammenschlusses ausgestaltet. Dies entspricht im wesentlichen der Befugnis der Europäischen Kommission nach Artikel 8 Abs. 2 S. 2 VO 4064/89.[977] In ihrer Praxis unterscheidet die argentinische Wettbewerbsbehörde zwischen strukturellen Auflagen wie der Veräußerung von Beteiligungen, Einrichtungen oder Unternehmensteilen an Dritte[978]

---

[975] Artikel 1 des Präsidialdekrets 89/2001 vom 25. Januar 2001 i.V.m. Artikel 13 des Annexes, Boletín Oficial vom 30. Januar 2001, Nr. 29577, S. 4.

[976] Gutachten der Comisión Nacional de Defensa de la Competencia zum Zusammenschluss von Promodes S.A. und Carrefour S.A. vom 28. April 2000, S. 68; Gutachten der Comisión Nacional de Defensa de la Competencia zum Zusammenschluss von Fresenius Medical Care AG und Renal Treatment Centers Inc. vom 7. Juni 2000, S. 42.

[977] Vgl. hierzu Mitteilung der Kommission über im Rahmen der Verordnung (EWG) Nr. 4064/89 des Rates und der Verordnung 447/98 der Kommission zulässige Abhilfemaßnahmen, ABl. 2001, Nr. C 68/03.

[978] So wurde beispielsweise der Zusammenschluss von Telefónica Media SA und Atlántida Comunicaciones SA nur unter der Auflage genehmigt, dass Telefónica einen von dem Unternehmen kontrollierten offenen Fernsehkanal in der Provinz Mar del Plata veräußerte, siehe

und Verhaltensauflagen wie der Änderung bestimmter Vertragsklauseln[979] oder dem Verbot des Ausbaus der Geschäftstätigkeit in bestimmten Gebieten[980]. Außerdem hat sich die argentinische Wettbewerbsbehörde in Einzelfällen vorbehalten, die Wirkungen der Auflagen nach einem gewissen Zeitraum zu überprüfen und gegebenenfalls andere für die Aufrechterhaltung des Wettbewerbs auf dem betroffenen Markt notwendige Maßnahmen zu ergreifen.[981] Die Aufzählung der möglichen Auflagen ist nicht abschließend. Art und Umfang der Auflagen sind dabei jeweils abhängig von den Umständen des Einzelfalls. In allen Fällen von Artikel 13 b) des Gesetzes 25.156 muss die Wettbewerbsbehörde eine Frist für die Erfüllung der Auflagen setzen und für den Fall der Nichterfüllung die Untersagung des Zusammenschlusses androhen.[982] Diese Fristsetzung dient der Absicherung der effektiven Durchsetzung der Auflagen. Nach Ablauf der Frist stellt die CNDC in einer separaten Entscheidung fest, ob

---

Gutachten der Comisión Nacional de Defensa de la Competencia zum Zusammenschluss von Telefónica Media SA und Atlántida Comunicaciones SA vom 19 April 2000. Der Zusammenschluss von AES Corporation und Gener SA wurde nur unter der Bedingung genehmigt, dass AES Corporation alle Beteiligungen, die Gener SA an den Elektrizitätsunternehmen Piedra de Águila SA und Central Puerto hielt, innerhalb von 9 Monaten an Dritte veräußerte, siehe Gutachten der Comisión Nacional de Defensa de la Competencia zum Zusammenschluss von AES Corporation und Gener SA, vom 24. Juli 2001.

[979] So wurde der Zusammenschluss von Fresenius Medical Care AG und Renal Treatment Centres Inc. nur unter der Auflage genehmigt, dass die im Vertrag enthaltene Wettbewerbsklausel zwischen den beiden beteiligten Unternehmen von sieben auf fünf Jahre verringert wurde, siehe Gutachten der Comisión Nacional de Defensa de la Competencia zum Zusammenschluss von Fresenius Medical Care AG und Renal Treatment Centers Inc. vom 7. Juni 2000, S. 43.

[980] So wurde der Zusammenschluss von Carrefour S.A. und Promodes S.A. nur unter der Auflage genehmigt, dass Carrefour seine Verkaufsfläche in bestimmten Gebieten während eines Jahres nicht erweitert, damit sich dort Wettbewerber niederlassen können, siehe Gutachten der Comisión Nacional de Defensa de la Competencia zum Zusammenschluss von Promodes S.A. und Carrefour S.A. vom 28. April 2000, S. 70.

[981] So hat sich die CNDC im Rahmen des Zusammenschlusses von Carrefour S.A. und Promodes S.A. ausdrücklich vorbehalten, die Auswirkungen des Zusammenschlusses innerhalb des nächsten Jahres noch einmal zu überprüfen, siehe Gutachten der Comisión Nacional de Defensa de la Competencia zum Zusammenschluss von Promodes S.A. und Carrefour S.A. vom 28. April 2000, S. 70. Diese Überprüfung hat die CNDC durchgeführt, wobei sie zu dem Ergebnis kam, dass die Auflagen wirksam erfüllt waren und der Zusammenschluss damit endgültig vollzogen werden konnte, siehe Gutachten der Comisión Nacional de Defensa de la Competencia zum Zusammenschluss von Promodes S.A. und Carrefour S.A. vom 20. November 2001.

[982] Artikel 1 des Präsidialdekrets 89/2001 vom 25. Januar 2001 i.V.m. Artikel 13 des Annexes, Boletín Oficial vom 30. Januar 2001, Nr. 29577, S. 4.

die Auflagen eingehalten wurden und damit die Voraussetzungen für den endgültigen Vollzug des Zusammenschlusses vorliegen.[983]

ee) Untersagung

Ein Zusammenschluss, der zu einer Wettbewerbsbehinderung und einer Beeinträchtigung des wirtschaftlichen Allgemeininteresses führt, muss gemäß Artikel 13 Buchstabe c) des Gesetzes 25.156 untersagt werden, wenn die wettbewerbsrechtlichen Bedenken nicht durch die Auferlegung von Bedingungen und Auflagen gemäß Artikel 13 Buchstabe b) des Gesetzes 25.156 aus dem Weg geräumt werden können. Die Untersagung des Zusammenschlusses stellt somit nach dem Willen des Gesetzgebers die *ultima ratio* im Rahmen der Zusammenschlusskontrolle dar. In ihrer bisherigen Praxis hat die CNDC bisher lediglich im Zusammenschlussvorhaben *Correos de Argentina/OCA* eine Untersagungsverfügung ausgesprochen.[984] Diesem Fall lag der geplante Zusammenschluss der beiden größten argentinischen Anbieter von Postdienstleistungen zugrunde. Die argentinische Wettbewerbsbehörde entschied, dass das Vorhaben zu einer so erheblichen Stärkung der Marktmacht – in vielen Bereichen sogar zu Monopolstellungen – geführt hätte und die Parteien in der Lage gewesen wären, einseitig Preiserhöhungen und andere wettbewerbsbeschränkende Praktiken durchzuführen. Darüber hinaus hätten die Unternehmen die alleinige Kontrolle über das Postnetz in Argentinien gehabt und wären so in der Lage gewesen, den Marktzutritt für Wettbewerber dauerhaft zu verschließen. Ein weiterer Gesichtspunkt, den die argentinische Wettbewerbsbehörde in ihrer Entscheidung hervorhob war die Tatsache, dass der Zusammenschluss zum Marktaustritt des einzigen ernsthaften Wettbewerbers des ehemaligen Staatsmonopolisten Correos Argentinos geführt hätte. Die CNDC kam daher zu dem Ergebnis, dass der Zusammenschluss nicht mit dem wirtschaftlichen Allgemeininteresse zu vereinbaren war. Die CNDC untersuchte in diesem Zusammenhang auch, ob der Zusammenschluss unter dem Gesichtspunkt der sog. „failing firm defence" gerechtfetigt war. Die Parteien konnten allerdings nicht nachweisen, dass das übernommene Unternehmen auch ohne den Zusammenschluss in absehbarer Zeit nicht mehr auf dem relevanten Markt aktiv gewesen wäre. Die bisher einzige Untersagungsentscheidung zeigt, dass in der argentinischen Fusionskontrolle eine Untersagung nur in Betracht kommt, wenn der Zusammenschluss zu einer erheblichen Steigerung der Marktmacht führt und die potentiellen

[983] Vgl. Gutachten der Comisión Nacional de Defensa de la Competencia zum Zusammenschluss von Promodes S.A. und Carrefour S.A. vom 20. November 2001; Gutachten der Comisión Nacional de Defensa de la Competencia zum Zusammenschluss von Fresenius Medical Care AG und Renal Treatment Centers Inc. vom 7. Februar 2002.

[984] Gutachten der Comisión Nacional de Defensa de la Competencia zum Zusammenschluss von Correo Argentino S.A. und Sociedad Anónima Organización Coordinadora Argentina (OCA) vom 9. März 2001.

wettbewerbsbeschränkenden Auswirkungen nicht durch Auflagen entschärft oder durch Erwägungen im Rahmen des wirtschaftlichen Allgemeininteresses gerechtfertigt werden können.

VIII. Zusammenfassung

Die Beurteilung einer Gesetzesnovelle hat sich in erster Linie an den vom Gesetzgeber mit der Novelle verfolgten Zielen zu orientieren. Der argentinische Gesetzgeber wollte mit dem Gesetz 25.156 den Anschluss der argentinischen Wettbewerbsordnung an die modernsten und fortschrittlichsten Wettbewerbjurisdiktionen der Welt herstellen. Dieses Ziel hat der argentinische Gesetzgeber meiner Ansicht nach im wesentlichen erreicht. Der entscheidende Faktor bei der Modernisierung der argentinischen Wettbewerbsordnung ist dabei die Einführung einer Zusammenschlusskontrolle. Denn nur mittels einer funktionierenden Zusammenschlusskontrolle ist es Wettbewerbsbehörden möglich, präventiv die Entstehung wettbewerbsfeindlicher Marktstrukturen zu verhindern. Die Zusammenschlusskontrolle ist ein unabdingbares Mittel, um die Offenhaltung der Märkte als die wesentliche Aufgabe des modernen Wettbewerbsrechts zu garantieren. Somit verfügt die argentinische Wettbewerbsbehörde nunmehr über alle notwendigen Werkzeuge, um den Wettbewerb auf den argentinischen Märkten zu schützen und den freien Marktzugang aufrechtzuerhalten. Durch die starke Anlehnung an die europäische Fusionskontrollverordnung VO 4064/89 hat der argentinische Gesetzgeber auch sichergestellt, dass dieses Mittel in der Praxis effektiv eingesetzt werden kann. Denn die Orientierung an der funktionierenden europäischen Wettbewerbsordnung erleichtert der argentinischen Wettbewerbsbehörde eine kohärente Anwendungspraxis und ermöglicht ihr einen Rückgriff auf die von der Europäischen Kommission in deren langjähriger Praxis für viele problematische Fallkonstellationen entwickelten Lösungsansätze. Hervorzuheben ist in diesem Zusammenhang, dass der argentinische Gesetzgeber den größten gesetzestechnischen Mängel in Form eines zu weit gefassten Anwendungsbereichs der argentinischen Fusionskontrollvorschriften inzwischen durch eine Überarbeitung der Schwellenwerte und die Einführung einer *de minimis* Regel beseitigt hat. Eine Zusammenschlusskontrolle macht jedoch nur dann Sinn, wenn auch zukünftig die Voraussetzungen für eine schnelle und effiziente Entscheidung über die angemeldeten Transaktionen in Form einer sachlich und personell gut ausgestatteten und ausgebildeten Wettbewerbsbehörde gegeben sind.

Das sowohl im Rahmen der Zusammenschlusskontrolle als auch im Rahmen der Verhaltenskontrolle verwendete materielle Entscheidungskriterium des wirtschaftlichen Allgemeininteresses ist aufgrund seiner Unbestimmtheit zu kritisieren. Dieser unbestimmte Rechtsbegriff führt meiner Ansicht nach zu Rechtsunsicherheit und gibt Anlass zu Befürchtungen reiner Ermessensentscheidungen. Zwar hat die argentinische Wettbewerbsbehörde in den letzten Jahren ihrer Entscheidungspraxis klare, am Effizienzprinzip orientierte Richtlinien für die Beurteilung des wirtschaftlichen Allgemeininteresses entwickelt. Diese stehen einem möglichen Missbrauch des Ermessensspielraums entgegen und ermöglichen der

Wettbewerbsbehörde gleichzeitig die notwendige Flexibilität in ihren Entscheidungen. Die Richtlinien binden jedoch nur die CNDC selbst. So wurden in einigen Gerichtsentscheidungen auch nicht rein wettbewerbsbezogene Aspekte im Rahmen des wirtschaftlichen Allgemeininteresses berücksichtigt. Die Gefahr von an allgemeinpolitischen und –wirtschaftlichen Kriterien orientierten Entscheidungen ist insbesondere im Bereich der Rechtsprechung durchaus real. Ein weiterer Schwachpunkt des Gesetzes 25.156 ist meiner Ansicht nach der weite Anwendungsbereich von Artikel 1, der neben einseitigen und abgestimmten Wettbewerbsbeschränkungen auch den Missbrauch einer marktbeherrschenden Stellung umfasst. Die Anwendbarkeit von Artikel 1 auf einseitige Wettbewerbsbeschränkungen ohne marktbeherrschende Stellung ist verfehlt. Hierbei handelt es sich um Fälle unlauteren Wettbewerbs, die durch Spezialgesetze und nicht durch die Vorschriften des Wettbewerbsgesetzes geregelt werden sollten. Insofern ist die konsequente Auslegung durch die argentinische Wettbewerbsbehörde, wonach nur Verhaltensweisen von Unternehmen mit Marktmacht in den Anwendungsbereich von Artikel 1 fallen, sehr zu begrüßen. Um eine sinnvolle Anwendung der Vorschriften des Wettbewerbsgesetzes und die notwendige Rechtssicherheit zu gewährleisten, wäre eine klare Trennung zwischen abgestimmten Wettbewerbsbeschränkungen einerseits und dem Missbrauch einer marktbeherrschenden Stellung andererseits vorzuziehen.

Die angesprochenen Beispiele der Auslegung des wirtschaftlichen Allgemeininteresses und der Beschränkung der Anwendbarkeit des Wettbewerbsgesetzes auf einseitige Verhaltensweisen von Unternehmen mit Marktmacht verdeutlichen die zentrale Stellung der argentinischen Wettbewerbsbehörde in der Praxis der argentinischen Wettbewerbsordnung. Die CNDC hat es dabei im Laufe ihrer Tätigkeit verstanden, die technischen Schwächen des argentinischen Wettbewerbsgesetzes durch die Anwendung moderner wettbewerbsrechtlicher Theorien und Entscheidungskriterien wie beispielsweise der Berücksichtigung von Effizienzgewinnen und dem Abstellen auf das Marktmachtprinzip auszugleichen. Insbesondere seit Mitte der Neunziger Jahre hat die CNDC die Anwendung und Durchsetzung des Wettbewerbsgesetzes garantiert und mit ihrer modernen und sachorientierten Anwendungspraxis die Basis für die durch das Gesetz 25.156 umgesetzte Wettbewerbsrechtsnovelle geschaffen. Die Bedeutung des Gesetzes 25.156 erschöpft sich jedoch nicht allein in der Novellierung des argentinischen Wettbewerbsrechts. Das Gesetz ist ein zentraler Bestandteil eines modernen, wettbewerbsorientierten Wirtschaftssystems und Ausdruck eines Mehr an Liberalisierung und eines Weniger an staatlicher Kontrolle. Dies wird insbesondere durch die Übertragung der Kontrollkompetenzen in vorher von besonderen staatlichen Regulierungsbehörden überwachten Märkten auf die argentinische Wettbewerbsbehörde deutlich. Die Schaffung des unabhängigen *Tribunal de Defensa de la Competencia* (TNDC) stellt darüber hinaus einen wichtigen

Schritt zur Vermeidung politischer und persönlicher Einflussnahmen auf den wirtschaftlich äußerst relevanten Entscheidungsprozess der staatlichen Wettbewerbsbehörde dar. Gerade diese aus europäischer Sicht nicht immer leicht nachzuvollziehenden Gesichtspunkte der Wettbewerbsrechtsnovelle sind im argentinischen Kontext besonders wichtig und bahnbrechend. Insofern ist zu hoffen, dass das unabhängige TNDC nach inzwischen mehr als drei Jahren Wartezeit, die insbesondere auf die anhaltende wirtschaftliche und politische Krise zurückzuführen ist, nunmehr auch tatsächlich eingesetzt wird.

Abschließend ist die Bedeutung des Gesetzes 25.156 für den Integrationsprozess im MERCOSUR festzuhalten. Durch die Übernahme einer Reihe wesentlicher Konzepte und Bestimmungen aus dem Protokoll zum Schutz des Wettbewerbs im MERCOSUR hat das neue argentinische Wettbewerbsgesetz wesentlich zu einer Harmonisierung der Wettbewerbsordnungen im MERCOSUR beigetragen. Auch die zuständigen Wettbewerbsbehörden in Argentinien und Brasilien haben sich in ihrer Anwendungspraxis in den letzten Jahren einander merklich angenähert. Durch diese Harmonisierung der nationalen Wettbewerbsordnungen ist die Grundlage für die endgültige Umsetzung einer gemeinsamen Wettbewerbsordnung auf der Ebene des MERCOSUR geschaffen worden.

Anhang

Gesetz Nr. 25.156 – Zum Schutz des Wettbewerbs.[985]

Verbotene Vereinbarungen und Praktiken. Marktbeherrschende Stellung. Zusammenschlüsse und Fusionen. Vollziehende Behörde. Verfahren. Sanktionen. Rechtsmittel. Verjährungen.

(Beschluss: 25.8.1999. Partielle Verkündung: 16.9.1999. Gesetzesblatt vom 20.9.1999)

Vereint im Kongress beschließen der Senat und die Abgeordnetenkammer der argentinischen Nation mit Gesetzeskraft:

Gesetz zum Schutz des Wettbewerbs

Kapitel I
Verbotene Vereinbarungen und Praktiken

Artikel 1 – Handlungen und Verhaltensweisen, unabhängig von ihrer Form, die im Zusammenhang mit der Produktion oder dem Austausch von Waren oder Dienstleistungen stehen, und die eine Begrenzung, Einschränkung, Verfälschung oder Störung des Wettbewerbs oder des Marktzutritts bezwecken oder bewirken, oder die den Missbrauch einer marktbeherrschenden Stellung darstellen, so dass daraus ein Schaden für das wirtschaftliche Allgemeininteresse entstehen kann, sind verboten und werden im Einklang mit den Vorschriften dieses Gesetzes sanktioniert.

Von diesem Artikel ist auch die Erzielung von bedeutenden Wettbewerbsvorteilen mittels eines durch Verwaltungsakt oder Gerichtsurteil anerkannten Verstoßes gegen andere Vorschriften umfasst, insofern die Voraussetzungen des vorangegangenen Absatzes erfüllt sind.

Art. 2 – Unter der Maßgabe der Erfüllung der Voraussetzungen von Art. 1 stellen unter anderem folgende Verhaltensweisen wettbewerbsbeschränkende Praktiken dar:

a) die unmittelbare oder mittelbare Festsetzung, Vereinbarung oder Steuerung von An- oder Verkaufspreisen von Waren oder Dienstleistungen gegenüber den Marktteilnehmern, sowie der Austausch von Information mit demselben Zweck oder derselben Wirkung;
b) die Verpflichtung, lediglich eine beschränkte oder begrenzte Anzahl von Waren zu produzieren, bearbeiten, verteilen, kaufen oder vermarkten, so-

[985] In der durch das Dekret 396/2001 geänderten Fassung, Boletín Oficial vom 5. April 2001, Nr. 29623, S. 2.

wie die Verpflichtung, eine Dienstleistung nach Anzahl, Umfang oder Häufigkeit beschränkt oder begrenzt anzubieten;

c) die horizontale Aufteilung von Gebieten, Märkten, Kunden oder Versorgungsquellen;

d) die Vereinbarung oder Abstimmung von Geboten bei Ausschreibungen und Wettbewerben;

e) Vereinbarungen zur Einschränkung oder Kontrolle der technischen Entwicklung oder der für die Produktion oder Vermarktung von Waren oder Dienstleistungen bestimmten Investitionen;

f) die Verhinderung, Beschränkung oder Behinderung des Marktzutritts oder der Marktpräsenz von dritten Personen sowie der Marktausschluss von dritten Personen;

g) die unmittelbare oder mittelbare, mit Wettbewerbern abgestimmte oder individuelle Festsetzung, Auferlegung oder Ausübung von Preisen sowie An- oder Verkaufsbedingungen, unabhängig von ihrer Form.

h) die Steuerung von Waren- oder Dienstleistungsmärkten mittels Vereinbarungen, die eine Einschränkung oder Kontrolle der Forschung und der technischen Entwicklung, der Produktion von Waren oder des Angebots von Dienstleistungen, oder die Erschwerung von Investitionen in Produktion und Verteilung von Waren oder Dienstleistungen bezwecken;

i) die Verknüpfung des Verkaufs einer Ware mit dem Erwerb einer anderen Ware oder der Inanspruchnahme einer Dienstleistung, sowie die Verknüpfung des Angebots einer Dienstleistung mit der Inanspruchnahme einer anderen Dienstleistung oder dem Erwerb einer Ware;

j) die Unterwerfung des An- oder Verkaufs unter die Bedingung, Waren oder Dienstleistungen, die von einem Dritten hergestellt, verarbeitet, geliefert oder vermarktet werden, nicht zu gebrauchen, zu erwerben oder zu verkaufen;

k) die Anwendung diskriminierender Bezugs- oder Veräußerungsbedingungen für Waren und Dienstleistungen, insofern dies nicht dem Handelsbrauch entspricht;

l) die ungerechtfertigte Weigerung, Bestellungen von Waren oder Dienstleistungen nachzukommen, obwohl diese den marktüblichen Bedingungen entsprechen;

ll) die Aussetzung der Versorgung eines öffentlichen Dienstleisters oder eines Dienstleisters von öffentlichem Interesse mit einer Dienstleistung, für die ein Monopol oder eine marktbeherrschende Stellung besteht.

m) die Veräußerung von Waren oder das Angebot von Dienstleistungen zu Preisen unterhalb des Kostenpreises mit dem Ziel, den Wettbewerb auf dem Markt zu verlagern oder dem Bild oder Wert der Marken seiner Waren- oder Dienstleistungslieferanten einen Schaden zuzufügen, insofern dies nicht dem Handelsbrauch entspricht.

Art. 3 – Die Vorschriften dieses Gesetzes gelten für alle natürlichen und juristischen Personen des öffentlichen und privaten Rechts, mit und ohne Gewinnerzielungsabsicht, die im gesamten oder einem Teil des nationalen Hoheitsgebiets wirtschaftlich tätig sind, oder die zwar außerhalb des Landes wirtschaftlich tätig sind, deren Verhaltensweisen, Tätigkeiten oder Vereinbarungen aber Auswirkungen auf den nationalen Markt haben.

Die Bestimmung der wahren Natur einer Handlung oder Verhaltensweise im Sinne dieses Gesetzes erfolgt unter Berücksichtigung der tatsächlich bestehenden oder verfolgten wirtschaftlichen Verhältnisse und Beziehungen.

Kapitel II
Marktbeherrschende Stellung

Art. 4 – Im Sinne dieses Gesetz haben eine oder mehrere Personen eine marktbeherrschende Stellung, wenn sie für eine bestimmte Ware oder eine Dienstleistung im nationalen Markt oder in einem oder mehreren Teilen der Welt der einzige Anbieter oder Nachfrager sind, wenn sie – ohne die einzigen zu sein - keinem wesentlichen Wettbewerb ausgesetzt sind, oder wenn sie aufgrund des Grades an vertikaler und horizontaler Integration in der Lage sind, über das wirtschaftliche Überleben von Wettbewerbern oder Marktteilnehmern zu deren Nachteil zu entscheiden.

Art. 5 – Um das Vorliegen einer marktbeherrschenden Stellung festzustellen, müssen folgende Umstände berücksichtigt werden:

a) der Grad der Ersetzbarkeit der fraglichen Ware oder Dienstleistung durch andere in- oder ausländische Waren oder Dienstleistungen, die Voraussetzungen für eine Ersetzung sowie die dafür notwendige Zeit;
b) der Umfang, in dem der Marktzutritt für Produkte, Anbieter und Nachfrager durch rechtliche Schranken behindert ist;
c) der Umfang, in dem der mutmaßlich Verantwortliche die Preisbildung oder die Versorgung oder Nachfrage im Markt einseitig beeinflussen kann, sowie der Umfang, in dem die Wettbewerber Gegenmaßnahmen gegen diese Macht ergreifen können.

Kapitel III
Zusammenschlüsse und Fusionen

Art. 6 – Ein Zusammenschluss im Sinne dieses Gesetzes ist die Übernahme der Kontrolle von einem oder mehreren Unternehmen durch einen der folgenden Vorgänge:

a) die Fusion zwischen Unternehmen;
b) die Übertragung des Betriebskapitals;
c) der Erwerb von Eigentum oder anderen Rechten an Aktien, Kapitalbeteiligungen oder Schuldurkunden, die in Aktien oder Kapitalbeteiligungen umgewandelt werden können oder die Möglichkeit geben, Einfluss auf die Entscheidungen der diese ausstellenden Person zu nehmen, wenn der Erwerber durch diesen Erwerb die Kontrolle oder den wesentlichen Einfluss erlangt;
d) jede andere Vereinbarung oder Handlung, durch die eine Person oder Wirtschaftsgruppe tatsächlich oder rechtlich das Vermögen eines Unternehmens erwirbt, oder durch die sie einen bestimmenden Einfluss auf die Entscheidungen der ordentlichen und außerordentlichen Geschäftsführung eines Unternehmens erlangt.

Art. 7 – Zusammenschlüsse, die eine Einschränkung oder Störung des Wettbewerbs bezwecken oder bewirken können, so dass daraus ein Schaden für das allgemeine wirtschaftliche Interesse entstehen kann, sind verboten.

Art. 8 – Die in Art. 6 dargestellten Vorgänge sind entweder vor oder innerhalb einer Frist von einer Woche nach dem Vertragsabschluss, der Veröffentlichung des Kauf- oder Tauschangebots oder des Erwerbs einer die Kontrolle begründenden Beteiligung beim *Tribunal Nacional de Defensa de la Competencia* anzumelden, wenn die Summe der Gesamtumsätze der beteiligten Unternehmen im Inland den Betrag von zweihundert Millionen Pesos ($ 200.000.000) überschreitet. Die Frist beginnt mit der ersten der vorgenannten Handlungen. Für den Fall der Nichtbeachtung dieser Vorschriften richtet sich die Sanktionierung nach Art. 46 d) dieses Gesetzes. Die Vorgänge sind erst dann zwischen den Parteien oder gegenüber Dritten wirksam, wenn die Voraussetzungen von Art. 13 oder Art. 14 dieses Gesetzes erfüllt sind.

Im Sinne dieses Gesetzes ist unter Gesamtumsatz die Summe der Beträge zu verstehen, welche die beteiligten Unternehmen im letzten Geschäftsjahr mit dem Verkauf von Waren und der Erbringung von Dienstleistungen erzielt haben und die ihrem normalen geschäftlichen Tätigkeitsbereich zuzuordnen sind, unter Ab-

zug von Preisnachlässen, der Mehrwertsteuer und anderer unmittelbar auf den Umsatz bezogener Steuern.
Der Umsatz eines beteiligten Unternehmens setzt sich aus der Summe der Umsätze folgender Unternehmen zusammen:

a) des beteiligten Unternehmens;
b) der Unternehmen in denen das beteiligte Unternehmen unmittelbar oder mittelbar entweder
   1. mehr als die Hälfte des Kapitals oder des Betriebsvermögens besitzt, oder
   2. über mehr als die Hälfte der Stimmrechte verfügt, oder
   3. mehr als die Hälfte der Mitglieder des Aufsichtsrats, der Geschäftsführung oder der zur gesetzlichen Vertretung berufenen Organe bestellen kann, oder
   4. das Recht hat, die Geschäfte des Unternehmens zu führen.
c) der Unternehmen, die in einem beteiligten Unternehmen die unter Buchstabe b) bezeichneten Rechte oder Einflussmöglichkeiten haben;
d) der Unternehmen, in denen ein unter Buchstabe c) genanntes Unternehmen die unter Buchstabe b) bezeichneten Rechte oder Einflussmöglichkeiten hat;
e) der Unternehmen, in denen mehrere der unter den Buchstaben a) bis d) genannten Unternehmen gemeinsam die in Buchstabe b) bezeichneten Rechte oder Einflussmöglichkeiten haben.

Art. 9 – Das Unterlassen der Anmeldung eines unter den vorherigen Artikel fallenden Vorgangs wird mit den Sanktionen des Art. 46 d) geahndet.

Art. 10 – Von der in Art. 8 vorgesehenen verbindlichen Anmeldung sind folgende Vorgänge befreit:

a) der Erwerb von Unternehmen, von denen der Käufer bereits mehr als fünfzig Prozent (50 %) der Gesellschaftsanteile besaß;
b) der Erwerb von Gutscheinen, Schuldverschreibungen, Anteilen ohne Stimmrecht oder Schuldurkunden von Unternehmen;
c) der Erwerb eines einzelnen Unternehmens durch ein einzelnes ausländisches Unternehmen, das bisher keine Anteile oder Vermögenswerte anderer Unternehmen in Argentinien besitzt;
d) der Erwerb von liquidierten Unternehmen (die im vergangenen Jahr im Inland keine wirtschaftlichen Aktivitäten entfaltet haben).
e) Zusammenschlüssse im Sinne von Art. 6, die gemäß Art. 8 angemeldet werden müssten, wenn der Wert der Transaktion sowie der Vermögenswerte in Argentinien, die aufgenommen, übernommen, übertragen oder

kontrolliert werden, jeweils 20 Millionen Pesos ($20.000.000) nicht überschreiten, es sei denn, die beteiligten Unternehmen haben in den vergangenen 12 Monaten Transaktionen auf demselben Markt durchgeführt, welche diesen Betrag oder den Betrag von 60 Millionen Pesos ($60.000.000) in den vergangenen 36 Monaten überschreiten.

Art. 11 – Das *Tribunal Nacional de Defensa de la Competencia* wird allgemeingültig festsetzen, welche Informationen und Unterlagen die beteiligten Unternehmen dem Gericht zugänglich gemacht, und innerhalb welcher Frist diese Informationen und Unterlagen bereitgestellt werden müssen.

Art. 12 – Die Verfahrensordnung wird die Form und den Inhalt der Anmeldung von geplanten Zusammenschlüssen und Kontrollerwerben in einer Weise bestimmen, dass deren vertraulicher Charakter gewahrt bleibt.

Art. 13 – In allen Fällen, die beim *Tribunal Nacional de Defensa de la Competencia* entsprechend den Vorschriften dieses Kapitels angemeldet wurden, muss die Behörde innerhalb von fünfundvierzig Tagen ab vollständiger Einreichung des Antrags mitsamt aller erforderlichen Unterlagen eine begründete Entscheiden erlassen, und respektive

a) den Vorgang genehmigen, oder
b) die Genehmigung von der Erfüllung von der Behörde aufgestellter Bedingungen abhängig machen, oder
c) die Genehmigung verweigern.

Die Anfrage zusätzlicher Unterlagen hat in jedem Verfahrensabschnitt in einem einzigen Vorgang zu erfolgen, der den Ablauf der Frist hemmt, es sei denn, der Antrag ist unvollständig.

Art. 14 – Läuft die im vorherigen Artikel vorgesehene Frist ab, ohne dass eine Entscheidung vorliegt, gilt der Vorgang als stillschweigend genehmigt. Die stillschweigende Genehmigung hat in allen Fällen die gleiche rechtliche Wirkung wie eine ausdrückliche Genehmigung.

Art. 15 – Ein angemeldeter und genehmigter Zusammenschluss kann nicht mehr nachträglich auf dem Verwaltungswege aufgrund von Informationen und Dokumenten angefochten werden, die das Gericht geprüft hat, es sei denn, die Genehmigung ist aufgrund falscher oder unvollständiger Informationen des Antragstellers ergangen.

Art. 16 – Umfasst der Zusammenschluss Unternehmen oder Personen, deren wirtschaftliche Tätigkeit vom Staat durch ein Kontrollorgan oder eine Regulierungsbehörde geregelt wird, muss das *Tribunal Nacional de Defensa de la Competencia* vor Erlass seiner Entscheidung einen Bericht und eine begründete Stellungnahme der staatlichen Einrichtung über die Auswirkungen des vorgesehenen Zusammenschlusses auf den Wettbewerb auf dem jeweiligen Markt und die Einhaltung des Rechtsrahmens anfordern.

Die Anforderung der Stellungnahme erfolgt innerhalb von (drei) 3 Tagen nach der Anmeldung des Zusammenschlusses. Die Frist zur Beantwortung der Anfrage beträgt (fünfzehn) 15 Tage, wobei die Frist des Art. 13 nicht gehemmt wird.

Kapitel IV
Zuständiges Anwendungsorgan

Art. 17 – Es wird das *Tribunal Nacional de Defensa de la Competencia* als unabhängiges Organ innerhalb des Zuständigkeitsbereichs des Ministeriums für Wirtschaft und öffentliche Dienste mit dem Zweck gegründet, dieses Gesetz anzuwenden und seine Einhaltung zu überwachen. Der Sitz des Gerichts wird die Stadt Buenos Aires sein, es wird jedoch an jedem Ort der Republik durch vom Präsidenten des Gerichts bestimmte Bevollmächtigte handeln, zusammentreten oder tagen können. Bei den bevollmächtigten Ermittlern kann es sich um staatliche, regionale oder kommunale Beamte handeln.

Art. 18 – Das Tribunal Nacional de Defensa de la Competencia wird aus sieben (7) Mitgliedern bestehen, die über den notwendigen Hintergrund und die erforderliche Befähigung für die Ausübung des Amtes verfügen. Mindestens zwei der Mitglieder müssen Volljuristen, mindestens zwei andere Mitglieder Wirtschaftswissenschaftler sein; alle Mitglieder müssen über mindestens fünf Jahre Berufserfahrung verfügen. Mit Ausnahme der Lehrtätigkeit sind die Mitglieder während ihres Mandates zu einer ausschließlichen Tätigkeit bei dem Gericht verpflichtet.

Art. 19 – Die Mitglieder des Gerichts werden von der Zentralregierung nach öffentlicher Stellenausschreibung und Durchführung eines Wettbewerb vor einem Ausschuss, der sich aus dem Vertreter des öffentlichen Interesses, dem Staatssekretär für Wettbewerbs- und Verbraucherschutz des Ministeriums für Wirtschaft und Öffentliche Dienste, dem Präsidenten der Handelsausschüsse beider Kammern der gesetzgebenden Gewalt, dem Präsidenten der Berufungskammer in Handelssachen, sowie den Präsidenten der nationalen Akademie für Rechtswissenschaften und der nationalen Akademie für Wirtschaftswissenschaften zusammensetzt, ernannt.

Art. 20 – Die Mitglieder des Gerichts üben ihr Amt für sechs (6) Jahre aus. Die Mandate werden anteilig alle drei Jahre erneuert, wobei die Mitglieder gemäß dem im vorherigen Artikel dargestellten Verfahren wiedergewählt werden können. Nach Ablauf der ersten drei Jahre werden die Mandate von drei Mitgliedern erneuert, nach Ablauf der folgenden drei Jahre die der übrigen vier Mitglieder. Die Mitglieder können nur nach einer Entscheidung – mit einfacher Mehrheit - des Prüfungsgremiums vom Amt enthoben werden.

Das Amtsenthebungsverfahren wird zwingend eingeleitet, wenn eine Anklage der Regierung oder des Präsidenten des Gerichts vorliegt, in allen anderen Fällen bedarf es einer Entscheidung des Ausschusses.

Der Ausschuss legt Verfahrensregeln fest, die das Recht auf Verteidigung und einen ordnungsgemäßen Verfahrensablauf garantieren.

Art. 21 – Gründe für eine Amtsenthebung der Mitglieder des Gerichts sind:

a) die ungenügende Amtsausübung;
b) wiederholte Fahrlässigkeit, durch die die Erledigung der Verfahren verzögert werden;
c) die plötzlich eintretende Geschäftsunfähigkeit;
d) die Verurteilung wegen einer vorsätzlich begangenen Straftat;
e) der Verstoß gegen Unvereinbarkeitsvorschriften;
f) das Unterlassen, sich nach den Vorschriften der Zivil- und Handelsprozessordnung für befangen zu erklären.

Art. 22 – Im Falle der Eröffnung eines Gerichtsverfahrens wegen einer vorsätzlichen Straftat gegen ein Mitglied des Gerichts wird dieses mit sofortiger Wirkung vorübergehend von der Amtsausübung entbunden.

Art. 23 – Im Zuständigkeitsbereich des *Tribunal Nacional de Defensa de la Competencia* wird das Nationale Wettbewerbsregister gegründet, in dem alle Zusammenschlussvorgänge im Sinne von Kapitel III sowie alle abschließenden Entscheidungen des Gerichts eingetragen werden müssen. Das Register ist öffentlich.

Art. 24 – Die Aufgaben und Befugnisse des *Tribunal Nacional de Defensa de la Competencia* umfassen:

a) die Durchführung der vom Gericht für erforderlich gehaltenen Marktstudien und Nachforschungen. Dafür kann das Gericht bei Privatpersonen, allen staatlichen, regionalen und kommunalen Behörden sowie den Verbraucher- und Benutzerschutzverbänden diejenigen Unterlagen anfordern, die es für erforderlich hält;

b) die Anhörung von mutmaßlichen Verantwortlichen, Anzeigenerstattern, Geschädigten, Zeugen und Gutachtern, die Entgegennahme ihrer Erklärungen sowie die Anordnung von Gegenüberstellungen. Dabei kann das Gericht die Unterstützung durch Polizeikräfte beantragen;

c) die Begutachtung von Büchern, Dokumenten und aller sonstigen für die Untersuchung sachdienlichen Beweismittel, die Kontrolle von Lagerbeständen sowie die Nachprüfung von Herkunft und Kosten von Rohstoffen und anderen Gütern;

d) die Verhängung der in diesem Gesetz vorgesehenen Strafen und Sanktionen;

e) die Förderung von Studien und Forschungsarbeiten auf dem Gebiet des Wettbewerbsschutzes;

f) Stellungnahmen zu Gesetzen, Verordnungen, Verwaltungsvorschriften und Verwaltungsakten auf dem Gebiet des Wettbewerbsschutzes und des freien Wettbewerbs, wann immer das Gericht dies für sachdienlich hält, ohne dass den Stellungnahmen Bindungswirkung zukommt.

g) die Erstellung genereller oder zweigwirtschaftlicher Empfehlungen bezüglich der Wettbewerbsbedingen auf den Märkten;

h) das Aushandeln von internationalen Verträgen, Vereinbarungen oder Übereinkommen auf dem Gebiet der Wettbewerbsregulierung oder der Wettbewerbspolitik in Zusammenarbeit mit der jeweils zuständigen Dienststelle;

i) die Ausarbeitung von internen Verfahrensregeln, die unter anderem den Wahlmodus und die Amtszeit des Präsidenten bestimmen, der das Gericht rechtlich vertritt;

j) die Einrichtung des durch dieses Gesetz geschaffenen Nationalen Wettbewerbregisters;

k) die Förderung und Erhebung von Klagen vor Gerichten, wofür ein gesetzlicher Vertreter ernannt wird;

l) die Hemmung von prozessualen Fristen dieses Gesetzes durch den Erlass von begründeten Entscheidungen;

ll) die Durchsuchung von Räumlichkeiten mit der Zustimmung der Bewohner oder mit einer richterlichen Anordnung, die das Gericht beim zuständigen Richter zu beantragen hat und über die der Richter innerhalb von 24 Stunden entscheiden muss.

m) die Beantragung der nach Auffassung des Gerichts notwendigen einstweiligen Anordnungen beim zuständigen Richter, der über die Anträge innerhalb einer Frist von 24 Stunden entschieden muss;

n) der Abschluss von Übereinkünften mit den Organen der Provinzen und Gemeinden über die Einrichtung von Büros zur Entgegennahme von Anzeigen in den Provinzen;

ñ) dem Präsidenten des Gerichts obliegt die Ausübung der Verwaltungsfunktionen; er ist befugt, Personal für besondere oder außerordentliche Arbeiten einzustellen und deren Arbeitsbedingungen und Lohn festzulegen, wenn die Arbeiten nicht vom Stammpersonal ausgeführt werden können. Das Arbeitsverhältnis des Stammpersonals unterliegt den Vorschriften des Gesetzes über Arbeitsverträge;

o) der Abschluss von Übereinkünften mit Verbraucherschutzverbänden zur Beteiligung der Gesellschaft im Bereich des Wettbewerbsschutzes und der Förderung der Transparenz der Märkte.

Kapitel V
Der Haushalt

Art. 25 – Das *Tribunal Nacional de Defensa de la Competencia* hat einen jährlichen Haushaltsentwurf anzufertigen und der Regierung vorzulegen.

Das Gericht wird eine Gebührenordnung für die Gebühren festlegen, die von den Beteiligten für die Einleitung eines Verfahrens zu entrichten sind. Die Einnahmen werden zur Finanzierung der ordentlichen Ausgaben der Behörde verwendet.

Kapitel VI
Das Verfahren

Art. 26 – Das Verfahren beginnt von Amts wegen oder durch die Anzeige einer natürlichen, juristischen, privaten oder öffentlichen Person.

Art. 27 – Alle Fristen dieses Gesetzes berechnen sich nach den gesetzlich vorgeschriebenen Amtstagen.

Art. 28 – Die Anzeige muss enthalten:

a) Name und Anschrift des die Anzeige Einreichenden;
b) den genauen Gegenstand der Anzeige;
c) die genauen Tatsachen, auf die sich die Anzeige stützt;
d) die Darstellung des verletzten Rechts.

Art. 29 – Wenn das Gericht die Anzeige für zulässig hält, wird dem mutmaßlich Verantwortlichen eine Abschrift zugestellt, damit dieser innerhalb von zehn Tagen eine sachdienliche Erklärung abgibt. Wird das Verfahren von Amts wegen eröffnet, wird dem mutmaßlich Verantwortlichen eine Abschrift des Tatsachenberichts und der rechtlichen Begründung zugestellt.

Die Zustellung der Abschrift der vorliegenden Beweismittel erfolgt innerhalb der gleichen Frist.

Art. 30 – Nach erfolgter Stellungnahme oder nach Ablauf der Frist entscheidet das Gericht über die Zulässigkeit des Ermittlungsverfahrens.

Art. 31 – Wenn das Gericht davon überzeugt ist, dass die Stellungnahme zutrifft, oder wenn nach Abschluss der Ermittlungen keine hinreichenden Anhaltspunkte für eine weitere Rechtsverfolgung vorliegen, wird die Archivierung des Verfahrens angeordnet.

Art. 32 – Nach Abschluss des Ermittlungsverfahrens benachrichtigt das Gericht den vermutlich Verantwortlichen, damit dieser innerhalb einer Frist von fünfzehn (15) Tagen zu seiner Entlastung vortragen und Beweise vorbringen kann, die er für sachdienlich hält.

Art. 33 – Entscheidungen des Gerichts auf dem Gebiet des Beweisrechts sind nicht anfechtbar.

Allerdings kann beim Gericht eine Überprüfung der vorgelegten Beweismittel im Hinblick auf deren Erheblichkeit, Zulässigkeit, Geeignetheit und Sachdienlichkeit beantragt werden.

Art. 34 – Nach Abschluss der Beweisaufnahme können die Beteiligten innerhalb einer Frist von sechs (6) Tagen eine Stellungnahme zu deren Ergebnis abgeben. Das Gericht muss innerhalb einer Frist von höchstens sechzig (60) Tagen eine abschließende Entscheidung treffen. Mit der Entscheidung des Gerichts ist der Verwaltungsweg beendet.

Art. 35 – Das Gericht kann zu jedem Verfahrenszeitpunkt die Einstellung oder das Unterlassen der rechtswidrigen Verhaltensweise anordnen. Ist eine erhebliche Verletzung der Wettbewerbsordnung zu befürchten, kann das Gericht die zur Vermeidung dieser Verletzung erforderlichen Maßnahmen treffen. Gegen diese Entscheidungen kann Beschwerde mit Devolutiveffekt in der in Art. 52 und 53 vorgesehen Form und Frist eingelegt werden.

Entsprechend kann das Gericht von Amts wegen oder auf Antrag eines Beteiligten angesichts von Umständen, die nach Erlass der Maßnahme eingetreten sind, oder bei Erlass nicht berücksichtigt werden konnten, die Aufhebung, die Abänderung oder den Widerruf von getroffenen Maßnahmen anordnen.

Art. 36 – Bis zum Erlass der in Art. 34 vorgesehenen Entscheidung kann sich der mutmaßlich Verantwortliche zur sofortigen oder stufenweisen Beendigung, oder zu einer Abänderung der untersuchten Verhaltensweise verpflichten.

Diese Verpflichtung muss vom *Tribunal Nacional de Defensa de la Competencia* genehmigt werden, damit das Verfahren eingestellt wird.

Wird die Verpflichtung während eines Zeitraumes von drei (3) Jahren eingehalten, wird der Vorgang archiviert.

Art. 37 – Das Gericht kann von Amts wegen oder auf Antrag eines Beteiligten innerhalb von drei (3) Tagen nach Bekanntgabe und ohne Durchführung eines weiteren Verfahrens Unklarheiten, Auslassungen und Widersprüche berichtigen.

Art. 38 – Das *Tribunal Nacional de Defensa de la Competencia* kann eine öffentliche Anhörung anberaumen, wenn es dies für den Fortgang der Untersuchungen für förderlich hält.

Art. 39 – Die Entscheidung des *Tribunal Nacional de Defensa de la Competencia* hinsichtlich der Durchführung einer Anhörung müssen je nach Fall enthalten:

a) die Bezeichnung der laufenden Untersuchung;
b) die Art der Anhörung;
c) den Zweck;
d) Datum, Uhrzeit und Ort der Durchführung;
e) sonstige Voraussetzungen für Anwesenheit und Teilnahme.

Art. 40 – Die Anhörungen müssen mindestens zwanzig (20) Tage im voraus einberufen und den in der Verfahrensakte bezeichneten Beteiligten mindestens fünfzehn (15) Tage im voraus bekannt gegeben werden.

Art. 41 – Die Einberufung einer öffentlichen Anhörung muss im Gesetzesblatt und in zwei Zeitungen mit nationalem Umlauf mindestens zehn (10) Tage im voraus veröffentlicht werden. Die Veröffentlichung muss zumindest die in Art. 39 vorgesehenen Informationen enthalten.

Art. 42 – Das Gericht kann in den vor ihm durchgeführten Verfahren die Nebenintervention als Streithelfer von vom Untersuchungsgegenstand Betroffener, von Verbraucherschutzverbänden und Unternehmensvereinigungen, von Provinzen, sowie allen anderen Personen mit einem berechtigten Interesse am Untersuchungsgegenstand, zulassen.

Art. 43 – Das Gericht kann Gutachten über den Untersuchungsgegenstand von anerkannt befähigten natürlichen oder juristischen Personen des öffentlichen oder privaten Rechts anfordern.

Art. 44 – Entscheidungen, in denen das Gericht Sanktionen verhängt, werden, nachdem sie den Betroffenen bekanntgegeben und rechtskräftig geworden sind, im Gesetzesblatt und - wenn das Gericht dies für sachdienlich hält – in den Zeitungen mit der höchsten Auflage auf Kosten des Bestraften veröffentlicht.

Art. 45 – Der Steller einer falschen Anzeige unterliegt den in Art. 46 b) vorgesehenen Sanktionen, wenn er die falschen Angaben oder Unterlagen mit der Absicht benutzt hat, den Wettbewerb zu schädigen. Andere zivil- oder strafrechtliche Klagen werden hierdurch nicht berührt.

Kapitel VII
Die Sanktionen

Art. 46 – Natürliche und juristische Personen, die gegen Vorschriften dieses Gesetzes verstoßen, unterliegen folgenden Sanktionen:

a) der Unterlassungsanordnung der in Kapitel I und II vorgesehenen Handlungen und Verhaltensweisen;

b) diejenigen, die eine der nach Kapitel I, II oder Kapitel III Art. 13 verbotenen Handlungen verwirklichen, werden mit einem Bußgeld von zehntausend Pesos ($ 10.000) bis zu einhundertfünfzig Millionen Pesos ($ 150.000.000) belegt. Die Höhe des Bußgelds bemisst sich nach:
   1. den Verlusten, die allen durch die verbotene Tätigkeit betroffenen Personen entstanden sind;
   2. dem Gewinn, den die an der verbotenen Tätigkeit beteiligten Personen erzielt haben;
   3. dem Wert der in die verbotene Tätigkeit verwickelten Vermögensgegenstände der unter 2. bezeichneten Personen zum Zeitpunkt des Verstoßes.

   Bei einer Wiederholung verdoppelt sich der Betrag des Bußgelds.

c) im Falle des Missbrauchs einer marktbeherrschenden Stellung oder der Erlangung oder Verfestigung einer Monopol- oder Oligopolstellung unter Verstoß gegen die Vorschriften dieses Gesetzes kann das Gericht unbeschadet weiterer Sanktionen die Erfüllung von Bedingungen anordnen, die

die Aufhebung der Wettbewerbsverzerrung bezwecken sowie die Auflösung, Liquidierung, Entflechtung oder Aufteilung der rechtswidrig handelnden Unternehmen beim zuständigen Richter beantragen.

d) wer die Vorschriften von Art. 8, 35 oder 36 nicht erfüllt, wird mit einem Zwangsgeld von bis zu einer Millionen Pesos ($ 1.000.000) pro Kalendertag ab Ablauf der Anmeldepflicht für den Zusammenschluss, oder ab dem Zeitpunkt, zu dem die getroffene Vereinbarung, die Einstellungs- oder die Unterlassungsanordnung nicht mehr beachtet wird, belegt.

Art. 47 – Juristische Personen sind verantwortlich für die Handlungen natürlicher Personen, die im Namen, mit Hilfe oder zum Vorteil der juristischen Person gehandelt haben, selbst wenn der die Stellvertretung begründende Rechtsakt unwirksam ist.

Art. 48 – Wird eine der in diesem Gesetz vorgesehenen Rechtsverletzungen von einer juristischen Person begangen, so haften die Vorstandsmitglieder, Geschäftsführer, Verwalter, Vertreter der Anteilseigner, Aufsichtsratsmitglieder, Bevollmächtigten und Stellvertreter gemeinschaftlich für das Bußgeld, wenn sie aufgrund ihrer Tätigkeit zur Begehung der Rechtsverletzung beigetragen oder ermutigt haben, oder die Rechtsverletzung aufgrund der Nichtausübung ihrer Kontroll- , Überwachungs- oder Aufsichtspflichten zugelassen haben.

In diesen Fällen können die juristische Person sowie alle im vorhergehenden Absatz aufgezählten Personen zusätzlich mit dem Verbot der Ausübung des Handelsgeschäftes von einem (1) bis zu zehn (10) Jahren belegt werden.

Art. 49 – Bei der Festlegung des Bußgelds muss das Gericht die Schwere der Rechtsverletzung, den verursachten Schaden, Anzeichen von Absicht, den Marktanteil des rechtswidrig Handelnden, die Größe des betroffenen Marktes, die Dauer der Handlung oder des Zusammenschlusses, Rückfälle oder Vorstrafen des Verantwortlichen sowie seine wirtschaftliche Leistungsfähigkeit berücksichtigen.

Art. 50 – Personen, die Untersuchungen des Gerichts behindern oder erschweren, oder dessen Aufforderungen nicht nachkommen, können mit einer Geldbuße von bis zu fünfhundert Pesos ($ 500) täglich belegt werden. Liegt eine solche Zuwiderhandlung nach Auffassung des Gerichts vor, wird dem mutmaßlich Verantwortlichen Akteneinsicht bezüglich der Anschuldigungen gegeben, woraufhin dieser sich innerhalb einer Frist von fünf (5) Tagen entlasten und sachdienliche Beweise vorbringen kann.

Art. 51 – Natürliche und juristische Personen, die durch von diesem Gesetz verbotene Verhaltensweisen einen Schaden erlitten haben, können eine Schadensersatzklage für alle direkten und indirekten Schäden nach den Regeln des gemeinen Rechts vor dem in dieser Materie zuständigen Richter erheben.

Kapitel VIII
Rechtsmittel

Art. 52 – Gegen Entscheidungen des Gerichts, durch die

a) die Anwendung von Sanktionen;
b) die Beendigung oder das Unterlassen einer Handlung;
c) die Untersagung oder die Genehmigung unter Auflagen eines unter Kapitel III fallenden Vorgangs;
d) die Abweisung einer Anzeige durch das *Tribunal Nacional de Defensa de la Competencia*,

angeordnet werden, kann Beschwerde eingelegt werden.

Die unter a) fallenden Beschwerden entfalten aufschiebende Wirkung, die unter b), c) und c) fallenden Beschwerden nur Devolutiveffekt.

Art. 53 – Das Rechtsmittel der Beschwerde muss vor dem *Tribunal Nacional de Defensa de la Competencia* innerhalb einer Frist von fünfzehn (15) Tagen nach Bekanntgabe der Entscheidung eingelegt und begründet werden. Das Gericht muss den Vorgang innerhalb einer Frist von fünf (5) Tagen nach Einlegung des Rechtsmittels an das zuständige Bundesgericht übergeben.

Kapitel IX
Verjährung

Art. 54 – Ansprüche, die aus in diesem Gesetz behandelten Rechtsverletzungen entstehen, verjähren innerhalb von fünf (5) Jahren.

Art. 55 – Die Verjährungsfrist wird durch eine Anzeige oder durch die Begehung einer weiteren von diesem Gesetz unter Strafe gestellten Tat unterbrochen.

Kapitel X
Ergänzende und Übergangsvorschriften

Art. 56 – In allen nicht von diesem Gesetz und seinen Verfahrensvorschriften behandelten Fällen finden die Vorschriften des Strafgesetzbuches und der Strafprozessordnung ergänzend Anwendung, falls diese mit den Bestimmungen dieses Gesetzes vereinbar sind.

Art. 57 – Die Vorschriften des Gesetzes 19.549 finden keine Anwendung auf Sachverhalte, die in den Anwendungsbereich dieses Gesetz fallen.

Art. 58 – Das Gesetz 22.262 wird außer Kraft gesetzt. Dessen ungeachtet werden Angelegenheiten, die zum Zeitpunkt des Inkrafttretens des vorliegenden Gesetzes bereits in Bearbeitung waren, weiterhin im Einklang mit den Vorschriften des erwähnten Gesetzes von dessen vollziehender Behörde bearbeitet. Diese Behörde wird bis zur Errichtung und Aufnahme der Geschäftstätigkeit des *Tribunal Nacional de Defensa de la Competencia* bestehen bleiben. Ebenso wird sie in allen ab Inkrafttreten des vorliegenden Gesetzes eingeleiteten Verfahren entscheiden. Nach Errichtung des Gerichts werden die Verfahren an dieses zur Erledigung übergeben.

Art. 59 – Alle Übertragungen von Zuständigkeiten auf andere Behörden und staatliche Einrichtungen, die im Zusammenhang mit dem Regelungsgegenstand und dem Zweck dieses Gesetzes stehen, werden aufgehoben.

Art. 60 – Die Regierung wird innerhalb einer Frist von einhundertzwanzig (120) Tagen ab dem Zeitpunkt der Veröffentlichung eine Verfahrensregelung für dieses Gesetz verabschieden.

Art. 61 – Das Gesetz ist der ausführenden Gewalt bekanntzugeben.

Geschehen im Sitzungssaal des argentinischen Kongresses, in Buenos Aires, am fünfundzwanzigsten Tag des Monats August des Jahres neunzehnhundertneunundneunzig. *Alberto R. Pierri – Carlos F. Ruckauf – Juan Estrada – Juan C.Oyarzún.*

MERCOSUR/CMC/Dec. Nr. 18/96

Protokoll zum Schutz des Wettbewerbs des MERCOSUR

IN ANBETRACHT des Vertrages von Asunción, des Protokolls von Ouro Preto, der Entscheidung 21/94 des Rates des Gemeinsamen Marktes, des Beschlusses 129/94 der Gruppe Gemeinsamer Markt und der Richtlinie 1/95 der Handelskommission des MERCOSUR,

IN DER ERWÄGUNG,

dass der freie Waren- und Dienstleistungsverkehr zwischen den Vertragsstaaten die Schaffung angemessener Wettbewerbsbedingungen erfordert,

dass es wichtig ist, über ein gemeinsames Instrumentarium zur Bewahrung und Förderung des Wettbewerbs innerhalb des MERCOSUR zu verfügen, und somit zur Verwirklichung der im Vertrag von Asunción begründeten Ziele des freien Handels beizutragen,

ENTSCHEIDET DER RAT DES GEMEINSAMEN MARKTES:

Art. 1 – Das Protokoll zum Schutz des Wettbewerbs des MERCOSUR, das als Anhang beigefügt und Bestandteil dieser Entscheidung ist, wird verabschiedet.

Art. 2 – Untersuchungen wegen Dumpings, die ein Vertragsstaat bezüglich Einfuhren durchführt, die aus einem anderen Vertragsstaat stammen, werden bis zum 31. Dezember 2000 in Übereinstimmung mit den nationalen Vorschriften durchgeführt. Bis zu diesem Zeitpunkt werten die Vertragsstaaten Vorschriften und Bedingungen aus, durch die dieses Thema im MERCOSUR geregelt werden wird.

Art. 3 – Der Beginn einer Untersuchung, auf die sich Art. 2 dieser Entscheidung bezieht, ist in allen Fällen der Regierung des betroffenen Ausfuhrstaates des MERCOSUR im voraus mitzuteilen; diese kann Beratungen durchführen oder Zusatzinformationen zur Aufklärung des Falles anbieten.

Protokoll zum Schutz des Wettbewerbs des MERCOSUR

Die Republik Argentinien, die Bundesrepublik Brasilien, die Republik Paraguay und die Republik Uruguay, nachfolgend Vertragsstaaten genannt,

IN DER ERWÄGUNG

dass der freie Waren- und Dienstleistungsverkehr zwischen den Vertragsstaaten es unerlässlich macht, angemessene Wettbewerbsbedingungen sicherzustellen, die zur Festigung der Zollunion beitragen;

dass die Vertragsstaaten bei der Ausübung von Wirtschaftstätigkeiten in ihren Hoheitsgebieten gleiche Wettbewerbsbedingungen sicherstellen müssen;

dass der gleichmäßige und harmonische Ausbau der grenzüberschreitenden Handelsbeziehungen ebenso wie die Erhöhung der Wettbewerbsfähigkeit der in den Vertragsstaaten niedergelassenen Unternehmen in hohem Maße von der Festigung eines wettbewerbsorientierten Umfelds im Integrationsraum des MERCOSUR abhängen wird;

der dringenden Notwendigkeit der Schaffung von Richtlinien, die den Vertragsstaaten und den in ihnen niedergelassenen Unternehmen hinsichtlich des Schutzes des Wettbewerbs im MERCOSUR als Leitlinie dienen und als Instrumentarium für die Sicherstellung des freien Marktzugangs und der ausgewogenen Verteilung der Vorteile des wirtschaftlichen Integrationsprozesses,

VEREINBAREN:

Kapitel I – Regelungsgegenstand und Anwendungsbereich

Art. 1 – Das vorliegende Protokoll hat den Schutz des Wettbewerbs innerhalb des MERCOSUR zum Regelungsgegenstand.

Art. 2 – Die Bestimmungen dieses Protokolls sind auf Verhaltensweisen anwendbar, die von natürlichen und juristischen Personen des öffentlichen und privaten Rechts oder sonstigen Einrichtungen ausgehen, die sich auf den Wettbewerb innerhalb des MERCOSUR auswirken oder dies bezwecken und den Handel zwischen den Vertragsstaaten beeinträchtigen.

Einziger Unterabsatz – Zu den im vorhergehenden Absatz genannten juristischen Personen gehören auch Unternehmen, die ein staatliches Monopol ausüben, soweit die Bestimmungen dieses Protokolls nicht die ordnungsgemäße Erfüllung der gesetzlichen Aufgaben behindert.

Art. 3 – Jeder Vertragsstaat ist ausschließlich zuständig für die Regelung von Akten, die von natürlichen und juristischen Personen des öffentlichen und privaten Rechts oder von einer sonstigen in ihm ansässigen Einrichtung innerhalb seines Hoheitsgebietes begangen werden und deren Auswirkungen auf den Wettbewerb sich auf ihn beschränken.

Kapitel II – Wettbewerbsbeschränkende Handlungen und Verhaltensweisen

Art. 4 – Unabhängig vom Vorliegen eines Verschuldens stellen diejenigen individuellen oder abgestimmten Verhaltensweisen jedweder Art und Weise einen Verstoß gegen die Bestimmungen dieses Protokolls dar, die eine Begrenzung, Beschränkung, Verfälschung oder Verzerrung des Wettbewerbs oder des Marktzugangs bezwecken oder bewirken, oder die einen Missbrauch einer beherrschenden Stellung auf einem relevanten Waren- oder Dienstleistungsmarkt innerhalb des MERCOSUR darstellen und die den Handel zwischen den Vertragsstaaten beeinträchtigen.

Art. 5 – Die bloße Eroberung eines Marktes, die auf dem natürlichen Prozess einer höheren Wirtschaftlichkeit des Wirtschaftsteilnehmers im Vergleich zu seinen Wettbewerbern beruht, stellt keinen Wettbewerbsverstoß dar.

Art. 6 – Soweit die Voraussetzungen des Art. 4 erfüllt sind, stellen unter anderem folgende Handlungen eine wettbewerbsbeschränkende Verhaltensweisen dar:

I. die unmittelbare oder mittelbare, individuelle oder mit Wettbewerbern abgestimmte Festsetzung, Auferlegung oder Anwendung jeglicher Art von Preisen und Bedingungen des An- oder Verkaufs von Waren, der Erbringung von Dienstleistungen oder der Produktion;

II. die Durchsetzung oder die Einflussnahme auf die Einführung einheitlicher oder zwischen Wettbewerbern abgestimmter wirtschaftlicher Verhaltensweisen;

III. die Regulierung von Waren- oder Dienstleistungsmärkten durch den Abschluss von Vereinbarungen mit dem Ziel, die Forschungstätigkeit und den technischen Fortschritt, die Herstellung von Waren oder die Erbringung von Dienstleistungen zu begrenzen oder zu kontrollieren, oder um Investitionen für die Herstellung von Waren oder Dienstleistungen oder deren Betrieb zu erschweren,

IV. die Aufteilung von Märkten für Dienstleistungen, für fertige oder halbfertige Produkte, von Rohstoffversorgungsquellen oder von Zwischenprodukten;

V. die Beschränkung oder Verhinderung des Marktzutritts neuer Unternehmen;

VI. die Vereinbarung von Preisen oder Vorteilen, die den Wettbewerb bei öffentlichen Ausschreibungen beeinträchtigen können;

VII. die Anwendung unterschiedlicher Bedingungen gegenüber Vertragspartnern im Falle gleichwertiger Leistungen, wodurch diese in eine nachteilige Wettbewerbsposition versetzt werden;

VIII. die Verknüpfung des Verkaufs einer Ware mit dem Erwerb einer anderen Ware oder mit der Inanspruchnahme einer Dienstleistung, oder die Verknüpfung der Erbringung einer Dienstleistung mit der Inanspruchnahme einer anderen Dienstleistung oder des Kaufs einer Ware;

IX. die Verhinderung des Zugangs von Wettbewerbern zu Produktionsmitteln, Rohstoffen, Ausrüstungen oder Technologien sowie zu Vertriebswegen;

X. das Verlangen oder das Einräumen eines Ausschließlichkeitsrechts für die Verbreitung von Werbung in den Medien;

XI. die Unterwerfung des An- oder Verkaufs unter die Bedingung, Waren oder Dienstleistungen, die von Dritten hergestellt, verarbeitet oder vermarktet werden, nicht zu benutzen, zu erwerben, zu verkaufen oder zu liefern;

XII. der nicht durch Handelsbräuche gerechtfertigte Verkauf von Waren unter dem Selbstkostenpreis;

XIII. die ungerechtfertigte Weigerung des Verkaufs von Waren oder der Erbringung von Dienstleistungen;

XIV. die ungerechtfertigte Unterbrechung oder Verringerung der Produktion in erheblichem Umfang;

XV. die Zerstörung, Unbrauchbarmachung oder Anhäufung von Rohstoffen, Zwischen- oder Endprodukten, sowie die Zerstörung, Unbrauchbarmachung oder Funktionsbeeinträchtigung von Geräten, die dazu bestimmt sind, jene zu erzeugen, zu vertreiben oder zu transportieren;

XVI. die ungerechtfertigte Aufgabe, Bestimmung zur Aufgabe oder Zerstörung von Anpflanzungen oder Plantagen;

XVII. die Manipulation des Marktes mit dem Ziel, Preise zu durchzusetzen.

Kapitel III – Die Kontrolle von Handlungen und Verträgen

Art. 7 – Mit dem Ziel der Eingliederung in die Rechtsordnung des MERCOSUR werden die Vertragsstaaten innerhalb eines Zeitraumes von zwei Jahren gemeinsame Vorschriften zur Kontrolle von Handlungen und Verträgen jedweder Art verabschieden, die den freien Wettbewerb beschränken oder in irgendeiner Weise beeinträchtigen können, oder die zur Beherrschung eines relevanten regionalen Marktes für Waren oder Dienstleistungen führen können, einschließlich der zu einem wirtschaftlichen Zusammenschluss führenden [Handlungen und Verträge] im Hinblick darauf, mögliche wettbewerbswidrige Folgen innerhalb des MERCOSUR zu verhindern.

Kapitel IV – Die Anwendungsorgane

Art. 8 – Die Anwendung des vorliegenden Protokolls obliegt der Handelskommission des MERCOSUR gemäß den Bestimmungen von Art. 19 des Protokolls von Ouro Preto, sowie dem Ausschuss zum Schutz des Wettbewerbs.

Einziger Unterabsatz – Der Ausschuss zum Schutz des Wettbewerbs ist ein zwischenstaatliches Organ, das sich aus den nationalen Organen zur Anwendung des vorliegenden Protokolls in den Vertragsstaaten zusammensetzt.

Art. 9 – Der Ausschuss zum Schutz des Wettbewerbs legt der Handelskommission des MERCOSUR die Durchführungsregelung zum vorliegenden Protokoll zur Zustimmung vor.

Kapitel V – Das Durchführungsverfahren

Art. 10 – Die nationalen Durchführungsorgane leiten das im vorliegenden Protokoll vorgesehene Verfahren von Amts wegen ein oder auf den begründeten Antrag einer berechtigterweise interessierten Partei, der dem Ausschuss zum Schutz des Wettbewerbs zusammen mit einer vorläufigen technischen Stellungnahme vorzulegen ist.

Art. 11 – Nach Durchführung einer vorläufigen technischen Prüfung eröffnet der Ausschuss zum Schutz des Wettbewerbs die Untersuchung oder stellt, unter Vorbehalt der Zustimmung der Handelskommission des MERCOSUR, das Verfahren ein.

Art. 12 – Der Ausschuss zum Schutz des Wettbewerbs liefert der Handelskommission des MERCOSUR regelmäßig Berichte über den Verfahrensstand der untersuchten Fälle.

Art. 13 – Im Falle von Dringlichkeit oder der Gefahr eines nicht wiedergutzumachenden Schadens für den Wettbewerb kann der Ausschuss zum Schutz des Wettbewerbs, unter Vorbehalt der Zustimmung der Handelskommission, die Anwendung vorläufiger Maßnahmen anordnen, einschließlich der sofortigen Beendigung der untersuchten Verhaltensweise, der Wiederherstellung des ursprünglichen Zustands, sowie sonstiger ihm notwendig erscheinenden Maßnahmen.

1. Im Fall der Nichtbefolgung der vorläufigen Maßnahme kann der Ausschuss zum Schutz des Wettbewerbs, unter Vorbehalt der Zustimmung der Handelskommission des MERCOSUR, gegen die zuwiderhandelnde Partei ein Zwangsgeld verhängen.

2. Die vorläufige Maßnahme und das Zwangsgeld werden von dem nationalen Durchführungsorgan des Staates vollstreckt, in dem die beschuldigte Partei ansässig ist.

Art. 14 – Der Ausschuss zum Schutz des Wettbewerbs stellt für jeden Untersuchungsfall Richtlinien auf, die unter anderem die Struktur des relevanten Marktes, die Beweismittel für die Handlungsweise, sowie Prüfungskriterien für die wirtschaftlichen Auswirkungen der untersuchten Verhaltensweise bestimmen.

Art. 15 – Das nationale Durchführungsorgan des Vertragsstaats, auf dessen Hoheitsgebiet der Beschuldigte ansässig ist, führt die Untersuchung wegen der wettbewerbsbeschränkenden Verhaltensweise nach Maßgabe der in Art. 14 aufgestellten Richtlinien durch.

1. Das die Untersuchung führende nationale Durchführungsorgan veröffentlicht in regelmäßigen Abständen Berichte über seine Tätigkeit.

2. Dem Beschuldigten wird die Ausübung seines Rechts auf Verteidigung garantiert.

Art. 16 – Die Durchführungsorgane der anderen Vertragsstaaten haben dem für die Untersuchung verantwortlichen nationalen Organ durch Beibringung von Informationen, Unterlagen oder sonstiger, für die ordnungsgemäße Durchführung des Verfahrens als wesentlich erachteter Mittel Hilfe zu leisten.

Art. 17 – Im Falle von Meinungsverschiedenheiten über die Durchführung der in diesem Protokoll vorgesehenen Verfahren kann der Ausschuss zum Schutz des Wettbewerbs die Handelskommission des MERCOSUR um eine Stellungnahme zu der Angelegenheit ersuchen.

Art. 18 – Nach Abschluss des Untersuchungsverfahrens legt das für die Untersuchung zuständige nationale Organ dem Ausschuss zum Schutz des Wettbewerbs ein abschließendes Gutachten über die Angelegenheit vor.

Art. 19 – Unter Berücksichtigung des vom nationalen Durchführungsorgan erstellten Gutachtens bezeichnet der Ausschuss zum Schutz des Wettbewerbs, vorbehaltlich der Zustimmung der Handelskommission des MERCOSUR, die unzulässigen Verhaltensweisen und ordnet die zu verhängenden Sanktionen oder die sonstigen im Einzelfall zu treffenden Maßnahmen an.

Einziger Unterabsatz – Erzielt der Ausschuss zum Schutz des Wettbewerbs kein Einvernehmen, legt er seine Schlussfolgerungen der Handelskommission des MERCOSUR unter Darlegung der bestehenden Meinungsverschiedenheiten vor.

Art. 20 – Unter Berücksichtigung des Gutachtens und der Schlussfolgerungen des Ausschusses zum Schutz des Wettbewerbs entscheidet die Handelskommission des MERCOSUR durch den Erlass einer Richtlinie, in der die der rechtsverletzenden Partei aufzuerlegenden Sanktionen und sonstigen im Einzelfall zu treffenden Maßnahmen festgelegt werden.

1. Die Sanktionen werden von dem nationalen Anwendungsorgan des Staates, auf dessen Hoheitsgebiet die rechtsverletzende Partei ansässig ist, vollstreckt.

2. Wird kein Einvernehmen erzielt, legt die Handelskommission des MERCOSUR die verschiedenen vorgeschlagenen Alternativen der Gruppe Gemeinsamer Markt vor.

Art. 21 – Die Gruppe Gemeinsamer Markt entscheidet über die Angelegenheit durch Erlass eines Beschlusses.

Einziger Unterabsatz – Wenn die Gruppe Gemeinsamer Markt kein Einvernehmen erzielt, kann der interessierte Vertragsstaat unmittelbar das in Kapitel IV des Protokolls von Brasilia vorgesehene Verfahren über die Streitbeilegung einleiten.

Kapitel VI – Die Beendigungsverpflichtung

Art. 22 – In jedem Verfahrensabschnitt kann der Ausschuss zum Schutz des Wettbewerbs, vorbehaltlich der Zustimmung der Handelskommission des MERCOSUR, eine Verpflichtung zur Beendigung der untersuchten Verhaltensweise erteilen; dies bedeutet weder ein Eingeständnis der Tatsachen noch ein Anerkenntnis der Rechtswidrigkeit der überprüften Handlungsweise.

Art. 23 – Die Beendigungsverpflichtung muss folgende Bestimmungen enthalten:

a) die dem Beschuldigten auferlegten Verpflichtungen, das heißt die Beendigung der untersuchten Verhaltensweise innerhalb der festgelegten Frist;
b) die Höhe des im Falle der Nichterfüllung der Beendigungsverpflichtung aufzuerlegenden täglichen Zwangsgeldes;
c) die Verpflichtung des Beschuldigten, über seine Tätigkeiten auf dem Markt regelmäßige Berichte vorzulegen sowie das nationale Anwendungsorgan über eventuelle Änderungen seiner Gesellschaftsstruktur, seiner Kontrolle, seiner Geschäftstätigkeit und seines Sitzes zu informieren.

Art. 24 – Das Verfahren wird ausgesetzt, solange die Beendigungsverpflichtung erfüllt wird; mit Ablauf der festgesetzten Frist wird das Verfahren abgeschlossen, wenn alle in der Verpflichtung aufgestellten Bedingungen erfüllt sind.

Art. 25 – Der Ausschuss zum Schutz des Wettbewerbs kann, vorbehaltlich der Zustimmung der Handelskammer des MERCOSUR, Änderungen der Beendigungsverpflichtung billigen, wenn nachgewiesen wird, dass sie eine übermäßige Belastung für den Beschuldigten darstellt, Dritten oder der Allgemeinheit keine Nachteile entstehen und die neue Situation keinen Verstoß gegen den Wettbewerb darstellt.

Art. 26 – Die Beendigungsverpflichtung, deren Änderungen und die Sanktion, auf die sich dieses Kapitel bezieht, werden von dem nationalen Anwendungsorgan des Vertragsstaates vollstreckt, auf dessen Hoheitsgebiet der Beschuldigte ansässig ist.

Kapitel VII – Die Sanktionen

Art. 27 – Der Ausschuss zum Schutz des Wettbewerbs ordnet, vorbehaltlich der Zustimmung des Handelskommission des MERCOSUR, die endgültige Beendigung der unzulässigen Verhaltensweise innerhalb einer genau zu bestimmenden Frist an.

1. Im Fall der Nichterfüllung der Untersagungsverfügung wird ein tägliches Zwangsgeld verhängt, das vom Ausschuss zum Schutz des Wettbewerbs, vorbehaltlich der Zustimmung der Handelskommission des MERCOSUR, festgesetzt wird.

2. Die Untersagungsverfügung sowie das verhängte Zwangsgeld werden von dem nationalen Anwendungsorgan des Vertragsstaates vollstreckt, auf dessen Hoheitsgebiet die rechtswidrig handelnde Partei ansässig ist.

Art. 28 – Im Falle des Verstoßes gegen Bestimmungen des vorliegenden Protokolls werden folgende Sanktionen kumulativ oder alternativ verhängt:

I. ein Bußgeld, auf Grundlage des durch die unzulässige Verhaltensweise erzielten Gewinns, des Bruttoumsatzes oder der eingesetzten Vermögenswerte; dieses fällt dem nationalen Anwendungsorgan zu, in dessen Hoheitsgebiet die rechtswidrig handelnde Partei ansässig ist;

II. das Verbot, sich während eines festzusetzenden Zeitraums in irgendeinem der Vertragsstaaten am öffentlichen Beschaffungswesen zu beteiligen;

III. das Verbot, während eines festzusetzenden Zeitraums in irgendeinem der Vertragsstaaten Verträge mit öffentlichen Finanzeinrichtungen zu schließen.

   1. Der Ausschuss zum Schutz des Wettbewerbs kann, vorbehaltlich der Zustimmung der Handelkommission des MERCOSUR, den zuständigen Behörden der Vertragsstaaten empfehlen, dem rechtswidrig Handelnden keine Vergünstigungen irgendwelcher Art oder Erleichterungen bei der Zahlung von Abgaben zu gewähren.

   2. Die in diesem Artikel vorgesehenen Sanktionen werden von dem nationalen Anwendungsorgan vollstreckt, auf dessen Hoheitsgebiet die rechtswidrig handelnde Partei ansässig ist.

Art. 29 – Bei der Zumessung der im vorliegenden Protokoll vorgesehenen Sanktionen sind die Schwere des Falles und die Höhe der dem Wettbewerb innerhalb des MERCOSUR entstandenen Schäden zu berücksichtigen.

Kapitel VIII – Die Zusammenarbeit

Art. 30 – Um die Anwendung des vorliegenden Protokolls sicherzustellen, werden die Vertragsstaaten durch ihre jeweiligen nationalen Anwendungsorgane Mechanismen der Zusammenarbeit und fachlichen Konsultationen einführen, im Sinne

a) einer Systematisierung und Verstärkung der Zusammenarbeit zwischen den zuständigen nationalen Behörden und Einrichtungen, mit dem Ziel die nationalen Systeme und die gemeinsamen Instrumentarien zum Schutz des Wettbewerbs durch ein Programm des Informations- und Erfahrungsaustauschs, der Ausbildung von Fachleuten und der Sammlung von Rechtsprechung auf dem Gebiet des Wettbewerbsschutzes, sowie der gemeinsamen Untersuchung von wettbewerbsschädigenden Verhaltensweisen innerhalb des MERCOSUR zu verbessern;

b) einer Benennung und Bereitstellung der für die Umsetzung des im vorherigen Absatz genannten Kooperationsprogramms notwendigen Hilfsmittel, auch durch Abkommen über eine fachliche Zusammenarbeit auf dem Gebiet des Wettbewerbsschutzes mit anderen Staaten oder regionalen Zusammenschlüssen.

Kapitel IX – Die Streitbeilegung

Art. 31 – Die Beilegung von Meinungsverschiedenheiten hinsichtlich der Anwendung, Auslegung oder Nichteinhaltung der im vorliegenden Protokoll enthaltenen Bestimmungen richtet sich nach dem Protokoll von Brasilia und der Verfahrensordnung für Beschwerden vor der Handelskommission des MERCOSUR, die im Anhang des Protokolls von Ouro Preto aufgeführt ist.

Kapitel X - Übergangs- und Schlussbestimmungen

Art. 32 – Die Vertragsstaaten verpflichten sich, innerhalb eines Zeitraums von zwei Jahren nach dem Inkrafttreten dieses Protokolls und zum Zweck der Eingliederung in dieses Dokument, gemeinsame Vorschriften zur Regelung staatlicher Beihilfen, die den Wettbewerb begrenzen, einschränken, verfälschen oder verzerren können und geeignet sind, den Handel zwischen den Vertragsstaaten zu beeinträchtigen, auszuarbeiten.

Hierbei sind die Fortschritte auf dem Gebiet wettbewerbsverzerrender öffentlicher Politiken und die einschlägigen Vorschriften der WTO zu berücksichtigen.

Art. 33 – Das vorliegende Protokoll, das Bestandteil des Vertrags von Asunción ist, tritt dreißig Tage nach der Hinterlegung der zweiten Ratifizierungsurkunde zwischen den beiden ersten es ratifizierenden Vertragsstaaten, und für die anderen Unterzeichner am dreißigsten Tag nach der Hinterlegung der jeweiligen Ratifizierungsurkunde in Kraft.

Art. 34 – Die Bestimmungen des vorliegenden Protokolls finden keine Anwendung auf wettbewerbsbeschränkende Verhaltensweisen, gegen die die zuständige nationale Behörde eines Vertragsstaates vor dem in Art. 33 vorgesehenen Inkrafttreten eine Untersuchung eingeleitet hatte.

Art. 35 – Das vorliegende Protokoll kann auf Vorschlag eines Vertragsstaates im gegenseitigen Einvernehmen geändert werden.

Art. 36 – Der Beitritt eines Staates zum Vertrag von Asunción bedeutet *ipso iure* den Beitritt zum vorliegenden Protokoll.

Art. 37 – Die Regierung der Republik Paraguay ist Depositar des vorliegenden Protokolls und der Ratifizierungsurkunden und übersendet den Regierungen der anderen Vertragsstaaten ordnungsgemäß beglaubigte Abschriften derselben.

In gleicher Weise gibt die Regierung der Republik Paraguay den Regierungen der anderen Vertragsstaaten das Datum des Inkrafttretens des vorliegenden Protokolls sowie das Datum der Hinterlegung der Ratifizierungsurkunden bekannt.

GESCHEHEN in der Stadt Fortaleza, am siebzehnten Tag des Monats Dezember 1996, in einem Original in spanischer und portugiesischer Sprache, wobei beide Fassungen gleichermaßen verbindlich sind.

Literaturverzeichnis

- *Abdala, Manuel A.*: La independencia del nuevo TNDC muy comprometida, in: El Cronista Comercial, Februar 2001.

- *Ahrens, Helen/Samtleben, Jürgen*: Schiedsgerichtsbarkeit in Paraguay; in: RIW 1990, S. 721 – 726.

- *Andrade, Maria Cecilia*: The Fortaleza Protocol and Mercosur competition law; in: Global Competition 2001, S. 41 – 43.

- *dies.*: A defesa da concorrência no Mercosul e o protocolo de Fortaleza; in: Boletín Latinoamericano de Competencia, Nr. 12, Juli 2001, S. 47 – 51.

- *dies.*: Competition law in Mercosur: recent developments; in: Global Competition Review, Mai 2003, S. 39 – 40.

- *Asplindh, Hugo Alejandro/Bidart, Marina*: Acurdo internacional en la industria de transporte aéreo internacional: Su tratamiento por la Comisión Nacional de Defensa de la Competencia; in: Boletín Latinoamericano de Competencia, Nr. 13, November 2001, S. 3 – 8.

- *Baur, Jürgen F.*: Energieversorgungsmonopole unter dem Recht des Vertrages über die Europäische Gemeinschaft (EGV); in: Festschrift für Ulrich Everling, Baden-Baden 1995, S. 69 – 81.

- *ders.*: Das Tatbestandsmerkmal Wettbewerb; in: ZHR Band 134, S. 97 - 150.

- *ders.*: Der Mißbrauch im deutschen Kartellrecht; Tübingen, 1972.

- *Bergel, Salvador Darío/Battioli, Emilio*: En torno del abuso de derechos de propriedad intelectual y la competencia; in: Revista del Derecho Industrial, Año 15 Nr. 43, Enero – Abril 1993, S. 97 – 111.

- *Biaggini, Pablo/Asplindh, Hugo*: Joint Ventures y el control previo de fusiones y adquisiciones en el derecho argentino.
in: Boletín Latinoamericano de Competencia, Nr. 14, April 2002, S. 3 – 7.
- *Bleckmann, Albert*: Europarecht;
6. Auflage, Köln, Berlin, Bonn, München 1997.

- *Bogo, Jorge*: La fusión Carrefour-Norte: Un análisis critico del dictamen de la Comisión Nacional de Defensa de la Competencia;
in: Boletín Latinoamericano de Competencia, Nr. 12, Juli 2001, S. 27 – 32.

- *Bomchil, Máximo/den Toon, Marcelo*: New Competition Act in Argentina;
in: International Business Lawyer, May 2000, S. 203 – 227.

- *Butera, Mauricio*: La inserción de la agencia de la defensa de la competencia en la agenda política;
in: Boletín Latinoamericano de Competencia, Nr. 13, November 2001, S. 9 – 14.

- *Cabanellas de las Cuevas, Guillermo*: Derecho antimonopólico y de defensa de la competencia;
Buenos Aires 1983.

- *ders.*: El nuevo proyecto de ley de defensa de la competencia;
in: La Ley 1994, Band E, S. 839 – 841.

- *ders./Etzrodt, Wolf*: Das neue argentinische Kartellrecht vom 1.8.1980;
in: RIW 1981, S. 155 - 159.

- *Carbajales, Mariano*: Algunas refexiones sobre la ley de defensa de la competencia;
in: El Derecho, Legislación Argentina 1998, Band A, S. 1371 – 1380.

- *ders.*: Acerca del proyecto de una nueva ley de defensa de la competencia;
in: El Derecho, Legislación Argentina 1997, Band B, S. 1541 – 1546.

- *Cardenas, Emilio*: Características de un abuso de posición dominante;
in: La Ley 1984, Band A, S. 27 – 32.

- *Carmen Pitetti, María del/Marchesini, Dardo G./Soldano, Arquimedes*: Las actualizaciones del derecho de defensa de la competencia introducidas por el Decreto 2284/91;

in: Revista del Derecho Industrial, Año 15, Nr. 43, Enero – Abril 1993, S. 17 – 21.

- *Christensen, Roberto*: Nuevas reflexiones sobre el monopolio y las formas modernas de concentración empresaria;
  in: El Derecho, Band 41, S. 965 – 974.

- *Cionfrini, Ernesto*: Elementos de análisis del control de concentraciones económicas;
  Universidad Pilar, Buenos Aires, November 1999.

- *Coloma, Germán*: La ley argentina de defensa de la comptetencia;
  in: ANALES – Asociación Argentina de Economía Política, XXXII. Reunión Anual, Tomo IV, Bahía Blanca 1997, S. 171 – 186.

- *D'Amore, Marcelo*: Abuso explotativo de posición dominante: El caso YPF en Argentina;
  in: Boletín Latinoamericano de Competencia, Nr. 11, Dezember 2000, S. 7 – 16.

- *D´Albora, Francisco*: Glosas sobre el procedimiento penal. La Ley 22.262;
  in: La Ley 1980, Band D, S. 1404 – 1411.

- *ders./Cruz Lozada, Juan*: La defensa de la competencia ante la justicia;
  in: La Ley 1993, Band D, S. 991 – 1001.

- *Deacon, David/Caballero Sanz, Francisco*: Integración económica y política de defensa de la competencia;
  in: Integración Latinoamericana Nr. 193, September 1993, S. 33 – 51.

- *Dhanjee, Rajan*: Política sobre la competencia y otras políticas de los países en desarrollo relacionadas con las fusiones;
  in: Revista del Derecho Industrial, Año 15 Nr. 43, Enero – Abril 1993, S. 113 – 145.

- *Diaz Labrano, Roberto Ruiz*: Mercosur – integración y derecho;
  Buenos Aires 1998.

- *Dromi, Roberto*: Competencia y Monopolio – Argentina, Mercosur y OMC;
  Buenos Aires 1999.

- *Emmerich, Volker*: Kartellrecht;
9. Auflage, München 2001.

- *Etcheverry, Raúl Aníbal*: Derecho de la competencia y Mercosur. Visión desde Argentina;
in: La Ley 1997, Nr. 154 vom 13. August 1997, S. 1 – 6.
- *Fargosi, Horacio*: Apostilla sobre la Ley de defensa de la competencia;
in: Anales de la legislación Argentina 1980, Boletín 31, S. 8 - 15.

- *ders.*: Breves anotaciones sobre la nueva ley de defensa de la competencia;
in: Antecedentes Parlamentarios 1999, Nr. 9, S. 165 – 171.

- *ders./Stiglitz, Rubén*: La ley de defensa de la competencia y la responsabilidad civil;
in: La Ley 1990, Band D, S. 917 – 925.

- *Faría, Werter*: Defensa de la competencia en el Mercosur;
in: Revista del Derecho Industrial 1993, Nr. 43, Enero – Abril 1993, S. 23 - 55.

- *Franceschini, José Ignácio Gonzaga*: Lei da Concorrência conforme interpretada pelo CADE;
São Paulo 1998.

- *ders.*: Introdução ao Direito da Concorrência;
São Paulo 1996.

- *Frediani, Ramón*: Política de defensa de la competencia;
in: Cuadernos de Administración Pública, Centro de Investigación y Perfeccionamiento en Ciencias Economicas y Administración Pública (CIPEAP) Cordoba, Dezember 1981.

- *Fundación de Investigaciones Económicas Latinoamericanas (FIEL)*: Documento de Trabajo Nr. 44 – Defensa de la competencia;
Buenos Aires, April 1995.

- *García, Américo*: Acerca de la nueva ley de defensa de la competencia;
in: Antecedentes Parlamentarios 1999, Nr. 9, S. 173 – 182.

- *Garcia Cuerva, Hector Maria*: La ley de defensa de la competencia y la obligación de contratar;
in: La Ley 1985, Band E, S. 867 – 871.

- *Gleiss,Alfred /Hirsch,Martin*: Kommentar zum EG-Kartellrecht;
4. Auflage, Heidelberg 1993.

- *Grabitz, Eberhard/Hilf, Meinhard* (Hrsg.): Das Recht der Europäischen Union; EUV/EGV – Amsterdamer Fassung;
20. Ergänzungslieferung, München, August 2002.

- *Grigera Naón Horacio/Samtleben, Jürgen*: Schiedsgerichtsbarkeit in Argentinien;
in: RIW 1983, S. 721 - 731.

- *Grinberg, Mauro*: La competencia entre empresas y el Mercosur: Brasil y Argentina ante la legislación antimonopólica;
in: Revista del Derecho Industrial, Año 15 Nr. 43, Enero – Abril 1993, S. 57 – 68.

- *Groeben, Hans von der/Thiesing, Jochen/Ehlermann, Claus-Dieter* (Hrsg.): Kommentar zum EU-/EG-Vertrag;
5. Auflage, Baden-Baden 1997.

- *Hendler, Edmundo*: Los delitos de la ley de defensa de la competencia;
in: La Ley 1982, Band B, S. 1011 – 1024.

- *ders.*: Las cooperativas y la ley de defensa de la competencia;
in: El Derecho, Band 116, S. 148 – 151.

- *Holz, Eva/Samtleben, Jürgen*: Schiedsgerichtsbarkeit in Uruguay;
in: RIW 1988, S. 197 ff.

- *Hölzler, Heinrich*: Vertikale Verträge – US-Guidelines 1985 und EG-Kartellrecht;
Köln, Berlin, Bonn, München, 1986.

- *Ibarra Pardo, Gabriel*: Políticas de competencia en la integración en América Latina;
in: Integración Latinoamericana Nr. 193, September 1993, S. 45 - 51.

- *Immenga, Ulrich/Mestmäcker, Ernst-Joachim*: EG-Wettbewerbsrecht;
Kommentar, München 1997.

- *Immenga, Ulrich/Mestmäcker, Ernst-Joachim*: GWB-Kommentar;
3. Auflage, München 2001.

- *Korah, Valentine*: An introductory guide to EC Competition Law and Practice; Seventh Edition, London 2000.

- *Langen, Eugen/Bunte, Hermann-Josef* (Hrsg.): Kommentar zum deutschen und europäischen Kartellrecht; 9. Auflage, Neuwied 2001.

- *Lehmann, Julia*: Neues von der Schiedsgerichtsbarkeit des Mercosur – ein Integrationsmotor à la Luxemburg?; in: EuZW 2001, S. 622 – 625.

- *Litvack, Alejandro Adrian*: La obligación de vender y la ley de defensa de la competencia; in: La Ley 1992, Band C, S. 469 – 473.

- *Manago, José Antonio*: Franchising y defensa de la competencia; in: La Ley 1993, Band C, S. 651 - 660.

- *Marchesini, Dardo*: Defensa de la competencia y control de los monopolios; in: Prudentia Iuris Nr. 46, Junio 1998, S. 31 – 42.

- *Martinez Medrano, Gabriel Alejandro*: El Abuso de posición dominante en la ley argentina de la defensa de la competencia; in: Boletín Latinoamericano de Competencia, Nr. 14, April 2002, S. 20 – 36.

- *Max-Planck-Institut für ausländisches und internationales Privatrecht*: Rechtsquellen des MERCOSUR; Teilband I: Wirtschaftsverfassung und Rechtssystem; Baden Baden 2000.

- *Möschel, Wernhard*: Recht der Wettbewerbsbeschränkungen; München 1983.

- *Ministerio de Economía y Obras y Servicios Públicos*: Comparación de las Legislaciones de Defensa de la Competencia: Algunos Tópicos sobre la Aplicación de estas Regulaciones en Casos de Abuso de Posición Dominante; in: Temas del Comercio Interior, Año 1, Nr. 1, Junio – Julio 1997, S. 52 – 63.

- *Ministerio de Relaciones Exteriores, Comercio Internacional y culto/Centro de Economía Internacional*: El Mercosur: Un Desafio; Buenos Aires 1994.

- *Mizraji, Guillermo*: Los mercados, Protección de la competencia, Sistemas; Elementos del Derecho Comercial Nr. 16, Buenos Aires 1987.

- *Morgan, Thomas*: Modern Antitrust Law and its origins; St. Paul, Minn., 1994.

- *Muguillo, Roberto*: Comentario al reciente Proyecto de ley de defensa de la competencia aprobado por la Honorable Cámara de Diputados de la Nación; in: La Ley 1994, Band D, S. 1081 – 1085.

- *ders.*: Apostillas en torno al reciente proyeto de ley de defensa de la competencia; in: La Ley 1986, Band B, S. 882 – 887.

- *O´Farrell, Jorge E./Vera Villalobos, Enrique*: El acto ilícito en las leyes argentinas de defensa de la competencia; in: La Ley 1986, Band A, S. 1090 – 1101.

- *Oppermann, Thomas*: Europarecht; 2. Auflage, München 1999.

- *Otamendi, Jorge*: Presupuestos básicos para la aplicación de la ley de defensa de la competencia; in: La Ley 1981, Band B, S. 905 – 916.

- *ders.*: Criterios de la Comisión Nacional de Defensa de la Competencia; in: La Ley 1982, Band D, S. 757 –765.

- *ders.*: El interés general y la eficiencia económica en la ley de defensa de la competencia; in: La Ley 1999, Nr. 234, S. 1 – 4.

- *Pascar, Norma*: Protocolo de Defensa de la Competencia en el Mercosur. La experiencia europea; in: Economía globalizada y Mercosur, Buenos Aires 1998, S. 109 – 118.

- *dies./Tajan, Guillermina*: Impacto de las políticas sobre defensa de la competencia en los mercados integrados;
in: Boletín Latinoamericano de Competencia, Nr. 8, September 1999, S. 26 – 41.

- *dies.*: Modificaciones a la legislación sobre defensa de la competencia en la República Argentina;
in: Boletín Latinoamericano de Competencia, Nr. 12, Juli 2001, S. 33 – 35.

- *Peña, Felix*: Una política de competencia económica en el Mercosur;
in: Boletín Latinoamericano de Competencia, Nr. 12, Juli 2001, S. 3 – 26.

- *Peña, Julian*: El control de concentraciones económicas a partir de la reglementación de la ley 25.156;
in: El Derecho 2001, Nr. 10234 vom 16. April 2001, S. 1 – 4.

- *ders.*: Control de concentraciones económicas;
Buenos Aires 2002.

- *Pereira, José Matías*: Regimes de concorrência e políticas de concorrência na america latina: o caso do Mercosul;
Tagungsband des Centro de Formación para la integración regional – Competencia y competitividad en áreas económicas integradas: procesos y experiencias en la Unión Europea y en America Latina, Uruguay 6 – 10 März 1995.

- *Petrecolla, Diego*: La defensa de la competencia en Argentina;
Fundación Argentina para el Desarollo con Equidad (FADE), Nota Nr. 4, Julio 1999.

- *Pieroni, Agustín*: Monopolio y libre concurrencia;
in: El Derecho, Band 171, S. 1028 – 1033.

- *Pigretti, Domingo Antonio*: La nueva Ley de defensa de la competencia;
in: El Derecho, Band 98, S. 857 – 864.

- *Quevedo, Maria Viviana de*: Apuntes sobre el régimen de notificación obligatoria de concentraciones económicas;
in: Revista de Derecho Comercial y de las Obligaciones, Buenos Aires 2000.

- *dies./Peña, Julian*: El control de las concentraciones económicas entre empresas que exportan a la Argentina;
in: El Derecho 2001, Nr. 10.466 vom 19. März 2001, S. 1 - 4.

- *Ramos, Marcelo Dante*: La nueva ley de Defensa de la Competencia;
in: La Ley 1999, Nr. 187 vom 30. September 1999, S. 1 – 2.

- *ders.*: Das Wettbewerbsschutz-Protokoll des Mercosur;
Frankfurt am Main, Berlin, Bern, Brüssel, New York, Oxford, Wien 2000;
Zugl.: Hamburg, Univ. Diss. 1999.

- *Reyes Oribe, Aníbal Manuel/Iraola, Francisco Javier*: Defensa de la competencia: síntesis del sistema argentino actual y proyectos de reforma;
in: Revista del Derecho Industrial, Año 15, Nr. 43, Enero – Abril 1993, S. 3 – 16.
- *Roldan, Rodolfo*: Consideraciones sobre la ley de defensa de la competencia (ley 22.262);
in: El Derecho, Legislación Argentina 1981, S.1235 – 1238.

- *Rovira, Alfredo*: Introducción a la ley de defensa de la competencia;
in: El Derecho vom 7. Juli 2001, S. 1-3.

- *Rovira, Raul*: Observaciones al proyecto de ley de defensa de competencia;
in: La Ley 1986, Band B, S. 1026 – 1030.

- *ders./Botana, Clara*: La ley 22.262 de defensa de la competencia y el nuevo Código Procesal Penal de la Nación;
in: La Ley 1993, Band B, S. 761 – 765.

- *ders.*: Experiencia de la ley 22.262 de defensa de la competencia;
in: El Derecho, Legislación Argentina 1986, Band A, S. 781 – 782.

- *Rowat, Malcolm/Lubrano, Michele/Porrata, Rafael*: Política sobre la Competencia en Mercosur;
World Bank Technical Paper Nr. 365, The World Bank, Washington D.C.

- *Ruiz, Nuno*: Le droit de la politique de concurrence: La Communauté Européenne et le Mercosul;
Direction Generale IV, Union Européenne, Bruxelles 1997.

- *Salomão Filho, Calixto*: Direito Concorrencial;
São Paulo, 1998.

- *ders./Samtleben, Jürgen*: Der Südamerikanische Gemeinsame Markt; in: WM 1992, S. 1345 – 1352 und 1385 - 1392.

- *Samtleben, Jürgen*: Aktuelle Fragen der internationalen Handelsschiedsgerichtsbarkeit in Brasilien; in: RIW 1989, S. 769 - 778.

- *Samtleben, Jürgen*: Erster Schiedsspruch im Mercosur – wirtschaftliche Krise als rechtliche Herausforderung? in: EuZW 2000, Nr. 3, S. 77 – 80.

- *Schmidt, Ingo/Bittaler, Jan*: Die Chicago School of Antitrust Analysis; Baden-Baden, 1986.

- *Schweitzer, Michael/Hummer, Waldemar*: Das Recht der Europäischen Union; 6. Auflage, Neuwied, Berlin, 2002.
- *Soldano, Arquimedes/Lanosa, Walter Miguel*: El interés económico general en la ley de defensa de la competencia; in: La Ley 1993, Band E, S. 1241 – 1246.

- *dies.*: El interés ecnomómico general. Su alcance en la ley 22.262; in: La Ley 1994, Band C, S. 278 – 282.

- *dies.*: El abuso de posición dominante en la ley 22.262; in: El Derecho, Band 155, S. 519 – 522.

- *dies.*: Estudio de mercados; in: La Ley 1995, Band D, S. 1481 – 1485.

- *Soriano Garcia, José Eugenio*: La defensa de la competencia en España: una explicación de sus fundamentos políticos; in: La Ley 1992, Band E, S. 1216 – 1224.

- *Spolansky, Norberto Eduardo*: El Delito de Competencia desleal y el Mercado Comparativo; Buenos Aires, August 1997.

- *Sullivan, Lawrence Anthony*: Handbook of the Law of Antitrust; St. Paul, Minn. 1977.

- *Tavares de Araujo, José/Tineo, Luis*: Harmonization of competition policies among Mercosur countries;
in: The antitrust bulletin, Vol. XLIII, Number 1, Spring 1998, S. 45 – 70.

- *Vartalitis, Ana María/Soldano, Arquimedes*: El Mercosur y la defensa de la competencia;
in: El Derecho, Band 156, S. 840 - 844.

- *Vergara del Carril, Angel*: Nuevo régimen de Defensa de la Competencia. Introducción del control de concentraciones;
in: El Derecho, Nr. 9937, vom 7. Februar 2000, S. 1 – 3.

- *Weinberg, Inés*: Ley de defensa de la competencia. Comparación con la ley y practicas de Alemania Federal;
in: El Derecho, Legislación Argentina 1981, S. 1253 – 1254.

- *Wish, Richard*: Competition Law;
Fourth Edition, London, Edinburgh 2001.

Abkürzungsverzeichnis

ABl.	Amtsblatt der Europäischen Gemeinschaften
Abs.	Absatz
a.F.	alte Fassung
ALCA	Asociación de Libre Comercio de las Américas
Alt.	Alternative
Art.	Artikel
Aufl.	Auflage
bzw.	beziehungsweise
c/	contra
CADE	Conselho Administrativo de Defesa Econômica
CNDC	Comisión Nacional de Defensa de la Competencia
ders.	derselbe
d.h.	das heisst
dies.	dieselbe
DOU	Diário Oficial da União
EG	Europäische Gemeinschaft
EGV	Vertrag zur Gründung der Europäischen Gemeinschaft
EU	Europäische Union
EuGe	Europäisches Gericht erster Instanz
EuGH	Europäischer Gerichtshof
EuGHE	Entscheidungssammlung des Europäischen Gerichtshofs
f.	folgende
ff.	fortfolgende
FN	Fußnote
FTC	Federal Trade Commission
gem.	gemäß
ggf.	gegebenenfalls
HHI	Herfindahl-Hirschmann-Index
Hs.	Halbsatz

i.S.v.	im Sinne von
i.V.m.	in Verbindung mit
MERCOSUR	Mercado Común del Sur
Nr.	Nummer
n.F.	neue Fassung
OPP	Protokoll von Ouro Preto
RDE	Recht der Energiewirtschaft
RIW	Recht der internationalen Wirtschaft
RN	Randnummer
RTPA	Restrictive Trade Practices Act
S.	Seite
sog.	sogenannt
TNDC	Tribunal de Defensa de la Competencia
u.a.	unter anderem
U.S.	United States Supreme Court Reports
U.S.C.	United States Code
v.	versus
vgl.	vergleiche
WM	Wertpapier Mitteilungen – Zeitschrift für Wirtschafts- und Bankrecht
WSP	Protokoll zum Schutz des Wettbewerbs im MERCOSUR
WUW	Wirtschaft und Wettbewerb
WUW/E	WuW-Entscheidungssammlung zum Kartellrecht
z.B.	zum Beispiel
ZHR	Zeitschrift für Handelsrecht

Deutsches und Europäisches Wirtschaftsrecht

Herausgegeben von Jürgen F. Baur

Band 1 Matthias Wolter: Das Tatbestandsmerkmal der Lückenlosigkeit qualitativer Selektivvertriebssysteme im Spannungsverhältnis zwischen Wettbewerbs- und Kartellrecht. 2001.

Band 2 Nicole Hagemann: Rechtsschutz gegen Kennzeichenmissbrauch unter Berücksichtigung der Internet-Domain-Name-Problematik. 2001.

Band 3 Bernd Nelißen: Die Abgrenzung "horizontaler" und "vertikaler" Wettbewerbsbeschränkungen nach der 6. GWB-Novelle. 2001.

Band 4 Silke Rütters: Die neue *Schirm*- Gruppenfreistellungsverordnung (EG) Nr. 2790/1999 der Kommission. Zu den Ursachen der weitreichenden Reform der EG-Wettbewerbspolitik gegenüber vertikalen Wettbewerbsbeschränkungen und deren materiellrechtlichen Grenzen. 2002.

Band 5 Dirk Strohe: Demarkationen und Bezugsbindungen in gewerblichen Energielieferverträgen. 2003.

Band 6 Cyrille de Crozals: Die Anwendung der Artikel 81 und 82 EGV durch die französischen Behörden und Gerichte. 2003.

Band 7 Daniela Seeliger: Geltungsbereich der Zusammenschlusskontrolle und Grundsätze für die Beurteilung von Zusammenschlüssen nach der 6. Novelle des Gesetzes gegen Wettbewerbsbeschränkungen. Ausgwählte Anwendungsprobleme aus der Praxis zu §§ 35 und 36 GWB. 2003.

Band 8 Till Schreiber: Das argentinische Gesetz 25.156 zum Schutz des Wettbewerbs. Eine rechtsvergleichende Darstellung unter besonderer Berücksichtigung des Protokolls zum Schutz des Wettbewerbs im MERCOSUR und der Rechtsprechung der Comisión Nacional de Defensa de la Competencia. 2003.

Matthias Blum

Weltmarktintegration, Wachstum und Innovationsverhalten in Schwellenländern

Eine theoretische Diskussion mit einer Fallstudie über „Argentinien 1990–1999"

Frankfurt am Main, Berlin, Bern, Bruxelles, New York, Oxford, Wien, 2003.
XXI, 345 S., zahlr. Abb. und Tab.
Göttinger Studien zur Entwicklungsökonomik.
Herausgegeben von Hermann Sautter. Bd. 11
ISBN 3-631-50442-X · br. € 50.10*

Forschung & Entwicklung und Innovationen sind die Grundlage des modernen wirtschaftlichen Wachstums. Über den Außenhandel können Schwellenländer einerseits von Innovationen anderer Länder profitieren, andererseits besitzen sie aber in der Forschungstätigkeit selbst einen komparativen Nachteil gegenüber den Industrienationen. Die möglichen Wachstumseffekte einer Weltmarktintegration können somit positiv oder negativ ausfallen. In einer Untersuchung über Argentinien 1990–1999 stellt der Autor fest, dass sich die Öffnung des Landes zunächst nicht nur positiv auf den Technologietransfer, sondern auch auf den Umfang der inländischen Innovationsaktivitäten ausgewirkt hat. Die Zunahme der Investitionen in Forschung und Entwicklung hing aber von der Stabilität des wirtschaftlichen Umfeldes ab: mit Beginn der Wirtschaftskrise ging auch die Innovationsbereitschaft wieder zurück.

Aus dem Inhalt: Technischer Fortschritt, Innovation und Wissen als Quellen des Wachstums · Systemische Innovation als Quelle wirtschaftlicher Entwicklung · Auswirkungen der Weltmarktintegration auf das Wachstum, das Innovationsverhalten und das Innovationssystem in Argentinien

FSC
www.fsc.org
MIX
Papier | Fördert
gute Waldnutzung
FSC® C083411

Kolibri 360 GmbH
Ferdinand-Jühlke-Straße 7
99095 Erfurt, Deutschland
produktsicherheit@kolibri360.de

Druck:
CPI Druckdienstleistungen GmbH
im Auftrag der
Kolibri 360 GmbH
Ferdinand-Jühlke-Str. 7
99095 Erfurt